证券期货投资：
理论与策略

李恒光　马春阳 ◎ 编著

首都经济贸易大学出版社
Capital University of Economics and Business Press
·北京·

图书在版编目(CIP)数据

证券期货投资:理论与策略/李恒光,马春阳编著.—北京:首都经济贸易大学出版社,2015.3

ISBN 978-7-5638-2333-8

Ⅰ.①证… Ⅱ.①李… ②马… Ⅲ.①证券投资—基本知识 Ⅳ.①F830.91

中国版本图书馆CIP数据核字(2015)第008823号

证券期货投资:理论与策略

李恒光 马春阳 编著

出版发行	首都经济贸易大学出版社
地　　址	北京市朝阳区红庙(邮编100026)
电　　话	(010)65976483　65065761　65071505(传真)
网　　址	http://www.sjmcb.com
E-mail	publish@cueb.edu.cn
经　　销	全国新华书店
照　　排	首都经济贸易大学出版社激光照排服务部
印　　刷	北京泰锐印刷有限责任公司
开　　本	710毫米×1000毫米　1/16
字　　数	428千字
印　　张	24.25
版　　次	2015年3月第1版　2015年3月第1次印刷
印　　数	1~3 000
书　　号	ISBN 978-7-5638-2333-8/F·1322
定　　价	39.00元

图书印装若有质量问题,本社负责调换

版权所有　侵权必究

目 录

第1章 现代金融资产相关问题研究 ... 1
- 第一节 现代金融资产发展的趋势特征 ... 1
- 第二节 金融资产供求及其均衡与失衡 ... 12
- 第三节 复合概念的金融资产——证券 ... 19
- 第四节 现代金融资产交易市场的发展 ... 26

第2章 股份公司股权资本融资分析 ... 36
- 第一节 股份公司的概念界定及股份制度分析 ... 36
- 第二节 股份公司相关内容法律约定 ... 39
- 第三节 股份公司证券融资决策分析 ... 43

第3章 证券中介机构及资产定价 ... 58
- 第一节 证券中介机构及业务发展 ... 58
- 第二节 证券定价及影响因素 ... 78
- 第三节 投资者对上市公司财务报表的解读 ... 88

第4章 证券投资策略、方法与技巧 ... 100
- 第一节 证券投资收益与风险的匹配 ... 100
- 第二节 证券投资的原则及正确理念 ... 112

第5章 期货市场运行机制及业务创新 ... 136
- 第一节 期货市场的组织机构 ... 136
- 第二节 期货交易的基本制度 ... 149
- 第三节 商品期货 ... 159
- 第四节 金融期货 ... 165
- 第五节 期货业务创新 ... 185

第6章 期货的市场交易及投资谋略 ... 198
- 第一节 投机交易 ... 198
- 第二节 套期保值 ... 202

第三节	套利交易	209
第四节	期货投资谋略精要	218

第7章　期权交易 … 235

第一节	期权概述	235
第二节	期权价格	242
第三节	期权基本交易策略	245
第四节	期权定价理论	250
第五节	期权平价公式	255
第六节	期权风险指标	257

第8章　技术分析与运用 … 260

第一节	技术分析介绍	260
第二节	道氏理论与波浪理论	268
第三节	基本形态	289
第四节	常用线图	327
第五节	重要技术指标	346

第1章 现代金融资产相关问题研究

第一节 现代金融资产发展的趋势特征

一、金融资产多样化

(一) 多样化金融资产的产生

金融是货币资金的融通,资产则是指某一经济主体(如企业、机关、事业单位或其他经济组织)所拥有或控制的财产和债权,也就是资本的物的表现。因此,金融资产是指某一经济主体所拥有或控制的与资金融通有关的财产和债权,它代表经济主体未来现金收入的权利。现代金融发展的一个显著特点就是金融资产多样化。多种多样的金融资产,既是货币形式的发展和扩充,也是现代融资的重要途径。纵观金融资产种类由单一化向多样化的历史演变,不难看出多样化金融资产产生的客观必然性,就我国而言,主要表现在如下几方面:

1. 从银行的角度看

在计划经济时代单一的金融资产结构下,银行金融资产的主要部分是各项贷款,没有金融债券等其他金融资产。这不仅给银行自身的经营造成了困难,而且还影响了国民经济的顺利发展。首先,单一的金融资产结构使银行失去了自我调节的能力,除了存款以外,银行没有任何其他金融资产可作替代,一旦贷款不能及时收回,存款又急需提取,这种软资产硬负债的情况必然使银行处于两难境地。其次,银行单一的金融资产结构给国民经济的调节造成极大的困难,一旦实行紧缩的货币政策,银行除了紧缩贷款以外,就没有任何其他可选择的余地了,这必然造成经济的剧烈动荡。再次,银行单一的金融资产结构使整个银行系统的资金只能纵向调节,严重妨碍了社会资金跨行业、跨地区自如地横向流动。

2. 从政府的角度看

在以往单一的金融资产结构下,政府的资金主要来源于财政收入。在既没有发行长期公债也没有发行短期国库券的情况下,无法通过市场向社会公众筹集资金,使国民经济的顺利发展受到严重制约。如果资金不足部分最终用向银行透支的办法来解决,结果加重了银行货币供应的负担,加大了货币供应量。

3. 从企业的角度看

在过去单一的金融资产结构下，企业的金融资产只有银行存款和少量库存现金，金融负债只有银行贷款和极少量的应收款项。企业的命运从某种意义上说完全掌握在银行手中，加之过去银行制度规定一个企业只能在一家银行开户，这就越发使企业对资金的需求完全依赖于一家银行，企业失去了调整内部财务状况的自主权。

4. 从个人的角度看

在单一的金融资产结构下，个人的金融资产只有储蓄存款和现金两种形式。这就存在如下两个弊端：一是限制了个人对金融资产的选择范围，压抑了个人将闲置资金进行再投资的积极性，不利于广泛聚集社会闲散资金；二是个人手中的银根易松不易紧，不利于中央银行调节货币流通，特别是现金流通。因为在这种情况下，回笼个人现金只有通过商品回笼和信用回笼。当中央银行收紧银根时，意味着商品市场存在供不应求的矛盾，在这种情况下，依靠商品回笼货币是很困难的，而信用回笼又受到储蓄便利程度的限制，从而使中央银行收紧银根的货币政策对个人作用甚微。

5. 从货币资金本身的运动特点看

不同运动形式的货币资金需要有不同的金融资产与之相对应。根据再生产过程中资金闲置的时间长短，社会上的资金可划分为四个层次：一是潜在状态的资金。这部分资金已完全退出生产领域，其持有者对流动性小但伴有较大获利性的金融资产比较感兴趣，这部分资金是长期投资的重要资金来源之一。二是没有确定用途的游资。这部分资金易受有收益的金融资产的吸引。其持有者希望能有在安全性、流动性和收益性等方面均较为满意的金融资产供其选择，以便使这笔暂时闲置的资金获得较大的增值机会。三是有确定用途但目前还无法使用的资金。这部分资金因有确定用途，所以需要用时能"招之即来"是对这部分资金的第一要求。因此，这部分资金持有者希望把风险小、变现能力强的金融资产作为投资对象。四是周转中的资金。这主要是指由于生产季节性变化和产品特性决定的某些在周转过程中暂时处于闲置状态的资金。这类资金只适于购买期限很短的金融资产，它的持有者希望有流动性较大的短期金融资产供其选择。

总之，单一化的金融资产结构不仅使金融交易形式单调，影响了社会融资活动的广度和深度，而且使资金横向流动受阻，使国民经济的发展受到一定的制约。此外，单一化的金融资产结构也难以满足社会上各种类型的闲置资金持有者对安全性、流动性和收益性等不同组合形态金融资产的渴求。因此，在金融发展的过程中，金融资产的多样化就成为货币形式发展的必然趋势。

(二) 多样化金融资产之间的本质区别

由于金融资产代表未来现金收入的权利，所以从广义投资的角度来看，任何形式金融资产的所有者都是直接或间接的投资者,即曾经提供了某项资金的自然人或法人。金融资产的最初提供者则是与前者相对的、接受了前者让渡的某项资金使用权的经济实体,它有义务在未来的某个时间、地点对资金让渡者偿付本金和利息。这就是各种不同形式金融资产之间的相同点。那么,各种不同形式金融资产之间的本质区别又是什么呢?概括地说,多样化金融资产之间的本质区别是产权结构的不同,即占有物质和占有纯价值体这两种基本占有形式,以不同的比例进行搭配组合,就产生了不同形式的金融资产。下面仅以股票和债券两种典型的金融资产为例进行简要的分析。

在现代经济社会,人们对劳动成果的占有形式与劳动成果自身的存在形式相对应。由于劳动成果有物质形态的(各种物质产品)和货币形态的(货币纯价值体)两种基本存在形式,所以人们对劳动成果的占有也有两种基本形式——占有物质财富和占有货币纯价值体,即持有商品或持有现金。人们可以在这两种占有形式之间选择,但不能同时占有。这两种占有形式各有利弊:持有产品的占有形式使所有者拥有最充分的价值增值能力(因为价值的增值是在物质资料的生产使用过程中产生的),即收益性,但丧失了流动性和选择能力,要负很高的交换风险;持有现金货币的占有形式则相反,它给其所有者提供了完全的选择权和交换权,即很高的流动性,但它不能获得价值增值能力,即丧失了收益性。这两种占有形式表示在如图1-1-1所示的以货币纯价值体形态的产权为横轴,

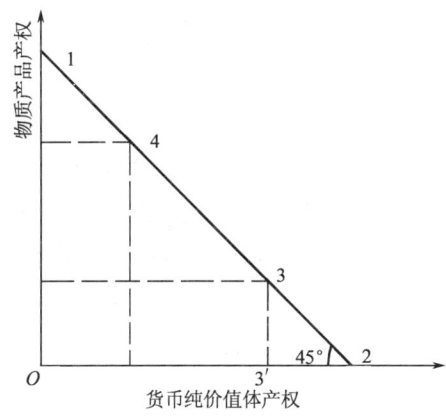

图1-1-1 金融资产产权结构曲线

以物质形态的产权为纵轴的平面直角坐标系中,分别位于纵轴上的1点和横轴上的2点,即1点具有最高的物质产品产权,但完全没有货币纯价值体产权;2点具有最大的货币纯价值体产权,但没有物质产品产权。连接1,2两点的线段$\overline{12}$即表示所有者的产权结构曲线,它和两轴呈45度角,表示$\overline{12}$线上的任一产权

结构的总产权不变。由于劳动成果的所有者既希望保留一定的流动性和交换能力,又希望能够获得价值增值的好处,因此他们便倾向于根据自身的需要在 1,2 两种典型的占有方式之间即在线段$\overline{12}$上寻找除点 1,2 以外的点(这样的点理论上有无数个,它们分别是不同比例的物质产品产权和货币纯价值体产权的混合搭配占有方式),多种不同形式的金融资产分别对应线段$\overline{12}$上的某一点。

现假设图 1-1-1 中 3 点代表所有者以持有债券的方式来占有其财富,那么与 2 点持有现金的所有者比较,前者的确是放弃了部分的货币纯价值体占有权(图中$\overline{3'2}$部分),即在一段时期内(债券的持有期)放弃选购商品的权利(流动性),把它交给出售债券的人,但他获得了间接地持有部分实物财富的权利。这样,权利形式结构的变化必然引起由权利而派生的收益的变化,即占有效果的变化。债券持有者由于让渡了一部分货币形态的产权,因而减少了他的交换能力,又由于获得了一部分物质形态的产权(并不是直接占有物质产品本身,而是通过持有某种类型的金融资产——如债券,和占有纯物质形态的经济主体之间形成一种难以割舍的关系,间接地占有一定比例的物质形态的产权。这部分产权的实现不是靠分割物质产品本身——经济主体破产的情况例外,而是靠分享部分物质资料在生产使用过程中产生的增值价值进行的),从而能享受到一定的价值增值的好处。

如果所有者以购买股票的方式占有其财富,那么他就要放弃比债券持有者更多的货币形态的所有权(假设与图 1-1-1 中 4 点相对应),因而具有更小的流动性和更大的风险性,同时获得比债券持有者更多的物质形态的所有权以及与之相对应的更多的价值增值。

实际上,除衍生金融资产以外,其他任何形式的金融资产都可以在上述的金融资产产权结构曲线上找到对应的点,而且是唯一的点。由于金融资产产权结构曲线上的点是无数的,于是我们便可推知金融资产的多样化仍大有潜力可挖,随着金融经济的进一步发展,必将诞生一系列新型的金融资产,以适应社会经济发展的客观需要。

(三)金融资产的种类、特点与职能

1. 金融资产的种类

根据不同的分类方法,现存的金融资产可作如下划分:

(1)按金融资产持有者的地位,可分为股权式金融资产和债权式金融资产。

股权式金融资产也叫所有权式金融资产。股权式金融资产是其持有人投资入股的凭证。拥有股权式金融资产即代表拥有股份公司一定比例的资产,享有相应的收益分配请求权、经营参与权和剩余财产分配权等诸项权利。股份公司的普通股、合伙公司的份额等都属于股权式金融资产。

债权式金融资产是债权凭证,其持有人是广义资产(即有交易价值的任何物品)的债权人。拥有债权式金融资产即代表拥有在一定时间内向该金融资产发行者(即债务人)要求清偿一定量现金的权利。银行存款、国库券、地方政府债券、金融债券及公司债券等都是债权式金融资产。

股权式金融资产和债权式金融资产在产权结构上的差别,典型地表现为收益和风险的不同。股权式金融资产持有者是公司的股东,有权参与企业的经营管理(即物质财富的使用),因而收益相对较大,但要承担公司经营的风险。债权式金融资产持有者和发行主体之间则只是简单的债权债务关系,债权人不管发行主体经营状况如何,都有权要求清偿债权,但债权人无权过问经营过程(银行贷款情况下银行有监督企业经营的权利,特定用途的债权式金融资产有按指定用途使用的限制),因而债权式金融资产保持了较多的流动性,但收益相对较少。

此外,还有优先股及可转换证券等介于股权式金融资产与债权式金融资产之间的某些金融资产,其特性也均介于股权式金融资产与债权式金融资产之间。

(2) 与货币市场和资本市场相对应,可分为短期金融资产和中长期金融资产。

短期金融资产是指货币市场上的融资工具。短期金融资产包括广义货币、一年以内的短期债券、商业票据、银行定期存单、信用证、银行同业拆借资金和欧洲美元等。

中长期金融资产是指资本市场上的融资工具。包括股票、中长期债券、住房抵押贷款、企业贷款和消费贷款等。

短期金融资产和中长期金融资产的本质区别就是二者让渡资金使用权的时间长短不同,从而有不同的流动性和不同的风险。短期金融资产较中长期金融资产的融资时间短、流动性大、风险小。

(3) 按金融资产发展的先后次序,可分为原生金融资产和衍生金融资产。

原生金融资产,简单说来就是指能够在前述的金融资产产权结构曲线上直接找到对应点的金融资产,也就是直接由一定比例的物质产品产权和一定比例的货币纯价值体产权组合搭配而成的金融资产。股票、债券、外汇、黄金、票据等都是原生金融资产。

衍生金融资产,是指以原生金融资产为基础派生出来的一些金融资产。衍生金融资产给其持有者在某种条件下买卖某种原生金融资产的义务或选择的权利,甚至这种买卖的义务和选择的权利本身仍可以买卖,其价格与原生金融资产有着难以割裂的联系。期货和期权就是两种最基本的衍生金融资产。根据作为期货或期权基础的各种原生金融资产的不同,期货可分为股票期货、债券利率期货、外汇期货、黄金期货、股票指数期货等,期权可分为股票期权、债券利率期权、外汇期权、黄金期权、股票指数期权等。

2. 金融资产的特点

(1)职能上的货币性。某些金融资产,如现金、支票、账户存款及旅行支票等,可以被直接用来充当交换的媒介;另外一些金融资产,如定期储蓄存款和政府公债等,可以非常方便地、以最小的代价和风险换成货币。因此,金融资产在职能上具有货币的特性。

(2)技术上的可分性和复合性。金融资产可根据其买卖双方的实际需要确定不同的单位值。如银行存款可以以元、角、分为单位,债券可以以数百元、数千元为单位,股票面值可以以角、元、数元、数十元为单位,大额存单、各种票据、各种合约等可以以成千上万元为单位等。不仅如此,某些金融资产可在原单位值的基础上分割或复合,如对10元一股的股票进行拆股,每一股拆成新股10股,此时每股单位值变为1元;或将10元一股的股票进行合并,每10股复合成新股1股,此时每股单位值变为100元。所以,我们说金融资产在技术上具有可分性和复合性。

(3)本质上的权益性。金融资产的持有者拥有与其投资相对应的某些权益。例如,债券持有者拥有债券到期时获取本金和利息的权利以及公司破产时剩余财产的优先求偿权;普通股股票持有者拥有参加股东大会、选举公司董事、参与股份公司的经营决策及参加公司赢利分配、获取股息红利等诸项权益。因此,金融资产本质上具有权益性。

(4)期限上的灵活性。金融资产在期限上具有灵活性的特点,表现在以下两方面:一是各种金融资产可以有不同的期限。例如,债券的期限可能从一天到几十年不等;期货合约的期限可能是3个月、6个月、9个月等;股票一般是没有期限的永不返还性证券。二是某些金融资产可以办理转期。例如,一年期的债券到期后,取出债息,而将本金转入3年期债券。

(5)流通上的变现性。金融资产的变现性表现为其持有者可以根据金融市场实际情况的变化和自身的流动性需求所进行的自由、及时地转卖金融资产、收回本金的活动。所以,金融资产的变现性即为金融资产的流通性和兑换性。金融资产变现性的强弱受制于不同金融资产自身的信用品质、期限长短、利率及支付形式、发行者的知名度以及市场便利程度等。对于投资者来说,金融资产在流通上的变现性非常重要,它体现了在紧急情况下将某种资产变为现金的能力。变现能力强的金融资产为其投资者增加了灵活性,降低了投资风险。

(6)行为上的风险性。风险是指一种资产未来收益的波动大小或不确定性的大小,通常用预期收益的标准差来表示。由于风险产生于市场活动中的不确定性,完全地回避风险或将风险降低至零,在现实的金融市场活动中是不可能的。但是,这并不意味着在金融资产投资活动中不能在一定程度上避免或减少风险。一方面,各类金融资产由于其本身性质的不同而风险大小不一。例如,政府债券的风险小是因为它没有破产和违约风险,只有利率风险。公司债券和股票因有破产和违约风险而比政府债券的风险要大。外国政府债券和外国公司债券则有汇率风险。期货和期权均有不同程度的违约风险。另一方面,金融资产投资的风险与收益存在着一定的对称性,即风险与收益之间相互补偿、相互制约。如债券和股票的价格,就是由市场利率和风险补偿收益两部分组成,即由无风险收益和风险补偿收益两部分组成。再如在美国,人们常将3个月期国库券作为无风险部分,即利率的基础部分,并以此作为衡量风险与收益对称与否的现实标准。一般而言,长期债券的收益率较短期债券收益率高的原因,就在于长期债券的风险大于短期债券,因而长期债券的收益率中实际上就包含着较大的风险补偿部分。简而言之,金融资产的投资收益与风险成正比,风险越大,可能获得的收益越高。

(7) 投入上的可逆性。它是指投资于某种金融资产后可再换回现金的交易成本。这部分交易成本越低,金融资产的可逆性越高。显然,银行存款具有很高的可逆性,因为通常银行存款的存取均不需要付费。除银行存款之外的其他种类金融资产的交易或多或少都需支付一定的交易费用,即存在一定的交易成本。所以,各种金融资产在投入上的可逆性均不相同,随金融资产变现能力的增加,其投入上的可逆性相应增强。

3. 金融资产的职能

(1) 促进资金融通。在现实经济运行过程中,在不同的时间和空间上,总是同时存在着资金盈余者和资金短缺者。金融资产的存在,使资金的供需双方可通过买卖金融资产进行资金的相互融通,实现储蓄向投资的转化,从而促进有形资本的形成,使闲置资金得到合理分配和利用。

(2) 分散转移风险。金融资产的发行者通过发行金融资产融通资金,相当于把经营风险部分地转移、分散给了投资者。一旦企业经营不利,投资者可能得不到预期的收益,甚至可能蚀本。又由于存在着性质、期限、风险、收益等各不相同的不同种类的金融资产,投资者亦可根据投资风险最小化原则加以选择,最大限度地降低投资风险。这里所说的投资风险最小化,是指在相同的预期收益下的投资风险最小,这是指单一金融资产的选择而言。除此之外,投资者尚可选择多样化的金融资产,使投资组合的风险小于单一投资的风险。所以,金融资产具有分散和转移风险的职能。

二、金融资产的证券化

（一）金融资产证券化的进程

20世纪80年代以来，各主要工业国家的金融资产开始迅速膨胀，截止到1997年，这些国家的金融资产的总额已经超过其实际国内生产总值的2倍以上，这在西方被称为经济的"金融深化"。美国经济学家麦金农（R. J. Mickinnon）在创立金融深化理论的同时大力向发展中国家推荐金融自由化和金融深化的好处，使得20世纪80年代以来，一些发展中国家的金融资产膨胀速度甚至超过了发达国家。纵观世界性的金融资产的膨胀过程，不难发现，金融资产的证券化在其中起了相当重要的推动作用。

金融资产的证券化可追溯到20世纪70年代美国房屋抵押贷款的证券化。当时，美国的政府国民抵押协会（Government National Mortgage Association, GNMA）支持储蓄金融机构将由联邦住房管理局（Federal Housing Administration, FHA）和退伍军人管理局（Veterans Administration, VA）担保的不同收益和期限的房屋抵押贷款的债权组合成一组资产，并以这一组合资产的债权赢利为抵押，发行新的证券给投资者，GNMA的支持是为这种新证券的发行提供进一步的担保。这种证券被称为"抵押担保证券（Mortgage - backed Securities, MBS）"，这在当时被看做是一种金融创新，它实现了房屋抵押贷款的流动化。MBS将住房抵押贷款的风险大部分转给了投资者。这一方面提高了这些储蓄金融机构的资本与风险资产的比率，另一方面也带来一些新的问题：由于住房抵押贷款都是固定利率，而且借款人可以提前还贷，因此，一旦利率下降，购买了MBS的投资者就担心这种提前还款会迫使他们在低利率下进行再投资。为了消除MBS带来的不利影响，1983年出现了一种新的金融工具——间接化的抵押证券（Collateralized Mortgage Obligations, CMO）。这种证券是分批、连续地还款，这使得提前偿还带来损失的风险大大降低了。除去可改变期限以外，在MBS市场的另一创新是"信用提高"的广泛应用。最初，CMO往往利用政府机构和其他官方的实体提供的担保来提高其信用等级。后来，这种外部的担保扩展到保险公司或其他专业化的金融公司。由于这种信用提高技术的广泛应用，大约90%的CMO被评为AAA级或AA级的证券。与此同时，由于Q字条例（为配合20世纪60年代初美国实行的紧缩性货币政策，由美联储颁布的一个以Q字打头的条例，核心内容之一是限定商业银行的最高存款利率）的取消，利息率不再封顶，20世纪80年代初的货币市场基金对投资者支付更高一些的利息，从而可以将资金从储蓄与贷款协会（Saving&Loan Association, S&LS）吸引过来。由于S&LS的储蓄减少，造成其偿还能力和流动性降低，在其收支平衡表上反映为风险资产（贷出的款项）

大于具有流动性的灵活资产。这就产生了S&LS出售其风险资产的必要性,从而希望将其应收的贷款在其未到期前组合成一种可发证券的资产来出售。随着Q字条例的取消,利息率扶摇直上,S&LS的绝大多数固定利率的证券资产价值下跌。在这种情况下,他们往往不是继续持有这种债券,而是设法卖掉它们,然后再投资于那些有较高偿还能力和流动性的抵押贷款证券。在S&LS迫于资金减少和利率上升的压力而积极从事出售其风险资产和寻求更高收益资产的同时,商业银行也同样受到了货币基金市场强有力的竞争,也出现了资产流动性危机和资本与资产比率下降的压力。这样,对商业银行来说,资产的证券化也同样具有巨大吸引力。

自20世纪80年代初以后,房屋抵押贷款的证券化于1985年扩展到了汽车贷款,1987年又扩展到信用卡贷款,随后是商业资产的证券化和公司贸易应收款的证券化。进入90年代,证券化不但扩展到各式各样的实际的金融资产,而且还扩展到了统计上的差价。为了与抵押贷款证券相区别,那些除抵押贷款以外由其他资产担保的证券,如商业银行以工商业贷款担保的证券和其他应收款担保的证券,被称为资产担保的证券(Assets–backed Securities,ABS)。

在ABS的发展过程中,另一引人注目的金融创新是重新打包(repackaging)业务。经营者将买来的各种证券重新组合,加入一些高信用等级的证券,使重新组合的证券具有较高的信用等级,然后以此为担保来发行一种新证券。有时也采用高信用等级的机构担保的方式使新组成的证券信用提高。

在依赖于长期资产的资本市场证券化的同时,短期市场的证券化也在迅速发展。最初,一些大公司将短期的贸易应收款有选择地加以组合,然后在商业票据市场发行商业票据来筹资。这种商业票据被称为资产担保的商业票据。不久,人们发现商业票据的发行简便、迅速,是短期借款的一个好方法。于是商业票据市场就成了弥补流动资金不足或为投机等目的而筹集短期资金的重要场所。

资产的证券化起源于美国,但很快就蔓延到其他国家,并对世界金融体制的变化产生了巨大的影响。在欧洲,国际银行业是相当发达的,证券化也就有着更深远的影响,它使得欧洲的货币市场和资本市场都发生了重大的变化。证券化不但使货币市场和资本市场更加活跃、有效,也使绝大多数的证券市场日益国际化。在日本,虽然其证券业的发展较晚,但20世纪80年代末,日本政府开始逐步放松对证券业的管理,特别是支持证券业国际化发展的一些措施使日本在国际证券市场中占有举足轻重的地位。20世纪80年代以来,加拿大、澳大利亚和新西兰等国家的证券化也都有较大发展。

(二) 金融资产证券化的连带效应

在资产证券化的过程中,信用提高起着重要的作用。没有信用提高技术,

ABS 的发展就不可能这样迅速。信用提高是一种金融技术,它可以由内部提供也可以由外部提供。内部信用提高通常是用抵押品来保护投资者免遭不可预见的损失。内部信用提高方法中,最常用的是一种"从属"技术,ABS 的发行者首先根据信用评级机构的标准,分别计算出每一种抵押品(通常是一些其他证券和应收款等)的必要损失范围及其出现的概率,然后确定这一组证券或其他资产组成的抵押品的总风险水平。根据这一初步组成的抵押品的风险水平,发行者可以考虑其信用提高到某一等级需要加入的高信用等级资产的量,这时,最初的抵押品就称为从属抵押品,它依附于高信用等级的资产来提高自己的信用等级。外部信用提高通常是通过银行提供的信用证或担保债券来实现的,信用评级机构对经过信用提高技术处理后的证券的评级一般要低于其用于提高信用的资产等级。

信用提高仅仅是资产证券化过程中金融创新的一个典型例证,可以说,没有金融创新就没有资产证券化。金融创新最初只是被看做筹资活动中对某种新型证券的发明创造,但到 20 世纪 80 年代末和 90 年代初,它已经成为一种系统复杂的技术,被称为金融工程技术。利用这种技术可以不断地设计出符合筹资者和投资者不同需要的金融工具,可以将那些不稳定的收入流转换成投资者可靠收入的来源。概括地说,金融工程技术就是筹资者通过设计筹资方式、途径和发行工具以迎合投资者需要的筹资技术。

第一种普遍的技术是用来改变出售 ABS 的卖者的应收款的期限与 ABS 期限的不一致,从而消除提前偿还和应收款资产价值波动的一种方法,多用于信用卡 ABS。ABS 的卖者用其利息作抵押,为组成 ABS 的证券提供风险抵押金,任何提前偿还的应收款都用来补充这一风险抵押金。这样,卖者就承担了未到期资产收益波动的风险,并将投资者与提前偿还及收益波动的风险隔离开了。在卖者应收款的分期偿还(同期构成的资产期限不同)开始以前,卖者仅仅是为未到期资产的价值波动提供抵押金,这时卖者的利息不断地补充到这一风险抵押金中,直到构成 ABS 的资产中已经出现到期偿还的资产时为止。这段时期称为"循环期"。一旦分期偿还开始,"循环期"便结束。在分期偿还应收款时,偿还的本金并不立即偿还给 ABS 的持有者,也不用来支付卖者的利息,而是储蓄在有担保的投资合同(Guaranteed Investment Contract,GIC)中或这种投资合同的账户上,直到这一账户的资金足以应付 ABS 到期时的偿还为止。在分期偿还期内,卖者的利息占未到期应收款的百分比会扩大,直到它超过为轧平应收款资产价值波动而提供的必要资金比例。这时它就与分期偿还的本金一起,逐渐变为 100% 地为 ABS 担保的资金,最后在 ABS 到期时偿还给投资者。也有一些分期偿还的信用卡 ABS,在信用卡应收款开始偿还本金时,开始支付给信用卡 ABS

的持有者,而不是先存在 GIC 的账户上,在 ABS 到期后一起偿还。

第二种基本技术是替代(substitution),它通常用于轧平不平衡的现金流。它是用类似的新资产来代替那些在 ABS 到期前偿还的资产。事实上,没有"替代",短期资产的证券化是不经济的。例如,信用卡应收款,它的平均偿还期限非常短,如果不采用替代技术的话,迅速偿还的应收款本息在以其为抵押的 ABS 到期前就不断流回到发行以这些资产为抵押 ABS 的卖者手中。这就使得以这种短期资产为抵押的 ABS 非常不合算,它的前期机会成本太高。在法国,由于法律禁止"替代",尽管许多金融机构都希望减少其平衡表中的风险资产的数量,但他们却不愿发行信用卡 ABS。

在"替代"技术的应用中,一个突出的问题是那些进入资产组合中的新资产的信用问题。除非(新加入抵押资产的)新资产的信用有新的担保,或新资产的信用等级本来就很高,否则由于包括了有更大风险的新资产,ABS 的信用等级就会下降。在实践中,发行者可以利用"替代"技术,将其短期应收款资产转变为一种非分期偿还的债券,但信用评级机构却担心发行者没有足够的、相应信用等级的资产来代替那些偿还了的资产,因此,它们要求发行者必须有某些形式的支柱性(backstop)投资对那些用于替代的新资产给予保证。发行者最常用的一种方法是利用担保投资合同账户。在 ABS 的发行中,也常使用利率互换技术,利用这种技术可以将浮动利率的资产转化为固定利率的 ABS。在这种转化过程中,发行者至少要找到几个大的投资者,他们恰好愿意购买这种固定利率的 ABS,而不愿购买浮动利率的证券。但有时,情况正相反,这时发行者也可以利用利率互换技术将固定利率的资产转化为浮动利率的 ABS。究竟怎样转变,应视投资者的需要而定。在利率互换技术的实施中,ABS 的设计者通常要适应发行者和投资者的一些特殊需要。例如,当一些大的投资者愿意接受分期偿还,却又要避免利率波动的风险时,安排分期偿还的时间表和确定固定利率的水平就是一项复杂的工作。它需要利用许多利率预期的技术。但是,如果信用评级机构和管理当局认为发行者仍承担很大的风险,往往又不允许将这一发行 ABS 的资产从其资产负债表中去掉,在互换 ABS 的设计中,税收也往往使这种设计更加复杂,因为表面对称的税收负担在买卖双方承担的风险不同时,实际上也会存在很大的差异。特别是在利率变动或其他市场波动发生时,就更是如此。

资产证券化的技术也被用于商业票据市场,并在资产担保的商业票据发行中得到发展。这种商业票据的发行特别迅速,二级市场的交易也很活跃,从而能使发行者和投资者经常调整自己的债务结构和投资证券组合的构成,并且,在国际上发行的商业票据市场,常常使用远期外汇合同或货币交叉互换技术来规避外汇风险。总之,在商业票据市场上,在期限的配合、利率的转换、风险的规避,以及发行票据面额的确定等方面,筹资技术都得到了不小的发展。

在资产证券化的过程中,筹资技术不断发展,每一种证券的发行都包含着与其他证券发行有明显差异的复杂的发行技术。甚至同种证券的发行,由于其目的和环境条件的不同,发行者采用的技术和设计方案也就有这样或那样的差异。进入20世纪90年代,筹资活动已经成为一种"工程设计"性的复杂工作。

随着金融资产的证券化,金融活动中证券业的发展特别迅速,在20世纪80年代中期已经超过了银行贷款。所以,人们普遍认为,现代的金融业在一定意义上可以说都已经证券化了。或者说,证券化不仅仅是金融资产的趋势特征,它实际上也是整个金融业的趋势特征。

第二节 金融资产供求及其均衡与失衡

一、金融资产的供给与需求

(一)金融资产的供求曲线

尽管金融资产有多种不同的形式,但它们皆为沟通资金供求双方的融资工具。因此,我们在讨论金融资产的供求曲线时,不妨以金融资产之一——债券的供给和需求曲线为代表。之所以这样做,还有另外的两个原因:第一,利率是资金的价格,供求曲线是反映金融资产供求量随利率的变化而变化的曲线。第二,债券市场是决定利率的主要场所,其他金融资产的利率都是随着债券市场特别是政府公债市场的利率浮动的。

在图1-2-1中,横轴是债券金额,纵轴为利息率。债券的供给方是资金短缺的债券发行主体,债券的供给量是由需求资金的借款者的行为决定的。随着利率的上升,借款的资本成本率增大,资金的需求被抑制,债券的发行量随之减少,所以债券的供给曲线是斜率为负数、呈下降趋势的曲线。债券的需求量是资金的供给方对债券的需求数量,是由提供贷款者的行为决定的。随着利率的提高,资本供给量加大,亦即对债券的需求量加大,所以债券的需求曲线是斜率为正数、呈上升趋势的曲线。

(二)金融资产的供给

金融资产的供给主要受以下几个因素的影响:

1. 预期的利润率

在市场经济条件下,企业若想在竞争中立于不败之地,需要各种资源充分合理配置,从而取得最佳经济效益。在使用资金这种极其宝贵的资源时,企业进行

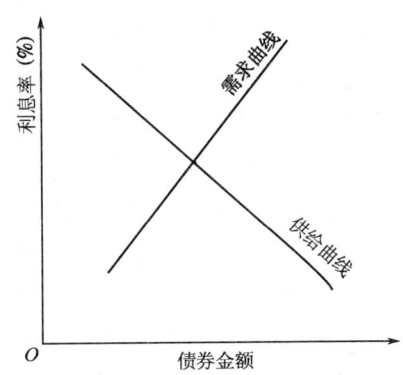

图 1-2-1 金融资产供求特例——债券的供求曲线

投资和筹资决策时的主要依据之一,就是预期的利润率。如果整个社会经济处于繁荣上升的阶段,总需求增加,消费者和生产者的信心高涨,投资的预期利润率高,那么准备通过发行债券向初级市场筹资的企业就会增多,金融资产的供给就会加大;如果整个社会经济处于萧条阶段,则预期的投资利润率降低,金融资产的供给相应减少。

2. 政府对资金需求的预期

占债券相当比例的政府债券的发行主体是中央政府及各级地方政府。如果政府的活动规模扩大,财政开支和财政赤字增加,政府向社会公众筹集资金的需要必然加大,债券的发行量增加,金融资产的供给加大;反之,如果政府紧缩开支,政府债券的发行量必然萎缩,金融资产的供给随之减少。

3. 预期的通货膨胀率

由于金融资产的实际利率或收益率等于名义利率与预期的通货膨胀率之差,所以,如果人们对通货膨胀的预期升高,实际利率就会下降,企业筹资的资本成本率随之降低,筹资的欲望加大,在初级市场发行债券增多,金融资产的供给量增加;反之,如果人们对通货膨胀的预期降低,企业筹资的资本成本率增加,发行债券筹资的热情会降低,金融资产的供给量相应减少。

(三)金融资产的需求

金融资产的需求主要受以下几个因素的影响:

1. 个人乃至整个社会的积累

对于个人来说,在满足了一定的消费需要之后,若还有积累的资产,自然要决定积累资产的方式——是选择银行存款,选择购置房子等有形资产,还是青睐于股票、债券和外汇等各种金融资产?资产积累的数额越大,人们越需对其如何安排、分配加以考虑。不管怎么说,积累的增加意味着可供购买各种资产的资源增多,对金融资产的需求加大。对个人如此,对整个社会也不例外。反之,若个人乃至整个社会的积累水平降低,对金融资产的需求也会大大减少。

2. 投资某项金融资产的预期收益

人们投资的目的,就是为了谋求未来的收益。由于每个人的心理预期不一样,对同一项投资的预期收益也可能产生极大的差别。有人看涨,有人看跌,看涨者买进,看跌者卖出,这就是市场形成的真谛。这正如现实股市中无论股价再高都有人追、股价再低仍有人杀一样,你永远不必杞人忧天,担心哪一天市场只有卖者没有买者或只有买者没有卖者,二者之间只不过是数量上的差异而已,否则市场便不复存在。当人们面对多种金融资产需要做出投资选择时,某一金融资产相对于其他金融资产的预期收益就成了主要的决定因素之一。假如人们预计利率会下降,债券的价格相对于股票会较快上升,亦即债券的预期收益高于股票,那么人们对债券的需求就会增加,对股票的需求则会相对减少。总之,人们对某项金融资产的需求与其对该项金融资产的预期收益同向变动。

3. 投资风险的大小

金融资产投资,尤其是证券投资,是一种高度复杂而又充满风险的金融活动。金融资产的投资风险是指投资者达不到预期收益或遭受各种损失的可能性。由于在投资领域风险与收益正相关,风险增大可能获得的收益也增多,因此人们对金融资产的需求不能简单地说与风险正相关还是负相关,毕竟有人倾心于风险大、收益也大的金融资产,另外一些人则宁愿收益少些也不想冒太大的风险。那么人们在作投资决策、选择投资对象或考虑资产组合时,怎样比较各项投资的风险并加以选择呢?只能说在预期收益相等的情况下,选择风险小的投资;在风险大小相当的情况下,则选择预期收益大的投资。但一般来说,大多数投资者还是对风险小的投资项目兴趣更大些。从这种意义上说,人们对某项金融资产的需求与其风险大小成反比关系。

4. 金融资产流动性的大小

金融资产的流动性,是指其变现的难易程度和可能承受的损失。一种金融资产变现能力强,对投资者来说就比较容易灵活调度,有助于提高投资者在紧急情况下的应变能力,减少破产的风险。由于风险与收益成正比,风险又与流动性成反比,所以流动性与收益成反向变动,即金融资产的流动性越大,表明其风险就越小,因而收益也相对较小;反之,金融资产的流动性越小,其风险就越大,收益也相对较高。因此,金融资产投资者往往需要在流动性、风险和收益三方面权衡利弊,做出最佳投资决策。一般来说,绝大多数投资者倾向于选择流动性较大的金融资产,因此对某项金融资产的需求往往随其流动性的增大而相应增加。

二、金融资产的均衡与失衡

(一) 均衡与失衡概述

从经济学意义上谈论均衡与失衡,主要是着眼于对供给与需求的考察。如果供给与需求之间保持和谐,便是经济学一般意义上的均衡,除此之外的其他所有经济运行状态均为失衡。那么,供给与需求之间到底怎样才能算是和谐呢?对这个问题的不同回答便形成了有关均衡与失衡概念的不同定义。其中,较有代表性的是瓦尔拉斯均衡与失衡、凯恩斯均衡与失衡、科尔纳均衡与失衡。

1. 瓦尔拉斯均衡与失衡

瓦尔拉斯均衡是指供给和需求完全相等时的市场状态。其要点为:均衡是一种市场结清状态,是在所分析的市场上供求完全相等,既不存在滞存,也无短缺;均衡的实现取决于供给与需求的相互作用,是通过价格调整而非数量调整所获得;价格机制极为灵敏,经济运行中的微观经济主体能唯一地根据价格信号而作出符合理性的行为选择。

2. 凯恩斯均衡与失衡

凯恩斯均衡是指由有效需求所决定的非充分就业均衡。这种均衡观点认为:在需求约束型经济中,普遍存在的是非自愿失业和非自愿的商品供给过剩。由于愿意提供的供给大于用于交换的需求,所以现实经济运行中的均衡是由有效需求所决定的。

3. 科尔纳均衡与失衡

科尔纳均衡是一种广义的均衡和正常状态下的均衡的有机结合。广义的均衡是指短缺和滞存都不超过一定幅度时的均衡,而正常状态下的均衡是指均衡本身是一种正常状态,改变这种正常状态便是均衡到失衡的过渡。科尔纳均衡是一种处于需求大于供给的资源约束型经济中的均衡。

由于供求完全相等的瓦尔拉斯均衡是一种理想状态,不能对现代经济运行中的问题给以合乎现实的答案,所以受到了凯恩斯及科尔纳等的批判。为了区别于纯属偶然现象的瓦尔拉斯均衡,人们将需求约束型经济中的凯恩斯均衡和资源约束型经济中的科尔纳均衡,统称为非瓦尔拉斯均衡。

(二) 金融资产均衡的含义

所谓金融资产的均衡有两层含义:一是指在某一时点及其邻界域内金融资产的供给量与需求量大致相当;二是指在同一时点及其邻界域内金融资产的供给结构与需求结构基本相同,也就是说,金融资产的均衡不仅仅是指所有金融资产的供给与需求在总量上不相上下,而且每种金融资产的供给与需求也不应相差太悬殊,否则就认为是金融资产失衡。不难看出,这种对金融资产均衡的定义

属于非瓦尔拉斯均衡。具体说来,金融资产均衡的含义包括这样两点:

第一,金融资产均衡是所有金融资产供求共同作用的一种经济运行状态,它不仅是所有金融资产总供给与总需求的大体一致,而且每种金融资产自身的供给与需求也不应偏离太大。一般来说,基于不同金融资产之间供给与需求在一定程度的相互替代性,所有金融资产总供给与总需求之间的偏离程度应小于单个金融资产供给与需求之间的偏离程度,即不同类型的金融资产供给与需求之间具有"拥抱效应"。

第二,金融资产均衡同货币等单个金融资产的均衡一样,是一个动态过程,并不要求在某一具体时点上金融资产供给与金融资产需求的完全相等。它允许短期内金融资产供需之间有可接受的不一致状态,但在长期内应是大体一致的。

(三)金融资产均衡与失衡的相互转化

1. 分析金融资产均衡与失衡的两个假定

(1)假定单个金融资产均衡与失衡的相互转化特性与所有金融资产总均衡与总失衡的相互转化特性是一样的。这样我们便可以分析某一单个金融资产(如债券)的均衡与失衡来代替对所有金融资产的总分析。

(2)尽管金融资产均衡是一种非瓦尔拉斯均衡,允许短期内供给与需求之间有一定程度的偏离,但为了叙述方便,我们不妨以供求曲线相交时的点来代替均衡时的邻界域。

2. 从债券的供求曲线上观察金融资产的均衡与失衡

(1)市场利息率为 Y_0 时,债券的供给量与需求量均为 X_0,此时金融资产供求处于均衡状态(见图 1-2-2)。

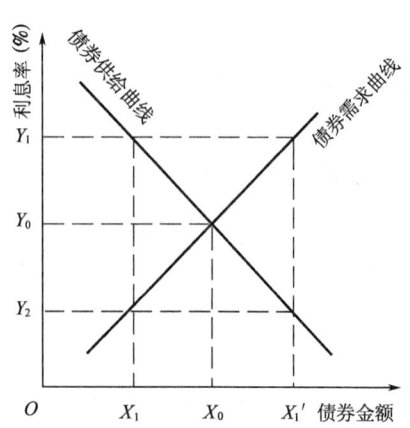

图 1-2-2　金融资产供求调整

(2)市场利息率为 Y_1 时,债券的供给量为 X_1,债券的需求量为 X'_1,供给小于需求,金融资产处于失衡状态,这种失衡状态会自动向均衡状态调整,即债券的价格会因债券供不应求而趋升,而债券价格又与市场利息率负相关,所以债券的价格上升必将带动整个市场利率下跌,直到由 Y_1 回落到 Y_0 为止,市场重新变为均衡状态(见图 1-2-2)。

(3)市场利息率为 Y_2 时,债券的供给量为 X'_1,债券的需求量为 X_1,供给大于需求,金融资产也处于失衡状态,这种失衡状态同样会自动向均衡状态调整,即债券的价格会因债券供过于求而趋降,从而带动整个市场利率向反向变化,即市场利率回升,直至回升到 Y_0,市场又回到均衡状态(见图 1-2-2)。

以上三种情况均是在债券的供给与需求曲线一定的条件下来分析金融资产的均衡与失衡。实际上,不论是债券的供给曲线还是债券的需求曲线,都会因多种因素的影响而发生移动。如前所述,影响债券供给有三个主要因素,如果投资的预期利润率上升,政府财政赤字增加,预期的通货膨胀率升高,则都会增加债券的供给,使供给曲线向右移动;反之,供给曲线便向左移动。影响债券需求有四个主要因素,如果人们手中积累的财富增加,某种资产(如债券)相对于其他资产的预期收益上升,风险降低,流动性增加,则都会使人们对资产的需求扩大,使需求曲线向右移动;否则,需求曲线就向左移动。下面接着分析在供给与需求曲线移动的情况下金融资产的均衡与失衡。

(4)供给曲线向右移动(见图 1-2-3),由原来 AB 的位置移到 $A'B'$ 的位置。在原来的均衡利息率 Y_0 下,债券的供给量由 X_0 增加为 X_2,而债券的需求量仍为 X_0,供给大于需求,债券的价格依供求规律变动趋于下降,由于债券价格与市场利息率成负相关,整个市场利息率随之上升,一直上升到 Y'_0 点,此时债券的供给量与需求量均为 X'_0,金融资产达到新的均衡。

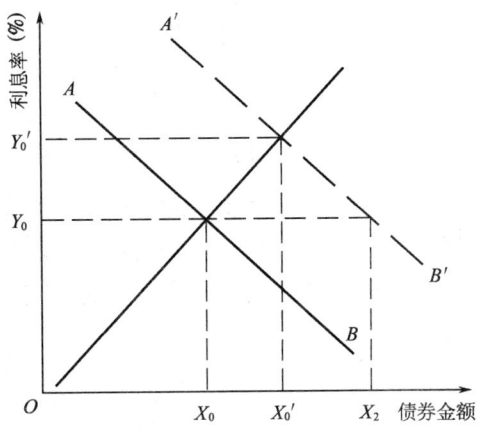

图 1-2-3 供给曲线右移

供给曲线向左移动的情况与此相反,金融资产将在较低的市场利息率下重新达到均衡(见图1-2-4)。

(5)需求曲线向右移动(如图1-2-5所示),由原来CD的位置移到$C'D'$的位置。在原来的均衡利率Y_0下,债券的供给量仍为X_0,而债券的需求量由X_0增加到X_3,供给小于需求,债券的价格趋升,从而带动市场利息率下降,一直降到Y_0',此时债券的供给量与需求量均为X_0',金融资产在较低的市场利息率Y_0'下获得新的均衡。

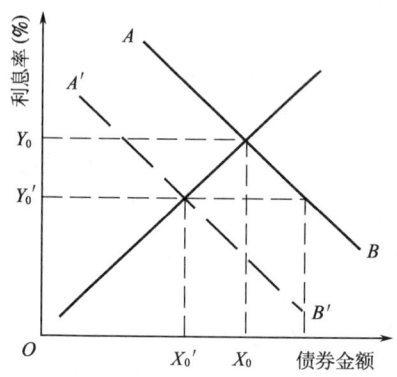

图1-2-4 供给曲线左移

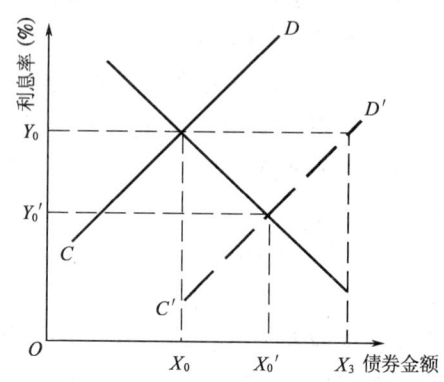

图1-2-5 需求曲线右移

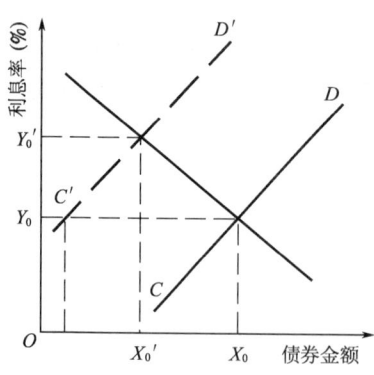

图1-2-6 需求曲线左移

需求曲线向左移动的情况与此相反(见图1-2-6),金融资产将在较高的市场利息率下重新达到均衡。

上述对金融资产供给与需求的分析仅仅适用于完全竞争的市场,实际上竞争的完全性是一个难以达到的极点。正如美国经济学家萨缪尔森所说:纯粹的完全竞争的条件和物理学上完全无阻力的钟摆的条件同样是难以实现的。我们能够逐步接近于完全,但永远不能达到它。然而,这一事实未必使这个理想化概念的有用性受到严重的影响。

第三节 复合概念的金融资产——证券

一、证券的概念及其虚拟性分类

(一)证券概念的界定

经济学意义上的证券是各类经济权益凭证的统称,是指能够确定、代表和证明证券持有人经济权益的书面法律凭证。它包括的范围很广,根据其所体现的信用性可划分为商品证券、货币证券、资本证券和不动产证券等。商品证券,是代表对一定量商品请求权的证券,如货物提单、存据等。货币证券,是商业上的支付工具,可以用来代替货币使用,如支票、本票、汇票等。资本证券,是代表资本所有权和收益分配请求权的证券,如股票、债券等。不动产证券,是代表财产所有权的证书,如房契、地契等。

在上述经济学意义上广义证券的范围内,货币证券和资本证券均是以货币额表示的,直接反映和代表着一定的价值。因此,这两类证券被合称为"有价证券"。有价证券依据其持有者所拥有的不同经济权益和义务可划分为票据、债券和股票三大类(有人认为,货币证券应是指代表一定量货币请求权的证券,所以除各种商业票据外,像存款单之类的证券也应归于货币证券。但由于存款单等不能流通转让,所以将有价证券剔除货币证券中不能流通转让的部分后,剩下的也就只有票据、股票和债券了)。由于票据所反映的经济权益是建立在实物交易基础上,而债券和股票所反映的经济权益是通过完全的直接金融交易形成的,因此,人们习惯上又只把债券和股票包括在证券范围之内,而把票据排除在外。在这种界定下,证券就只包括广义证券(限于经济学意义上)中的资本证券了。这就是经济学意义上狭义证券的内涵,即证券包括股票和债券。如果不加说明,本书提到证券时,均取此狭义的概念。

(二)证券的虚拟性分类

按虚拟资本虚拟程度的不同,可以将现代证券进行如下的归类:

1. 股票和公司债券

这是传统的虚拟资本形式,是与实际资产联系较为密切的虚拟资本。它们的虚拟性仅在于它们所代表的实际资产的价值运动与其是基本分离的。

股票是企业所有权份额的凭证。企业发行股票所筹得的资金将按照产业资本循环的方式进行循环。而股票却相对独立于产业资本循环之外,在所有权的转移中采取了股票—货币和货币—股票的运动形式。这当中有股票价格问题,而股票本身是没有价值的,但却有价格。并且,作为资本的价值增值运动,股票与其所代表的资产的运动也是分离的。实际资产获得利润,而股票除获得股息外,还要加上股票价格波动带来的正或负的收入。从这种意义上看,股票是虚拟资本。不过,一方面,它代表了实际资本,它的价值增值过程与实际资本的收益有关;另一方面,它的价值增值又与整个社会经济状况有密切的关系。

公司债券是一种可转让的债权(其他可转让的公司债权也一样),它直接代表的是一笔货币资金,这笔资金将用于企业的经营,转化为实际资产。因此,与股票的性质类似,公司债券也进行独立于实际资产以外的"虚拟的价值增值"运动,它只以利息的形式,分得企业利润的一部分,同时也会获得公司债券价格波动的差价收入或损失。无论是浮动利率还是固定利率的债券,一旦开始独立的运动之后,便与它代表的那笔资金的运动分离了。

股票和公司债券都直接代表一笔实际资本(货币资本、商品资本或生产资本),它们虚拟的价值增值运动虽然与实际资本的增值运动相脱离,但它们所代表的实际资本并不消失,而且实际资本的增值运动与其虚拟的增值运动密切相关,我们将它们称为"A类虚拟资本"。A类虚拟资本是直接代表实际资产并始终与实际资产共存的各种证券,包括股票、公司债券和公司的短期商业票据。

2. 政府债券

政府债券与公司债券不同,它直接代表一笔货币资金,但这笔资金却不是自行增值的资本。在西方,政府靠发行债券筹集的资金主要用于政府的各项非生产性开支,如军费、行政性开支和对低收入家庭的转移支付等,它们将成为总需求的一部分被花掉,不进入价值增值的实际生产过程。这部分资金被政府花掉后就不再存在了,但政府债券却依然存在,并仍保持着价值增值的外衣。这时,政府债券连同它的增值就纯粹是一种虚拟。政府债券比公司债券有更大的虚拟性。我们将这种最初代表一笔资金,而后这笔资金进入非生产性领域被花掉的证券称为"B类虚拟资本"。B类虚拟资本包括政府债券的大部分和其他以非生产性开支为目的发行的证券。

3. 证券化和ABS

在证券化及其衍生物的发展中,出现了许多发展了的虚拟资本形式。如资产证券化中的"重新打包"业务,即将一些低信用等级的证券组成一组,再加入较高信用等级的证券并作为抵押发行新债券。新债券的发行不但可以改变证券的期限,而且可以通过对原有证券的买卖随时调整证券组内的证券种类和数量。新发行的证券是在原有证券的基础上发行的,它们是虚拟资本的虚拟资本,我们称其为"C类虚拟资本",它们与原有的证券一起代表同一笔货币资金。在证券化的过程中,许多收入流(包括住房抵押贷款、汽车抵押贷款和信用卡贷款等)都被证券化了。贷款已经被用掉,买了房屋、汽车或其他消费品,借者将其收入分期偿还贷款。这种以收入流为实际基础的证券并不代表任何实际资产,既不代表物化的资本也不代表一笔投入生产的货币资本。它们同政府债券一样,是纯粹幻想的。即使用住房、汽车作抵押也不会改变其性质,这种资产抵押证券并不代表物化资产,而是间接代表一笔贷出的资金。物化资产是用这笔贷款购得的,且已进入借款人的消费。物化资产的价值会逐年减少,而据此发行的债券却保持着价值增值的外衣,这一增值与实际资产无关,只与借款人的收入或还款能力有关。

4. 衍生金融资产

在衍生金融资产出现以后,虚拟资本发展到了一个更高的阶段。首先是金融期货、期权等。股票和债券的期货合约不仅是虚拟资本的虚拟资本,而且是"无中生有"的虚拟资本。因为在期货交易中,多数是买空卖空赚取差价收益的投机者,真正拥有证券或资金准备到期实物交割的交易者不足3%。因此,这类投资被称为杠杆投资(leverage investment),交易双方不过是在赌证券的涨落,是一种投机性的投资。其次是衍生金融资产,如指数期货、期权等交易。在这种交易中,交易双方甚至抛弃了金融期货那种纯粹"幻想的交易"的外壳,就股票指数等的涨跌打赌。交易的标的本身是什么已经不重要了,甚至有无东西交易都无关紧要。我们将这种无交易物的交易合约或凭证称为"D类虚拟资本"。它们是始终无任何对应交易物的虚拟资本。

从理论上说,股票代表的是物化的实际资产,而债券则代表一笔货币资金。在纸币制度下,后者与实际资产的关系带有间接性,所以债券的虚拟性更大一些。在通货膨胀严重的条件下,这种虚拟性上的差异就表现为其价值的差异,债券会与纸币一同贬值,而股票则因直接代表物化的生产资本在一定程度上可以避免通货膨胀(当然,对于股票能否用来规避通胀,理论上还很有争议)。从这里我们可以看出,证券的虚拟性如何,不仅与它是否代表一笔实际资产有关,还与它所处的货币环境有关。当然,从短期看,股票的风险比债券大,它的虚拟成分似乎也更大。但实际上,短期内货币环境的变化通常不大,而心理因素的影响却很大。由政治的、经济的以及其他方面的变动引起人们对企业经营状况、经济形势的预期发生变化而产生的行为影响,通常在股票上的反映比债券更大。如果在较长的时期内,货币环境发生剧烈变动(如严重的通货膨胀),只要企业的经营状况不受影响,直接代表物化资本的股票就比直接代表一笔货币资金的债券虚拟性更小一些,这是因为当代的纸币本身就是虚拟的。

1973年以后,黄金基本上退出了国际货币的舞台。在各种国际支付活动中,货币全部是价值符号,无论是转账支票还是现钞都具有与纸币相同的性质。马克思曾指出了以银行信用为基础的银行券的虚拟性,同样,以国家信用为基础的法偿币也是虚拟的。银行券以银行信用为基础,法偿纸币以国家信用为基础,二者基础有差异,但虚拟性是相同的。现代各国的纸币是这二者的结合,它们以各国中央银行的货币政策为基础。

在国际证券投资中,一切证券都必须还原为一笔货币资金,它必须用一种货币来命名。股票虽然直接代表企业在其所在国的一笔物化资本,当它在另一国家出售时,如果用发行国的货币命名,销售国的股票购买者就必须将该股票的外币价格和收益换算成本国货币的价格和收益来考虑投资的利弊得失。这就产生了国际证券的汇率风险。汇率风险说明:股票(其他证券也是一样)不但与其发行国的币值有关,也与购买国的币值有关。无论是股票还是其他证券,在国际交易时都仅仅是代表一笔用某国货币命名的货币资金,从而增大了它的虚拟性。如果用购买者国家的货币命名,结果也是一样,它只不过直接代表一笔购买国货币命名的资金,仍然受汇率的影响,即受两国币值变动和货币政策的影响。如果用第三国的货币命名,就要受三国币值的影响。即使用特别提款权或欧元来命名,也不会使问题得到根本变化。因为这时各国的币值和货币政策将对它起综合性的作用,它仍然代表一笔货币资金。正是这种经常变化的浮动汇率制度,为投机者和风险规避者同时提供了机会,这就是即期、远期外汇交易及其衍生资产交易。

总之,证券的国际化使其虚拟性进一步加大。这是因为,第一,在国际证券交易中,每一种证券都必须还原为一笔货币资金,这使它们进一步远离了物化的资产;第二,国际证券不仅受本国货币虚拟性的影响,还受其他国家货币虚拟性的影响,这就使传统证券国际化以后的虚拟性增大了。不难看出,在前述的 A,B,C,D 四类虚拟资本中,前两类是旧有的虚拟资本形式,只不过在 20 世纪 80 年代的证券化过程中扩大了队伍,并因国际化而使其虚拟性增大;后两类则属于虚拟资本的新发展。

三、证券的特殊运行规律及经济效应

在通常情况下,所有的证券都像商品一样可以买卖。在买卖过程中,它们可以具备与实际资产类似的性质,即通过买卖之间的差价使买者或卖者获得利润或遭受损失。在人们持有这些证券的时候,它们也表现为是可以自行增值的资本。但是,它们却与实际资本有着本质的区别。它们是虚拟的,本身不具有价值。当金融动荡的时候,它们的价格可以数倍于它们所代表的实际资产价值,也可以大大低于实际资产的价值,甚至一文不值。在 20 世纪 80 年代的金融创新浪潮中,在证券化的发展中,出现了许多新的证券形式和直接融资方式,使传统的对证券虚拟性的认识不再适合当代更复杂的证券业。但无论如何,新老证券

的共同特性之一,是它们都属于虚拟资本的范畴。因此,要研究证券的特殊运行规律及经济效应,只需从虚拟资本的研究入手即可。

(一) 虚拟资本的运行趋势及规律

研究虚拟资本的特殊运行规律,有必要先从实际经济运行中来考察虚拟资本运行与实际生产过程的运行关系。

无论是证券化还是衍生金融资产的发展,虚拟资本均有日益摆脱个别生产过程,从而日益与整个社会生产和世界经济状况发生密切联系的趋势。这一趋势是从两方面发展的。首先,金融创新活动总是不断创造出远离个别生产过程,从而远离个别风险的各种金融工具。证券投资的风险分散化与证券投资的多样化已经成为当代投资的一种时尚。因此,在设计新的金融工具时,总要把减少风险作为基本目标之一来考虑。例如,以资产作抵押的证券、信用提高技术和指数期货等等,都是把证券与个别生产经营活动隔开,使它与多个生产经营过程发生综合性的关系。证券的收益和风险越来越与集团的、行业的,甚至社会的生产过程相关。其次,投资者为了分享高增长行业、地区和国家经济增长的利益并尽量减少个别风险,在世界范围内寻求证券投资的多样化,以尽量使其持有的证券接近"全球性证券组合",从而使风险降低到"全球性系统风险"的水平。市场风险有两类:一类是个别风险,另一类是系统风险。但是,实际的生产经营过程总是具体的和个别的,而它的效益如何,不但取决于其自身的经营管理,而且还取决于整个行业、全国甚至世界的经济状况。所以,个别风险通常大于系统风险。

一方面,证券本身在发展过程中呈现出摆脱个别生产经营过程的趋势;另一方面,投资者又在通过国际多样化进一步摆脱个别生产过程。这就是当代虚拟资本运行的基本趋势。证券投资的多样化只是对投资者来说减少了个别风险,它丝毫不减少个别生产过程的风险。企业倒闭和债务拖欠,决不会因为证券的组合或多样化而减少,只是在投资多样化的情况下使投资者免受或少受损失而已。证券投资的多样化可以减少个别风险并不适用于实际的生产经营过程,因此它也是虚拟的。虚拟资本不但在创造各种虚拟的价值增值的假象,也在不断地创造出避免了风险的假象。

上述虚拟资本运行的基本趋势,显示了虚拟资本与整个社会经济活动之间的关系。换一个角度来看,虚拟资本在社会经济活动中所起的作用也是比较特殊的。一方面,社会经济活动中存在着一定量的虚拟资本,对于加速资本的周转和转移,促进资本的集中和股份公司的发展,广泛利用社会各种闲散资金,从而不断进行社会扩大再生产等方面都有较大的好处;另一方面,如果虚拟资本与实体资本之间的比例失调,虚拟资本在经济领域中过度膨胀并成为人们投资的主要对象时,就会给社会经济的发展带来一系列问题,其中最主要的就是给国民经济增长带来不反映实际经济状况的"泡沫"因素。此外,虚拟资本市场的特殊运行规律,也使其对国民生产总值中实物资本的反映严重失真。一般而言,经济运行中的供求关系能够在不断的价值流动中趋于平衡。当某种产品供过于求时,它的价格就会下跌,企业就会缩减其生产量;当它供不应求时,其价格就会上涨,企业就会迅速地增加其产量。这样,供求关系便不断趋于平衡。同时,这一过程的不断作用也会使商品的价格在围绕其价值上下波动的时候逐渐接近其价值。在这种情况下,价格水平能够较为真实地反映实物状况,亦即金融资产与实物资产之间保持了相对一致的关系。然而,虚拟资本市场在受到人们的资产增值预期心理的作用下,表现出一种特殊的运行规律,即股市中所谓的"吉芬现象"。

吉芬是19世纪英国著名经济学家。当时,他对爱尔兰的土豆销售情况进行了分析研究,发现了一个奇妙的现象:即土豆价格上升时,市场对土豆的需求量也随之上升;当土豆价格下跌时,市场对土豆的需求量也随之下降。以后,人们便把这种买涨不买跌的反常心理反应称为"吉芬现象"。此现象在股市中的反应更为明显:当股票行情看涨时,人们在预期收益的诱使下,会纷纷购进,与此同时,持有股票的人也因期待着预期的收益而不愿意出手,造成股票价格的上涨,而股票价格的上涨,更增添了股票持有者的信心,他们不仅不会抛售股票,甚至还会寻找机会再购进一批。于是,股价在这种预期心理的作用下轮番上涨,直至一部分人的心理难以承受为止。反之,当股价下跌时,人们唯恐遭受更大的损失,争相抛售,于是在其价格下跌的情况下,供给量大大增加,需求量却大大减少,供过于求的缺口迅速扩大,其价格也就会一跌再跌。一言以蔽之,在人们的资产增值预期心理的作用下,虚拟资本市场上的供求关系与价格状况呈现一种相互背离的趋势,虚拟资本与实物资产的增长往往不同步,甚至相背离,发展演变的结果自然是"泡沫"的膨胀。

(二) 虚拟资本运行的经济效应

经济学界在谈论20世纪80年代以来世界性金融投机行为时,通常将其称为"泡沫",而把一国虚拟资本脱离实际经济过度膨胀的经济现象,称为"泡沫经济"现象。历史上17~18世纪曾出现过的"郁金香风潮"、法国的"约翰·劳事件"以及英国的"南海泡沫事件",都是最为典型的"泡沫经济"。而20世纪20年代末那场持续时间最长、波及面最大的全球资本主义经济危机,90年代初日本经济景气的衰减,以及韩国从亚洲"四小龙"位置的跌落(世界银行1993年2月的《东亚及太平洋周边国家经济现状》的报告,将韩国从亚洲"四小龙"中除名,以文莱取而代之),其罪魁祸首恐怕也都非"泡沫经济"莫属。

研究泡沫经济,不妨以股票这种虚拟资本为例。股票市场上的经济泡沫对实际经济的影响是多方面和多渠道的。仅就投资而论,当经济泡沫过度膨胀的时候,金融投资的收益率会远远超过实际投资的收益率,在金融环境松动的情况下,投机资本会过度膨胀,资金会由实际经济领域流向金融市场和房地产市场等经济泡沫滋生的领域。经济泡沫不一定仅仅通过影响人们的投资决策来影响投资,它还可以通过影响资金的可获得性来影响投资。当然,通过影响人们的投资决策来影响实际经济,虽然是经济泡沫对实际经济影响的非常重要的一个方面,但却不是经济泡沫影响经济的唯一渠道。金融市场是整个经济的一个有机组成部分,也是人们从事经济活动的一个重要场所。它与整个经济有着千丝万缕的联系,并非仅仅投资一条渠道。证券市场作为金融市场的重要组成部分,对经济的影响是巨大的,这就决定了经济泡沫对经济的影响也必然是巨大的。我们可以作如下的描述:最初,假定银根放松,实际投资增加,企业生产增长,收入提高。一方面,在正常情况下,股票市场开始活跃,人们对经济的信心增强,对股票投资的预期资本收益提高。于是股票市场交易活跃,股票价格不断上涨,经济泡沫出现,一些证券商开始获得较高收益;另一方面,由于银根的松动,贷款增加,特别是短期融资相对更容易,于是整个经济开始扩张,实际经济增长,人们的收入增加。在实际经济的增长过程中,收益率的差异会影响资金流动的趋向。如果证券业和房地产业的收益率能在相对较长的一个阶段内保持较高,就可能使这部分经济中产生较大的经济泡沫。如果人们预期的收益率与人们预期的风险一同增长,这些经济泡沫就不会影响实际经济。如果人们预期的资本收益率增长的幅度大于他们认为股票市场风险的增长程度,资本就要更多地流向证券市场,导致更大的经济泡沫进而形成泡沫经济。

虽然经济生活中一定"泡沫"的存在能够给国家带来更多的税收,能起到活跃金融市场的作用,但"泡沫"的膨胀对于国民经济的持续稳定发展却是十分有害的。其一,"泡沫"增大了经济波动的幅度,缩短了经济波动的周期。如果国民经济中的"泡沫"成分较多,那么在特殊规律的作用下,资产价格一旦上涨便会持续上涨,一旦下跌又会不断下跌,这就扩大了资产价格在最高点与最低点之间的波动幅度,即增大经济波动的波峰与波谷之间的落差。在经济发展过程中,过热或过冷的情形都会阻碍社会经济的持续稳定增长,特别是经济波动的频繁发生,会造成社会资源一定程度的浪费,从而制约着国民经济的增长速度和效益。其二,"泡沫"的膨胀会对整个金融体系造成破坏,使金融产业面临危机。"泡沫"的膨胀意味着虚拟资本市场的价格脱离实体经济的运行。当虚拟资本市场炒涨的气氛浓重时,虚拟资本中相当一部分没有充分的实物作保障,价格一旦调头下跌,投资于其中的金融机构必然遭到重大损失,甚至面临破产危机,债务链的破坏使银行资金回收困难,从而危及整个金融产业。其三,"泡沫"的膨胀会导致资源配置的扭曲。当虚拟资本市场投机重于投资时,人们会普遍追求投机性的短期价差收益,很少有人愿意充当长期投资者的角色。这样,一方面是虚拟资本成分加大的金融资产的迅速膨胀,另一方面则是因缺乏资金投入而导致的实物资产增长速度缓慢。资源配置的严重扭曲(突出表现在资金流向的非理性),必将严重阻碍整个社会经济的稳步发展。

"泡沫经济"的产生主要源于金融资产与实物资产之间的比例失调。当金融资产的数量大大超过实物资产的数量时,整个社会经济就会表现为一种虚假的繁荣,出现五彩斑斓的"泡沫"。而虚拟资本市场的存在及其特殊的运行规律,正是导致金融资产脱离实物资产而飞涨的重要原因。因此,从逻辑上说,消除"泡沫经济"最根本的措施便是取消虚拟资本市场,但这又显然是因噎废食的做法,是不可取的。我们不仅不能取消虚拟资本市场,而且还要大力推进虚拟资本市场的发展,因为我国的虚拟资本在金融资产中所占的比重实在太小。美国1963年时,金融资产总量中有1/4是股权,即使在股票市场不发达的德国,1981年其股权也占到金融资产的5%,而我国2004年股权占金融资产不足3%,这就出现了一对矛盾:既要发展虚拟资本市场,又不能任其形成"泡沫经济"。因此,我们必须对虚拟资本市场实行有力度的调控,制定合理而有效的法规、规则来规范和约束市场主体的行为。在对虚拟资本市场进行调控的过程中,应该抓住根本,摒弃短期行为,在不断的探索中积累经验,尽可能地追求有利于虚拟资本市场良性运行和发展的行为,最大限度地扼制虚拟资本市场的消极作用,消除诱发"泡沫经济"的潜在因素,使金融资产与实物资产之间保持一种动态的平衡关系。

第四节 现代金融资产交易市场的发展

一、金融市场概览

(一)金融市场的内容

市场,属于经济学范畴。它有两层含义:一是指商品买卖的场所,如交易所、集市等。这是狭义的市场概念,它强调市场的有形,即有一个具体的场所。二是指商品交换关系的总和。这是广义的市场概念,也是现代市场的概念。它不看重市场的"形",不强调非得有一个具体的场所。

从系统论的观点来看,经济学中的市场是在社会分工和商品交换发展的基础上形成的商品交易的经济系统。在这个系统中,包括商品市场、技术市场、劳务市场、金融市场等一系列的子系统。其中的金融市场,作为商品信用经济发展到成熟阶段的产物,是现代商品经济条件下,资金商品的交易系统。

作为资金融通关系的总和,金融市场主要由如下四大基本要素构成:一是资金的供给者。资金的供给者实际上也就是金融商品的购买者。为金融市场提供资金的主要有金融机构、企事业单位、居民以及政府机构等。二是资金的需求者,也就是金融商品的提供者。企业(公司)、政府、金融机构以及居民个人或家庭都可能成为金融市场的资金需求者。三是金融商品。金融商品是金融市场交易的对象,是指在金融市场上发行和流通的信用工具。它既包括政府部门、工商企业及个人所发行或签发的公债、国库券、公司债券、股票、权证、借款合同、抵押契约等,也包括金融机构发行的金融债券、可转让存单、人寿保单以及各种票据。四是金融中介。主要是指商业银行、投资银行、保险公司、信托公司、财务公司、各种信用合作组织等为资金供需双方提供服务并谋取经营收益的各类金融机构。

金融市场有着丰富的内涵。依据不同的划分标准,可以将金融市场分解为各种不同类型的子市场:按融通资金的期限是否大于一年分,有长期金融市场和短期金融市场,前者又称资本市场,后者又称货币市场;按融通合同签订后交割时间的不同分,有即期金融市场和远期金融市场;按融通资金的范围不同分,有国内金融市场(包括区域性和全国性的国内金融市场)和国际金融市场;按业务内容的差异分,则有同业拆借市场、票据贴现市场、证券市场、外汇市场、保险市场、租赁市场、储蓄市场、黄金市场,等等。

(二) 金融市场的功能与作用

金融市场的功能是其本身所固有的职能,这些职能在一定条件下表现出来,就成了金融市场的作用。金融市场的功能与作用可以概括为如下几个方向:

1. 融通资金,实现储蓄向投资的转化

金融市场的存在,可以使储蓄通过购买金融商品从资金供给者手中流入资金需求者手中,以便于扩大生产规模,变社会储蓄为投资,使资金盈余单位和资金不敷单位之间资金供求的矛盾得以解决,实现资金的融通。

2. 引导资金流向,实现资源的有效合理配置

金融市场上资金流动的规律,是不断地从利润率低的地方和行业流向利润率高的地方和行业。而后者往往正是国民经济中最急需发展、产品供不应求的部门和行业。因此,金融市场能够通过资金价格的利率导向,推动各种生产要素的重新配置与组合,更加有效而合理地利用资源。

3. 强化资本的转换与集中,实现短期资金向长期资金转化

在金融市场上,金融商品持有者的收益取决于金融商品的利率。当金融商品的利率有足够的吸引力时,大批社会闲置资金被吸引到金融市场上,经过金融

市场的转换与集中,一方面满足了广大企业日益扩大生产规模对资金的需要,另一方面也满足了广大拥有闲置资金者欲使其资金增值的需要。但是,暂时闲置的资金多半是短期资金,而生产投资需要的是长期资金。有了金融市场,短期资金的所有者可以用来购买股票、债券等一些长期投资工具,在自己需要资金时,可以到金融市场上出售这些金融商品,收回货币。由于众多的短期资金的所有者的短期闲置资金在时间上和空间上的相互交错,通过金融市场就可以有机地接续起来,成为可供长期投资运用的资金。这不仅方便了拥有短期资金的投资者,而且也有利于满足筹集长期资金的企业的筹资要求,用于扩大再生产,这对经济增长意义重大。

4. 促进利息功能的发挥,为国家宏观调控提供经济机制

金融市场以其特有的聚资、融资和导向功能,像一条无形的纽带,成为连接宏观经济运行中各部分之间的桥梁。在国家调控经济的几大政策手段中,金融政策是调节经济最灵活、最有力的杠杆。仅以作为三大货币政策手段之一的公开市场业务为例,它就是中央银行通过公开市场操作——在证券市场上买进或卖出政府债券等证券,以此影响中长期金融市场上的证券利率,从而进一步影响整个经济系统中的利率水平,达到紧缩或放松银根的目的。

5. 分散风险、传递信息、约束企业行为

金融市场还具有分散风险、传递信息、约束企业行为等功能与作用,所有这些在金融市场的子市场之一——证券市场上表现得最为充分。

证券市场上资金的需求者通过发行证券的方式筹集资金,将其经营风险部分地转移、分散给了投资者。但是证券市场上存在着各种各样不同性质、不同期限、不同风险与收益的证券可供投资者选择,投资者可通过"多样化"投资策略——"不把所有的鸡蛋都放在一个篮子中"来降低乃至回避非系统性风险,对系统性风险则可采用股票指数期货交易等交易技术加以避免。

另外,由于证券市场是由证券买卖双方、经纪人、证券商以及作为证券市场交易中心的证券交易所共同组成,来自于不同渠道的有关政治、经济、金融的动态信息汇集于证券市场上,互相传播,迅速扩散,加之现代化的通信手段的辅助,更能够将有关信息传递到社会的各个角落。特别是在现代证券交易所的交易活动中,证券行情牌价变化的信息可以在瞬间之内迅速传到世界各地。因此,证券市场上证券价格变动的信息反映着政治、经济、金融的发展动态,因此证券市场也成为反映经济动向的晴雨表,证券市场的信息传递功能更加令人瞩目。

再者,证券市场投资者的投资选择及客观存在的企业兼并行为,直接形成对企业行为的内在与外在约束。从投资者的投资选择来看,投资者倾向于选购有发展后劲的企业发行的证券,这就要求企业决策者不能只顾眼前利益,而应既考

虑近期收益又注重长期发展,进行技术创新,不断开发新品种,开拓新市场,使企业有发展潜力。从客观存在的企业兼并行为来看,在竞争性的市场上,每一个企业都处在竞争对手的严密注视之下。任何一个上市公司都是在既有可能被其他公司所兼并,又有可能去兼并其他公司的环境中生产和经营的。为了避免企业被并购进而董事会被改组、总经理被撤换,企业经营决策者们不仅不会放纵自己的行为,而且会殚精竭虑地运作公司的各生产要素,最大限度地挖掘企业的赢利潜力。

二、证券市场的层次划分

证券市场是证券交换关系的总和。这里的"交换"有两层含义:一是指筹资者与初始投资者之间的"券钱交换";二是指新老投资者之间的"钱券交换"。与之相对应,证券市场可划分为证券发行市场和证券流通市场两个层次。

(一)证券发行市场

证券发行市场又称"初级市场"或"一级市场",是指新发行的证券从筹资者手中转移到初始投资者手中的全部活动过程,是创造证券的市场。一个完善的、正规化的证券发行市场一般是由证券发行者、证券承销商、证券投资者、证券签证人、证券保证人等组成的证券发行的网络与体系。

证券发行者,就是为筹措资金而发行股票或债券的公司、政府、公共机构及金融机构等。证券发行者必须为证券发行的有关事项做好充分的准备,如制定发行计划、寻找有关机构(如投资银行)的帮助等。

证券承销商,是指受托代理发行股票或债券,承担证券销售业务的机构,即投资银行。投资银行是证券市场的核心和中介机构,是连接筹资者与投资者的桥梁。一方面投资银行是证券发行市场的主角和关键环节;另一方面它又是流通市场的基石。作为连接证券发行市场和证券流通市场的重要中介,投资银行在证券市场中的作用体现在如下方面:第一,从筹资者方面看,投资银行有利于其开辟筹资渠道,扩大资金来源;有利于其降低发行费用,减少筹资成本;能够强化证券信用,保证金融稳定;还能协助筹资者进行财务处理。第二,从投资者方面看,投资银行能够增强投资者的投资信心,引导投资方向,降低投资风险,促进金融资产增值。第三,从国民经济的宏观方面看,它有利于促进资源的合理配置,减少资源的闲置与浪费;诱导投资方向,促进产业结构的合理化和产业发展的高度化,推动经济增长。

证券投资者,是指那些出于不同目的而购买股票或债券的个人或机构。

证券签证人,是指就证券发行者每次发行证券的数量予以签证证明的信托机构或商业银行等。如系旧股票换新股票,则被注销的旧股票应连同新股票一起由签证人签证,以保证每次发行证券的数量准确无误,从而取信于民众。

证券保证人,是指为增强证券的信用,吸引投资者购买,由证券发行者商定的为证券的如约偿付提供担保的金融机构或另一家大公司。

除上述五项外,证券发行市场的构成还有超然于其上的证券管理机构。证券管理机构管理证券的发行及交易等有关事项,如证券的注册与登记等。证券管理机构的作用是保证投资者的利益,防止证券发行中的舞弊行为。

不难看出,在所有构成要素中,证券发行者、投资银行和证券投资者是证券发行市场的三大基本要素。

证券发行市场不强调要有固定的场所,它更强调的是一个过程,即发行证券从规划、推销到委托、承购等的全过程。这一市场是资金需求者获得资金的直接渠道,其职能是为新发行的证券提供销售网络,使资金不敷部门通过证券发行向资金丰盈部门筹资。如新公司的成立、老公司的增资,都要通过证券发行市场筹集资金,把社会储蓄转化为投资,从而创造新的金融资产。发行人取得资金后,用来购置生产所需的原材料或机器设备,也就增加了新的实际资产,由此使社会总资本和生产能力得以增加。所以说证券发行市场的作用就是将社会上的闲散资金汇集起来,使其形成大额资金,然后再通过企业的经营活动投入生产的各个部门。这一过程的结果,使闲置的零星资金变成促进整个社会经济发展的"催化剂",使整个社会经济得到发展。此外,证券发行市场还为产权的分割、融合与重组创造了条件,即它具有产权复合功能。例如,投资者购买股票首先占有或取得金融资产,借以间接占有物质资产获取股利收益,从而形成股票所有者共同的复合产权结构,引起产权制度的深刻变化。

(二)证券流通市场

证券流通市场又称"次级市场"或"二级市场",是对已发行的证券进行买卖、转让和流通的市场。它是为了解决投资者所企求的资本的短期性与企业所企求的资本的长期性之间的矛盾而产生的,它为证券发行后证券所有权的转移提供了条件,便利了证券的流通。依据交易场所与交易规则等的差别,可以将证券流通市场进一步分为证券交易所市场、柜台交易市场、第三市场和第四市场。

1. 证券交易所

证券交易所是依据国家有关法律,经政府证券主管机关批准设立的,供证券买卖双方公开交易的场所,是一个有固定地点的、集中进行证券交易的高度组织化的二级市场,是最重要、最典型、最规范的证券交易场所,在多数国家也是其唯一的证券流通市场。

证券交易所(以下简称证交所)的组织形式有公司制与会员制两种。

公司制证交所是一个按照股份制原则设立的,由股东出资组成的,以营利为目的的法人团体。公司制证交所向参与交易的经纪人和自营商出租交易设施和提供服务以收取费用。公司制证交所的优点是:它本身不直接参与证券买卖,在证券买卖中持中立立场,这样就能有效地保证证券交易的公正性。其缺点是:证交所的主要收入来自于买卖成交额中抽取的佣金,这与参与证券买卖双方的利益并不一致(买卖双方都想尽量减少佣金支付);证交所为了增加收益,可能会人为地造成证券投机,或者在证券交易中推波助澜,加剧了证券市场的不稳定;相应的,证券买卖双方为了逃避公司制证交所高昂的上市费与佣金,可能将上市证券拿到场外市场进行交易。

公司制证交所由股东大会选举董事会进行管理。经营证券的证券商一般不能担任证交所的董事或经理。证交所本身的股票虽允许流通转让,但不得在自己的证交所上市交易。公司制证交所与证券商的关系是契约关系:证券商遵守证交所的规章制度并缴纳费用。证交所为证券商提供交易场所、相应的设备和配套服务。

会员制证交所是一个由会员自愿出资共同组成的,不以营利为目的的法人团体。与公司制证交所相比,会员制证交所有如下特点:其一,会员制证交所是非营利的事业法人。它虽然也起到给证券交易作媒介的作用,但它并不向证券交易各方收取相当于成交额一定比例的佣金。为了维持证交所的日常营业,证交所只向其会员收取会费。会费的数额和缴纳方式等由证交所以章程形式确定。其二,会员制证交所由证券商组成。证券商实际上就是各种依法成立的证券公司。所以证券公司既是证交所的会员,也是从事证券交易的活动者,它同时具备两种身份。非证券公司既不能充当证券商,也不能作为证交所的会员。其三,会员制证交所强调自律性的管理模式。所谓"自律",是指证交所通过自行确定规则的方式实现对证交所的管理,立法机关和政府多不加干预。虽然政府对证交所的行政管理有强化的趋势,但与公司制证交所相比,会员制证交所仍具有自律自治制度,且不以营利为目的,因此证券交易佣金和证券上市费用比较低,有利于扩大证交所的交易规模和数量,防止上市证券流入场外市场进行交易。其四,会员制证交所的会员同时也是证券商,是证券交易活动的直接参加者,因此有可能导致证券交易过程中出现不公正现象。其五,会员制证交所内,参与证券交易的买卖双方只限于证交所的会员,新会员的加入一般要经过原会员相当多数的同意,这样就形成了一种事实上的会员席位的垄断性,不利于形成充分竞争的环境,从而会影响证券交易服务质量的提高。

尽管公司制证交所与会员制证交所各有利弊。但经济生活的迅速变化在客观上要求加快证券交易的速度,会员制形式可以在一定程度上克服公司制证交所凭借其独立地位而影响和阻断证券交易的弊端,从而减少了交易环节并降低了交易成本,实现了证券交易的高效率。同时,各国证交所立法还改革了会员制的某些传统特点,从而使会员制更具生命力。从我国的情况来看,证券流通市场得以有序高效地运行,与证交所本身组织机构的设置与调整不无关系。我国沪、深两家证交所均为会员制形式(与公司制相比,其组织结构除最高权力机构是会员大会而非股东大会、最高决策机构是理事会而非董事会且不设监事会外,其他部分是相同的,都是在总经理下设有一些具体的职能部门),日常事务的决策权由理事会行使,理事会任命的总经理则具体主持并负责日常工作。证交所的内部机构围绕市场领域而设置。其中,通信、电脑等工程部门是基础;上市、交易、清算三大部门为核心;而会员管理、信息发布、统计、培训、发展研究中心等部门则具有辅助性质。核心部门的上市部负责各类证券品种的上市事宜以及上市公司的行为规范;交易部着重于办理进场手续,维护场内秩序及监管整个交易情况等方面的工作;而股权的登记、集中存管及逐笔结算的业务则归清算部门办理。除市场领域外,交易所一般还设有人事、行政、后勤服务等部门。随着证券市场的迅猛发展,证交所也应随时调整部门设置,例如,国债现货、期货及回购品种交易的一度火暴,相应地突出了国债部的重要性,使之完全能从交易部分离出来;又如为了适应与日俱增的结算业务需要,清算部也已从交易所分离出来,成为独立的交易所全资子公司;而伴随B股交易规模的扩大以及境外公司来华上市的增多,必将使国际业务部的职能有所扩大。

由于证交所是各种有价证券集中交易的场所,许多人便认为交易所的功能仅在于此。其实,除了创造一个公平、公正、公开的市场以外,证交所的功能还有很多。主要包括:保证证券市场运行的连续性,实现资金的有效配置;能较正确地反映出股票的供求关系,形成合理的证券交易价格;减少证券投资风险;调节资金市场,反映市场经济运行状态;有效地管理和控制整个股票市场;等等。

2. 柜台交易市场

柜台交易市场又称店头市场或场外交易市场,是指在证交所之外买卖证券的网络和体系。

柜台交易市场作为证券流通市场的一部分,其重要性虽不如组织严密的证交所,但其历史却比证交所要悠久得多。早在股票、债券等证券产生时,就有了供其流通转让的广泛市场,而那时的市场,从组织形态、交易程序等来看,实质上就是我们现在的柜台交易市场;而证交所则是在证券业发展到相当程度以后才产生的。柜台交易市场之所以能够在证交所产生与发展后仍继续存在并发展,主要是相当多的证券在发行以后不能够或人们不愿意在证交所上市。在证交所上市的证券毕竟只是极小的一部分,发行的证券大部分都是上不了市的,因上市须满足一系列标准和规定。有些证券即使上市了,但由于各种原因(如一次成交量极大,在证交所交易会导致价格的大幅波动,对交易者不利),也常常会在证交所外交易。

一般来说,具有如下特性的一些证券倾向于在柜台交易市场流通转让:分配范围狭小的证券;买卖双方不愿支付佣金而愿意按净价来交易的证券;讨价还价差额很大的证券;买卖双方希望保持交易秘密的证券;规模很小的公司证券;金融机构的投资证券;缺乏投机利益的证券;价格很高的证券;不活跃的或无季节性的证券;交易额非常巨大的证券;不足证交所规定的成交单位的零数证券(虽然它们可以在证交所通过零数自营商来买卖,但委托客户须增加额外的佣金)等。

柜台交易市场是半组织化或未组织化的市场,它没有集中的、有组织的交易中心,而是通过遍布各地的电话、电传、专用线路和邮政系统等连接起来,进行证券的买卖交易活动。柜台交易市场与证交所相比具有以下几个特点:

(1)柜台交易市场没有中心场所,证券的交易一般在各证券公司的店头进行,交易时间比较灵活;

(2)柜台交易市场交易的证券大量的是未在交易所登记上市的证券,也包括少部分已上市证券;

(3)柜台交易市场行市的形成,是由交易双方通过协商决定价格,交易中对交易额没有起点和单位限制,成交速度和成交率都较交易所市场低;

(4)在柜台交易市场上,证券投资者既可委托证券公司买卖,也可直接同证券公司买卖;

(5)柜台交易市场上经纪人很少,其交易多为净价交易。

根据上述这些特点,我们不难看出场外交易市场的主要好处是:它为那些高质量的证券提供了一个极其巨大而方便的销售网络;为那些不上市的公司证券提供了一个流通的场所;有助于减少巨额证券交易成本;能够满足不同层次、不同类型的证券投资者的需要,交易方式灵活。当然,柜台交易市场也有其局限性,如由于空间上的分散,信息集中较慢,有时交易价格并不能准确反映市场价格;由于其组织性较差,比较容易发生交易上的偏误行为等。

3. 第三市场和第四市场

第三市场是已上市证券的柜台交易市场。第三市场的出现是与证交所固定佣金制密切相关的。固定佣金制使大批量证券交易的成本非常昂贵;而证交所之外的证券商可免受固定佣金制的约束,因而大批量证券的交易都在第三市场上展开。第三市场交易主要发生在证券经纪商和机构投资者之间,其中机构投资者主要为银行信托部、互助基金、养老基金、保险公司以及其他大型投资机构。

在第三市场上,证券商不仅不受浮动佣金制的"最低佣金比例"限制,而且很少或不需要提供证券研究与保管等环节的服务,因而总的成本能够保持较低的水平。另外,虽然证券商在第三市场交易中的利润率一般只及证券交易所交易的一半左右,但由于每笔交易的数量都很大,因此总的收入还是相当可观的。

第三市场于20世纪60年代产生于美国,其发展给整个证券市场的发展带来了深刻的影响:一是证券交易特别是股票交易日趋分散化、多样化,成交额也不断扩大;二是机构投资者在证券市场上的投资比重明显上升;三是多层次市场的出现使证券业竞争日趋激烈,从而有助于投资者提高投资效率。

第四市场是指证券的买卖双方绕开证券经纪商,通过电脑终端直接进行大宗交易,实质上是一个从事大批量证券交易的电子计算机网络。例如,著名的全美证券交易商协会自动报价系统(其缩写为NASDAQ,它通过计算机网络将6万多家分散在各地的证券商连接起来)就是典型的第四市场。

参与第四市场交易的都是一些大公司、大企业。市场参与者只需将证券的买卖价格输入电脑终端,便可通过计算机网络寻找客户并最终在网络上达成买卖协议。第四市场交易的优点是:信息灵敏、成交迅速;交易成本低;可以保守交易秘密;不冲击市场(因不公开出价,对市场不会产生压力)。

我国的两大法人股交易网络NET和STAQ也属于第四市场。

NET系统是由中国证券交易系统有限公司(简称"中证交"——由人民银行、工商银行等金融机构出资1.6亿元于1993年2月20日成立)经营管理、依托全国银行电子结算系统的场外证券交易场所。NET系统目前主要进行国内股份有限公司法人股的交易,凡是具备法人资格并能出具有效证明的境内企事业单位及社会团体,都可以通过NET系统证券商的代理,参与该系统的法人股交易。NET系统不设中央交易大厅,与其联网的全国各地的证券商可以在其所在地的计算机终端进入自动撮合系统,大大减少了交易的中间环节。NET系统具有即时传输、快捷回报的硬件优势与高效清算交割的软件优势。

STAQ(中国全国证券交易自动报价)系统是由国家体改委责成中国证券市场研究设计中心(简称"联办")设计并于1990年12月5日开始运作的。STAQ系统最初的上市品种为国债、企业债、金融债3个种类。1992年7月8日"珠海恒通置业"的法人股进入STAQ流通转让,成为我国第一家专门从事法人股流通的交易市场。STAQ系统以电脑联网交易方式辐射全国。对于以非实物形式流通的股权证,规定只有拥有法人资格的国有企事业单位可以参加交易,并在相当长时间内采取了"做市商制度"。

从以上介绍的证券发行市场和证券流通市场不难看出,这二者之间是相辅相成、相互依存、相互制约的:证券发行市场所发行的证券,只有通过证券流通市场上的买卖转手,才能流转于社会各阶层之间。如果没有证券发行市场,证券流通市场也就因失去了可供交易的对象而无法成立。但是,证券发行市场和证券流通市场在性质上又是不同的。在证券发行市场上,证券的发行只是一次而非反复进行的行为,它体现的是证券发行者和证券购买者之间的关系。而在证券流通市场上,同一证券的交易则可以不断地进行,它所体现的主要是证券的买主与卖主之间的关系。证券发行市场通过一种纵向关系将发行者和投资者联系起来,而证券流通市场则是通过一种横向关系将同是投资者的证券买卖双方联系起来。

证券发行市场是证券发行交易过程中的基础环节,它为投资者提供了理想的投资场所,也为筹资者获得长期性、固定性的资金来源创造了条件。但是如果没有能使证券随时卖出、转让的证券流通市场,证券就缺乏随时变现的能力,投资者无法灵活运用自己的资金,这终将导致证券无人问津,发行市场将无法存在。

概括地讲,证券发行市场是证券流通市场的基础,而证券流通市场则是证券发行市场必不可少的条件,二者有机结合形成完善的证券市场。

第2章 股份公司股权资本融资分析

第一节 股份公司的概念界定及股份制度分析

一、股份公司概念的界定

为了正确地把握股份公司的内涵,有必要先回答"何为公司?"从"公司"的法定含义来看,它是指依法登记,以营利为目的的社团法人。也就是说有三点需要强调:其一,只有依法登记注册才具有法人资格,才是独立的民事权利主体;其二,不以营利为目的的组织不能称为公司;其三,公司必须是社团法人。这里涉及"法人"的概念。大陆法系关于法人的定义,是指社会组织在法律上的人格化,是区别于自然人的另外一种民事权利义务主体。法人有公法人与私法人之分。公法人主要是指国家机关、政府;私法人又有财团法人与社团法人之异。为社会公益事业服务的组织,往往都是以财团法人的形式出现;社团法人是以一定的社员权利为目的,为其社员谋利益,例如,股份公司的股东就是股份公司这个社团法人的社员。社团法人又有营利性的与非营利性的两种。非营利性的社团法人以服务为目的,例如,行业协会;营利性的社团法人成立的目的是为了追求利润,典型的就是公司。

根据资本的表现形式和股东的责任形式,公司可分为如下几类:

(一) 股份有限公司

其特点是全部资本由等额股份组成,股份以股票的形式公开发行,股东以其所认购股份对公司负责,公司以全部资产对公司债务承担责任。股份有限公司资合因素甚强(即主要是资产合在一起),是当前发达国家大企业普遍采用的企业组织形式,在日本叫株式会社,在英美叫"公公司"(这里的第一个"公"字,是"public",即"公开上市"之意)。股份有限公司的定义有以下几大要件:要有规定个数以上的股东(即股东人数有下限限制,但无上限限制);股票要上市;股份要等额;股东都负有限责任。历史上第一家股份有限公司于17世纪60年代诞生于荷兰。由于股份有限公司越是在经营不好的时候,人们越是争相抛售其股票,相当于釜底抽薪,所以大约在300年以后便出现了有限责任公司。

（二）有限责任公司

其特点是股份不必等额，每个出资人以其所出资额对公司负责，公司以其全部资产对其债务承担责任。有限责任公司既有资合因素，也有人合因素，往往是熟人之间搞有限责任公司，人合因素强于资合因素。在西方国家中，此类公司的数量大大超出股份有限公司。有限责任公司在日本称有限会社；在英国称私公司（"私"即 private，指股票没有公众性，不公开上市）；在美国称封闭（close）的公司，也是指股票不公开上市的意思。所以，有限责任公司也常被叫做股份不公开公司。其定义的几大要件是：股东人数一般有上下限限制，通常规定在 2～50 人之间，若超出上限，法律就要求裁人或变成股份有限公司；不公开发行股票，不允许股份在证交所进行交易；股份不必等额；股东皆负有限责任。

（三）无限责任公司

其特点是公司股东对公司的债务负无限连带清偿责任。无限指责任无限，一旦公司资产不足以清偿债务时，股东还要在缴纳的股份之外，拿自己所拥有的个人财产去抵债；连带是责任连带，在公司资不抵债时，债权人既可以要求全体股东共同偿债，也可以对其中一个股东提出偿债要求，股东不得拒绝，当一个股东偿清了公司全部债务后，其他股东也就解除了对债权人的债务。至于一人承担的债务如何在众股东间分摊，则由公司内部章程来定。目前西方国家还存在无限责任公司，但数量很少，原因是这类公司不利于保护投资者的利益，风险太大，一旦公司倒闭，往往引起股东倾家荡产。

（四）两合公司

其特点是在公司中既有负无限责任的股东，也有负有限责任的股东。前者对公司债务负最后的无限连带责任，而后者仅以认缴的股份为限对公司债务负责。无限责任股东享有管理公司的权力。

（五）股份两合公司

这是两合公司的一种，只是有限责任部分的资本分为等额股份，对外发行股票。股份两合公司是介于有限责任公司和无限责任公司之间的中间形式，它既可通过无限责任股东取得外界的信任，又可以通过有限责任吸收大量资金。

以上提到的现代公司组织的五种基本形态，是大陆法系各国的一种分类，但其中也提到了英美的一些称谓。实际上，以英美两国为代表的英美法系各国，一般是按公司在法律上的设立方式将股份公司分为以下三类：一是特许股份公司。这是英国最古老的公司形式，依国王的特许状而成立，流行于 17 世纪，现在已很少见。二是法定股份公司。依国会的专门法令而成立，多系经营公用事业的公司。三是依照公司法登记成立的公司，是最常见的公司形式，分为公公司、私公司等。

对于股份公司的理解有三种：广义的理解，是把股份有限公司、有限责任公司、无限责任公司、两合公司和股份两合公司统称为股份公司（因为其中的任何一种都不是一个人办的）；狭义的理解，就是只把股份有限公司叫做股份公司；介于广义、狭义之间的理解，是把股份有限公司和有限责任公司叫做股份公司。所以会有这样的理解，是因为各国法律都认为这两类公司才是公认的法人。英美法系并不承认无限责任公司和两合公司。任何一个公司里面只要有负无限责任的股东，英美法系都不承认它是法人。因为法人的一个特点就是法人有法人自己的财产，这个财产和它的自然人，和它的社员是分离的，而无限责任公司则恰恰是财产和它的自然人分不开。

我们平时说到股份制改革中的股份公司，是取介于广义与狭义之间的概念（西方国家也多取此概念），而证券市场上所说的股份公司，是仅指股份有限公司而言的。这是因为：虽然有限责任公司是按股份制的原则组织的，公司要向出资人签发出资证明书，出资人也称为公司股东，但由于公司的资产不分为等额股份，也不发行股票，股权不能自由转让，因此，此类公司不是证券市场上所说的那种股份公司。另外，我国《公司法》中所指称的公司是指股份有限公司和有限责任公司，这也是股份公司企业制度涉及的两种公司形式。

二、股份公司企业制度的基本特征

基于上述对股份公司概念的理解，可以分析股份公司企业制度的基本特征如下：

第一，股东个人财产与公司财产相分离，企业所有权分解为出资者所有权（最终所有权、股权）与法人所有权（法人财产权）。所有者只能通过股权间接影响企业经营决策。在所有权约束间接化的同时，投资者对企业的风险责任也明显减轻了，只以其投资额负有限责任。法人所有权使企业在法律上"人格化"，此"人"可"生（设立）"、可"死（破产、解散）"、可"成长（发展）"、"结婚（合并）"、"离婚（分立）"以及起诉、被诉等。

第二，法人所有权具有独立性，但要受最终所有权的有效制约。

第三，相对独立的企业经营自主权，即在股份公司企业制度下，所有权职能与经营管理职能可以分离。

第四，产生了"单纯的经理"。职业经理人的出现是股份公司出资者所有权与法人财产权分离的一个重要的人力资本条件。随着现代公司制的完善，产权分割为出资者所有权与法人财产权，而经理只是作为法人财产权的代理人从事法人财产的管理工作。

总之,在股份公司中,最终所有权、法人所有权和经营权之间既相互分离又相互制约。这种制约关系通过股份公司的组织结构——股东大会(最高权力机构,有权选举和解除董事会、监事会成员)、董事会(业务管理机构,选聘公司经营管理人员)、监事会(监督机构)得以有效实现。此外,股份公司经营业绩公开化,这既是保护广大投资者权益的客观要求,又是企业接受社会监督的一种手段。

第二节 股份公司相关内容法律约定

一、《公司法》中有关有限责任公司的内容

(一)有限责任公司成立的法律条件

有限责任公司是根据法律规定的条件而成立,股东以其出资额为限对公司承担责任,公司以其全部资产对公司的债务承担责任的企业法人。我国《公司法》规定,只有同时具备下列条件方可设立有限责任公司:

1. 股东符合法定人数

除国家授权投资的机构或者国家授权的部门可以单独投资设立国有独资的有限责任公司之外,有限责任公司必须有2个以上50个以下的股东共同出资设立。

2. 股东出资达到法定资本最低限额

有限责任公司视生产经营、商品批发、商业零售、科技开发、咨询、服务性公司的性质不同,其最低资本注册额分别为50万元以上、50万元、30万元、10万元人民币。

3. 须有股东共同制定的公司章程

公司章程应包括公司名称和住所、注册资本、经营范围、股东姓名或名称、权利义务、出资方式和出资额、股份转让的条件、公司机构及其产生办法、公司的职权、议事规则、法定代表人、公司解散事由和清算办法等。

4. 须有公司名称及符合有限责任公司要求的组织机构

除全国性公司外,公司不得使用"中国"、"中华"等字样的名称。公司如需冠以每一级行政区域地名,由该级工商行政管理局核准。依法设立的有限责任公司,必须在公司名称中标明"有限责任公司"字样。

5. 有固定的生产经营场所和必要的生产经营条件

固定的生产经营场所是公司进行业务活动的所在地,必要的生产经营条件主要是指注册资金以外的其他物资、技术和人员等条件。

(二) 有限责任公司的组织结构

有限责任公司的组织结构主要包括股东会、董事会、监事会和工会。

1. 股东会

股东会是有限责任公司的权力机构,由全体股东组成,公司的一切重大事项都由股东会来决定。其职权主要体现在:一是决策权。对公司的经营方针、投资计划、增减注册资本、发行公司债券、向非股东转让出资、公司的合并、分立、变更、解散、清算等重大事项作出决策和决议。二是审批权。审议批准董事会、监事会、公司年度财务预决算方案、利润分配和弥补亏损方案等。三是选举权。选举和更换董事、监事。此外,股东会有权修改公司章程。

2. 董事会

董事会是经股东会选出,由董事所组成,代表全体股东利益并执行公司业务的常设机构。董事会设董事长1人,副董事长1~2人,其成员3~13人。股东人数较少或者规模较小的,可设1名执行董事,不设立董事会。公司经理由董事会聘任或解聘,对董事会负责,是公司行政工作的总负责人,管理公司的业务工作和行政工作。董事会有权召集股东会,向其汇报工作并执行其决议,决定公司的经营计划、投资方案和内部机构设置,指定公司年度财务预决算方案、利润分配及弥补亏损方案、增减注册资本方案,制定公司合并、分立、变更、解散方案和公司基本管理制度,聘任或解聘公司经理等。

3. 监事会

监事会是有限责任公司的监督组织,由股东代表和适当比例的公司职工代表组成。监事会或监事有权检查公司财务,对董事、经理执行职务和执法进行监督等。

4. 工会

公司工会是由公司职工组成的维护职工合法权益的组织。有限责任公司工会有权对公司决定的有关职工切身利益及公司生产经营的重大问题和重要的规章制度等发表意见和建议。

谈及我国《公司法》中的有限责任公司,就不能不提到国有独资公司。国有独资公司是指国家授权的机构或者国家授权的部门单独投资设立的有限责任公司。我国《公司法》所规定的国有独资公司具有如下特色:一是其在《公司法》中的特殊性。《公司法》将国有独资企业单独作为有限责任公司的一种形式,是其他国家公司法中所没有的,反映了我国《公司法》的特色和对国有独资公司的充分重视。二是公司资产的单一性。它不像其他形式的责任有限公司和股份有限公司,资产组成分别属于不同的主体,公司的股东至少在两人以上。国有独资公司的资产是单一的,资产的所有者为国家。三是不设股东会,只设董事会。国有独资公司不设股东会,而是根据法律设立董事会,董事会成员3至9人,每届任期三年,由国家授权投资的机构或者国家授权的部门按照董事会任期进行委派或者更换。董事会中职工代表由公司职工民主选举产生。国有独资公司设董事长1人,董事长为法定代表人。四是国有独资公司的特定性。根据我国《公司法》的规定,有些有限责任公司必须以国有独资公司的形式设立,即国务院确定的生产特殊产品的公司或者属于特定行业的公司。五是拥有权利的限制性。这种限制主要体现在以下两点:其一,公司董事会根据授权只能行使股东会的部分职权,决定公司的部分事项。对于公司的合并、分立、解散、增减资本和发行公司债券等重大事项的决定权是受限制的,这些事项必须由国家授权投资的机构或者国家授权的部门决定。其二,只有经营管理制度健全、经营状况较好的大型国有独资公司,才有可能由国务院授权拥有资产所有者权。

二、《公司法》中有关股份有限公司的内容

(一)股份有限公司的特征

股份有限公司是指全部资本由等额股份构成,并通过发行股票筹集资本,股东以其所持股份为限对公司承担责任,公司以其全部资产对公司的债务承担责任的企业法人。股份有限公司的特征有:其一,资本划分为等额。股份有限公司将资本总额划分为若干等额的股份,每股金额与股份数的乘积即为资本总额。其二,通过发行股票筹集资本。股份有限公司采取公开向社会发行股票的方式来筹集资本,为公司的筹资开辟了广阔渠道。其三,股东人数不限。股东人数可以在一定范围内无限扩大,便于吸引更多的人向公司投资。其四,可自由转让。投资者可随时出让所持股票,转让价格由供求双方决定,投资者具有很大的灵活性。其五,财务公开。股份有限公司应定期按国家规定的格式向社会公布有关的财务资料。

(二)股份有限公司成立的法律条件

股份有限公司的设立应具备如下一些法律条件:发起人符合法定人数;发起人认购和社会公开募集的股本达到法定资本最低限额;股份发行、筹办事项符合法律规定;发起人制定公司章程,并经创立大会通过;有公司名称,建立符合股份有限公司要求的组织机构;有固定的生产经营场所和必要的生产经营条件。

股份有限公司的设立可采取发起设立或募集设立的方式。前者是指由发起人认购公司应发行的全部股份而设立的公司;后者则是指由发起人认购公司应发行股份的一部分,其余部分向社会公开募集而设立的公司。发起人是指依法办理筹建股份有限公司事务的人,设立股份有限公司须有发起人。《公司法》规定,发起人可以是自然人,也可以是法人,设立股份有限公司的发起人应当在5

人以上,其中须有过半数的发起人在中国境内有住所。国企改组为有限公司的发起人可少于5人。《公司法》规定发起人的责任有:

第一,依法认购其应认购的股份。发起设立的认购100%的股份;募集设立的认购的股份不得少于公司股份总数的35%。

第二,承担公司筹办事务,如拟订公司章程、选举董事会、监事会成员、申请设立登记等。

第三,公司不能成立时,对设立行为所产生的债务和费用负连带责任并负责返还已缴纳的股款及相应的利息。

第四,在公司设立过程中,因发起人过失致使公司利益受到损害的,应对公司承担赔偿责任。

从资本要求来看,我国设立股份有限公司时,在公司章程中必须载明公司注册资本、股份总数、每股金额。公司注册资本应为在公司登记机关登记的实收资本总额。公司注册资本的最低限额为人民币1 000万元,最低限额需要高于1 000万元的,由法律、行政法规另行规定。股份有限公司的发起人可以用货币出资,也可以用实物、工业产权、非专利技术、使用权论价出资。对作为出资的实物、工业产权、非专利技术或土地使用权,须进行评估论价、核实财产并折合股份。评估时不能高估或低估论价。除高新技术企业外,发起人的工业产权、非专利技术论价出资的金额不能超过股份有限公司注册资本的20%。发起人应及时缴纳全部认股股款,或依法办理其财产权的转移手续。

股份有限公司在股款募足后,须经法定验资机构出具验资证明,并由发起人召开公司创立大会,由创立大会选举董事会,并按规定程序办理公司设立登记,领取营业执照。取得了营业执照,即宣告股份有限公司正式成立。

(三) 股份有限公司的组织结构

股份有限公司的组织结构包括:

1. 股东大会

股东大会是公司的权力机构,公司的一切重大事项均由股东大会决定。其主要职权有:决定公司的经营方针和投资计划;选举和更换公司董事和监事;审议批准公司的年度财务预算方案和决算方案;审议批准公司的利润分配方案或弥补亏损方案;决定公司的合并、分立、解散和清算等事项;决定公司注册资本的增加或减少及公司债券的发行;修改公司章程等。

2. 董事会

董事会对公司的经营活动进行管理,并对股东大会负责。其职权主要有:决定公司的经营计划和投资方案;决定公司内部管理机构设置,聘任或解聘公司经理等公司高级管理干部;制定公司的基本管理制度,执行股东大会的决议等。

3. 监事会

监事会是公司的监督机构。监事会由股东和公司职工代表组成。其职权主要是:检查公司财务;对公司的董事、经理执行公司职务时违反法律、法规或公司章程的行为进行监督;提议召开临时股东大会等。

4. 经理

《公司法》规定股份有限公司设经理,由董事会聘任或解聘,经理对董事会负责,其职权有:主持公司的生产经营管理工作,组织实施董事会决议和公司年度计划、投资方案;拟订公司内部管理机构设置方案、公司基本管理制度及具体规章;提请聘任或解聘公司副经理、财务负责人和其他负责人等。

(四)我国对股份有限公司的财务、会计工作的法律要求

《公司法》对股份有限公司的财务、会计工作提出了具体的要求:应按国家有关规定建立本公司的财务会计制度。编制年度财务会计报表,如资产负债表、损益表、财务状况变动表、财务状况说明书、利润分配表和其他有关附表,财务会计报表须依法经审查验证。公司的财务会计报告应在股东大会召开20日前备置于公司办公处供股东查阅,募集设立的公司还应按有关规定公布其财务会计报告。公司除法定账册外不能另立会计账册。对公司资产不能以任何个人名义开立账户存储。《公司法》规定了股份有限公司的利润分配顺序如下:

第一,弥补以前年度亏损(在不超过税法规定的弥补期限之内)。

第二,缴纳所得税。

第三,弥补在预算利润弥补亏损之后仍存在的亏损。

第四,提取法定公积金和法定公益金。

第五,提取任意公积金。

第六,支付股利。

第三节 股份公司证券融资决策分析

一、证券种类决策

当一个经济主体在经济运行过程中发生资金短缺并通过筹资方式比较决定借助证券市场融资时,首先必须选择发行证券的种类。这是证券发行市场最重要的决策之一。选择证券种类时必须考虑企业的资本结构:一方面要尽量利用债务资本的财务杠杆利益;另一方面又要尽量避免债务资本带来的财务风险,即在财务杠杆利益与财务风险之间寻求一种合理的均衡,这一均衡就是企业的最优资本结构。

证券种类决策,通常是先进行大类比较,然后再设置具体子类。

(一)股票与债券

1. 大类选择

所谓大类选择,也就是对两种性质完全不同的证券进行差异比较,然后结合企业实际,决定是发行股票还是发行债券。

股票和债券的差异主要表现在如下诸方面:

第一,股票只有股份公司才能发行,而债券则是任何有预期收益的机构或单位均可发行。

第二,股票是所有权凭证,具有永不返还性;而债券是债权债务关系的证明,到期需要还本付息。从这个意义上说,发行股票可使筹资者获得长期而稳定的资金,增强经营实力。

第三,股票是不定收益证券,在企业经营状况欠佳时可以不付股利;而债券无论是固定利率还是浮动利率,也不管企业经营状况如何,都有义务按期偿付债权人。倘若在企业经营困难时债务到期,则无异于雪上加霜。

第四,股票持有者有相应的经营参与权,而债券持有人则无权干涉发行机构的经营管理活动。因此,若筹资者不想使自己的经营管理权分散,则发行债券较为适宜。

第五,股票筹资因涉及产权的分割、重组等本质问题,所以其筹资的灵活性相对较差;而债券筹资是以企业为主体的借款行为,主动权完全操纵在筹资者手中,其筹资的灵活性较大。

第六,股票筹资较债券筹资的发行手续复杂,要求的技术性较强;股票因其投资风险高于债券,所以前者为投资者提供的收益率总体上也高于后者。以上两方面综合作用的结果,使股票的筹资成本高于债券。

总之,股票是一种高收益、高风险的证券,债券则是一种收益稳定、风险较小的证券。筹资者在这两种证券中作选择时,既要考虑公司经营管理的权利、筹资成本等问题,又要考虑投资者的风险承受能力及对收益的期望程度。一般来说,在经济稳定发展时期,股票投资风险较小,收益增长较快,对投资者的吸引力较大。而在经济剧烈波动情况下,股市变幻莫测,股票投资风险加大,此时尽管债券收益偏低,但因其风险较小,相对来说能吸引更多投资者。

2. 子类设置

在对股票和债券进行比较分析并做出选择后,筹资者还要在股票、债券内部做出发行什么样的股票和发行什么样的债券的具体选择。

股票的形式多种多样。一个公司选择发行什么样的股票,要考虑公司筹资的具体目的、当时股票市场行情及投资者心理等多种因素。一般来说,在货币价值稳定、经济健康发展时期,普通股对投资者的吸引力大;在经济剧烈波动或经济衰退时,普通股吸引力下降,此时发行优先股可能更受投资者欢迎;市场上投资者因优先股的固定收益过低而兴趣不大时,可考虑发行能参加剩余利润分配的可参与优先股;为广泛调动市场上投资者购买普通股的积极性,可考虑向公司发起人或经营者发行后配股,以股息分红先满足普通股股东的姿态来吸引投资者;公司不愿把经营权分散于股东手中或一部分小股东对参与公司经营管理兴趣不大时,可考虑发行无表决权股;投资者既要求有较高的收益,又要求对公司有较大的经营参与权,而且甘愿承担一定风险时,可考虑发行可转换优先股。总之,具体发行什么样的股票,受制于发行时期的多种情况,筹资者应综合考虑,从而做出恰当的选择。

筹资者选择发行什么样的债券时,除充分考虑到对投资者的吸引力大小外,还应考虑当时的社会经济发展状况及公司自身的一些具体情况。例如,如果公司的信誉非常好,投资者对其偿还能力毫不怀疑,则可发行信用公司债券,把自己的物质基础作为进一步借款的担保品;如果公司信誉一般其至较差,则应考虑发行抵押债券或担保债券;如果公司发行债券正处于通货膨胀上升时期,物价上涨较显著,固定利率债券难以吸引投资者,则可考虑发行浮动利率债券;如果公司急需大量资金,但在整个市场利率偏低的情况下,较低的债券利率对投资者缺乏吸引力,而公司本身又具有发展潜力,则可考虑发行可转换公司债券。

3. 其他发行条件的选择

企业在确定了证券发行种类后,还需进行融资条件的决策,以便在投资者能够接受的条件下,尽量降低筹资成本。在多种融资条件中,票面利率、偿还期限和发行价格是投资者衡量证券投资价值时最为关注的。而股票因是非固定收益的永不返还证券,所以也就没有什么票面利率和偿还期限。因此对这两项融资条件仅就债券来讨论。

(1)债券票面利率的确定。虽然票面利率在许多情况下与实际利率不一致,但票面利率却常常是投资者最直接关注的。因此债券的票面利率是筹资者必须慎重考虑的一个融资条件。一般来说,在确定债券票面利率时应考虑如下一些因素:

第一,现行银行同档次储蓄存款利率。原则上是债券的实际利率不能低于银行同档次储蓄存款的实际利率,但债券的票面利率一般也应略高于同档次储蓄存款的名义利率才有助于资金的募集。

第二,债券发行单位的承受能力。这直接关系到债券还本付息和筹资者的资信。一般来说,债券的实际利率不能超过所筹资金的预期利润率,后者是举债者经济承受能力的上限,也是负债经营合理化的基本衡量指标,债券票面利率的确定不能忽视预期利润率的期望值。

第三,税收因素。不同类型的债券税收减免情况也不一样。在确定债券票面利率时,不能不考虑税收因素对投资者实际收益的影响。

第四,通货膨胀的程度。通货膨胀的存在使投资者的实际收益大打折扣,严重的通货膨胀甚至会使投资者蚀本,因此在通货膨胀加剧时期,债券的票面利率应高些。

第五,债券的付息频率。即筹资者在债券有效期内向债券持有者支付利息的次数。在其他条件相同的情况下,考虑到资金时间价值的影响,期末一次付息频率的债券其票面利率应高于分次付息频率债券的票面利率。

第六,债券期限的长短。因期限长的债券其市场风险较大,故其票面利率应高于期限短的债券的票面利率。

第七,债券的信用级别。信用级别高的债券,其票面利率可相应降低。

第八,证券主管当局对债券票面利率的现行规定。这是确定债券票面利率时不可逾越的刚性指标。

第九,市场上其他债券的票面利率。这是确定债券票面利率时一个重要的参照指标。筹资者总是希望在市场上多数投资者可接受的程度范围内,最大限度地降低票面利率,从而降低筹资成本。

第十,债券的计息方式。单利、复利、贴现等不同的计息方式对投资者的实际收益和筹资者的筹资成本影响是不一样的,筹资者在选择票面利率时应考虑此因素。譬如在实际收益水平一定的条件下,单利计息债券的票面利率,应高于按复利计息债券的票面利率。

(2)债券偿还期限的设置。在债券融资过程中,由于债券的票面利率和偿还期限最明显地反映着投资者的获利水平和让渡资金使用权的时间长短,因此在进行融资条件决策时,筹资者往往是先决定票面利率和偿还期限,然后再根据当时的市场利率水平确定实际的发行价格。在确定偿还期限时主要应考虑这样一些因素:

第一,筹资者资金需求的性质。资金需求的性质不同,其偿还期限的确定也不一样。如果是为了一项生产性工程而发行债券,则其偿还期限的确定应结合该项工程的投资回收期一并考虑;如果是为了某项公用事业而发行债券,则其偿还期限的确定就应考虑税收和其他经常性财政收入的来源情况。

第二,对未来市场利率水平的预期。如果预计利率会下调,应发行期限较短的债券,以便在其果然下降的情况下,以较低的票面利率发行新的债券,降低筹资成本;如果预计会上调,则应发行期限较长的债券,以便避开市场利率上升所带来的筹资成本上升。

第三,物价走势。如果物价处于上升时期,期限应适当长些,因为这期间的货币贬值将减轻筹资者的债务负担;如果物价处于下跌时期,期限则应短些,这是因为物价下降货币升值,期限过长将增加债务方的负担。

第四,证券流通市场的发达程度。如果证券流通市场较发达,投资者可方便地变现,因而敢于购买长期债券;如果证券流通市场欠发达,长期债券流通困难,则只能发行期限较短的债券。

(3)债券发行价格的确定。一批债券的发行,从选择好票面利率和偿还期限到实际向投资者销售,中间或长或短总有一段时间间隔,还有一系列发行手续需申请办理。这段时间内金融市场上的利率水平可能出现较大的变动。此时若想吸引投资者或使企业的筹资成本降到合理的水平,有必要调整债券的实际收益。而由于票面利率和期限皆已固定,所以只有通过微调债券的发行价格来变动其实际收益水平。

债券的发行价格,是期终偿还债券面值折现值与各期所付债息折现值之和,因此债券的发行价格不仅是其面值、期限、票面利率以及实际利率的函数,而且还与债券的付息频率、计息方式、发行方法等诸因素有关。所以债券发行价格的确定及调整应针对不同情况具体分析计算。从我国早期发行的债券来看,较多的是单利计息、一次付息(也叫利随本清)。其计算公式为:

债券的发行价格 = 债券到期一次支付本利和按实际利率的折现值 =
票面金额 × (1 + 票面年利率 × 偿还年限) ×
$(1 + 实际利率)^{-偿还年限}$

如果还是一次付息,但以复利方式计息,则债券发行价格公式为:

债券的发行价格 = 票面金额 × $(1 + 票面年利率)^{偿还年限}$ ×
$(1 + 实际利率)^{-偿还年限}$

西方国家发行债券一般是分次付息(每半年或一年支付一次债息)。这种债券的发行价格包括两部分:一部分是到期(n 年后)偿还的债券面值(S)以实际利率(i)计算的现值;另一部分是以每次付息额($S \cdot i_0$,i_0 为票面利率)为年金计算的现值(直接套用年金现值公式即可),所以此种债券的发行价格(P)为:

$$P = S(1+i)^{-n} + Si_0 \frac{1-(1+i)^{-n}}{i}$$

需要注意的是,按复利计息发行债券时,一般是将票面额折算成现值发行,到期时票面额即等于本息之和,到期按票面额还本付息即可。这种方式又称为"零息票债券"。

与零息票债券形式上很相似的是贴现计息债券。贴现方式计息,通常是为解决证券市场上期限为一年以内的债券无法计算复利的问题而采取的计息方法。投资者按债券票面金额和约定的应得利息之差价买进债券,债券到期偿还

时按票面额收回本金。债务发行价格的计算公式为:

$$债券发行价格 = 票面金额 - 票面金额 \times 月利率 \times 月数$$

虽然零息票债券与贴现计息债券都是以低于债券面额的价格向投资者发售,到期按票面金额一次还本付息,但二者在本质上却相差甚远。以贴现方式计息的债券,利率是相对票面额而言,而零息票债券的利率则是相对投资额来说的。

(4)股票的发行价格。股票的发行价格理论上有三种模式可供选择:

第一,平价发行,也称面额发行或等价发行,是指按股票票面上所载明的金额发行。日本的各株式会社发行股票时普遍采用平价模式。我国股份制试点初期,企业也大多采用平价发行。平价发行主要有三个优点:一是能够使投资者精确地计算出自己所购股份在企业中所占的比例;二是发行股票不受市场行情波动的影响,具有简便易行和稳定的特性;三是发行所需费用较低,企业只需付给证券承销机构一定的手续费。但平价发行也有它的不足之处,即采用这种价格发行股票的企业不仅无法根据市场行情及时合理地调整发行中的价格,而且也得不到溢价发行给企业带来的运营资本的增加。因此,平价发行一般适用于股份有限公司成立时的首次发行。

第二,溢价发行,是指按高于股票票面金额的发行价发行。在欧美企业中,溢价发行股票比较流行。我国股份制企业目前基本上都采用溢价发行模式。其好处有三:一是可以使企业无代价地获取溢价收益。二是有利于将股票发行价格与交易价格挂钩,促进股票交易价格的稳定。因为发行企业总是期望股东能与企业共担风险、共享利益,而不只是注重短期收益。如果忽略市场因素,发行价格远远低于行市价格,股票市场中的投机者就会相对增多,不利于保持股市的相对稳定。三是为股东带来的股利相对增多。因为溢价发行的增收部分依法必须纳入企业公积金中,企业可作为运营资本使用和支配。溢价发行也有弊端,即在股票交易价格下跌时,往往会给股东带来很大的损失和较多的麻烦,甚至还会引起混乱现象。因此,采用溢价方式发行股票,必须考虑市场供求状况、发行企业的信誉、股票的账面价值、企业的预期股利、银行储蓄存款利率以及投资者的承受能力等制约因素。

第三,折价发行,即按低于股票面额的价格发行。一般是社会知名度和信誉度不高的股份制企业才选用折价发行方式。折价发行时所打折扣的多少取决于发行企业的生产经营状况和利润水平。发行价格低于票面金额的差价部分,实际上是发行企业对投资者预期收益损失的一种补偿。折价发行的优点是有助于推销股票,但却容易使经济效益不佳的企业借发行股票之机骗取他人钱财,从而损害股东的权益,甚至会阻碍证券市场的发展。所以许多国家(包括我国)明令禁止折价发行股票。

在实践中,确定股票的发行价格是一件十分细致复杂的工作。过高的发行价格很可能影响股票的顺利发行,难以及时筹得资金,还会增加发行费用;过低的发行价格则会使企业失去本可以得到的收益,还会影响日后的生产经营规模和效益。所以,确定一个合理的发行价格是至关重要的。在具体操作过程中,发行企业可以参考国际上关于股票发行价格的公式,该公式由四个指标的加权值组成,即

$$P = 0.4A + 0.2(B + C + D)$$

式中:P 为发行价格;A 为最近三年平均每股税后纯利与类似股票近三年平均市盈率的乘积;B 为本年度企业预期股息与银行一年期定期储蓄存款利率之比;C 为最近四年平均每股股息与类似股票近三年平均股息率之比;D 为最近期每股资产净值。

我国证券市场早期确定股票发行价格的方法是所谓的"市盈率法",且通常将市盈率控制在一定倍数以内。例如,若股票发行企业每股税后利润为2元,市盈率拟控制在15倍以内,则其股票发行价就必须控制在不超过30元的水平。

(二) 投资基金

1. 投资基金的概念

基金的概念有广义与狭义之分。广义的基金是指为特定目的而筹集的一定数量的资金。一般来讲,不同的基金有不同的筹资渠道、不同的社会和经济功能、不同的管理手段。根据我国法律对基金的规定,基金有如下种类:为保护和促进某一事业的健康发展而建立的专项扶持基金、风险基金;用于单位内部一些特定开支的财务管理上的基金;直接投资于某一产业项目的产业投资基金;以及国内外社团、组织及个人自愿捐助捐赠资金形成的各种民间基金,等等。狭义的基金仅指投资基金。投资基金发源于英国,盛行于美国,第二次世界大战后在全球范围内兴起。不同的国家对投资基金的称谓各不相同:美国称其为"共同基金",英国称其为"单位信托基金",日本则称其为"证券投资信托基金",我国目前的投资基金则主要是指证券投资基金。

证券投资基金是指投资者将资金交给专业的基金管理机构,其资金由保管机构保管,由专业管理机构管理并投资于股票、债券等有价证券,以取得收益的一种证券投资方式。它是一种利益共享、风险共担的集合投资制度。它是通过发行基金证券来汇集广大投资者的资金的。证券投资基金涉及基金发起人、基金管理人、基金托管人和基金证券持有人等几方当事人。基金发起人是指拟设立基金的机构;基金管理人是指凭借专门的知识和经验,对各种经批准的投资对象进行投资的金融机构;基金托管人是指保管基金资产、确保基金证券持有人利益的金融机构;而基金证券持有人则是指实际拥有基金证券的法人或自然人。

证券投资基金相对于股票、债券等有价证券的投资而言，具有下列特点：一是专家理财。证券投资基金是由证券分析专家和投资专家具体操作运用的。二是收益稳定。由于证券投资基金是专家理财，并广泛投资于各种证券，这样就能分散风险从而获得相对稳定的收益。三是面向大众。由于单位基金的份额较低，所以不具有股票、债券等购买财力的大众投资者也可以问津证券投资基金。

2. 投资基金的类型

依据基金法律地位的不同，可以将其分为契约型基金与公司型基金两大基本类型。

（1）契约型基金。契约型基金是根据一定的信托契约原理组织起来的代理投资制度。它是由委托者、受托者和受益者三方订立信托投资契约，由经理机构（委托者）根据契约运用信托财产进行投资，由受托者（信托公司或银行）负责保管信托财产，而投资成果则由投资者（受益者）享有的一种基金类型。契约型基金又可以分为单位型与基金型两类。单位型基金的设定是以某一特定货币总额单位为限来进行资金的筹集，并以此组成一个单独的基金来进行管理。某一特定货币总额的资金筹集工作结束后，投资者如果还要参加基金投资，就只能参加委托者设定的另一个单位的信托投资基金。这类基金的设定往往要规定一定的期限，每年分配一次收益。一旦期限终止，信托契约便告解除，并退回本金与收益。如果信托契约的期限未到，则不准解约，即不能退回本金，也不得追加投资。单位型基金又可细分为固定型和半固定型两种。固定型基金是指基金按投资计划投资，所投资的证券资产经编定后，不论价格如何变化，只要证券发行公司不发生合并或撤销，基金经理公司就不得以出卖等方式任意改变已编定的证券资产。半固定型基金投资的证券资产经编定后，经理公司在一定的条件和范围之内，可以变更基金的资产内容。基金型的筹资和投资活动没有进行一个单位与另一个单位互相独立的划分，而是综合为一个基金。这类基金有的有总金额限制，有的则没有。在期限设定上，有15年和20年等的区别，而且由于期限可以再延长，所以实际上往往是无期限设定。基金的代理投资机构往往根据其投资持有的债券及股票的市场价格，计算出每一份受益凭证的净值，再加上管理费和手续费等因素，最后公布出受益凭证的买价和卖价。这样，原投资者既可以按买价把收益凭证卖回给代理投资机构，以解除信托契约抽回资金；也可以按卖价从代理投资机构买入收益凭证，建立信托契约，进行投资。

（2）公司型基金。公司型基金不是按照一定的信托契约，而是按照公司法组成以盈利为目的的股份有限公司进行营运。投资者经由购买公司股份成为股东，由股东大会选出董事、监事，再由董事会任命总经理，并选定某一投资管理公司来管理该公司的资产。这种基金股份的出售一般都委托专门的承销公司来进行。公司型基金通常包括四个当事人：投资公司、管理公司、保管公司及承销公司。投资公司是公司型基金的主体；它以发行股票（基金证券）的方式筹措资金，其股东即为受益者，相当于契约型基金的受益凭证的持有者。管理公司在与投资公司订立管理契约之后，既要办理一切管理事务并收取管理报酬，又要为投资公司充当顾问，提供调查资料和服务。保管公司一般由投资公司指定的信托公司或银行充当。保管公司在与投资公司订立保管契约之后，负责保管投资的证券；并办理每日每股资产净值的核算，配发股息并办理过户手续等。保管公司收取保管报酬，与契约型基金的受托者大致相似，承销公司负责推销和回购公司股票。投资公司的股票首先由承销公司承销，再作次级分配给零销商，由零销商分售给投资大众。股东如果要退出基金而请求公司购回股票、返还资金时，也由承销公司办理。公司型基金可以分为封闭型与开放型两类。封闭型基金是通过投资者购买公司股份组成股份公司进行营运的。该公司发行的股票可以在证券交易所上市交易，其价格由市场的供求关系决定。公司发行的股份数量是固定不变的，发行期满后基金就封闭起来，不再增加股份。投资者购买股票后不得退股，即不得要求基金公司购回股票，同时也不允许增加新投资。投资者若想将股票变现，就必须将股票拿到证券交易所去转让。与封闭型基金明显不同的是，开放型基金的投资公司原则上只发行一种股票（普通股），持股者可以根据市场状况和自己的投资决策，自行决定退股或是扩大公司股份的持有比例。也就是说，公司的基金总额不是封闭的，而是可以追加的，故人们又习惯将开放型基金称为"追加型投资基金"。

从我国现存的投资基金来看，基本上是以契约型、封闭型基金为主。契约型基金作为基金发展的早期形式，其法律关系相对于公司型基金而言比较简单，适宜于投资基金起步较晚的我国国情。同时，封闭型基金相对于开放型基金而言比较简单，通常有一定存续期限，基金受益证券可以在市场上交易流通。而开放型基金则不同，投资者可以随时增加或减少其投资，因而基金的财产处在变化之中，需要每天计算其净资产，这种基金的受益证券不能在市场上流通，因此也不存在投机问题。当然，开放型基金与封闭型基金相比还是有许多优势的，主要表现在以下几方面：一是融资功能较强。由于开放型基金规模不固定，投资者可以随时购买或赎回基金单位，如基金经营业绩好，基金规模可以无限制扩大；加之开放型基金每手交易额较小，能满足各类投资者需要，因而其融资功能较强。二是更能保护投资者的利益。由于开放型基金流动性强，投资者可以随时申购或赎回基金单位，且其价格不受市场关系的影响，不会溢价也不会折价，较为公平合理，管理也更为公开，更能保护投资者利益，因而受到广大投资者的普遍欢迎。三是能增加证券市场有效需求。封闭型基金上市后，会分流一部分股市资金，尤其在股市扩容节奏较快的情况下,会在一定程度上增加股市扩容的压力。而开放型基金本身不上市交易,因而不会构成对证券市场供给的影响。其所筹资金投入证券市场,即为纯粹的有效需求。四是能降低投资风险。开放型基金本身不会成为证券市场的炒作对象,能够有效地抑制投机,真正起到通过投资组合降低投资风险的作用。正是由于开放型基金具有上述优点,它才为广大投资者所喜爱,成为投资基金的高级形式和必然趋势。从基金业较发达的美国、英国以及东南亚各国投资基金的发展历史来看,都是从封闭型基金逐步过渡到以开放型基金为主。这也正是为什么我国发展开放型基金呼声较高的原因所在。

3. 投资基金的相关分析

(1)与其他投资方式的比较。作为一种有自身存在价值的投资工具,投资基金与其他一些投资方式是有区别的。我们这里仅就银行金融投资和股份投资两种投资方式来与投资基金作大致的比较。

银行信用金融投资方式是商品货币社会最主要、最普遍的投资方式,实质上是一种债权债务式投资。一方面银行从个人、家庭、企业和事业单位吸收闲散沉淀的资金,即储蓄存款、法人存款和结算中资金,这些资金构成银行对社会的债务;另一方面,银行将存款和结算中资金也以债权方式(信贷方式)投资于(借给)需要资金的企业或个人。银行是风险的中心,它既承担贷款收不回来的风险,又承担必须支付存款的责任,长期存贷款风险更大。投资基金与其比较有如下特性:其一,投资基金以专家代理经营方式连接投资基金的供需双方;银行则以信用中介、债权债务、自主经营方式连接资金的供需双方。其二,专家代理经营不谋取双方利益,不承担经济风险,只收取代理服务费即劳务所得,无资本所得;而银行金融方式则是以在保证投资人利益的同时,又谋取经营利润,并相应承担投资风险为特征的。其三,投资基金是以他人的、不固定的收益的最大化为目标;银行所追求的是自身的经营利润,而且是事先相对确定的收益。所以在相同条件下,银行追求的是安全投资,事先确定的收益制约了它对风险行业的投资(如高科技产业的投资),而投资基金则相反。其四,投资基金是以有价证券方式筹资的,可以在交易市场流通变现;而银行则是以固定利率、固定期限的储蓄方式筹资的,一般情况下财产是难以及时流通变现的。其五,投资基金不仅可以获得收益,还可以获得资本增值;而银行存款则只保证货币数量的增长,却不能保证本金质量上的增长。总而言之,投资基金是商人性、劳务性质的投资方式;银行金融方式则是商业性、自我经营性的投资方式。

股份投资是当代经济社会伟大而又精巧的发明之一,投资基金与之相比有如下特性:其一,股份是股份公司按照公司法与股份制机制,将股份公司资本和将要筹集的资本进行等额划分的单位标志,并以股票形式向社会发行;公司型投资基金的发行单位的划分和发行方式与股份公司发行股票基本相同。其二,股份公司的筹资用做产业资本;投资基金公司的筹资用做金融资本。其三,社会向股份公司和向基金公司投资一样,都属于委托投资经营并行使股东权利,风险与利益分配体制基本相同,流通方式也基本相同,但股份公司的投资基本上是单一企业、单一类产品的产业投资,风险要比投资基金大,投资基金是分散投资于各类企业股票和各类金融商品,其组合风险要比投资单一股份公司小得多。其四,股份公司的股票一经发行,要流通只能在企业以外进行,不可退回,这种股份和封闭型投资基金公司的股份差不多,但越来越多的开放型投资基金发行的基金单位则随时可以赎回。其五,大多数投资基金都有经营期限,到时可以解散清偿,投资者可以收回投资,绝大多数投资基金解散时可以使投资者的资本增值,而且可随时变现。而股份公司除非破产,一般经营是无限期的,股份公司的资本增值只能在其股份上市转让中实现,而对非上市公司投资者很难收回投资。如果在破产时可以分得剩余财产,此时对投资者而言也是一种不幸,其投资资本不但没有增值,连保值也基本不可能了。此外,单从股份投资与基金投资关系上讲,股份投资是民众的直接投资,即单一投资。基金投资是集中民众资金对股份的间接投资,即再投资、分散投资、组合投资、复合投资。

(2)基金证券。基金证券是指由基金发起人向社会公开发行的,表示持有人按其所持份额享有资产所有权、收益分配权和剩余资产分配权的凭证。按照基金的发起和建立的方式不同,基金证券可分为"基金受益证券"和"基金股票"两种。基金证券源自投资基金,如前所述,投资基金是一种集合投资制度,它由基金发起人汇集起相当数量但不限定人数而且具有共同投资目的的投资者资金,委托由投资专家组成的专门投资机构进行组合投资,投资者按出资比例分享投资利益,并共同承担相应的风险。基金发起人只有通过发行基金受益证券或基金股票,才能汇集所需的资金,而投资者一旦持有基金证券,便可享有有关法规和基金章程(或契约)所规定的应有权利。基金证券是一种有价证券。虽然它自身并没有价值,但由于它代表着证券持有人的资产所有权、收益分配权以及剩余财产分配权,因而也能在市场上进行交易,并在交易过程中形成自己的价格。作为一种有价证券,基金证券与股票、债券有共同的特征,但同时与它们又有着明显的区别。这些区别主要体现在以下几方面:一是权利关系不同。基金证券是由发起人发行的。如果基金是发起人按照契约形式发起的,则投资购买基金证券的持有人与发起人之间是一种契约关系;如果基金是按照公司形式发起的,则通常先要组成基金公司,并由发起人组成董事会,由董事会决定基金的发起、设立、中止以及选择管理人和托管人等事项。证券持有人虽然也是公司的股东之一,但不参与基金的运用。发起人与管理人、托管人之间完全是一种信托契约关系;股票是由股份公司发行的,股票持有人是股份公司的股东,有权参与公司的经营管理决策,股东对公司是一种股权关系;债券则是由政府、银行及企业等诸家发行主体发行的,债券的投资者与发行者之间形成的是一种债权债务关系。二是投资者的经营管理权不同。通过发行股票筹集到的资金,完全可由发行股票的股份公司掌握和运用,股票持有人也有权参与公司的经营管理决策;通过发行债券筹集到的资金,也是由发行债券的公司自主支配。而投资基金的运作机制则有所不同。无论是哪种类型的基金,其发起人和投资人都不直接从事基金的运作,而是委托管理人营运。同时,投资基金信托又不同于个人信托。个人信托一般是单个投资者委托证券公司买卖证券,这种委托业务完全体现着个人的意志,即完全按照投资者的指令买进或卖出。而投资基金信托则是一种集中信托,受托的管理人本着"受人之托、代人理财、忠实服务、科学运用"的精神,按照基金章程规定的投资限制,对该基金自主地加以运用,并保证投资者获得丰厚的收益。投资者只分享基金的盈利和分红,不干预基金的管理和操作。三是风险和收益各不相同。投资基金是委托专门的投资机构进行分散组合投资,因而可以分散和降低投资风险。从风险程度上看,投资于基金证券的风险要小于对股票的投资,但大于对债券的投资。投资于基金证券的收益是不固定的,这一点不同于债券而类似于股票。从收益水平上看,基金证券的投资收益一般小于股票投资,但大于债券投资。因此,人们一般认为基金证券是一种风险低于股票、收益高于债券的有价证券。四是存续时间不一致。每一种类型的投资基金都规定有一定的存续时间,期满即终止。这一点类似于债券投资。与债券投资不同的是,投资基金经持有人大会或基金公司董事会决议,可以提前终止,也可以期满后再延续。封闭式基金在存续期间不得随意增减基金券,持有人只能通过交易市场买卖基金证券。从这一点看,投资于基金证券又类似于股票投资。与股票投资所不同的是,开放式基金可以随时增加或减少基金券,持有人可以按基金的资产净值向公司要求申购或赎回其所持有的单位或股份。

就基金证券的交易程序而言,从某种意义上说,投资基金是一种股权式投资。封闭型基金的存续期内,投资者不能赎回股金,只能在市场上进行交易和转让。而且封闭型基金发行的基金证券的总量是固定的,发行期满后,基金即封闭起来,投资者不得追加购买或购回。封闭型基金证券的交易程序相对来说比较简单。开放型基金的基金总额可以变动,投资者可以中途追加投资或撤回投资,其交易程序则相对复杂。投资于开放型基金,投资者可以直接向基金管理公司购买或委托投资顾问代为购买。由于开放型基金在设立后还可以不断追加投资或赎回基金证券,因此就有必要对某一时点上基金证券实际代表的价值即基金资产净值进行估值,在基金资产净值的基础上再加一定的手续费,便可得出基金证券的买价和卖价。通常情况下,对基金证券的报价是既报买入价又报卖出价,价格较高者为投资者购买基金证券的价格,较低者为投资者出售基金证券的价格。有时只报一种价格,即基金证券的资产净值。投资者购买这类基金证券,还须支付一定比例的首次购入费。基金证券的持有人如果要出售基金证券,可以随时将签过字的基金证券交回基金管理公司,并能在较短的时间内收到售券款项。几乎所有的投资基金都向投资者保证,在正常情况下基金会按照市场价格随时买回任何数量的基金证券,并以现款支付投资者。投资者出售基金证券时,可以利用多种结算方式从基金账户中提取部分资金,直接转入投资者的银行账户。

二、发行方式决策

证券发行有多种可选方式。

(一) 私募发行与公募发行

1. 私募发行

私募发行,就是发行者以特定的少数投资者为对象发行证券。这些投资者多为银行、保险公司等金融机构和一些实力雄厚的大公司,它们一般会长时间持有所购证券。由于这些机构投资者一般拥有自己的调研部门,可以自己对发行者进行资信调查,判断投资风险,所以许多国家对私募发行一般不要求向政府主管部门登记注册,不要求发行者公布公司内部状况。采取私募发行,筹资时间短,筹资成本低,手续简便。

2. 公募发行

公募发行,是在证券市场上以非特定的众多投资者为对象,公开募集发行。采用公募发行方式,要求发行者有较高的社会声誉。许多国家的法律部门规定在发行公募证券时必须向政府主管部门提出申请,必须公布公司情况,特别是有关财务方面的情况,以供投资者做出适当的投资决定。

(二) 直接发行与间接发行

公募发行与私募发行,是从筹集对象的角度进行的区分,而不论公募发行或私募发行,又都有直接发行和间接发行两种方式可供选择。

1. 直接发行

直接发行就是由发行者直接向投资者推销出售证券,供需见面,不需要投资银行等中介机构。在直接发行方式中有两种情况:一是工商企业的直接发行。工商企业采用这种发行方式好处是可以节省向发行代理机构缴纳手续费,降低发行成本。不利之处是如果发行数量较大,由于缺乏专门的业务知识和广泛的发行网点,发行者本身将要负担较大的发行风险。在私募发行的直接发行中,因机构投资者多精于杀价策略,发行者因此而损失的利益多于节省的代理发行费用的情况也时有发生。此外,直接发行因割断了与投资银行的联系,失去了它们的协助与指导,日后若再需要向投资银行咨询或请投资银行包销时会遇到许多困难。二是金融机构的直接发行,又叫卖出发行。金融机构发行金融债券,有的预先不确定债券发行总额,只规定债券发行的条件和发行债券的一段时间区间。在这段时间区间内,任何时候投资者都可以购买该种金融债券。金融机构是发出多少算多少。这种发行方式对于发行者较为便利,但对于非金融机构却不太适应,比如工商企业筹集资金特别强调其时间性、完整性。

2. 间接发行

间接发行是由发行公司委托投资银行等中介机构募集投资者的发行方式,又称委托发行。间接发行根据接受委托机构对证券发行责任的不同又可分为助销、代销和包销三种形式。

(1)助销。助销也称余额承购或余股承购,即接受委托机构按照与证券发行者签订的摊销合同规定的证券发行额,在约定的期限内,如有未销出的剩余证券,要承购下来。助销的特点:一是能保证发行总额的完成,一般较受发行者欢迎;二是发行风险由承销机构承担;三是有助于提高企业信誉,社会影响较大。因为受托机构只有在对发行单位比较了解的基础上才会采取这种方式,由此提高了社会公众对企业的信赖度;四是受托机构只有在社会公众购买有余时才可以收购剩余部分的证券,而不能预留部分证券自行收购;五是受托机构承担了一定的风险,因此手续费略高于代销。助销是一种比较理想的间接发行方式,特别是在社会上证券发行较多,社会公众大有选择余地,由于种种原因,在社会公众对发行单位不甚了解,发行单位的有关财务状况又不够理想的情况下,采用助销方式较为有利。这样可以解除社会公众的疑虑,发行单位也不必有筹资不足的后顾之忧。

(2)代销。代销即证券发行中介机构受发行者委托帮助代办销售证券的方式。证券发行中介机构代销证券时,发行单位需向证券中介机构缴纳一定的委托手续费,中介机构帮助发行者代销证券,销出多少算多少,期满销不出去剩下的证券仍退还发行者。代销的特点:一是发行风险由发行单位承担,受托者不负责任;二是手续费较低,可降低发行成本;三是适合于社会信誉好的大中型企业。

(3)包销。包销即为由投资银行一次全额买下发行者的证券,并垫支相当于证券发行价格的全部资金,然后在证券市场上按照市场行市渐次售出的发行方式。如果发行数额过大,一家投资银行包销有困难,可以由几家投资银行联合包销。包销的特点:一是发行风险全部由投资银行承担;二是发行单位能及时、全额取得所筹资金;三是社会影响大于代销和助销;四是企业信誉良好,完全能被投资银行和社会公众所接受;五是发行手续费较高。此方式比较适合于那些发行金额大,且又急需用款的发行单位。

在以上三种间接发行方式中,证券发行者选择哪种形式,主要应考虑下列因素:一是发行者在金融市场上的知名度和信誉状况。如果发行人充分相信自己的证券可在短期内顺利地全部销售出去,则最佳选择是代销;反之,便应利用助销或包销。二是发行人使用资金的时间性。如果急需将所筹资金一次性投入使用,最佳选择是包销;反之,则可按用资计划的急缓程度和用资期限的长短选择助销或代销。当然,发行一年期以下的短期证券,包销形式是最佳的。三是信息成本因素。按照惯例,包销人应无条件地向发行人提供所有发行决策的技术咨询,从证券种类的选择直至发售方式的确定。而代销人和助销人则无义务免费提供咨询。因此,如果发行人相信自己有能力进行发行决策,便可不采用包销方式。四是证券市场中中介机构的技术能力和资金实力。例如,若证券市场中介机构只能提供一种代销业务,发行人也就没有其他选择的余地了。

第3章 证券中介机构及资产定价

第一节 证券中介机构及业务发展

一、证券经营机构

从证券经营机构的历史沿革来看,它起源于15世纪欧洲的商人银行。这些商人银行通过承兑贸易商人的汇票,对贸易商进行资金融通。后来,随着股份公司制度的发展,它们又开始从事证券的交易,帮助股份公司发行股票,为政府发行债券,充当投资顾问等业务。19世纪后期,美国逐渐建立投资银行体制,从事证券的承销和交易。而日本也在19世纪末组建了证券公司。第一次世界大战期间,以投资银行为代表的证券经营机构得到了长足发展。

我们今天定义证券经营机构,通常是指从事证券发行和交易业务的非银行金融机构。显然,定义的落脚点强调了证券经营机构与银行的分离。这是因为,在20世纪30年代经济大萧条之前,大多数商业银行为追逐高额利润,大量从事证券投资业务。而证券市场,特别是股票市场价格的频繁波动性,无疑加大了置身其中的商业银行的经营风险。1929年,纽约证券市场的大崩溃导致近1万家美国商业银行倒闭。为此,美国国会于1933年通过了一项立法,明确规定:任何以吸收存款为主要资金来源的商业银行,除了可以进行投资代理、经营指定的政府债券、用自有资本有限制地买卖股票和债券外,不得同时经营证券投资等长期性投资业务;同时,经营长期性投资业务的金融机构也不准经营吸收存款等商业银行业务。此后,西方发达国家纷纷效仿美国的做法,将银行和证券业务分离。这种分业经营模式,有利于保护投资者的利益,而且证券经营机构业务的独立化也会规范证券承销与经纪业务,提高证券投资效率,从而有利于证券市场走上健康发展的道路。

当然,银行业与证券业分别由商业银行和证券经营机构经营,即银行不得从事证券的买卖、中介、代理、承销等业务,这只是美国、英国、日本等国家采用的证券经营机构运行模式。而在另一些国家,如德国、比利时等,采用的则是与分离型相对的综合型模式,即银行业可从事存贷款、证券、信托、担保等商业银行业务和投资银行业务,每家银行可根据自身优势和条件决定其业务范围。

从世界范围来看,20世纪30年代大萧条后各国普遍加强了对证券经营机构的管理,分业经营模式占了主流,但在金融自由化浪潮推动下。目前又出现了由分离型向综合型回归的趋向。我国现今实行的是分业经营模式,证券经营机构有专营机构(主要是证券公司,有全国性的和地方性的,它们或者是专门组建,或者是由原银行系统的证券部整合而成)和兼营机构(如信托投资公司)两大类。

在分业经营模式下,证券经营机构的主要业务包括以下几方面:第一,承销。这是传统的投资银行业务,是指协助发行者发行和销售证券的业务。它要求证券经营机构参与事前对公司必要的资产重组,拟定发行方案,制定发行价格,协调与各方面的关系等发行与销售过程中的全方位的工作。第二,经纪。指代理客户买卖证券的业务。第三,自营。指利用自有资金从事证券投资。第四,购并。指证券经营机构利用其与投资者和企业的关系,充当购并的媒介,为企业制定重组方案并收取费用。第五,基金管理。指受各种基金委托,代其处理和运用资产,进行投资,以获取尽可能多收益的业务。第六,咨询业务。是指设立专门的研究部门,对市场信息进行收集、分析和整理,写出报告,供客户参考,同时,也为筹资者与投资者提供有关市场行情及变动趋势,行业及宏观经济的分析报告,并协助客户制定投资或筹资计划。第七,其他业务。如融资融券业务,即当客户资金不足时,证券经营机构向客户贷款以买进抵押品;当客户卖空需借用证券交割时,证券经营机构将自有证券借给客户,以卖空所得价款为抵押品。此外,其他业务还包括项目融资、风险资本投资以及金融创新业务等。

从上述证券经营机构的业务内容不难看出,作为一国金融组织体系的重要组成部分,证券经营机构是直接融资的主要中介,在社会资金配置中起着特殊的作用:首先,它为筹资者提供证券发行的承销服务,从而满足筹资者的资金需求;其次,它为投资者提供证券交易服务,实现证券的流通;再次,它通过自身的买卖活动参与证券市场价格的形成;此外,它还通过提供广泛的服务和其他业务,完善了社会直接融资体制。正是由于证券经营机构的特殊作用,才使其得到了较快的发展。从发展趋势看,表现为如下几方面:一是证券经营机构在当代西方金融体系中的地位日趋加强。它们在金融市场中以其特殊的功能、方式展开业务,为各类筹资主体筹措资金,促进资产的重新组合,提供优良的咨询服务。二是证券经营机构的规模有集中化和扩大化的倾向。三是证券经营机构业务多样化。它们不仅经营传统的证券承销、交易业务,还拓展了公司购并、资产管理、风险资本投资及金融创新等业务,它们与商业银行等金融机构的竞争越来越激烈。四是证券经营机构国际化进程加快,它们不再局限于国内市场,而是广泛涉及各种离岸金融业务。

二、证券公司传统业务

证券行业有三大传统业务,分别是证券的经纪业务、投资银行业务、资产管理业务,这是投资银行有别于商业银行及其他金融机构的最大特点。

(一)证券经纪业务

由于只有证交所的会员才能到集中交易市场买卖证券,所以非会员投资者买卖证券必须通过中介机构的代理。证券经纪业务便是指证券经纪商依法接受投资者的委托,代理客户买卖证券的业务。投资者获得这项服务的代价,便是证券经纪商收取的手续费,即佣金。

1. 证券经纪业务的要素

证券经纪业务涉及如下几大要素:

(1)委托人。委托人是指将自己买卖证券的要求以特定的方式(当面填写委托单,电话、电报、传真及信件委托等)告知其代理商的证券投资者。

(2)经纪人。经纪人也称受托人,是指接受投资者委托,按照委托人要求代其买卖证券的证券商。

(3)经纪关系的确立。一旦经纪商接受了投资者的委托买卖指令,双方的经纪关系即宣告确立。在这一经纪关系中,经纪商只是在证交所内以自己的名义代替客户进行证券买卖,自己不能随意决定买卖价格和数量,必须严格按照客户的指令进行交易。在经纪业务中,经纪商并不动用自己的资金,只是收取客户支付的佣金。除了履行代理人的法律义务和承担相应责任外,经纪商并不承担交易本身的风险。买卖双方的委托者才是一次交易中真正的交易主体,只是他们并不直接见面,而是以经纪商为中介而已。

2. 委托人、经纪人的权利与义务

(1)委托人的权利与义务。委托人作为委托买卖代理关系中的一方当事人,其委托指令的发出不受受托人的干扰,完全可根据自己的独立判断和意愿发出有效指令,并有权在委托有效期内指令未执行前撤销或变更原来的委托指令(委托人变更委托,视同重新办理委托)。委托人的义务有:①如实填写委托书,接受受托人审查。②委托人须在委托前将证券或现金交存证券商处。这是因为我国目前在证券交易中采取严格的现货交易规则和禁止透支规则。委托人既不得卖空,又不得透支买入。在发生委托人账户内透支的情况下,委托人不仅有义务补足交易资金,而且须承担罚金责任。此外,委托人交存的证券如为记名证券,则须附加过户申请书或转让背书。③委托人应按规定支付佣金。④当委托指令被执行后,委托人有义务在规定的时限内办理交割手续,除非受托人没有严格按委托指令的要求执行(如没有按委托指令的限价、数量、有效期等执行,此时委托人可提起诉讼)。⑤委托人用于委托买卖的资金或证券必须是其本身可以自主支配的资产,未经授权不能将他人的资产用于委托买卖。所以在买卖他人资产时,委托人有义务出具授权书。

(2)经纪人的权利与义务。至于经纪人,有获取代客买卖佣金的权利,其相应的义务如下:①认真与客户签订委托买卖契约。这一步就是平常所说的"开户"。委托契约的内容除记载委托人姓名、职业、身份证明等个人情况外,还要认定以证交所的章程、营业规则、证券商同业公会规约以及证券商受托契约准则作为委托契约的一部分。②认真审查委托人,对不符合法律规定的客户,不予办理名册登记,不接受其委托。③经纪商有义务为委托人的委托事项保密,未经委托人许可,严禁泄露相关内容。但答复证券主管机关及证交所的查询不在此列。④委托人的委托买卖成交后,证券商须立即通知委托人。并做出买卖报告书交付委托人。⑤妥善保存委托书及委托执行中的有关收付凭证,并将相关凭证的相关联交给委托人。⑥忠实地办理受托业务。经纪人在接受客户委托后,应即刻通知驻场交易员,促使其按对客户最有利的条件成交。委托人的委托如未能成交或未能全部成交,则在委托有效期内应继续执行,直至有效期结束。对委托人变更或撤销委托,经纪商也应立即通知场内交易员。对委托人撤销或未能成交的委托,经纪商应退还其交纳的资金或证券。对于成交的,及时通知客户后,代其办理清算交割。⑦受托人应注意我国现行法规政策规定的如下一些禁止事项:不得接受替代客户决定证券买卖数量、种类、价格及买入或卖出的全权委托;不得在营业场所以外的地方接受买卖证券的委托;同一证券商不得将其所接受的数量一致、价格相当的同一证券的买入和卖出委托自行成交,必须分别进场申报竞价成交;不得向委托人传播非正式的消息和言论,提供自己不可靠的判断来吸引买卖委托;不得以提供附加利益为诱饵吸引投资者或者以补偿损失的许诺诱惑他人买卖;不得受理旨在操纵市场的买卖委托;不得以买方或卖方的身份接受委托人的委托;不得利用职权从事投机买卖等。

3. 证券经纪业务的特点

(1)对象的广泛性。作为经纪商的证券商熟悉各种证券交易,具有方便的通讯联系手段,特别是作为交易所会员的证券商能直接进场交易,进入交易所的集中清算系统,在证券交易上具有极大的优势,因此经纪商可以参与各种类型的证券交易。更重要的是,经纪业务不需要证券商承担交易风险,亦不需使用自己的资金,故证券商可以大范围地参与各种类型证券的代理交易。所有这些都决定了证券经纪业务对象的广泛性,股票、债券、基金、权证等各种原生及衍生的金融资产都可成为其经纪的标的。

(2)经纪业务的中介性。经纪业务的中介性是由经纪业务的委托代理性质决定的。由具备专业运作技能的证券商来替代买卖双方进行繁杂的证券交易,极大地方便了证券交易的运作,促进了证券市场的发展。但是经纪业务始终是代理性质的,证券商只是促使买卖双方成交的中介人,获取的也只是服务费而不是低买高卖的差价收益。

(3) 客户指令的权威性。经纪业务中,经纪商必须严格按照客户的指令进行交易,并按最有利于委托人的条件促成交易,不能随意决定客户的买卖价格和数量,不得以任何借口更改客户的指令(即便是基于客户利益的考虑也不允许)。如果经纪商执行委托指令不当,由此导致客户受损失的,应承担相应的赔偿责任。

(4) 客户资料的保密性。由于交易的需要,作为代理人的经纪商能够掌握客户的一些个人资料以及一些很重要的私人经济信息。对于有些资料和信息,如私人银行账号、股票账户密码、证券拥有情况、买卖记录等对客户都是至关重要的,一旦泄露,有可能对客户的利益造成危害。因此,客户资料的保密性既是维护投资者利益的体现,也是经纪商职业道德的要求。

(二) 投资银行业务

投资银行业是一个不断发展的行业。在金融领域内,投资银行业这一术语的含义十分宽泛,从广义的角度来看包括了范围宽泛的金融业务;而从狭义的角度来看,包括的业务范围则较为传统。狭义的投资银行业务只限于某些资本市场,着重指一级市场上的承销、并购和融资业务的财务顾问。广义的投资银行业务包括众多的资本市场活动,即包括公司融资、兼并收购顾问、股票的销售和交易、资产管理、投资研究和风险投资业务。

国内外的投资银行范围也不同,国际投资银行的业务包括企业融资、收购兼并、财务顾问等业务。在中国,投资银行业务主要包括证券承销、证券交易、兼并收购、资金管理、项目融资、风险投资、信贷资产证券化等。

1. 证券承销

证券承销是投资银行最本源、最基础的业务活动。投资银行承销的职权范围很广,包括本国中央政府、地方政府、政府机构发行的债券、企业发行的股票和债券、外国政府和公司在本国和世界发行的证券、国际金融机构发行的证券等。投资银行在承销过程中一般要按照承销金额及风险大小来权衡是否要组成承销辛迪加和选择承销方式。通常的承销方式有四种:包销、投标承购、代销、赞助推销。

(1) 包销。这意味着主承销商和它的辛迪加成员同意按照商定的价格购买发行的全部证券,然后再把这些证券卖给它们的客户。这时发行人不承担风险,风险转嫁到了投资银行的身上。

(2)投标承购。它通常是在投资银行处于被动竞争较强的情况下进行的。采用这种发行方式的证券通常都是信用等级较高,颇受投资者欢迎的债券。

(3)代销。这一般是由于投资银行认为该证券的信用等级较低、承销风险大而形成的。这时投资银行只接受发行者的委托,代理其销售证券,如在规定的期限计划内发行的证券没有全部销售出去,则将剩余部分返回证券发行者,发行风险由发行者自己负担。

(4)赞助推销。当发行公司增资扩股时,其主要对象是现有股东,但又不能确保现有股东均认购其证券,为防止难以及时筹集到所需资金,甚至引起本公司股票价格下跌,发行公司一般都要委托投资银行办理对现有股东发行新股的工作,从而将风险转嫁给投资银行。

2. 证券交易

(1)经纪交易。投资银行在二级市场中扮演着做市商、经纪商和交易商三重角色。作为做市商,在证券承销结束之后,投资银行有义务为该证券创造一个流动性较强的二级市场,并维持市场价格的稳定。作为经纪商,投资银行代表买方或卖方,按照客户提出的价格代理进行交易。作为交易商,投资银行有自营买卖证券的需要,这是因为投资银行接受客户的委托,管理着大量的资产,必须要保证这些资产的保值与增值。此外,投资银行还在二级市场上进行无风险套利和风险套利等活动。

(2)私募发行。证券的发行方式分为公募发行和私募发行两种,前面的证券承销实际上是公募发行。私募发行又称私下发行,就是发行者不把证券售给社会公众,而是仅售给数量有限的机构投资者,如保险公司、共同基金等。私募发行不受公开发行的规章限制,除能节约发行时间和发行成本外,又能够比在公开市场上交易相同结构的证券给投资银行和投资者带来更高的收益率,所以,近年来私募发行的规模仍在扩大。但同时,私募发行也有流动性差、发行面窄、难以公开上市扩大企业知名度等缺点。

3. 兼并收购

企业兼并与收购已经成为现代投资银行除证券承销与经纪业务外最重要的业务组成部分。投资银行可以以多种方式参与企业的并购活动,如:寻找兼并与收购的对象、向猎手公司和猎物公司提供有关买卖价格或非价格条款的咨询、帮助猎手公司制定并购计划或帮助猎物公司针对恶意的收购制定反收购计划、帮助安排资金融通和过桥贷款等。此外,并购中往往还包括"垃圾债券"的发行、公司改组和资产结构重组等活动。

4. 项目融资

项目融资是对一种特定的经济单位或项目策划安排的一揽子融资的技术手

段,借款者可以只依赖该经济单位的现金流量和所获收益用作还款来源,并以该经济单位的资产作为借款担保。投资银行在项目融资中起着非常关键的作用,它将与项目有关的政府机关、金融机构、投资者与项目发起人等紧密联系在一起,协调律师、会计师、工程师等一起进行项目可行性研究,进而通过发行债券、基金、股票或拆借、拍卖、抵押贷款等形式组织项目投资所需的资金融通。投资银行在项目融资中的主要工作是:项目评估、融资方案设计、有关法律文件的起草、信用评级、证券价格确定和承销等。

5. 基金管理

基金是一种重要的投资工具,它由基金发起人组织,吸收大量投资者的零散资金,聘请有专门知识和投资经验的专家进行投资并取得收益。投资银行与基金有着密切的联系。首先,投资银行可以作为基金的发起人,发起和建立基金;其次,投资银行可作为基金管理者管理基金;第三,投资银行可以作为基金的承销人,帮助基金发行人向投资者发售受益凭证。

6. 资产证券化

资产证券化是指经过投资银行把某公司的一定资产作为担保而进行的证券发行,是一种与传统债券筹资十分不同的新型融资方式。进行资产转化的公司称为资产证券发起人。发起人将持有的各种流动性较差的金融资产,如住房抵押贷款、信用卡应收款等,分类整理为一批资产组合,出售给特定的交易组织,即金融资产的买方(主要是投资银行),再由特定的交易组织以买下的金融资产为担保发行证券支持资产,用于收回购买资金。这一系列过程就称为资产证券化。资产证券化的证券即资产证券为各类债务性债券,主要有商业票据、中期债券、信托凭证、优先股票等形式。资产证券的购买者与持有人在证券到期时可获本金、利息的偿付。证券偿付资金来源于担保资产所创造的现金流量,即资产债务人偿还的到期本金与利息。如果担保资产违约拒付,资产证券的清偿也仅限于被证券化资产的数额,而金融资产的发起人或购买人无超过该资产限额的清偿义务。

7. 风险投资

风险投资又称创业投资,是指对新兴公司在创业期和拓展期进行的资金融通,表现为风险大、收益高。新兴公司一般是指运用新技术或新发明、生产新产品、具有很大的市场潜力、可以获得远高于平均利润的利润、但却充满了极大风险的公司。由于高风险,普通投资者往往都不愿涉足,但这类公司又最需要资金的支持,因而为投资银行提供了广阔的市场空间。投资银行涉足风险投资有不同的层次:第一,采用私募的方式为这些公司筹集资本;第二,对于某些潜力巨大的公司有时也进行直接投资,成为其股东;第三,更多的投资银行通过设立"风险基金"或"创业基金"向这些公司提供资金来源。

(三) 资产管理业务

资产管理业务,一般是指证券经营机构开办的资产委托管理,即委托人将自己的资产交给受托人、由受托人为委托人提供理财服务的行为。资产管理业务是证券经营机构在传统业务基础上发展出的新型业务。国外较为成熟的证券市场中,投资者大都愿意委托专业人士管理自己的财产,以取得稳定的收益。证券经营机构通过建立附属机构来管理投资者委托的资产。投资者将自己的资金交给训练有素的专业人员进行管理,避免了因专业知识和投资经验不足而可能引起的不必要风险,对整个证券市场的发展也有一定的稳定作用。

1. 资产管理业务的特点

资产管理公司对国有商业银行剥离出来的不良贷款进行收购。收购的方式可以采取买断式收购和其他方式接受。所谓买断式收购,是指公司按照资产账面价值从银行取得资产的所有权,承担与资产所有权相关的风险与报酬,同时享有与所有权相关的资产经营权,并能对该资产实施实质上的控制。公司对已收购和接受的银行资产,由于所有权的变化,债务人由对银行的负债而转为对公司的负债,由公司继承债权,行使债权主体的权利,公司有权按照法律、法规和公司章程的规定对资产进行管理和处置。公司对其持有的资产,在管理和处置时要坚持回收价值最大化、资产处置损失最小化的原则,针对不同形式的资产采取不同的处置方法,可以通过债务追偿、资产置换、转让和销售、债权转股权及阶段性持股、资产证券化、股权投资、租赁出租资产等方式进行,从而达到盘活和处置不良资产最终实现收回现金资产的目的。

2. 资产管理业务的运作程序

(1) 审查客户申请,要求其提供相应的文件,并结合有关的法律限制决定是否接受其委托。委托人可以是个人,也可以是机构。商业银行由于不能从事信托和股票业务,因此不得成为委托人。此外,还有其他一些基本要求,如个人委托人应具有完全民事行为能力,机构委托人合法设立并有效存续,客户对其所委托资产拥有合法所有权,一般还须达到受托人要求的一定数额。一些按法规规定不得进入证券市场的资金,如信贷资金、上市公司募集资金和国家指定专款专用的资金,都不得用于资产委托管理。

(2) 签订资产委托管理协议。协议中将对委托资金的数额、委托期限、收益分配、双方权利义务等作出具体规定。

(3) 管理运作。在客户资金到位后,便可开始运作。操作中应做到专户管理、单独核算,不得挪用客户资金,不得骗取客户收益,同时还应遵守法律上的有关限制,防范投资风险。

(4)返还本金及收益。委托期满后,按照资产委托管理协议的要求,在扣除受托人应得的管理费和报酬后,将本金和收益返还委托人。对证券经营机构从事资产管理业务,各国一般都有较为严格的规定。目前,我国只对资产管理业务中的证券投资基金制定了专门的法规。

三、证券业务创新

近几年,证券公司金融创新层出不穷,证券自营业务、融资融券业务、新三板业务、中小企业私募债、股权质押回购、集合理财等等相继推出。互联网金融的发展,使得券商发展互联网证券业务的脚步也在加快。

(一)证券自营业务

1. 证券自营业务的概念

证券自营业务,是证券公司使用自有资金或者合法筹集的资金以自己的名义买卖证券获取利润的证券业务。从国际上看,证券公司的自营业务按交易场所,可分为场外(如柜台)自营买卖和场内(交易所)自营买卖。场外自营买卖是指证券公司通过柜台交易等方式,与客户直接洽谈成交的证券交易。场内自营买卖是证券公司自己通过集中交易场所(证券交易所)买卖证券的行为。我国的证券自营业务,一般是指场内自营买卖业务。

国际上对场内自营买卖业务的规定较为复杂。如在美国纽约证券交易所,经营证券自营业务的机构或者个人,分为交易厅自营商和自营经纪人。交易厅自营商只进行证券的自营买卖业务,不办理委托业务。自营经纪人在自营证券买卖业务的同时,兼营代理买卖证券业务,其代理的客户仅限于交易厅里的经纪人与自营商。自营经纪人自营证券的目的与交易厅自营商不同,不是只为追逐利润,而是对其专业经营的证券维持连续市场交易,防止证券价格的暴跌与暴涨。

在我国,证券自营业务专指证券公司为自己买卖证券产品的行为。买卖的证券产品包括在证券交易所挂牌交易的A股、基金、认股权证、国债、企业债券等。

2. 证券自营业务的特点

自营业务与经纪业务相比较,根本区别是自营业务是证券公司为盈利,自己买卖证券;而经纪业务是证券公司代理客户买卖证券。具体表现在以下几点:

(1)决策的自主性。证券公司自营买卖业务的首要特点即为决策的自主性,证券公司自主决定是否买入或卖出某种证券。证券公司在买卖证券时,是通过交易所买卖,还是通过其他场所买卖,由证券公司在法规范围内依一定的时间、条件自主决定。证券公司在进行自营买卖时,还可根据市场情况,自主决定买卖品种、价格。

(2) 交易的风险性。风险性是证券公司自营买卖业务区别于经纪业务的另一重要特征。由于自营业务是证券公司以自己的名义和合法资金直接进行的证券买卖活动,证券交易的风险性决定了自营买卖业务的风险性。在证券的自营买卖业务中,证券公司自己作为投资者,买卖的收益与损失完全由证券公司自身承担。而在代理买卖业务中,证券公司仅充当代理人的角色,证券买卖的时机、价格、数量都由证券委托人决定,由此而产生的收益和损失也由委托人承担。

(3) 收益的不稳定性。证券公司进行证券自营买卖,其收益主要来源于低买高卖的价差。但这种收益不像收取代理手续费那样稳定。

证券自营业务应注意建立健全自营账户的审核和稽核制度,严禁出借自营账户、使用非自营席位变相自营、账外自营。自营业务资金的出入必须以公司名义进行,禁止以个人名义从自营账户中调入调出资金,禁止从自营账户中提取现金。对自营资金执行独立清算制度,自营清算岗位应当与经纪业务、资产管理业务及其他业务的清算岗位分离。

(二) 融资融券业务

融资融券业务是指证券公司向客户出借资金供其买入证券或出借证券供其卖出的业务。由融资融券业务产生的证券交易称为融资融券交易。

1. 融资融券交易的定义

融资融券交易分为融资交易和融券交易两类,通俗的说,融资交易就是投资者以资金或证券作为质押,向券商借入资金用于证券买卖,并在约定的期限内偿还借款本金和利息;融券交易是投资者以资金或证券作为质押,向券商借入证券卖出,在约定的期限内,买入相同数量和品种的证券归还券商并支付相应的融券费用。总体来说,融资融券交易关键在于一个"融"字,有"融"投资者就必须提供一定的担保和支付一定的费用,并在约定期内归还借贷的资金或证券。

2010 年之前,我国证券公司融资融券业务量稀少,但近几年发展非常迅速,特别是 2013 年,券商两融业务呈现爆发式增长,至 2013 年年底融资融券余额合计 3 465.27 亿元,同比大幅增加 287.11%,其中,融资余额 3 434.7 亿元,约占融资融券余额的 99.12%;融券余额 30.57 亿元,约占 0.88%。未来几年,我国融资融券交易规模占全市场 A 股、基金交易规模的比例将逐步提升,融资融券业务收入将成为证券公司的主要收入来源之一。

2. 融资融券业务的交易模式

在证券融资融券交易中,包括证券公司向客户的融资、融券和证券公司获得资金、证券的转融通两个环节。这种转融通的授信有集中和分散之分。在集中授信模式下,其由专门的机构例如证券金融公司提供;在分散模式下,转融通由金融市场中有资金或证券的任何人提供。

(1) 分散信用模式。投资者向证券公司申请融资融券,由证券公司直接对其提供信用。当证券公司的资金或股票不足时,向金融市场融通或通过标借取得相应的资金和股票。这种模式建立在发达的金融市场基础上,不存在专门从事信用交易融资的机构。这种模式以美国为代表,香港市场也采用类似的模式。

(2) 集中信用模式。券商对投资者提供融资融券,同时设立半官方性质的、带有一定垄断性质的证券金融公司为证券公司提供资金和证券的转融通,以此来调控流入和流出证券市场的信用资金和证券量,对证券市场信用交易活动进行机动灵活的管理。这种模式以日本、韩国为代表。

(3) 双轨制信用模式。在证券公司中,只有一部分拥有直接融资融券的许可证的公司可以给客户提供融资融券服务,然后再从证券金融公司转融通。而没有许可的证券公司只能接受客户的委托,代理客户的融资融券申请,由证券金融公司来完成直接融资融券的服务。这种模式以中国台湾地区为代表。

上述各具特色的三种模式,在各国(地区)的信用交易中都发挥了重要作用。选择哪种信用交易模式很大程度上取决于金融市场的发育程度、金融机构的风险意识和内部控制水平等因素。在我国证券信用交易模式的选择问题上,已经基本形成一致意见,即应采取证券金融公司主导的集中信用模式作为过渡,专门向券商提供融资融券服务,加强对信用交易的监管与控制。

3. 融资融券业务管理机制

各国主要从以下几个方面建立一套管理机制来控制信用交易中的各种风险。

(1) 证券资格认定。不同证券的质量和价格波动性差异很大,将直接影响到信用交易的风险水平。信用交易证券选择的主要标准是股价波动性较小、流动性较好,因此应选择主营业务稳定、行业波动性较小、法人治理结构完善、流通股本较大的股票。在实际操作上,我国可以上证50或沪深300指数的成分股作必要调整来确定信用交易股票,并由交易所定期公布。

(2) 保证金比例。保证金比例是影响证券融资融券交易信用扩张程度最为重要的参数,包括最低初始保证金比例和维持保证金比例。美国规定的初始保证金比例为50%,融资的维持保证金比例为25%,融券的维持保证金比例则根据融券的股价而有所不同。台湾地区规定初始保证金比例为50%,融资的维持保证金比例为28.6%,融券的维持保证金比例为28%。预计我国大陆初始保证金比例将确定为50%,融资与融券的维持保证金比例在30%左右。

(3) 对融资融券的限额管理。这包括规定券商对投资者融资融券的总额不应该超过净资本的一定限度,规定券商在单个证券上的融资和融券额度与其净资本的比率不超过一定限度,规定券商对单个客户的融资和融券额度与其净资本的比率不超过一定限度。如我国台湾地区规定,单个证券公司对单个证券的融资不应该超过5%,融券不应该超过5%,对客户的融资融券总额不能超过其资本金的250%。我国的《证券公司风险控制指标管理办法》(征求意见稿)中,对单个客户融资或融券业务规模分别不得超过净资本的5%,对所有客户融资或融券业务规模分别不得超过净资本的10倍。

(4)单只股票信用额度制度。对个股的信用额度管理是为了防止股票被过度融资融券而导致风险增加或被操纵。参照海外市场的经验,当一只股票的融资融券额达到其流通股本的25%时,交易所应停止融资买进或融券卖出,当比率下降到20%以下时再恢复交易,当融券额超过融资额时,应停止融券交易,直到恢复平衡后再重新开始交易。

融资融券交易有助于投资者表达自己对某种股票实际投资价值的预期,引导股价趋于体现其内在价值,并在一定程度上减缓了证券价格的波动,维护了证券市场的稳定。融资融券业务有利于市场交投的活跃,利用场内存量资金放大效应也是刺激股票市场活跃的一种方式。融资融券业务除了可以为券商带来数量不菲的佣金收入和息差收益外,还可以衍生出很多产品创新机会,并为自营业务降低成本和套期保值提供了可能。

(三)新三板业务

新三板也是近年来券商翘首以盼的重要创新业务之一,虽然至今交易并不活跃,但是券商还是在抢夺挂牌数量上跃跃欲试,其中申银万国最为积极,其保荐挂牌的企业已近百家。

1. 三板市场定义

企业一板市场通常是指主板市场(含中小板),企业二板市场则是指创业板市场。相对于企业一板市场和企业二板市场而言,有业界人士将场外市场称为三板市场。三板市场的发展包括老三板市场和新三板市场两个阶段。

老三板的全称为证券公司代办股份转让系统,即柜台交易系统(Over the Counter,简称OTC)。代办股份转让系统是一个以证券公司及相关当事人的契约为基础,依托证券交易所和登记结算公司的技术系统,以证券公司代理买卖挂牌公司股份为核心业务的股份转让平台。老三板即2001年7月16日成立的"代办股份转让系统"。

新三板是相对于老三板而言,新三板的全称为非上市股份有限公司股份报价转让系统,是利用老三板的系统,即证券公司代办股份转让系统现有的技术系统和市场网络,为投资者转让国家高新区的非上市股份有限公司股份提供报价服务。

新三板建立之初的定位是为高速成长的科技型中小企业提供投融资服务，以及成为证券公司代办转让系统、未来的创业板市场甚至主板市场的优质企业蓄水池。2006年1月，经国务院批准，中国证监会正式批复，同意中关村科技园区非上市股份有限公司进入证券公司代办股份转让系统进行股份转让试点，中关村有幸成为新三板第一个试点园区。然而，最初仅中关村一个科技园进入股份代办转让系统，已经严重制约了新三板市场的发展。为此，2012年8月国家完成了新三板的首次扩容，使得北京中关村、上海张江、武汉东湖、天津滨海四地成为新三板首批扩容试点园区。其后，科技部、证监会拟在全国更多的高新区中选择增设新的股份转让代办系统试点，全国性场外交易市场将出现。

截至2014年5月份，新三板挂牌公司已达740家，总市值达到1 434亿元，远超创业板，也超过中小板721家的数量。虽然"新三板"的交易活跃度仍有待提高，交易制度也不完善，券商多是以抢挂牌数量，作为未来参与新三板业务的垫脚石，但不可否认，新三板未来带来的收益颇有想象空间。根据中国证监会的目标，未来新三板容量将是一万家。而新三板潜力就体现在全国所有地区的科技园区，这是它源源不断的后续挂牌项目的源泉。

2. 新三板市场基本制度安排

（1）只为高新区非上市股份公司股份转让提供报价服务，不进行交易成功与否的磋商。双方协商达成转让意向的，委托证券公司办理系统成交确认后再发送到证券登记结算机构和资金结算银行逐笔办理股份过户和资金交收。

（2）报价转让每笔委托的股份数量不低于3万股。

（3）公司挂牌实行主办报价券商制和备案制。公司须先向当地市政府授权机构（一般为高新区行政管理机构）申报文件取得股份报价转让试点资格，然后由具备主办报价券商进行尽职调查并出具推荐报告报证券业协会备案，备案完成后，即可在代办系统挂牌。备案制是我国新三板市场的主要特征，也是我国新三板市场能够快捷上市挂牌的关键性制度。

（4）试点公司股份的转让须全部通过代办股份转让系统报价转让。公司股东挂牌前所持股份分三批进入代办系统挂牌报价转让，每批进入的数量均为三分之一。进入的时间分别为挂牌之日、挂牌期满一年和两年。

（5）指定结算银行负责投资者结算资金的存管和交收。投资者须在指定结算银行开立股份报价转让专用结算账户，由结算银行负责投资者结算资金的存管，并按照证券登记结算机构的指令完成资金交收。

3. 证券公司发展新三板业务的好处

证券公司通过开展三板业务可以提升公司形象、扩大影响力、吸引新的客户。新三板业务的开展，会使证券公司有机会接触大量的企业资源。国内大量的中小型企业处于成长壮大初期,随着新三板业务的开展,大量的中小企业可以提前进入三板交易,这样也就把握了众多的上市资源,随着部分进入企业的成熟壮大而达到上主板的标准,那么这些企业就是证券公司投行业务的直接客户。同时在接触大量的中小企业时,其中很多企业和企业高管有可能发展成证券公司的经纪业务客户。新三板业务的开展,能够通过佣金、项目费、监管年费、信息披露费等费用的收取增加公司利润,成为证券公司新的利润增长点。

(四)中小企业私募债

中小企业私募债是近年来券商创新业务方向之一,不少券商把中小企业私募债业务作为战略发展业务之一。

1. 中小企业私募债概述

中小企业私募债是我国中小微企业在境内市场以非公开方式发行的,约定在一定期限还本付息的企业债券,其发行人是非上市中小微企业,发行方式为面向特定对象的私募发行。

2012年6月由东吴证券承销的苏州华东镀膜玻璃有限公司5 000万元中小企业私募债券在上海证券交易所发行完毕,宣告我国第一单中小企业私募债成功发行。该债券期限2年,利率为9.5%,每年付息一次,由苏州国发中小企业担保投资有限公司提供保证担保。

其后,广发证券推出了市场上首只可投资中小企业私募债的广发金管家弘利债券;浙商证券承销了江南阀门有限公司中小企业私募债。从2012年5月首次推出私募债至今,70家券商共计承销了418只中小企业私募债,发行总额共计516亿元。

我国中小企业私募债发行量小,属于高风险高收入债券。目前券商承销中小企业私募债所获承销费收入极低,对券商收入贡献尚不足营业收入的1%,并且承销难度很大。尽管如此,不少券商仍然相当看好中小企业私募债。原因在于从长期来看,在政策支持下,中小企业私募债有望获得爆发性增长。同时,纵向可以完善投行业务链,横向可以整合固定收益、资管等部门,为券商提供多元化发展空间。从长期来看,中小企业私募债的发展有利于改善中型地方性券商的业绩。

2. 中小企业私募债的基本要素

《中小企业私募债试点办法》明确试点期间中小企业私募债券的发行人为未上市中小微企业,具体来说,是指符合《关于印发中小企业划型标准规定的通知》(工信部联企业〔2011〕300号)规定的,但未在上海证券交易所和深圳证券交易所上市的中小微型企业,暂不包括房地产企业和金融企业。因此,中小企业私募债券的推出扩大了资本市场服务实体经济的范围,加强了资本市场服务民营企业的深度和广度。其基本要素如下：

(1)审核体制。中小企业私募债发行由承销商向上海和深圳交易所备案，交易所对承销商提交的备案材料完备性进行核对，备案材料齐全的，交易所将确认受理，并在10个工作日内决定是否接受备案。如接受备案，交易所将出具《接受备案通知书》。私募债券发行人取得《接受备案通知书》后，需要在6个月内完成发行。《接受备案通知书》自出具之日起6个月后自动失效。

(2)发行期限。发行期限暂定在1年以上(通过设计赎回、回售条款可将期限缩短在1年内)，暂无上限，可一次发行或分期发行。

(3)发行人类型。中小企业私募债券是未上市中小微型企业以非公开方式发行的公司债券。试点期间，符合工信部《关于印发中小企业划型标准规定的通知》的未上市非房地产、金融类的有限责任公司或股份有限公司，只要发行利率不超过同期银行贷款基准利率的3倍，并且期限在1年(含)以上，可以发行中小企业私募债券。

(4)投资者类型。参与私募债券认购和转让的合格投资者，应符合下列条件：①经有关金融监管部门批准设立的金融机构，包括商业银行、证券公司、基金管理公司、信托公司和保险公司等；②上述金融机构面向投资者发行的理财产品，包括但不限于银行理财产品、信托产品、投连险产品、基金产品、证券公司资产管理产品等；③注册资本不低于人民币1 000万元的企业法人；④合伙人认缴出资总额不低于人民币5 000万元，实缴出资总额不低于人民币1 000万元的合伙企业；⑤经交易所认可的其他合格投资者。另外，发行人的董事、监事、高级管理人员及持股比例超过5%的股东，可参与本公司发行私募债券的认购与转让。承销商可参与其承销私募债券的认购与转让。

需要指出的是，中小企业私募债券对投资者的数量有明确规定，每期私募债券的投资者合计不得超过200人，对导致私募债券持有账户数超过200人的转让不予确认。

(5)发行条件。中小企业私募债发行规模不受净资产的40%的限制。需提交最近两年经审计财务报告，但对财务报告中的利润情况无要求，不受年均可分配利润不少于公司债券1年的利息的限制。

(6)担保和评级要求。监管部门出于对风险因素的考虑，为降低中小企业私募债风险，鼓励中小企业私募债采用担保发行，但不强制要求担保。对是否进行信用评级没有硬性规定。私募债券增信措施以及信用评级安排由买卖双方自主协商确定。发行人可采取其他内外部增信措施，提高偿债能力，控制私募债券风险。

(7)发行利率。根据《中小企业私募债试点业务指南》规定，中小企业私募债发行利率不超过同期贷款基准利率3倍。鉴于发行主体为中小企业信用等级普遍较低；且为非公开发行方式，投资者群体有限，发行利率高于市场已存在的企业债、公司债等。

(8) 募集资金用途。中小企业私募债的募集资金用途不作限制，募集资金用途偏于灵活。可用来直接偿还债务或补充营运资金，不需要限定为固定资产投资项目。

(9) 转让流通。非公开发行，在上交所固定收益平台和深交所综合协议平台挂牌交易或证券公司进行柜台交易转让。发行、转让及持有账户合计限定为不超过200个。

3. 中小企业私募债好处

(1) 降低融资成本。银行信贷规模进一步收紧，发行债券可以拓宽企业融资渠道，改善企业融资环境。通过发行中小企业私募债，有助于解决中小企业融资难、综合融资成本高的问题。有助于解决部分中小企业银行贷款短贷长用，使用期限不匹配的问题。增加直接融资渠道，有助于在经济形势和自身情况未明时保持债务融资资金的稳定性。

(2) 发行审批便捷。中小企业私募债在发行审核上率先实施"备案"制度，材料接收、受理至获取备案同意书的时间周期在10个工作日内。私募债规模占净资产的比例未作限制，筹资规模可按企业需要自主决定。在发行条款设置上，期限可以分为中短期(1~3年)、中长期(5~8年)、长期(10~15年)。债券还可以设置附赎回权、上调票面利率选择权等期权条款，还可分期发行。在增信机制设计上，可为第三方担保、抵押/质押担保等，也可以设计认股权证等。

(3) 资金用途灵活。中小企业私募债没有对募集资金进行明确约定，资金使用的监管较松，发行人可根据自身业务需要设定合理的募集资金用途，允许中小企业私募债的募集资金全额用于偿还贷款、补充营运资金，若公司需要，也可用于募投项目投资、股权收购等方面。

(4) 提升市场影响。因中小企业私募债的合格投资者范围较广，包括理财产品、专户、证券公司，都可以投资，因而债券发行期间的推介、公告与投资者的交流，都可以有效地提升企业的形象。债券的成功发行显示了发行人的整体实力，债券的挂牌转让交易也会进一步为发行人树立资本市场形象。私募债也有助于企业在监管部门处提前树立良好印象，为企业未来上市等其他融资安排创造条件。

(五) 股权质押回购

2013年是券商股票质押回购业务井喷的一年，2012年全国仅海通证券一家券商在股权质押回购业务上取得收入。然而，2013年共有19家券商的股权质押回购业务利息收入已实现千万元量级。

1. 股权质押回购定义

股票质押回购是指符合条件的资金融入方以所持有的股票或其他证券质押,向证券公司融入资金,并约定在未来返还资金、解除质押的交易。

股票质押式回购交易可分解为初始交易、履约管理和购回交易三个部分:

期初,融入方与证券公司(包括证券公司管理的集合资产管理计划或定向资产管理客户)订立交易协议书,并按协议约定将标的证券按照约定价格质押给证券公司,证券公司支付对应的初始交易资金。初始交易金额与标的证券市场价值的比值为质押率,体现了标的证券对融入方履约购回的保障程度。

期间,按协议约定融入方定期支付利息,证券公司对标的证券进行盯市,并采取相应的履约风险控制措施。

期末,融入方按照协议约定支付购回交易资金,回购对应的标的证券。购回交易金额是尚未偿还本金和应付未付利息之和。

2. 股权质押回购业务基本要素

(1)标的证券。股票质押回购的标的证券为沪深交易所上市交易的A股股票、基金、债券或其他经交易所和中国结算认可的证券;标的证券不包括B股股票、暂停上市的A股股票、进入退市整理期的A股股票、没有完成股改的非流通股股票、股权激励限售股股票、被交易所实施退市风险警示处理或其他特别处理的股票、中小企业私募债券;国有股等标的证券质押或处置需获得国家相关主管部门的批准或备案的,融入方应遵守相关法律法规的规定,事先办理相应手续,并由证券公司核查确认。以有限售条件流通股作为标的证券的,应遵守对股票限制转让的相关规定及已作出的限售承诺,且解禁日应早于购回到期日。

(2)回购期限。股票质押回购的回购期限不超过3年。可实行提前购回、延期购回等灵活的业务机制,投资者可根据需求选择适当期限,同时可根据突发状况选择提前或延期购回;

(3)资金用途。股票质押回购业务所获得的资金用途广泛,可用于生产经营、证券投资、补充短期流动性、优化资产配置等;

(4)证券权益。股票质押回购业务中资金融入方所持标的证券不过户,相应证券权益由客户自行行使。

(5)融资利率及付息方式。融资利率通常低于市场水平。对于融资期限在1年以内的客户,可选择到期还本付息;对于融资期限在1年以上的客户,付息方式可选择半年付息,减轻客户财务压力。

(6)信息披露。对于持股比例超过5%的股东,参与股票质押式回购交易的质押股份数量超过上市公司股本的5%时,股东须履行信息披露义务;因融资方客户违约而处置股票时,须履约股份卖出的信息披露义务。

3. 股权质押回购业务对证券公司的意义

证券公司开展股票质押式回购业务对于证券行业将产生积极影响。就目前的金融服务格局,股票质押式回购业务的开展能够增强证券行业股权融资的服务范畴,建立券商综合理财服务平台;增强证券公司在股权质押融资市场的占有率,提高交易效率,降低融资交易成本;特别是对于大中型券商而言,此业务能够满足客户中长期融资需求,盘活客户股权资产,吸引增量资产;充分发挥大中型券商在项目资源和资金资源上的优势,重新切分大小非客户资源,有效增加券商的托管市值规模;增加公司业务收入,获取低风险、稳定收益的资产资源,提高非通道业务的创收能力。

(六)集合理财业务

券商资产管理业务从2012年开展创新业务以来发展迅速,业务"松绑"让证券公司能够充分发挥自身潜力。截至2013年年底,券商集合理财规模不断扩张,从2009年的978亿元提升到了2013年底的5 652亿元,仅仅用了4年的时间,就提高了478%。特别是近两年,增长逐渐增速。增速从2010年的2%和2011年的36%,提高到2012年的50.3%以及2013年的176%。

1. 集合理财业务定义与分类

券商集合理财也称为集合资产管理业务,指的是由证券公司发行的、集合客户的资产,由专业的投资者(券商)进行管理的一种理财产品。它是证券公司针对高端客户开发的理财服务创新产品。通俗地讲就是券商接受投资者委托,并将投资者的资金投资于股票、债券等金融产品的一种理财服务,其风险和收益介于储蓄和股票投资之间。证券公司是这种理财产品的发起人和管理人。

按照集合理财的规定,集合理财被分为两个大类:限定性和非限定性。限定性产品最低参与金额为5万元;非限定性产品最低参与金额为10万元。

限定性集合理财的资产应当主要用于投资国债、国家重点建设债券、债券型证券投资基金、在证券交易所上市的企业债券以及其他信用高且流动性强的固定收益类金融产品;投资于股票和股票型证券投资基金的资产,不得超过该计划资产净值的20%,并应当遵循分散投资风险的原则,和基金的投资范围一致。

非限定集合理财的投资范围比较宽,投资股票或基金的比例较高,收益也更高,承担的风险也大。非限定性集合资产管理计划的投资范围则由集合资产管理合同约定,不受前款规定限制。

2. 集合理财与委托理财的区别

(1)集合理财需要证监会审核批准,而委托理财是券商与机构或个人私下

签订合同;

(2)集合理财不允许签订保底条款,而委托理财协议双方一般都签订保底条款;

(3)集合理财透明度较高,目前暂定其每3个月披露一次信息,而委托理财大多是暗箱操作,没有信息制度;

(4)集合理财签订的条款有法律作用,而委托理财签订的条款在法律上是无效的,一般得不到法律的保护;

(5)集合理财的托管人是商业银行,而委托理财的托管人由券商自己承担,存在挪用客户保证金的问题。

集合理财在参与方式、投资范围、投资策略、流动性安排、收益分配、费用收取等方面相比基金而言更具有灵活性,能为特定的客户群体量身定制理财产品,能更好地满足客户的投资理财需求。

(七)互联网证券业务

2013年11月国金证券与腾讯开启战略合作,推出首只互联网金融产品"佣金宝",并且投资者通过腾讯股票频道进行网络在线开户,即可享受万分之二的交易佣金。国金证券这一举措打响了互联网证券业务的第一枪。随后,互联网为证券行业带来鲶鱼效应,多家券商与互联网企业缔结同盟,纷纷开始战略合作。

互联网金融向证券行业的渗透对证券公司经纪业务格局产生颠覆式影响,将引发券商证券经纪业务新一轮变革。券商的经纪业务收入主要由佣金率、市值和换手率决定,当前换手率和市值上升面临瓶颈,国金证券网上开户及零佣金政策使得证券行业经纪业务竞争更加激烈,手续费收入呈下行趋势。尽管近年来部分券商在调整收入结构上成果显著,但对于整体而言经纪业务仍是券商重要的收入来源,也是资管业务、创新业务的基础。

1. 互联网金融具有的优势

互联网金融具有天然的优势,首先互联网具有庞大的用户群,能够激活数以亿计的长尾用户。传统商业认为企业界80%的业绩来自20%的产品,但长尾理论认为,只要产品的存储和流通的渠道足够大,需求不旺的产品的市场份额可以和少数热销产品的市场份额相匹敌甚至更大,即众多小市场汇聚成可与主流相匹敌的市场。目前比较成功的互联网金融模式都可以用长尾理论去解释:它们的用户大多消费额度很小但数量很多,这也能为之提供巨大的收入。

其次,互联网金融的第二大优势体现在大数据,这也是互联网金融的核心所在。1980年,托夫勒在《第三次浪潮》一书中将大数据赞颂为"第三次浪潮的华彩乐章"。大数据就是指海量的数据,包括企业信息化的用户交易、社会化媒体中用户的行为、关系以及无线互联网中的地理位置数据等。大数据技术的战略意义不在于掌握庞大的数据信息,而在于对这些含有意义的数据进行专业化处理。换言之,如果把大数据比作一种产业,那么这种产业实现盈利的关键,在于提高对数据的"加工能力",通过"加工"实现数据的"增值"。

再次,互联网金融优势之三体现在以客户为中心。互联网金融具有尊重客户体验、强调交互式营销、主张平台开放等新特点,且在运作模式上更强调互联网技术与金融核心业务的深度整合。在传统金融机构难以企及的细节上为客户带来流畅、便捷的体验,并能针对不同用户推出个性化的和地方化的产品和服务。

2. 互联网金融对证券行业的影响

互联网金融对证券行业的影响表现在以下几个方面:

一是证券销售的电商化,这不仅是销售渠道在形式上的扩展,更是充分发挥互联网平台的优势,致力于解决证券公司产品创新能力与社会投融资需求不匹配的问题。

二是互联网融资,包括近年来兴起的 P2P 和众筹模式等。互联网融资是对企业融资和证券发行方式的创新,但在当前我国的法律框架内都面临着制度缺失、法律地位有待明确的问题,存在着极大的法律和金融风险。然而,证券公司和监管机构在发展互联网融资方面是大有可为并且应该当仁不让的。证券公司完全有条件也应当借鉴互联网融资的一些思路,发挥已有的品牌、服务能力、监管环境等多方面的优势,充分利用互联网平台挖掘小微企业的融资需求并匹配个人的投资需求。与此同时繁荣柜台市场,提升证券公司在整个金融体系中的地位。监管层则不应当因为互联网融资存在争议就断然否定与扼杀,而应该积极探讨其可行性和操作性,规范和引导行业健康发展,提升资本市场对创新型企业及企业起步阶段融资需求的服务水平。

三是互联网证券交易,这不仅仅是指一般狭义理解的网上股票交易经纪,即券商以互联网作为工具向客户提供经纪服务,更多是指不需要借助经纪商或做市商等中介机构,通过网络直接撮合证券交易,相当于虚拟的证券交易所。这也是当前我国的国情和监管体制所不允许的。但是从技术进步的外在推动和市场发展的内在需求上看,基于互联网,追求更高效率、更低成本的场外证券交易方式的兴起是必然趋势。面对未来券商乃至互联网公司可能的竞争,居安思危、未雨绸缪是交易所明智的选择。从市场长远发展角度看,监管机构应该鼓励证券交易方式的技术创新及交易市场的良性竞争,推动市场积极地降低交易成本、提升交易效率,同时还要加强对新的交易方式下违法违规行为的监管,防范新的技术手段引起的市场系统性风险。

第二节 证券定价及影响因素

在进入证券二级市场投资之前,投资者应该对证券的理论价格及其影响因素做到心中有数。

一、证券的理论价格及其决定模型

证券市场价格在很大程度上受供求关系的影响。证券市场上供求关系的变化是难以预测的,其原因多种多样,错综复杂。总的来看,影响证券供求关系进而造成证券市场价格波动的因素主要有两大类:一是基本因素;二是技术因素。基本因素是指证券市场以外的经济与政治因素和其他因素,其波动和变化往往会对证券的市场价格趋势产生决定性影响。技术因素是指股票市场内可影响股价的各种技术操作,它会引起股价的短期波动。这里仅分析基本因素对证券价格的趋势和变动的决定与影响。

有价证券是虚拟资本,本身没有价值,但有价证券却有价格,原因在于有价证券能给其持有者带来收益。因此,证券的"价值"取决于未来收益的大小。

有价证券的理论价格,是指根据现值理论计算出来的有价证券转让价格。现值理论认为:投资者都具有"时间偏好"的共性,而"时间偏好"乃是投资者对目前一定质量和数量的资财和对于将来一定质量和数量资财的差异比较,对后者的估计大于前者。换言之,投资者购买有价证券的原因在于证券能够给其持有者带来未来的现金收入,即以目前的现金购买未来的现金收入。由于时间和利率因素的存在及影响,目前手中一定数额的现金与未来得到的等额现金值可以不等同,因为投资者可以将现金存入银行或进行投资,一定时期后,其现金的本利之和将大于目前的数额。因此,投资者在评价一段时间后将获得的货币收入时,往往根据目前市场上的实际利率,将未来的货币收入额折算成目前的货币额。未来的货币收入额对于投资者目前而言是期值;而以当前的市场利率将期值折算成现在的价值,即称为未来货币收入的现在价值,简称现值。因此,有价证券能够带来的未来货币收入便是有价证券的期值,投资者为获得未来货币收入而购买有价证券时支付的价款,便是有价证券的现值。可见,有价证券的理论价格,就是按一定市场利率计算出来的特定有价证券的现值。根据证券理论价格的这一界定,可以写出如下的股票、债券的理论价格的一般决定模型:

$$P_G = \sum_{t=1}^{n} \frac{D_t}{(1+i)^t} + \frac{m}{(1+i)^{n+1}} \quad (3.2.1)$$

式中:P_G 为股票的理论价格;D_t 为第 t 期每股预期股息;i 为市场折现率;m 为第 $(n+1)$ 期出售股票的收益。

$$P_Z = \sum_{t=1}^{n} \frac{C_t}{(1+i)^t} + \frac{S}{(1+i)^{n+1}} \qquad (3.2.2)$$

式中:P_Z 为债券的理论价格;C_t 为第 t 期可以得到的债息收入;i 为市场折现率;S 为第 $(n+1)$ 期出售债券的预期收入[假定未来得及领取的第 $(n+1)$ 期债息]。

式(3.2.1)、式(3.2.2)均是在持有证券者中途转让证券的情况下计算证券理论价格的公式。若假定证券持有者中途不再易手,则上两式可分别写成如下两式:

$$P_G = \sum_{t=1}^{N} \frac{D_t}{(1+i)^t} \qquad (N \longrightarrow \infty) \qquad (3.2.3)$$

$$P_Z = \sum_{t=1}^{N} \frac{C_t}{(1+i)^t} + \frac{S_0}{(1+i)^N} \qquad (3.2.4)$$

式中:N 为债券持有期限;S_0 为债券面值。

式(3.2.4)中因 C_t 与 S_0 均可预知,所以 P_Z 很容易求出;而在式(3.2.3)中,因 D_t 不可预知,所以看上去简单明晰的式(3.2.3)实际上没有实用价值。我们不妨在一些假设条件下来简化式(3.2.3)。现假定 $D_t = D_{t-1}(1+g)$,即股利收入每年都以一固定的比率 g 增长,则式(3.2.3)可整理成:

$$P_G = \sum_{t=1}^{N} \frac{D_0(1+g)^t}{(1+i)^t} \qquad (N \longrightarrow \infty) \qquad (3.2.5)$$

式中:D_0 为股票转让前最后一年的股利额。

式(3.2.5)中,若 $g > i$,则 P_G 就会趋于无穷大,即现值不存在,所以我们引出第二个假定:$g < i$,亦即股利增长率小于市场收益率(这比较符合现实)。在这样的前提下,式(3.2.5)最终可简化成:

$$P_G = \frac{D_1}{i-g} \qquad (3.2.6)$$

确定股票现值的式(3.2.6),即为国外股票市场上确定股票理论价格的著名的戈尔顿模型。在此模型中,若 $g = 0$,即各期的股利一样,则有:

$$P_G = \frac{D_1}{i} = \frac{D}{i} = \frac{预期股利收益}{市场收益率(利率)}$$

这就是投资大众均熟悉的定理:股票价格与预期收益成正比,与利率成反比。这一结论具有普遍意义。需补充的是,现行的股票价格与人们对股市的信心成正比。在其他条件不变时,未来的股票预期价格越高,现行股票价格也会越高。

二、影响证券价格的内外在因素

证券的理论价格给出的仅是证券价格的决定基准,而不可能确定其在某一特定场合与特定时点上的水准。这是因为,证券价格与实物商品的价格一样,归根结底要受供求关系的支配。而在供求关系的背后,又隐藏着错综复杂的因素。

由于这些因素的消长变化,不断地改变着供求关系,从而引起证券价格的不断变化。以股票为例。影响其市场价格的诸因素之间的因果关系可以用图3-2-1形象地勾勒出来。

总的来看,影响证券价格的基本因素有内在因素和外部因素两个方面:下面以股票为例来分析这两大因素。

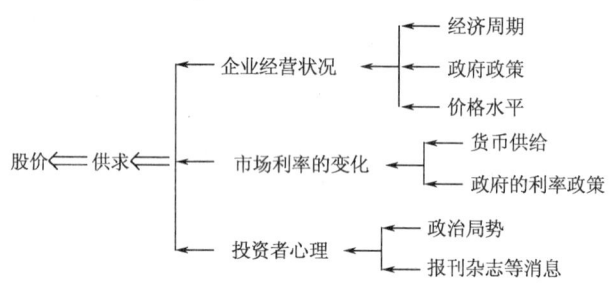

图3-2-1 影响股票市场价格的因果关系图

(一)影响股票市场价格的内在因素

1. 行业因素

行业因素包括国家的产业政策,行业生命周期及景气变动,相关行业变动,新技术发明与产品需求的变化、价格的调整等。

国家的产业政策明确要重点发展的行业,就会有一系列配套的利好政策出台,如限制该行业国外产品的进口,增加对该行业的贷款,降低该行业的税负等,这些政策措施无疑会促使该行业的股价走强。相反,对于要限制发展的行业,则会出台利空政策,如提高其税负,减少对其贷款,甚至对其自我融资也予以限制,允许国外同类产品进口等。

行业生命周期会使业绩状况迥异的同行业不同公司面临非常相似的行业发展环境。在行业开创期(此时往往是技术创新期),其光明的前途会吸引众多的公司投入到对新技术及新产品的开发上来。此一时期公司间竞争激烈,产业利润增加不明显,前景却极为可观,若发展顺利,会带动股价持续上扬,但因存在创新风险,所以又会使股价涨跌交替。初创阶段竞争的结果,使一些公司控制了该行业的生产,接下来便是经营规模的扩大、产品品种的增多、新的市场开发等典型的扩张期行为。此一时期,行业内各公司利润稳步上升,产业整体上趋向成熟,股价平稳上升。随着普遍的扩张行为,市场逐渐趋于饱和,新的技术和产品创新开始侵蚀旧有的行业市场,行业发展进入停滞和衰退期。"夕阳"产业意味着产品滞销、利润降低,其行业内公司的股价相应走软。此外,无论在生命周期的哪一阶段,有些行业都会因季节性因素、消费者消费偏好、市场消费结构发生变化等而表现出行业的景气变动。无疑,在行业的景气发展阶段,其企业的股价会因利润的增加而上涨;反之,不景气阶段则表现为生产停滞、产品积压、利润减少、股价下跌。

相关行业变动对股价的影响亦不容忽视。它主要有几种典型情况:

(1) A 行业以 B 行业的产品作为自己生产的投入要素,例如钢材就是生产汽车的主要投入品。当 B 行业产品价格上升时,A 行业生产成本提高,利润随之下降,从而使 A 行业股价走软。

(2) C 行业的产品与 A 行业的产品是替代关系,即对一种产品的需求可以由另一种产品来满足,如茶叶和咖啡。当 C 行业产品价格上涨而 A 行业产品价格不变时,就会提高 A 行业产品需求,从而使销量扩大,利润增加,股价上扬。

(3) D 行业的产品与 A 行业的产品是互补关系,即两行业产品的需求变化一致,对一种产品的需求同时就是对另一种产品的需求,如汽车与汽油。当 D 行业产品价格上升时,可能导致 A 行业股价下跌。例如,石油价格上升,汽车销量减少,股价走软;而若汽车销量减少,对油的需求减少,石油销量下降,则石油业股价也将下降。

伴随着新发明、新材料、新生产方式出现的高新技术行业,往往因其生产效率高、市场竞争能力强、投资者信心足等优势而获高额利润,股价走强。这类行业的股票一般较具长期投资价值。此外,产品需求的变化、价格调整等行业情况也会对整个行业股价产生影响。

2. 企业自身因素

企业自身因素包括企业的盈利水平、股利派发政策、股票的分割以及董事会、监事会的改选等。

企业的盈利水平高低与其股价的涨跌往往是同向变动的,但受投资者的心理预期的影响,股价的变动往往在企业盈利水平变动之前发生,且其变动的幅度也常常大于盈利水平提高应带来的实际变动。

企业盈利的增加,为投资者股利收益的增加提供了可能,这种可能会不会转化为现实,则要取决于企业的股利派发政策。因为盈利的增加除可用于增派股利外,还可被用于再投资,使利润转化为新的资本。不同的股利政策对股票价格影响很大,有时甚至会比公司盈利对股价的影响更为直接、迅速。

股票的分割虽不改变股东的持股比例,但却能给股东带来获取更高收益的希望。所以,为刺激股价涨升,股票分割也不是不可考虑的措施之一。

董事、监事改选对股价的影响在国外股市很明显。这是因为,一些掌握某公司股票相当多的实力大户,为了达到某种目的(例如对公司的控制和管理),常在董事、监事改选前逐步购进大量股份,这无疑会带动股价涨升。

3. 宏观经济因素

股票交易虽表现为微观经济活动,但却是在宏观环境之下的微观行为。宏观经济中许多因素对股市发展变化影响甚大,主要包括:

(1)经济周期。经济周期的循环与波动,直接影响整个社会的投资、生产和消费,影响上市公司的经营业绩,从而影响股价变动。股价变动与经济周期的相互依存关系一般是:复苏阶段股价回升;繁荣阶段价格上涨;危机阶段价格下跌;萧条阶段价格稳定。同样是由于投资者的心理预期,股价的变动往往是在经济循环变化之前出现,即有一个提前期。需说明的是,我国股市目前受经济景气变动的影响不如海外的一些股市,但随着股市的日益成熟化、现代化和正规化,作为反映国民经济总体状况的晴雨表,股市对景气波动会更加敏感。反映景气状况的指标主要有货币供应量、工业产值增长率、整个社会消费品零售总额、海关进出口总额、基建规模、就业率等。

(2)物价水平。商品的价格是货币购买力的表现,故物价水平被视为通货膨胀或通货紧缩的重要指标。股价受物价影响,在不同情况下有着不同的结果。在通胀初期,投资者出于保值考虑,有可能把资金从股市转移到房地产或黄金等保值物品市场,股市卖盘增加引起股价下跌,尤其是在恶性通胀、物价激烈上涨时,则可能因实际股利收益下降或心理恐慌而抛售股票,使股价大幅下跌。而在物价处于温和上涨时,若物价上涨率高于借款利率上涨率,上市公司可能由于存货价值上升和产品价格上涨幅度超过借款成本而使利润增加,带动股价上涨。总之,物价在不同时期,对股利产生利多还是利空的影响,取决于当时的特定形势和其他因素的综合作用。

(3)利率和汇率。利率和汇率都既可以在微观领域发挥作用,又可以作为国家宏观经济管理的杠杆。利率与股价的反向变动关系可以从两个方面来诠释:第一,利率下降是银根放松、信用扩张的表现,市面上游资增多,需要寻求投资对象,公司的筹资成本降低,利息负担减轻,直接引致公司赢利增加,股价上扬;第二,利率下降,会诱使投机者利用较低的利率借进资金购买股票,股市需求增加导致股价上涨。汇率变动主要影响从事出口贸易的股份公司。当汇率提高(本币升值)时,对那些产品主要在海外销售的公司而言,其产品价格上升(国内定价不变的情况下)将削弱其在海外的市场竞争力,从而影响赢利水平并进一步刺激股价下跌。如果公司的原料依赖于进口,产品多在国内销售,汇率提高则使公司进口原料成本降低,赢利上升,该公司的股价就会上涨。汇率不仅对公司的对外贸易和利润有重大影响,也对外国投资者有重要影响,汇率的提高会使股票的外国购买者增加,股价看涨。

(4)货币政策。货币政策对股价的影响主要体现在两方面：①宽松货币政策使货币供给量加大，从而增加了市场上对股票的需求，股价因之上涨。②货币供给量增加过多造成通货膨胀，货币持有者会因保值而购买股票，股价随对股票需求的增大而上升。

(5)对外贸易。外贸的发展会推动股市繁荣。一方面，出口增加，与外销有关的产业将得到扩张，在外贸乘数作用下，国民收入将得到增长，从而使经济景气上升；另一方面，外贸顺差使国家外汇储备增加，本国货币投放增加，股市资金因之充裕，同时利用充足的外汇资金，可以输入急需的原料与设备，促使经济更加繁荣，股价因此而上涨。

(6)财政政策。例如，减税政策因相对增加公司的税后收入，股价会随之上升；财政支出的增加会刺激经济繁荣，促使股价上涨，但若财政赤字过大，通胀威胁严重时，股价又会下跌。

以上所述的，是从长期发展趋势看与股票市价具有内在联系的一些因素。接下来分析那些能使股价发生变化，甚至是剧烈变化，但从长期趋势看与股票市价变化发展又没有内在联系的因素，即影响股票市价的外在因素。

(二)影响股票市场价格的外在因素

1. 政治因素

政治因素是指影响股市的国际政治活动、政治事件以及政府的法令、政策和措施。常言道："股市是经济的晴雨表"，有人则说："政治是经济的风向标"，弄清了风向，晴雨自然明了。因此，在股市驰骋应是"家事、国事、天下事，事事关心"。一些有关国家政策动向的消息以及重大的政治事件体现在股市上，往往就是一字千金。例如，邓小平同志当年的南行讲话就曾掀起股市新一轮上涨高潮。再如，从美国总统选举的历史统计资料来看，自1949年以来，历届民主党当政的第1年，股票价格均上涨(只有1977年例外)；凡共和党当政的第1年，股票价格均下跌。

2. 军事因素

军事因素主要指军事冲突。军事冲突是一国国内或国与国之间利益矛盾积累到不能以政治手段解决的最终表现。军事冲突小则造成地区或一国内的社会经济生活动乱，大则打破正常国际秩序，使股市的正常交易受到破坏，并导致相关股市的剧烈波动。军事冲突对股价影响的广度和深度，应依其性质而定。一般而言，军事工业和与之相联系的公司的股票价格会因军事消费的增加而上涨；但若军事冲突中断了某一地区与外界的贸易联系，则会影响该地区的经济发展，进而使该地区企业经营陷入困境，股价大幅下跌。例如，海湾战争使英美等国与军工有关的公司股价上升，但使与石油相关的公司股价下跌。

3. 市场因素

市场因素包括投资者特别是大投资者的投资意向和买卖行为;信用交易和期货交易的规模(这两种交易都具有高杠杆性,对股价冲击较大);公司间相互持股的动向;投机者的套利行为;公司增资方式的选择和增资数量的多少等,所有这些因素都会对股价产生相应的影响。

4. 心理因素

心理因素是指投资者心理状况对股票价格的影响。影响人们心理状况的因素很多,其中有些是客观的,有些是主观的,特别是投机者不甚了解事实真相或缺乏预期判断能力时,心理上的波动很大,往往容易跟在大户后面,出现盲目抛出或补进的状况,从而形成抢购或抛售风潮。

5. 人为操纵因素

人为操纵因素包括使用垄断、买空卖空、散布谣言、轮作和烘托、抢帽子和轧空、转账、串谋等手法,使股价朝着利己的方向变动。一般来说,在证券法、公司法等法规齐备,证券交易的信用制度与监管机制较为完善的国家,证券从业人员营私舞弊、证券价格受人为操纵哄抬打压的机会相对较少;在其他条件相同的情况下,证券价格的表现相对稳定正常。证券法规不健全、监管机制欠完善的国家,人为操纵因素对股价的影响较大。

从上述分析可以看出,影响股票市价的因素有很多,有时往往很难分辨什么是其决定性因素,而表现为多种因素共同发挥作用的结果。因此在分析股价趋势时,应综合思考,唯此才能提高判断的准确性。

三、从供求曲线的移动看通胀对股价的影响

(一) 供求曲线及其移动

如果以股票数量为横轴,以股价为纵轴,则可以作出如图 3-2-2、图 3-2-3 所示的供给曲线 GG 和需求曲线 XX。如果股票的供给弹性为零,即不随价格的变化而变化,也就是在一定时期内(如 1 年)上市的"盘子"既定,并且在期初一次性上市,则供给曲线为一条垂直于横轴的 G_0G_0 线;如果股票的供给弹性足够大,即股市扩容和缩容完全由市场根据股价变动情况确定,没有任何对股市供给的管制,则其供给曲线为 G_1G_1;GG 的移动轨迹刚好介于 G_0G_0 和 G_1G_1 之间。当政府对股市扩容的限制较少时,GG 偏向于 G_1G_1,随着对股票供给限制的加强,GG 会越来越偏向于 G_0G_0。需求曲线 XX 的移动轨迹是一组平行曲线。当需求增加时,需求曲线向右上方移动;而当需求减少时,需求曲线则向左下方移动。无论需求是增加还是减少,需求曲线均为平行移动。

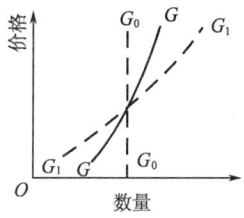
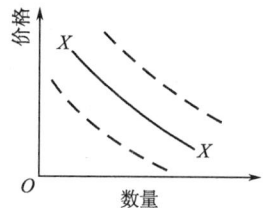

图 3-2-2 供给曲线　　　　　图 3-2-3 需求曲线

如果把 GG 和 XX 作到同一图上(如图 3-2-4 所示),则两者的交叉点 J 即为供需均衡点,对应的股价为 P_0,股票数量为 S_0。当 XX 向右上方移至 X_1X_1 时,在供给弹性为零的情况下,供求曲线的均衡点由 J 移至 J_1,均衡股价由 P_0 上涨至 P_1;在供给弹性足够大的情况下,供求曲线的均衡点由 J 移至 J_2,均衡股价也由 P_0 上升至 P_2。显然 $P_1 > P_2$,即供给无弹性时所引致的股价上涨幅度($P_1 - P_0$)大于供给弹性足够大时的股价上涨幅度($P_2 - P_0$)。由于现实中 GG 介于 G_0G_0 与 G_1G_1 之间,所以实际股价的涨幅也介于($P_2 - P_0$)和($P_1 - P_0$)之间,即以($P_2 - P_0$)为最低涨幅,以($P_1 - P_0$)为最高涨幅。

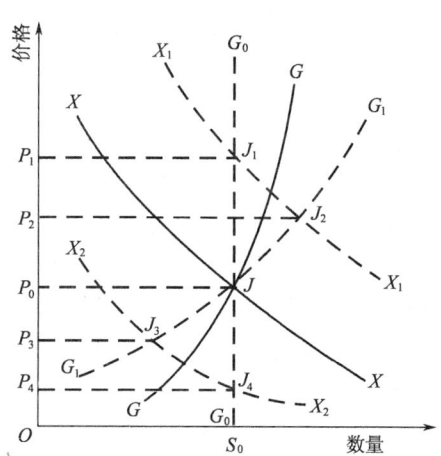

图 3-2-4 供求变动示意图

当 XX 向左下方移至 X_2X_2 时,在供给无弹性的情况下,供求曲线的均衡点由 J 移至 J_4,均衡股价由 P_0 下跌至 P_4;当供给完全由市场确定的情况下,供求曲线的均衡点由 J 移至 J_3,均衡股价由 P_0 下跌至 P_3。显然,股票供给无弹性时所导致的股价下跌幅度($P_0 - P_4$)大于股票供给弹性足够大时的股价下跌幅度($P_0 - P_3$),现实中的股价跌幅介于两者之间,即最少跌去($P_0 - P_3$),最大跌去

(P_0-P_4)。

从上面的分析不难看出,政府对股票供给的管制越严,股价可能波动的幅度越大,从 P_1 至 P_4;而在政府对股票供给不加干预,完全由市场确定时,股价可能波动的幅度最小,从 P_2 到 P_3。因此,从稳定股市,避免股价大起大落的角度出发,政府应逐步减少对股票供给的管制,交由市场这只"看不见的手"去自发调节。当然,由于受多种因素的影响,XX 的移动方向和移动范围都是变化的,且 P_1、P_2、P_3、P_4 均为动点。此外,考虑到我国的实际,目前政府对股票供给的管制是不宜全面放开的。

(二) 通货膨胀对股价的影响

正如前文所述,通胀对股价的影响比较复杂,它既有刺激股价的作用,又有抑制股价的作用。究竟是刺激还是抑制股价,往往因通胀的不同阶段而表现出较大的差异。

通胀发生的初期,货币供应量的增加能够刺激生产,扶持物价,增加公司的利润,从而增加可分派的股利。股利增加使股票更具吸引力,于是股价会上涨。此外,证券投资的收益有名义收益与实际收益之分。名义收益中包含着实际收益和通胀补偿。当发生预料之外的通胀时,证券投资的实际收益就会偏离本来的预期收益,这说明通胀对证券的收益有着直接的影响。对于固定收益的债券来说,当通胀率意外地升高时,实际收益就会下降;而当通胀率意外地下降时,实际收益率就会上升。可见,通胀对固定收益债券的持有者来说风险较大。对于收益可变的股票来说,当发生意外通胀时,上市公司的名义收益率也会增加,名义股利随之上升,使其在某种程度上抵消通胀的影响。所以说在通胀存在的情况下,投资者更愿舍弃固定收益证券而转购变动收益证券。更多资金涌入股市的结果是推动股价的上扬。这一结论借助于图 3-2-4 能得到令人满意的诠释:在通胀初期,由于通胀造成的货币幻觉,名义货币量增多,对股票的需求会随之增加,需求曲线 XX 将向右上方移至 X_1X_1,股价将升到 P_2 至 P_1 间的价位,在原来 P_0 的基础上有所上扬。

随着通胀的日益加剧,就会造成消费萎缩,上市公司的利润在变化,工资、利息、原材料价格以及其他成本也在变化,结果生产者的利润赶不上成本的上升而下降。上市公司盈利水平的下降必然会引起股价的下跌。此外,通胀导致物价水平不断提高,为维护社会的稳定和经济的健康发展,中央银行会考虑实施从紧的货币政策,如提高利率、增加融资成本、降低商业银行贷款规模、压缩社会固定资产投资等,使企业和机构的资金供应减少、成本加大,从而减少了对股票的需求。从图 3-2-4 来看,相当于需求曲线由 X_1X_1 向左下方移动至 X_2X_2,X_2X_2 可能在 XX 的上方、下方或与 XX 重合。无论在哪个位置,其价位区间都将低于 P_1

至 P_2,即 P_4 点永远低于 P_1 点,P_3 点永远低于 P_2 点。

概括地讲,通胀初期股价将上扬,通胀后期股价将下跌。在整个通胀时期,股价波动幅度下限是 (P_2-P_3),上限是 (P_1-P_4),实际波动幅度介于上下限之间。通胀率越高,则上下限差距越大(因上限随通胀率增高而增大,下限随通胀率增高而降低)。从这个角度看,降低通胀率也可以减少股价的振荡。

需说明的是,上述的分析是在一系列假定的基础上,如假定通胀的主要成因是需求拉动,即过多的货币追逐过少的商品和劳务;再如假定市场名义利率是受管制的,即在一段时期内不随通胀率的变动进行立即、频繁地调整;此外还假定影响股价的某个因素变动时,其他的影响因素保持不变。在这一系列假定的基础上,得出通胀初期股价会上涨,通胀后期股价会下跌的结论。现实生活中因不存在这样、那样的假定条件,因此通胀对股价变动的影响较为复杂,有时表现为促其上升,有时表现为使其下跌,还有时表现为零相关。如当某些非经济性或者与通胀不相关的经济性因素成为影响股票市场走势的主导因素时,股价的升降便会表现出与通胀无关。像战争引起的股市下跌,我国股市运行初期严重的供不应求导致的股价飞涨,皆与通胀无关。

从总体上看,通胀对股票价格的不利影响主要表现在三个方面:其一,通胀会影响公司的盈利。在物价上升时期,企业往往会被高估其税后利润。出现高估的原因,一是这些利润可能包含存货的收益;二是由于折旧是按原始资本而不是按重置资本的账面值计算的,因而折旧费往往会被低估。此外,通胀还会引起短期负债的较多使用、借贷成本的增加和资产流动性的降低。所有这些都会增加企业的风险,并使企业用于发放股利的资金减少。其二,通胀会影响投资者对资本收益率的预期,从而影响投资者对股票内在价值的判定。资本收益率反映了投资者对各种可替代投资形式的风险与收益的态度。由于通胀和高利率往往是并驾齐驱的,所以由戈尔顿模型 $P_G=\dfrac{D_1}{i-g}$ 可知,在通胀初期,分母上的 i 将会比较高;又由于 g 的增长速度往往赶不上物价的上涨速度,所以股票的价格最终将会下跌,从而影响证券市场的稳定和经济活动的开展。例如,假设某公司上期支付的股利是每股 1 元,股利的增长率预计是 5%,而投资者要求的一般收益率是 10%,则股票的现价 $P_G=\dfrac{1.05}{0.10-0.05}=21$(元)。如果由于通胀的作用,投资者要求的收益率上升为 12%,而股利增长率仍为 5%,则股票的价格就会下降为 $P_G=\dfrac{1.05}{0.12-0.05}=15$(元)。其三,通胀会使某些投资者产生某种错觉。这些投资者往往会错误地认为,自己所获得的相对较高的收益能够抵消通胀的影响。例如,在通胀率为 10% 的情况下,某投资者对其 15% 的收益率可能较为满意。但若所得税率为40%,则该投资者的实际收益率为15%×(1-40%)-10%=-1%。当然,这里所说的15%的收益率,是货币市场平均的利息率水平,即投资者的含税收益率。

第三节 投资者对上市公司财务报表的解读

一、投资者与财务报表

财务报表是根据会计记录,对企业的财务状况和经营成果进行综合反映的一种书面文件。任何国家都要求上市公司公开披露经注册会计师审查签证的财务报表,并且对其所公开的财务报表的内容、编制方法予以严格规范和限制。投资者包括已经投资的公司股东及潜在的未来投资者。公司股东有优先股股东和普通股股东之分。他们都非常关注公司的盈利能力,但优先股股东更关心公司的偿债能力,而普通股股东则更关注公司的发展前景,即他们投资的增值能力。此外,短期投资者通常比较关心公司的股利分配政策以及其他可作为"炒作"题材的信息,以谋求股价有较大的上升空间,可以套现;长期投资者比较关心公司的发展前景,他们甚至愿意公司暂时不发放股利,以使公司有更多的资金用于未来发展。

无论是什么样的投资者,都可以通过分析财务报表获得各自所关心的信息。投资者与财务报表的关系如图3-3-1所示。

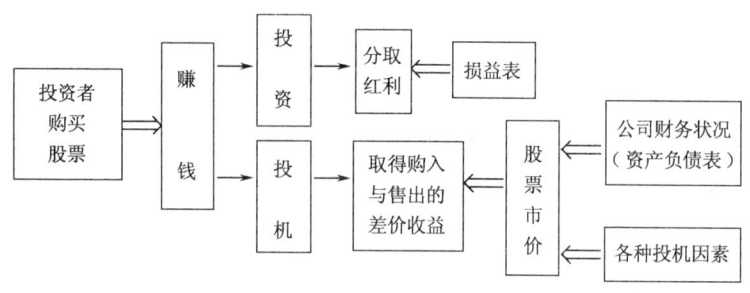

图3-3-1 投资者与财务报表的关系示意图

由图3-3-1可知,上市公司公开的财务报表所揭示的有关信息是股东们选择、购入或售出某种股票的重要的"指示灯"。正如20世纪60年代就开始华尔街生涯的美国著名证券分析家杰弗里·利特尔(Jeffrey B. Little)所言:"股票业绩在一个较长时期(10年或20年)中最好的公司,通常具有卓越的收益、股利和改善财务状况的记录。投资者会轻易地通过熟练的证券分析辨别出这样的公司。"但是,这样的证券分析"主要依靠正确阅读公司财务报表"来进行。投资者与财务报表的这种关系亦可以这样来分析:投资者关心股市的一个重要方面就是股票的价格。

股票市价的高低和涨落是人们投资购买股票或出售股票的最主要依据。虽然股票的价格在一定程度上受到各种投机因素的影响,但最终决定股票价格的因素仍是客观的和可以测定的,即股票的真正价值在于发行股票的企业的价值。其值应为:(企业的全部资产－全部负债)/发行股票数,或(股本总额＋股本溢价＋各种留存收益)÷发行股票数。

可以说,决定股票价格的上式中的各因素只有从上市公司对外公开的财务报表中得知。如果没有财务报表,上式中的各因素是无法确知的,股票的真正价值也就无从判断,股市也就无任何规律可以探寻。股票价格的变化规律就在于,无论它如何狂涨猛跌,但最终都会向其真正价值回归。

另外,从人们购买股票的目的来看,上市公司的财务报表旨在帮助人们实现投资的目的,即财务报表所揭示的收益、股利分派、分股、发行新股以及有关现金流动信息等,均是人们实现投资目的最主要的参考。

二、财务报表分析的意义及方法

公司的财务报表能向经营者、投资者、债权人及政府有关部门提供各种有用的信息。但财务报表只是一种历史性的静态文件,只能概括地反映一个公司的一个时期(如季报、年报)财务状况和经营成果。对特定的报表使用者来说,这种概括的反映远不足以作为决策的全部依据。报表中的各种数据,如果不与其他报表中的数据或同一报表中的其他数据相比较,意义并不大。因此,在作出决策前,必须对财务报表进行分析,把其中偶然的、非本质的东西舍弃掉,得出与决策相关的实质性信息。不同的使用者可根据各自的不同需要,运用各种方法,对公司经营活动的各个方面进行分析评价,从而得出正确的结论,并应定期搜集有关资料,更新分析结论,保证决策的及时性和正确性。从这个意义上讲,财务报表分析是对企业历史资料的动态分析,是在研究过去的基础上预测未来。

财务报表分析的方法多种多样,概括地讲,主要有百分比分析、比率分析和图表示意分析三种方法。

百分比分析,主要是通过分析公司不同年度财务报表同一项目的增减变化,说明公司财务状况及经营状况的变动趋势;通过分析公司同一报表不同项目的比例关系,及其在不同时期的变动,反映公司财务结构及其变动趋势。百分比分析通常采用比较财务报表的方式进行(比较财务报表分析的基础是编制最近二三期或数期报表并列的比较财务报表。比较财务报表中除列示各期各项目相关金额外,通常还列示增减金额或增减百分比来反映各项目的变化趋势和变化情况,如比较资产负债表、比较损益表等),包括横向与纵向两种基本分析方法。

横向分析是将不同时期财务报表中的同一项目进行比较,列出各个项目变动的金额和百分比。将两个时期的报表进行比较,通常是把前一个时期的数字作为基数来计算变动的百分比。然而,如果基数为负数(如损益表中的税后利润以负数表示亏损),则不能以百分比来表示变动。当将两个以上时期的报表作横向比较分析时,可以有两种选择基数的办法:一是把最早一个时期的数字作为基数,其他时期的数字依次与基数比较;二是把上一个时期的数字定为基数,后一个时期与前一个时期依次进行环比。

纵向分析是同一报表的不同项目进行比较。一般是将资产负债表中的所有项目都表示成总资产的百分比,将损益表中的各项目都表示成销售收入的百分比。这样,报表使用者可以更加了解这两种主要报表各个项目的结构关系。例如,将负债和股东权益表示为总资产的比重,使人一眼就可以看出企业的资本中有多少来自股东,多少是借入资本。

不难看出,纵向分析属于静态分析;而横向分析偏重于动态分析,着重于追求对趋势的洞察。横向分析既然注重趋势发现与预测,所以其关键是基期的选择应认真谨慎,尽量使之符合代表性或正常性条件,以提供正确的可比基础。

比率分析法是财务报表分析中最有效的方法之一,是财务报表分析的重点。比率分析法以财务报表为依据,将彼此相关但性质不同的项目进行对比,求其比率。比率分析通常需建立起一套完整的比率指标体系,将反映不同内容的不同比率有机地结合起来分析,才能得出正确结论。通过比率分析,可以更深入地了解公司的各种情况,同时还可以通过编制比较财务比率报表,做出不同时期的比较,从而更准确、更科学地反映公司的财务状况和经营成果。

百分比分析和比率分析都是通过对数字进行计算比较,分析公司的财务状况和经营业绩,并预示公司的发展趋势。有时为了更直观地反映这种趋势,可以用图表来帮助分析。常见的图表分析有平面坐标分析和雷达图表分析等。

三、投资者关注的财务指标

优质股,往往在熊市中抗跌性好,而一旦股市回升又能一马当先,充任"领涨股"。那么,投资者应如何选择优质股呢? 自然应当是通过阅读财务报表、比较分析账面会计数据间的相互关系、一定时期内的变动趋势等,以此判断公司的财务状况是否良好,从而对其股性作出客观评价。为了使这一"评价"真的"客观",投资者通常对下面的财务指标较为关注。

(一)每股净收益

每股净收益是指公司一定时期税后净利润除以发行的普通股股本额,它表示上市公司发行的每股普通股的盈利能力(所以又被称作每股盈余、每股税后利润、每股盈利能力等),是衡量上市公司经营业绩的非常直观且很重要的指标之一。其具体计算公式为:

$$每股净收益 = (税后净收益 - 优先股股息) / 普通股股数$$

对于投资者而言,每股净收益当然越多越好,因为这是股东利益的根本源泉。但是,我们不能孤立地看这一指标,而是应当既在不同上市公司之间进行比较(着重同一行业或同板块间),又就公司在不同年度(或会计期间)的每股收益情况加以比较。后者可使投资者大致预测未来每股净收益的发展趋势及股价的变动趋势。每股收益指标同时运用于计算上市公司现行价格下的市盈率,非常实用。不过,投资者购买股票,绝不是单纯冲着几角钱的每股净收益来的。如果一只股票每股净收益为1元,但其市价却为100元,投资者以100元的投资去获取1元的股利,显然远远低于市场平均收益率。所以,单纯的每股净收益指标有时不足以让投资者作出"客观"评价,有必要与其他指标配合使用。

(二)每股净资产

每股净资产是指每股普通股的账面价值,又称每股净值。其计算公式为:

$$每股净资产 = (资产总额 - 负债总额 - 优先股股本) / 普通股股数$$

每股净资产越高,代表公司内部积蓄越多,说明公司实力越强,股东享有的权益越高。

(三)资本公积金

资本公积金的多少,反映了一家公司"家底"的殷实与否。当一家上市公司年终派送红利时,其派送额的多少往往与公积金的多少成正相关,即公积金多的可多送;反之则少送,甚至送不出。

(四)市盈率

市盈率是指普通股每股市价与每股税后利润之比,所以又称本益比。它一是显示股价相当于每股净收益的倍数;二是表示每股股票收回最初投资的年限。市盈率对选股具有特别的意义,原因如下:宏观经济形势、公司的业绩、成长性和股本结构是影响股票价格的决定性因素,质地优良的股票可能沉沦一时,但绝不会久蛰不起。在这里起决定性作用的是市场的比价效应和追求安全、高回报的资本的本性。而诸如逆向操作、刻意打压等人为因素则显得苍白无力。买低价绩优股中长期持有做波段行情往往有事半功倍之效,适合中小机构投资者和大众投资者操作。至于市盈率高的企业股票,其向平均市盈率回归的趋势不可改变,除非有业绩和成长性支持,否则这种回归只有通过股价的下调来完成。

如果一种股票同时具备了每股净收益高、净资产高、公积金高、市盈率低,即"三高一低",则一般可将其视为"优质股"。除了上述四个财务指标外,年报中的如下一些财务指标投资者也应有所关注。

(五) 资产负债率

资产负债率又称财务杠杆率,它反映的是公司总资产负债情况,其计算公式为:

$$资产负债率 = (负债总额/资产总额) \times 100\%$$

该指标反映公司的长期偿债能力,揭示公司经营风险的程度,同时也反映了公司利用借入资金从事生产经营活动的能力。一般来说,高的资产负债率表明公司经营风险较大,财务费用较重。因此,对于股票投资者而言,更喜欢较低的资产负债率。因为它意味着股东权益比率较高,企业的资本力量较强。

(六) 流动比率

流动比率的计算公式为:

$$流动比率 = 流动资产/流动负债$$

通过流动比率分析,可了解公司的流动资产是否足以偿付流动负债。它是衡量公司提供流动资金,偿付短期债务和维持正常经营活动能力的主要指标。比率过低,说明公司偿债能力差,短期财务状况不佳;比率过高,表明公司的管理趋于保守,公司管理层难发现或放弃了一些获利机会。一般认为此指标为2倍比较适宜,但这不是绝对的标准,因为流动比率随行业不同而变化很大。在经营周期较短的行业里,公司的流动比率可以低一些,原因是营业周期短的公司无须大量储备存货,从而降低了流动比率;相反,营业周期长的行业,公司的流动比率应相对高些。所以股票投资者在依流动比率对公司加以评判时,一定要根据其所在行业的流动比率标准来分析。除此之外,还应对照应收账款周转指标和存货周转指标。这两个指标能进一步帮助股票投资者了解流动比率过高或过低的原因。

(七) 速动比率

速动比率又称酸性测试比率,其计算公式为:

$$速动比率 = 速动资产/流动负债$$

速动比率能够比流动比率更确切地反映快速偿付短期负债的能力。因为速动资产是流动资产扣除存货后的资产,而存货并非都能立即变现,有一定的不确定性。通常认为,速动比率为1倍较为理想,它意味着公司无须动用存货就可以偿付流动负债,表明公司有较强的偿债能力。当然,1倍也不是这一指标的绝对标准,投资者应结合企业性质、速动资产的构成以及反映企业营运资金状况的其他比率等综合作出评价。

(八) 股东权益比率

股东权益比率的计算公式为:

股东权益比率 =（股东权益/资产总额）×100% =
[（资产－负债）/资产总额]×100% =
（净资产/资产总额）×100%

对股东而言,股东权益比率过高,意味着企业不敢负债经营,没有积极地利用财务杠杆作用。而对债权人而言,高的股东权益比率则意味着企业举债融资比率小,债权人权益受保护程度大。

(九) 主营业务利润率

主营业务利润率的计算公式为:

主营业务利润率 =（主营利润/主营销售收入）×100%

主营业务利润率反映公司主营收入的收益水平,公司在增加主营销售收入的同时,必须相应获得更多的主营利润,才能使主营业务利润率保持不变或有所提高。同样,通过同一公司不同时期或同一时期不同公司间该指标的比较,可以分析出公司现有经营管理水平和盈利水平以及未来发展趋势。

(十) 主营收入增长率

主营收入增长率是公司不同年度(或会计期间)的主营收入前后期的比较。由于社会平均利润率和行业平均利润率的牵引作用,一个公司不可能在相当长的时期内,始终保持很高的主营业务利润率,因此通过扩大销售规模来提高主营收入是每一家公司保持利润稳定增长的最主要手段。

(十一) 净资产收益率

净资产收益率的计算公式为:

净资产收益率 =（净利润/净资产）×100%

需注意的是,计算该指标时运用的净资产指标,是该会计期间平均净资产,一般通过期初净资产与期末净资产的算术平均计算得出。该指标反映股本权益的收益水平,指标值越高,说明投资该公司带来的收益越高。如果一个公司净资产收益率保持较高水平的话,那么在一定范围内该公司资产负债率保持在较高比率上,这种财务结构也应视为比较合理,同时投资者可以参照这一指标来决定是否参与公司的配股与转股。

通过上述每股净收益、主营业务利润率、主营收入增长率、净资产收益率等指标的比较分析,投资者可以对一个上市公司的经营状况和盈利能力有一个比较详细的了解。应当说明的是,公司的收益能力只涉及正常的营业状况,因此,在分析公司经营状况和盈利能力时,应当排除一些偶发或非正常情况,如证券买卖等非正常项目,已经或将要停止的营业项目,重大事故或法律更改等涉及的特别项目,会计准则制度变更带来的累计影响等因素。

四、财务报表分析的局限性

财务报表分析对于了解公司的财务状况和经营业绩,评价公司的偿债能力和经营能力,帮助投资者作出决策,有着显著的作用。但由于种种因素的影响,财务报表分析及其分析方法,也存在着一定的局限性。在分析时,应注意这些局限性的影响,以保证分析结果的正确性。

首先,应注意会计方法及分析方法对可比性的影响。会计核算上,不同的处理方法产生的数据会有差别。例如,存货计价在物价变动时,采用先进先出法与后进先出法计价确定的期末存货余额和有关费用额是不同的;固定资产采用直线法折旧与采用加速法折旧的折旧费也不同;企业长期投资采用成本法或采用权益法所确认的投资收益也不一样。因此,如果公司前后期会计方法改变,对前后期财务报表对比分析就有影响。同样,一个公司与另一个公司比较,如果两公司对同一事项的会计处理采用的方法不一样,数据的可比性就会降低。所以,在进行财务报表分析时,一定要注意看附注,看看公司使用的是什么方法,会计方法有无变更等。而从财务报表分析方法上看,如指标分析,某些指标的计算方法也给不同公司之间的比较带来不同程度的影响。例如,对应收账款周转率、存货周转率等,其平均余额的计算,报表使用者由于数据的限制,往往用年初数与年末数进行平均。这样平均计算应收账款余额与存货余额,对于经营业务一年内各月、各季较均衡的公司尚可,但在季节性经营的公司或各月变动情况较大的情况下,如期初与期末正好是经营旺季,其平均余额就会过大,如是淡季,则又会偏小,从而会影响到指标的准确性。此外,财务报表分析、指标评价往往要与其他公司及行业平均指标比较才有意义。但各公司不同的情况,如环境影响、公司规模、会计核算方法的差别,会对可比性有影响。而行业平均指标往往是各种各样情况的综合和折中,如果行业平均指标是通过采用抽样调查得来的,在抽到极端样本时,还会扭曲整个行业状况。因此在对比分析时,应慎重使用行业平均指标,对不同公司比较应注意调整一些不可比因素的影响。

其次,应注意通胀的影响。由于财务报表是按照历史成本原则编制的,在通胀时期,有关数据会受到物价变动的影响,使其不能真实地反映公司的财务状况和经营成果,引起报表使用者的误解。例如,以历史成本为基础的资产价值常常小于资产当前的价值,以前以100万元购置的固定资产,现在的重置成本可能为200万元,但账上及报表上仍反映的是100万元的固定资产原价,如不知道该项资产是哪一年买的,仅根据这个数字就不能正确理解一个公司的生产规模。进一步看,折旧费是按固定资产原价计提的,利润是扣减这种折旧费计算出的,结果会是折旧费定低了,利润算多了,可能导致公司多缴税、多付利润,最终可能使公司的简单再生产也难以维持。

再次,应注意信息的时效性问题。财务报表中的数据,均是公司过去经济活动的结果和总结,用于预测未来的动态,只有参考价值,并非绝对合理可靠。况且,当报表使用者取得各种报表时,可能报表编制日已过去多时。

另外,应注意报表信息量的限制。由于报表本身的原因,其提供的数据是有限的。对报表使用者来说,可能不少需用的信息,在报表或附注中找不到。

最后,应注意报表数据的可靠性问题。有时,公司为了使报表显示出公司良好的财务状况甚至经营成果,会在会计核算方法上打主意或者采取其他手段来调整财务报表,这时,分析这种财务报表就易误入歧途。

认识了财务报表分析及其分析方法的上述局限性,并不是让我们因此否定财务报表分析的积极意义和作用,而是要在财务报表分析时注意它们的影响,从而提高分析的质量。例如,通过仔细阅读有关附表和附注,可以正确理解报表上所反映的信息,不致产生错误的判断和结论。再如,由于注册会计师会从第三者公正的立场,从专业人士的角度,对公司财务报表数据是否真实、可靠、可证等方面进行评价,所以,分析财务报表时,应特别注意注册会计师"审计报告"的意见。

五、正确把握投资价值分析中的市盈率

在投资资金量一定的情况下,投资者首先需要选择的便是投资渠道问题。而要确定投资渠道,就必须事先分析各种投资方式的投资价值。就股票而言,投资价值的分析指标有不少,其中最主要的有获利率和本益比(市盈率)等,而净资产倍率只有在企业破产倒闭时才会较为重要,通常情况下并不影响投资决策或影响甚微。所谓获利率,是指每股的年股利与当时市价的比值,此一比值越大说明获利越多,投资价值也就越高,反之则获利越小,投资价值越低。由于我国股市兴办时间不长,远未到回报期,因而企业真正分给投资者的股利很少,更多地用于再发展,这与投资者的长远利益是一致的,所以获利率的高低目前也不能完全反映我国股市中股票的投资价值(需说明的是,年股利是不能以送配比例取代的)。市盈率指标作为投资价值分析的经典指标,在中外股市上都颇受青睐,但在具体运用上有些投资者会陷入误区,因此正确把握投资价值分析中的市盈率就显得尤为重要。

(一)市盈率的概念及实质

市盈率是股票市价与每股税后利润之比,它反映了投资者为获得对一定投资利润的要求所必须付出的代价。从市盈率的定义可知,每股市价与市盈率成正比,而每股税后利润与市盈率成反比。也就是说,市盈率越低,股票在相同收

益下价格越低,或者说在相同股价下股票的收益越高,股价下跌的可能性就越小,投资的风险也越小;相反,市盈率越高,股票价格在相同收益下越高,股价下跌的可能性就越大,投资的风险也越大。由此不难得出"市盈率较低的股票投资价值较高"的结论。但我们只要稍加留意就会发现,上市公司之间股票的市盈率存在很大差异,市盈率低的股票比比皆是,但还是有许多投资者去买市盈率高的股票。而且国内外均有事实证明确有为数不少的高市盈率股票的投资价值高于低市盈率股票的投资价值。为什么会产生这种理论与实际相背离的现象呢?从表面来分析,在股市中,只有普遍地被投资者认为值得投资的股票,其价格才会上升,从而市盈率也升高;而那些越是普遍地被认为不值得投资的股票,其价格越会下跌,从而使市盈率降低,从这点来看,市盈率低的股票并不一定就是投资收益好的股票。那么,这是否意味着市盈率失去了据以判断投资方向的参考价值了呢? 答案是否定的。从实质上来分析,"市盈率较低的股票投资价值较高"这一结论的得出是有条件的,即在"一定条件"下,市盈率仍能直接反映股票的投资价值,仍是最直观、最能反映投资方向的一个指标,它仍然可以被用来衡量一种股票就其公司利润潜力而言是否定价过高或过低。因此,人们不禁要问,这里所说的"一定条件"是什么呢? 我们不妨用现代股份公司财务理论中著名的戈尔顿模型来推导解释。

将戈尔顿模型的表达式 $P_G = \dfrac{D_1}{i-g}$ 整理后得:

$$\frac{P_G}{D_1} = \frac{1}{i} \times \frac{i}{i-g}$$

如果定义 $\dfrac{1}{i}$ 为基础市盈率; $\dfrac{i}{i-g}$ 为市盈率增长乘数,则上式可以表述为:股票的市盈率是基础市盈率与增长乘数之积。由于同一股市中不同股票的基础市盈率是相同的,因此企业盈利增长率越大,市盈率增长乘数就越大,市盈率当然也就越高。

正是基于这一点,有些投资者才会选择市盈率相对高些的股票。或者说"市盈率较低的股票投资价值较高"这一结论应用的前提条件是在"盈利增长率相同"的情况下。

(二)市盈率与其他主要基础指标的比较

除市盈率外,股价水平、每股净收益、股票净值等都是常用的股票投资基础指标,所有这些指标对股票投资都有不同程度的指导作用,但比较起来,市盈率指标优于其他各指标。

从市盈率与股价水平的比较来看,股价反映的是"绝对价格",而市盈率反映的是"相对价格",相对价格比绝对价格更具有投资判断的指导意义。这是因为,从更一般的经济含义来看,商品价格的意义在于提供一种比较评估的基础,并无绝对意义可言。

离开其他商品价格参照系,单凭某一商品标价多少,是不能给人以任何"买"或是"卖"的决策依据的,市场经济中唯一重要的是交换价格。同样道理,仅知股价多少,也无从作出投资与否的决策。不同面值股票的价格差别显然存在,而不同净值股票之价格也势必不一,更何况具有不同盈利能力股票价格之差别了。因此,在比较不同股票的投资价值时,按同面值或同净值基础来进行价格比较是不科学的,能正确反映比较价格的是市盈率。

从市盈率与每股净收益的比较来看,由于每股净收益等于上市公司年度税后利润除以已发行的股份总额,而股份总额可以人为地压缩(例如将部分流通股转为库藏股),这样便会出现人为每股税后利润的放大,但实际上资金的投入产出并没有变,而后者正是经济学中的最重要原则,从这一层面上来看,简单地看税后利润是没有意义的。市盈率则不同,鉴于它与盈利增长率的正相关关系,投资者在股市应挑选具有高盈利增长率企业的股票进行投资,而不是专注于那些每股盈利虽高,但盈利增长率却低的股票,因为这种股票的价格已没有多大的上升空间;而那些每股盈利虽低,但增长率却高的股票正是股市中的"黑马",其股价有着广阔的上升空间,能够使投资者获得每股盈利上升乘以市盈率上升的加倍资本利得之回报。

从市盈率与股票净值的比较来看,这是目前争议的焦点所在,理论界的两种观点更是泾渭分明。一种观点认为,作为选择股票进行投资的指标,股票净值比市盈率更重要。提出这一观点的,是美国著名的财务金融学家哈里·马科维茨教授。他认为,股票净值是股市投资最可贵的指标,而不是人们通常所认为的市盈率,投资者更应注意股价与每股净值的关系。马科维茨因创立"资产组合理论"而荣获1990年诺贝尔经济学奖,这一观点似乎更有说服力。事实上,由于股票净值是资本金、资本公积金、法定公积金、任意公积金、未分配盈余诸项之和与股份总额之比,它体现的是股东的权益,其值越高,说明股东所享有的权益就越多。因此,股票净值的确可以作为决定股票市场价格走向的主要依据之一,即净值较高而市价不高的股票有较高的投资价值,而净值较低但市价却盘踞高位的股票则投资价值较小。笔者则持另一种观点,即尽管股票净值用于投资判断意义不可低估,但它毕竟要通过与股价的相对比较,这种比较既可以用绝对差额,又可以用相对比率。用后者时,股价与股票净值之比小于1者被认为有投资价值,而且比值越小投资价值越大。这和市盈率指标在某种程度上发生了联系,判断标准也很相似。所不同的是二者的分母项不同,一个是净资产,一个是税后利润,由于净资产主要反映的是企业的积累情况,不能反映当前企业经营管理层的盈利能力,因此市盈率指标较其更具有对未来的前瞻性。

(三) 应用市盈率指标时的两大注意事项

应用市盈率指标时有两点需要注意:

第一,市盈率不仅可用于对股市进行微观描述,对于股市的宏观状态它也能有所指示,而对股市中观状态的描述最有意义的变量仍是市盈率。

如前所述,市盈率为基础市盈率与增长乘数之积,而基础市盈率被定义为资本贴现率的倒数。不同国家与地区之间因资本贴现率相差较大,其基础市盈率也就没有可比性,加之各个国家处于产业周期的不同阶段,其增长乘数也有较大差别,因此各国的市盈率标准自然也就不一样。尽管如此,由于具体到某个国家其资本贴现率和增长率在一定时期基本上是一定的,这样,股票市场总的市盈率也能很好地指示出整个股票市场的价格过高还是过低。如果市场上实际的市盈率远高于当时的标准,这便是股市大跌的信号。这是市盈率对股市宏观状态的指示。

从中观状态来看,无论是对同一股市不同时间点上的纵向研究,还是对同一时间点上不同地理位置股市的横向研究,有意义的指标也是市盈率水平,甚至于股价指数也不能将其代替。这一方面是因为不同股价指数的计算方法和基期选择不同,从而使不同股价指数间无法比较;另一方面则是因为股价指数受采样变化或是拆配股等因素的影响,使得同一股价指数在不同时间点无法进行精确的比较;但最为重要的是,股份公司盈利随时间而增长的因素使得股价指数上扬,而市盈率却不一定升高,若再把现时股价指数和多年前指数相比较,则显然是不能给出什么投资决策信息了。因此,股市中观状态描述最有意义的变量也是市盈率。

第二,用市盈率作决策依据时,对其应灵活把握。

首先,应清楚不同行业的公司之间,其市盈率没有可比性。对电子、化工等行业来说不错的市盈率,对饮食、化妆品等行业来说可能就太高了。因此,投资者必须先确定意欲投资的公司所属的行业,弄清此行业市盈率的平均水平,将本公司的市盈率与之比较,如果后者低于前者,意味着本公司的股票是在有利可图的水准上;或者用行业平均市盈率乘以本公司每股预测收益得到的股票应有价格与当时的市价相比较,判断市价是否过高,市价低于应有价格的股票是较佳的投资对象。

其次,如果某公司股票的市盈率较本行业平均水平高,但仍有大量投资者问津的话,就说明该公司的潜在获利性很大,或者说投资者经过权衡认为值得在该公司未来的收益增加方面冒较大的风险。对这种被众多投资者看好的股票,虽说其市盈率高于行业平均水准,但仍不失为可考虑的投资对象。需强调的是,对同行业中的同类公司而言,一般来说,规模小的公司可以比规模大的公司更有能力维持较高的市盈率。这是因为,对小公司而言,收益年增长百分之几十甚至百分之几百以上都是可能的;而对大公司来讲,由于其收益的基数大,年增长百分之十几可能都是困难的。因此,在较高市盈率的情况下,如果其他条件相同,小公司的股票可能更受欢迎。当然,小公司由于抗风险的能力较大公司弱,因而破产的风险较大公司大,购买小公司股票的风险也较高。

再次,尽管某些公司股票的市盈率高于行业平均市盈率仍不失为可取的投资对象,但对大众投资者来说,一般还是最好不要买进市盈率过高的股票。从以往的实践来看,除了极少数特例外,市盈率过高对股票总是不利的。因为高市盈率需要高收益来抬高股价,而维持高收益并不是一件很容易的事。

此外,在根据市盈率来选择值得投资的股票时,除与同行业平均市盈率进行横向比较外,还应与本公司以往的市盈率进行纵向比较,只有这样才会提高判断的准确性。

另一个值得一提的问题是:在选择股票时,与其关注预测的每股税后利润,不如把着眼点放到公司的利润增长率上。因为根据市盈率的特性,如果利润增长率不高,则公司涨价的潜力也就不大,这也正是人们平常所关心的"优质股不优价"问题的症结所在。这里所谓的"优质股"是以静态观点来看的,从动态观点来看它就未必"优质"了,"价格不优"也就成了情理之中的事了。上市公司的财务报告及一些金融刊物中常分析公司的未来收益和收益增长率,投资者除应注意收集这些资料外,还应该了解公司计划怎样增加收益,然后定期检查,看其计划是否得以顺利进行。

最后需要说明的是,公司的市盈率常常受股票市场总的市盈率的影响。如果你发现市场上有几只股票的价格就其收益来说定得过高,那么很可能市场上大部分股票的价格相对于其收益来说都偏高,这应该引起重视。另外,偏低的利率和股市过分旺盛等因素都可能把市盈率抬上去,投资者在分析时应全面考虑。

第4章 证券投资策略、方法与技巧

证券投资,究其实质来看,是不同的投资者选择适合于自己的"风险—收益"组合的过程。在投资领域,众所周知的常识之一,是风险与收益的正相关。因此,想要寻找风险最小同时收益最大的投资项目是一种不切实际的幻想。投资者所能做的,只能是在风险相同的情况下寻找收益较大的投资标的,或者在收益相同的情况下寻觅风险较小的投资标的。我们不必担心所有投资者的目标会聚焦。因为投资者对待风险的态度是各不相同的。仅从大类上看就有风险厌恶型、风险无所谓型和风险喜好型之分。证券投资成功与否,在一定程度上取决于投资者对"风险—收益"组合的恰当选择。而在这其中,策略、方法与技巧的智慧运用,是至关重要的。

第一节 证券投资收益与风险的匹配

一、证券投资收益率及预期收益理论

(一)证券投资收益率

投资者购买证券,就是为了获得收益,实现资本增值最大化,因此衡量收益大小的收益率是投资者最为关心的指标之一。对于任何投资行为而言,普遍适用的收益率是指投资净收益(产出减去投入)与投资额(投入)的比率,一般以本金的百分比来表示。为了横向比较的便利,人们习惯将此比率除以年数,转化为年收益率。具体到证券投资收益率来说,因收益的各自内容及方式有差异,也就出现了这样或那样的收益率。

1. 股票的收益率

证券投资的收益无非是资本利得、利息收入和股利收益这几种形式。资本利得是指证券交易的差价收益,这是证券收益中最不固定但同时又是最具魅力的收益;利息收入是指因投资于各种债券而定期获得的收益;股利收益则是投资者获得的优先股的股息收益和普通股的红利收益。

股票的收益率有如下几种:

(1)本期股票收益率。它是指股份公司以现金派发股利与本期股票价格的比率。其计算公式为:

$$\frac{\text{本期股票}}{\text{年收益率}} = \frac{\text{年现金股利}}{\text{本期股票价格}} \times 100\% \tag{4.1.1}$$

式中:本期股票价格一般取股票市场上的收盘价;年现金股利理论上应取本年底的预测值,但实际应用中人们往往习惯用上年底的实际值代替。

(2)持有期收益率。计算持有期收益率时,应把买卖差价和持有期间派发的现金股利(若持有期间未派发现金股利,此项为零)都考虑在内。其计算公式为:

$$\frac{\text{持有期}}{\text{年收益率}} = \frac{\text{出售价格} - \text{购买价格} + \text{现金股利}}{\text{购买价格} \times \text{持有年限}} \times 100\% \tag{4.1.2}$$

(3)拆股后的持有期收益率。拆股属于股份公司对股票的技术处理,原则上不影响投资者的收益率。但在拆股前后分别买入、卖出,如果不加调整,就会出现收益率的误算。例如,某投资者1月1日按9元/股买入某股票,3月15日每股派发现金股利0.3元,5月1日该股票1股拆成了新股3股,到来年1月1日此投资者按新股每股7元卖掉该股票。若不加调整,投资者的收益率可能被误算成:

$$\frac{7 - 9 + 0.3}{9 \times 1} \times 100\% = -19\%$$

而实际投资者的收益率为:

$$\frac{7 - 9 \div 3 + 0.3 \div 3}{3 \times 1} \times 100\% = 137\%$$

或

$$\frac{21 - 9 + 0.3}{9 \times 1} \times 100\% = 137\%$$

即

$$\frac{\text{拆股后持有期}}{\text{年收益率}} = \frac{\text{拆股后的售价} - \text{按拆股调整的购价} + \text{调整后的现金股利}}{\text{按拆股调整的购价} \times \text{持有年限}} \times 100\% \tag{4.1.3}$$

或

$$\frac{\text{拆股后持有期}}{\text{年收益率}} = \frac{\text{还原为拆股前的售价} - \text{购价} + \text{现金股利}}{\text{购价} \times \text{持有年限}} \times 100\% \tag{4.1.4}$$

2. 债券的收益率

(1)本期收益率。本期收益率是指每年利息收入占购买价格的比率。其计算公式为:

$$\frac{\text{本期年}}{\text{收益率}} = \frac{\text{年利息}}{\text{购买价格}} \times 100\% \tag{4.1.5}$$

(2)单利最终收益率。单利最终收益率是年息加偿还时的损益差额占购买价格的比率,适用于按单利计息的多种情况,其通用公式为:

$$\frac{\text{单利最终}}{\text{年收益率}} = \frac{\text{年利息} + \dfrac{\text{偿还价格} - \text{购买价格}}{\text{剩余年限}}}{\text{购买价格}} \times 100\% \tag{4.1.6}$$

若是单利计息的贴现债,则有:

$$\frac{贴现债单利}{最终年收益率} = \frac{偿还价格 - 购买价格}{购买价格 \times 剩余年限} \times 100\% \tag{4.1.7}$$

若是新发债券,则其单利最终收益率又被称做认购者收益率,即

$$认购者收益率 = \frac{年利息 + \dfrac{偿还价格 - 发行价格}{债券有效年限}}{发行价格} \times 100\% \tag{4.1.8}$$

(3)复利最终收益率。复利最终收益率是考虑利息再投资因素的收益率,即把各期利息和偿还价格按一定贴现率折现等于购买价格时的贴现率。其计算公式为:

$$购买价格 = 年利息 \times \frac{1 - (1+i)^{-n}}{i} + \frac{偿还价格}{(1+i)^n} \tag{4.1.9}$$

式中:n 为从购买到偿还间的持有年限;i 为贴现率。

解上面方程可求出 i,如果是每年付息 1 次,则 i 即为复利最终收益率;若不是每年付息 1 次,则求出的 i 还要再转化为年利率,才是要求的复利最终收益率。转化方法世界各国不一样。例如,对每半年付息 1 次的情况,美国的转化法为:年利率 $=2i$;而欧洲市场的证券业同行的转化法则为:年利率 $=(1+i)^2 - 1$。

对于贴现债,则有:

$$\frac{贴现债复利}{最终年收益率} = \sqrt[n]{\frac{偿还价格}{购买价格}} - 1 \tag{4.1.10}$$

式中:n 为剩余年限。

(二)预期收益理论

1. 期望收益率与有效边界

预期收益是投资者行为的制约动因之一,而衡量预期收益的收益率是一个随机变量,投资者无法知道其未来实际值,只能首先推算这一随机变量可能出现的数值以及这些数值出现的概率,从而求得收益率的期望值或期望收益率。

对于个别证券,如果 E_G 为期望收益率,r_i 为收益率可能出现的第 i 种数值,P_i 为收益率出现第 i 种数值的概率,则有:

$$E_G = \sum_{i=1}^{N} P_i r_i \tag{4.1.11}$$

式中:N 为一共可出现数值的种数。

对于组合证券而言,如果 E_Z 为组合证券的收益率期望值,E_{Gj} 为第 j 种证券的期望收益率,W_j 为第 j 种证券在证券组合中所占的比重,则有:

$$E_Z = \sum_{j=1}^{n} W_j E_{Gj} \qquad \left(\sum_{j=1}^{n} W_j = 1\right) \tag{4.1.12}$$

式中:n 为证券组合中证券的种数。

根据数学中概率论的知识,我们知道期望值只是一个目标,此一目标刚好实

现是很偶然的,实际值与期望值往往存在着偏差,这一偏差可用标准差或方差来衡量。方差与标准差就是风险的数学含义。例如,某人买某股票,期望每股能赚10元,那么他的风险是什么呢?并不是说他没赚反亏才是风险,只要他每股赚得不足10元,哪怕是9.99元,这也是风险。当然,若他赚得10.01元,那么这多出的0.01元就是他的负风险。

如果我们把证券组合的期望收益与方差的各种变化都置于以方差或标准差为横轴,以期望收益为纵轴的平面直角坐标系中,就会得到如图4-1-1所示的实线 EABCDE 所围成的可达集。此可达集内的任何一点都是可选的风险—收益组合。从可达集的边界来看,在相同的风险下,AE 段是最差组合,ABC 段是最优组合;而在相同的收益下,EABC 段是最优组合,CDE 段是最差组合;两方面综合考虑,ABC 段是上上选择,人们习惯称其为有效边界。对于期望收益大于 E_{Z1} 的可达集内的任一点 S,都可在有效边界 ABC 上找到对应的点 M 和 N,使 M 点的风险与 S 相同,但期望值高于 S;使 N 点的期望值与 S 相同,但其风险却低于 S。

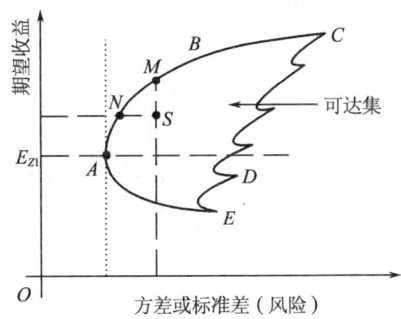

图 4-1-1 风险—收益最佳匹配曲线(ABC)

2. 预期收益引导资金投向

预期收益引导资金投向,可通过不同证券投资主体的投资动因来分析。

先看私人投资者,它包含三种人:一是工资收入者,其中,既有满足温饱型的工资收入者,又有工资小额结余者,还有一部分较为富裕的高薪阶层大额结余者;二是非固定工资收入者,包括本身不具备独立经营条件的受雇者和广大农民;三是个体经营者。面对多样化的金融资产(从现金、银行存款,到短、中长期公债,再到公司债、优先股、普通股、基金等),他们中有许多人倾向于风险小而流动性较高且又能保本得息的证券。然而,也有不少投资者之所以在短期债券和中长期债券之间选择,或者在国家债券与企业债券之间选择,抑或在债券与股票之间选择,以及越来越多的投资者在基金与股票之间选择(虽然后者与前者相比风险越来越大),正是因为后者的预期收益要高于前者,亦即这些投资者首先把证券投资预期收益的高低作为他们决定资金投向的依据。

再看非金融机构的公司企业,这类投资者的特点是企业资金流动频繁,且资金数额相对庞大,它们的兴趣是,在求得自身财务账目平衡的情况下,既能灵活周转资金,又能从中获得收益,因而其投资的落脚点会自然而然地放到那些流动性高且又能带来收益的短期债券上。它们是保留现金还是银行存款,是购买债券、基金还是股票,主要动因也在于它们对投资收益的预期。

最后看金融机构或政府财政部门。银行等金融机构为了自身经营、获利和壮大资金实力的需要,通常会通过证券进行投资和融资。借助于市场利率波动之差以期获得赢利是它们开展证券业务的一个很重要的目的。财政部门为了增加其财政周转资金,给财政资金的调配带来更大的灵活性,提高财政资金的使用效益,举放内外债便成了其经常运用的手段之一。可见,预期收益是各类投资者投资决策中的一个重要动因。

一般来说,在证券投资过程中,当某一证券的预期收益增加时,证券投资者的资金投向会向该证券转移;当某一证券的预期收益递减时,不但新投资者不会把资金投向此证券,原有投资者也会逐渐把资金从该证券中转移出去;当某一证券的预期收益低于市场银行利率时,该证券就可称为"呆滞"证券,此时,投资者就会把资金从证券市场撤出而存入银行。也就是说,在证券投资过程中,对投资资金的吸引客观上存在着预期收益引诱和引导的必然性。这种必然性,体现在证券三种价格的相互作用上。其一是证券的供给价格,即证券的发行价格,是指以证券的票面金额为基数按面值发行或者溢价、折价发行;其二是证券的需求价格,即证券的市场价格,它随预期收益和市场银行利率的变动而变动;其三是证券的均衡价格,即证券的供给价格与需求价格相一致时的价格。在市场银行利率既定的情况下,证券的均衡价格主要靠预期收益率的正确确定而存在。而这预期收益率,不是名义收益率,而是名义收益率与实际收益率相一致时的收益率,其高低的确定又主要靠融积资金的用途和还本付息的途径来决定。融积资金用在生产性开支上并以生产中创造的赢利来偿本付息,是确保和提高预期收益率的积极性途径;融积资金用在消费性开支并以届时缩小正常的消费开支来偿还,是一条确定预期收益率的消极性途径。因此,预期收益引导规律在客观上既表现为预期收益对证券投资者投资资金流向的制约作用,又表现为对证券发行者融积资金用途的制约作用。由此可得出结论:应该按照证券——"无形"生产要素属性的要求,限制融积资金的消费性用途,扩大生产性开支以多创赢利,才能确保和提高证券投资中预期收益的良好状况。

当然,预期收益引导规律要发生作用,需要具备一定的条件。其一,要有充足的证券品种。因为丰富的证券品种,能使证券投资者在多种证券中根据预期收益的大小选择投资方向,也能促使证券发行者在投放较高风险的证券品种时用较高的预期收益来吸引资金。如果证券品种不足,规律的客观作用将难以充分发挥。其二,需要有证券发行企业的较高资信度。尽管有些企业证券的预期利息收益比另外一些企业证券要高,但如果该企业在证券发行时未能及时提供人们所需获悉的企业信誉、财务状况和经营效益等资料,企业发行证券未采取抵押、担保方式或制定保证证券发行者履行债务人义务和最终赔偿责任的切实措施,就会减弱证券投资者购买此种证券的热情。其三,需要有完善的证券市场机制。如果证券运行只局限在一级市场,或者证券转让业务只局限在柜台交易,或者虽有二级市场,但证券价格呆滞,供求因素在价格的形成中没有表现出必要的影响,那么,预期收益引导规律对证券投资过程的作用就难以显现出来。其四,还需要有宏观金融等方面的调节管理措施的完善,尤其是对融资利率进行适当的管理,使其能更好地确保预期收益引导规律客观而有效地发挥作用。

二、风险溢价理论及证券投资风险分析

(一)风险溢价理论

证券投资属于风险投资,其风险随证券持有期(或偿还期)的变化而变化,持有期越长,风险性越大,证券的预期收益就应越高。风险溢价等于持有期收益率与无风险的持有期收益率之差。例如,无风险的证券持有期收益率为8%,而现在证券发行者准备以高出无风险收益率5个百分点的溢价给投资者,以使后者接受一种较高风险的证券,则这种高风险证券的实际持有期收益率达13%。风险溢价理论的核心,实际上就是风险收益同增规律,即在证券投资过程中,风险越大,预期收益就应越高。唯此才能吸引投资资金。"风险溢价"决定着证券投资者的资金投放数量。20世纪80年代以来国际金融市场上银行信贷与证券投资比重的换位,以及与此相应产生和发展的"四大发明"也充分说明了这一点。

首先看"浮动利率债券"。它是在国际证券市场利率变动较大,通货膨胀率走势不明,而固定利率债券又难以体现证券投资的"风险溢价"和难以改变债券发行者和债券投资者双方在利率变动上的风险组合,从而造成抑制证券投资者的资金投放数量的背景下产生的。20世纪70年代,该发明作为体现证券投资"风险溢价"和证券融资获取资金的重要手段而出现,到80年代对这一发明的运用达到了高峰。与此相联系的浮动利率债券品种,不管是"固定上限浮动利率债券"、"固定上下限浮动利率债券",还是"部分付款浮动利率债券"、"错搭浮动利率债券"的出现和使用,都体现和表明了这一趋势,即证券投资风险的变动要伴随预期收益的变动,风险大,预期收益就应高,这样才能持续地吸引证券投

资资金的投放数量。

其次看"债券融资保险设置"。这也是新颖的证券融资、证券投资方式。它把传统的银行贷款同证券发行结合起来,由同意为借款人筹措中长期资金作担保的银行组成受托银行,向市场发行短期债券。这不仅解决了证券发行者需要筹措中长期资金的困难,而且体现了证券投资者的投资需"风险"和"收益"相递增的客观要求,从而有效地保证了证券投资者的利益。

再次看"货币和利率互换"。它被认为是对证券市场刺激作用最大的新型融资工具,包括"利率互换"和"货币互换"。其表现不仅在于同一种证券单位的两笔资金在无须交换本金的情况下利率部分可以交换,即由浮动利率转为固定利率或者相反,以有效体现"风险高低"和"收益大小"相结合的灵活措施,而且表现出了两笔证券单位货币资金可以互换(包括本金和利息的互换)所带来的能有效避免货币汇率汇价风险对证券融资者或证券投资者的冲击的作用。"风险"和"收益"成了一对在证券投资中相互制约、相互见长的因素。

最后看"期权"。期权范畴的产生,使证券投资者在某种条件下可以购买或者出售某一证券,而另一方应担负起出售或者购买这一证券的义务之间的相互关系,成为一种合约,一种证券投资者具有视证券风险和收益大小而及时处置其期货证券的权力。它进一步表明了在证券投资过程中"风险"和"收益"的相互制约力,以及"风险"对证券资金投放量的制约关系。

可以说,国际金融市场中"四大发明"的使用和对"风险"与"收益"所采取措施的灵活性,更加体现了证券投资中"风险溢价"的客观性。

总之,每项证券投资,投资者都是希望获得未来收益。在其实现过程中,由于各种事先难以预料的风险因素的影响,往往使投资者的实际收益与预期收益发生背离,从而产生了经济损失的可能性。风险越大,经济损失的可能性就越大,为了吸纳资金,客观上便存在着风险与收益同方向递增的要求和必然性。这是证券投资风险溢价理论的具体体现。一方面,由于对某一证券的投资需求量的增加,使该证券的市场价格会提高;由于对某一证券的投资需求量的增加,伴随的风险影响的可能性会增多,证券投资存在着一个预期收益率可能递减的问题。另一方面,投资者为了获得预期收益,就必然会考虑投资风险的各个方面,以便在多种多样的投资证券中作出选择,比如说,通常遇到的拖欠风险、期限风险、通货膨胀风险、证券价格波动风险,等等。正是这些风险,成为阻碍证券投资者投放资金的重要动因。因此,要克服这些障碍,风险收益同方向递增就成了证券投资过程中的一种客观必然趋势,这也是证券作为虚拟资本商品属性的客观要求。只有风险收益同方向递增,才能吸引证券投资资金。

(二)证券投资风险分析

既然证券投资中的收益与风险同增共长,这就要求投资者把对风险与收益的评估与衡量放到同样重要的地位。如果只见收益不见风险,那未免太过盲目乐观,理智地分析证券投资中可能遭遇的风险,对投资者来说是至关重要的。

1. 风险的概念及种类

所谓风险,一般泛指遭受各种损失的可能性。证券投资的风险,是指投资者达不到预期收益或遭受各种损失的可能性。西方证券分析专家将所有的证券投资风险分为两大类,即系统性风险和非系统性风险。系统性风险是指因政治、经济以及社会环境的变化等因素影响使整个市场发生波动而造成的风险。这类风险与所有的证券存在着系统性联系,它不能由证券投资的多样化加以分散。非系统性风险是由某些特殊因素引起的风险,例如,新产品的开发、工人罢工、公司领导人更换、战争、成本的增大、经营管理的失误等。这类风险只存在于个别公司或个别行业。通常与整个市场状况不发生系统的联系,它只对一种或几种证券产生影响。投资者可以通过投资的多样化来有效规避非系统性风险。

一般来说,非系统性风险难以用数字来计量,而系统性风险则是可以计算,可以用数字来表示的。风险的计算方法有许多种(如方差、年度价差率等),其中最简单的一种是将某一期间个别证券的价格与同时期代表全市场证券价位的价格指数来进行回归分析,所得的 β 系数即用来代表风险。β 的简易计算公式为:

$$\beta = \frac{某证券的预期收益率 - 该证券收益中无风险部分}{市场全部证券的总预期收益率 - 市场证券收益中的无风险部分}$$

$\beta = 1$ 时,表示该种证券的风险与市场一致;$\beta < 1$ 时,表示该种证券的风险较小,属于保守型的证券;$\beta > 1$ 时,表示该种证券的风险较大,属于波动幅度相当大的证券。

2. 风险的来源

证券投资的风险来源于方方面面,是多因素共同作用的结果。归纳起来看,主要来源有以下几个:

(1)来自投资者个人的风险。如盲目入市,缺少对市场的基本知识,缺少投资计划和法则,急功近利,嗜赌成性,贪婪,自以为是,盲目跟风,借贷炒股等,造成投资亏损。

(2)来自证券发行主体的风险。这主要是就企业风险而言的。企业因市场需求、原材料供应、国家产业政策、内部经营管理等诸多方面的原因,造成经营业绩下降;诸如会计报表的不真实,信息披露不规范,等等,造成的企业信用风险,都会使投资者蒙受损失。

(3)来自宏观经济政策的风险。国家的宏观经济政策,如货币政策的松紧、监管政策措施的出台等,都会对证券价格产生影响,并进而影响投资者的收益与损失。

(4)来自市场的风险。这不仅仅是指市场涨跌交替给投资者带来的风险,还指市场成分复杂所隐含的风险。证券市场有利益存在,人们受利益驱动便加入市场。但这是一个鱼龙混杂的市场,一些人为赚取利益不择手段,利用消息造市,人为操纵市场,造成证券价格不合理地狂飙,中小散户在其中真假难辨,承担很大风险。

3. 理智地对待风险

证券市场总有获利机会。利润并不是靠赌、靠人云亦云、靠一哄而上地盲目投资取得的。理性地投资,理智地对待风险,是投资制胜的法宝之一。而要做到这一点,首先就要求投资者有承受风险的心理准备。以股票投资为例,投资者买股票,自然是希望自己选中的股票都是膘肥体壮的"黑马",但由于股市风险丛生,投资者一定还要有"赔"的思想准备。从股市总体看,是一赚二平七赔,落入1/10赚的区域,要比落入7/10赔的区域的概率小得多。而实际的情况却是,大部分投资者只看到了股市能赚的"阳光",却忽略了"阳光"照射下那硕大的"阴影"。这也难怪,因为大部分投资者可能正是在听多了别人股市发财的一个个颇具诱惑力的故事后才投身股海的,所以对风险的认识淡之又淡。对于大多数的人,赔钱这等表明自己不才或倒运之事怎肯轻易让别人知晓?有的人喜欢打肿脸充胖子,有的人则津津乐道于自己偶然有过的那一两次还算成功的战例。因此,投资者应理智地对待证券投资,把收益与风险、成功与失败看成同一事物的两个方面,用可能承受的风险去度量可能获取的收益是否值得去谋取。

三、持有期偏好理论及对证券投机行为的评价

(一)持有期偏好理论

如果抛开投机因素来分析证券在二级市场的流动,我们不难发现,投资者之所以会把证券再转卖,或者说,投资者之所以对某一证券持有时间有长有短,在很大程度上就是取决于投资者对证券预期收益和风险的估计。一般来说,这种持有期偏好表现在三方面:一是当证券投资者所获预期收益低于银行利率时,投资者将不再持有此证券,而会把资金转入银行储蓄;二是在风险大小相当的情况下,当一种证券投资的预期收益低于另一种证券投资的预期收益时,投资者也不会再持有前一证券,而会把资金转入后一种证券;三是当一种证券投资在其实现过程中由于环境的变化而对投资者的预期收益和风险产生作用时,投资者也会考虑是否继续持有此证券。可以说,持有期偏好受"收益"和"风险"两大属性的制约,同时又是对"预期收益理论"和"风险溢价理论"的一个补充和修正。归纳起来说,对某一证券的持有期时间的长短,反映了证券投资者对该证券发行者的资讯状况的一种看法及评价,它从客观上约束证券发行者的行为。"持有期偏

好"决定证券投资者的资金留存时间。而由于持有期偏好的存在,便产生了证券流通量影响着货币流通量,而货币流通量又作用于证券流通量的相互制衡状况。我们这里不妨从财政与货币政策的耦合点——国债及其功能的角度来进行分析,便可对整个宏观金融活动中证券与货币相互联系、相互制约的关系略见一斑。

国债,作为以国家为主体而形成的一种融资手段和投资证券,牢牢镶嵌于一国金融制度和融资手段或投资手段的体系之中,它对社会经济生活的运行具有重要的作用。从国债作为一国积累的超前使用功能来看,在国民收入总量既定的条件下,国家发行建设公债用于生产性投资,实质上是国家在积累实现之前或积累未达到一定数额之时对积累基金的超前使用。它缓解了预算内建设资金短缺的矛盾,挖潜和提高了生产发展能力。从国债作为弥补财政赤字,以促进经济的良性循环的功能来看,国家发行赤字公债,有利于合理调剂财源,优化资源配置,并有效地割断财政依赖于银行的脐带。它既抑制了财政向银行透支的弊端,又防止了增发货币加剧通胀的可能性。然而,不管是发行建设公债还是发行赤字公债,在债券运动的同时,货币政策效果和流通中的货币量及货币流向也会发生变化。在金融市场上,通过对债券流通的买进或卖出,使债券成了一种平衡金融市场货币流通量的筹码和调节银根的手段。就对经济过程的影响力度而言,它成为一种比贷款数量管理、利率、再贴现率等都要优越的"货币微调"措施,从而对货币政策效果产生影响。在债券的运行中,它又对银行信贷规模具有制约作用,通过国债的发行,企业、单位和个人的相当一部分社会闲散资金转移到国家财政手中,国家有的放矢地把这些资金运用于生产建设或弥补财政赤字,从而对货币的流向产生影响。同时,债券发行引起银行存款额的减少和货币周转速度的加快、银行利率的变动,以及在此基础上的货币投放和回笼数量的变动等等,也充分地说明了证券的运动与货币运动的互相联系、互相制约和互相影响。

(二) 对证券投机行为的评价

前文在分析持有期偏好时,忽略了投机因素。我国证券市场运行实践表明,目前证券市场总体上仍然是投机重于投资。因此,作为对持有期偏好的完整分析,我们不能不理性地评价证券市场(尤其是股市)的投机行为。

1. 股市投资与投机的界定

对于股市的投资与投机,理论上有三种界定依据:一是购买股票者持有股票的时间长短。短者为投机;长者为投资。二是购买股票者着眼于哪部分收益。如果是着眼于差价收益就是投机;而若着眼于股利收益就是投资。三是美国经济学家费雪的债务紧缩理论中对投资与投机的界定。债务紧缩理论着眼于考察投资或投机的资金来源。如若入市资金是购买者自己的资本,应因其行为的理性(而且,即使股市一时下落,投资被套住,投资者一般还能有较大的耐心和能力坚持住)而被视为投资;而若入市资金是由大量借款和债务支持的(在这种情况下,一旦发生某些事件,使得人们对未来获得利润的信心降低或丧失,股市价格便会下浮,人们便会着手销售资产以偿还债务。债务的大规模清偿将导致资产的廉价抛售,使得投资者无力偿还债务,形成恶性循环),则应将其划为投机。

费雪的理论对于席卷整个西方世界的1929~1933年的经济大危机给了一个新的令人信服的解释,它也成功地解释了20世纪90年代以来包括日本在内的以投机性泡沫形式表现出的经济衰退。事实上,它也基本上刻画出了我国1993年所发生的小小的房地产泡沫和股市泡沫现象。尽管如此,我们目前所言的投机还只是根据"持有时间"和"收益来源"来界定的。本书中提到投资与投机时,也是沿用了这一指称方式。

2. 我国股市投机重于投资

认为我国股票市场投机重于投资,可以从换手率、市盈率、股指波动幅度等指标的纵横比较中得出此结论。

(1)从换手率来看。国际上成熟股市的年换手率通常在30%~50%,甚至更低,即投资者平均持股时间在2~3年以上。即使是新兴股市的换手率,大体上也应以不高于100%为宜,即平均持股时间应不少于1年。这是因为,换手率指标代表了一只股票在一定时期(如1年)内被炒作的程度,频繁地换手(即过高的换手率)只能证明这只股票的投机价值。而若整个市场个股的平均换手率很高,则意味着股市总体上投机气氛浓重。我国深、沪股市多年来年均换手率达百分之几百,就是投机重于投资的最有力的证明。

(2)从市盈率指标来看。虽说利率水平差异很大的不同国家的股市因基础市盈率相去甚远而缺乏可比性,但在当今世界经济全球化、利率水平日益接近的情况下,还是应该有一个平均标准可供参考。从世界上大多数股票市场平均为10~20倍的市盈率水平来看。我国股市的市盈率还是偏高的。在一定时期收益水平大致稳定的前提下,高市盈率只能是股价的非理性飙升引致的,投机的成分自不待言。

(3)从股指波动幅度来看。我国沪、深股市曾有过多次狂涨暴跌的惊人场面。仅以每年股指日涨跌幅超过10%的次数算,素以投机著称的香港股市的恒生指数20年中只有7次,而我国沪、深股市若没有涨跌停板的限制,每年至少也要有7次左右。股市这种频繁波动说明了市场的脆弱和不规范,说明了投机的盛行。

3. 从股市发展的阶段性看投机

一般说来,股市从建立到成熟大致要经历四个阶段:第一阶段,觉醒期。股市出现之初,公众不识股市为何物,除少数先知先行者入市外,多数人驻足观望。第二阶段,投机期。由于先登者的获利,引得公众狂热入市,但由于公众认识的局限性,因而形成高股价、高换手率的过度投机局面。第三阶段,崩溃期。这是股市走向成熟的重要转折阶段。在这一阶段,由过度投机吹起来的"泡沫"终于破灭,股市崩盘(一般来讲,股价下跌30%以上就可认为是崩盘)。第四阶段,成熟期。经历崩盘教训之后,公众的风险意识确立,变得理性化了,股市管理也更为有序,投资者以长期投资为主。

尽管股市发展有上述的四阶段划分,但未必是单纯地从一个阶段到另一个阶段的循序过渡,而是多种成分混杂在一起的立体化市场的不同层面的逐渐呈现。从我国的现实来看,可以认为目前股市正在向成熟阶段过渡,但投机与投资的比例分配离成熟股市的要求还有相当的差距。通常认为,成熟股市应是投资占60%~70%,投机小于30%~40%,目前我国的情况基本上与之相反,投资的比例很低,真正的投资者极少(他们往往是上班族,无暇专注于股市,又不忍放弃股市的高收益,所以认真选股后长期持有),还有一些就是"无奈的投资者"(正所谓"投资是失败的投机",本欲短期投机获利,但因走势预测有误,又不想把账面损失现实化,于是无奈地长期持有,等待解套)。

4. 抑制过度投机的对策

虽然一定投机的存在能活跃市场。但过度投机会使股市功能异化,资源配置扭曲,阻碍社会经济的发展,因此有必要适当限制投机。我国股市建立初期,一些舆论曾认为导致股市投机重于投资的原因是市场缺乏有长期投资观念的机构投资者。但1993年下半年允许法人机构入市后,不仅没有带来长期投资理念,倒是出现了许多"题材",投资者越来越反感于机构大户的"兴风作浪"。事实上,在经济发展水平低、市场发育程度低的大背景下,机构自然也更重视短期利益。

要改变投机重于投资的局面,从根本上说,是应提高经济发展水平、提高市场发育程度,但这不是一朝一夕的事情,需要有一个努力争取的过程。在这一过程中,针对不同时期的不同情况,可以出台一些阶段性的抑制过度投机的政策措施。目前仍可考虑继续采取的对策主要包括:

(1)提高上市公司质量。上市公司的质量对证券市场风险防范和化解及鼓励投资者进行长期投资起着特别重要的作用。只有经济效益好、技术力量强且富有竞争力和远大前途的企业上市,股市才能吸引投资者进行长期投资。提高上市公司质量不仅仅是指对上市公司的严格审核,还包括上市公司严格地按照现代企业制度的标准,转换企业经营机制,建立完善的法人治理结构,健全内部管理制度,并通过推进技术进步、资本经营,提高产品质量,开发新产品与进行市场开拓等途径,提高公司经营管理水平,增加公司赢利。

(2)规范上市公司行为。上市公司作为股市中最基本的组成部分,它从股份募集、招股扩资、发行上市、增资配股、红利红股发放到信息披露等,所有环节都影响着股价的走势,影响市场参与者的投机心理。因此,抑制过度投机必须规范上市公司的行为,其中尤其要规范上市公司的配股行为与信息披露行为,以维护广大投资者的正当权益。

(3)改进政府对股市的监管。纵观我国股市的发展过程,政府对股市的监管标准实际上是大盘指数的高低,而且政府在对大盘指数的监管上,存在着既恐高又怕低的矛盾心理。事实上,政府对股市监管的基本标准不应该是股指的高低,而应是国际上通行的做法,即主要是确保市场上信息披露充分完善,切实贯彻股票交易的"公开、公正、公平"原则。在此前提下,不管股指是高还是低,都应始终如一地把消除过度投机作为股市调控管理的基本目标和基本任务。

(4)其他方面的措施。如加强法制建设,严格执法;加强对媒体股市评论的监管;优化上市公司股权结构;规范机构投资者行为,大力发展投资基金;进一步完善我国证券税制等。

第二节　证券投资的原则及正确理念

一、证券投资的原则

从事证券投资,在建立了有关收益、风险与流动的基本知识框架后(分别有预期收益理论、风险溢价理论和持有期偏好理论与收益、风险和流动这三大投资要素相对应),对证券投资的方法、技巧、策略等也应有所考虑,以便收到事半功倍的投资效果。为此,要求投资者遵循如下证券投资的原则。

(一)量力而为原则

证券投资的量"力"而为,涉及财力、能力和精力三个方面。

1. 财力

证券投资属于风险性投资。其价格的涨跌随机性很大,起落的幅度也很难事先确切得知。所以投资者在决定买卖以前,切不可只想到"赚"的美好,更要考虑到"赔"的沮丧,并客观地衡量自己所能承受的最大的风险损失目标,以免招致过度损失而影响了正常的工作和生活。这里有两点需要特别强调:一是千万不要将生活费、退休金、养老金用于炒股,否则万一失策,生活将没有着落。投资股票的资金应该是将生活和子女教育等各方面费用安排妥当后剩余的"闲钱"。二是一定不要借贷炒股,要全部以自有资金操作。因为若利用借贷来的资金炒股,则在股价跌至一定幅度后,极可能招致被迫了结的命运。这不仅使可能获得的收益受到限制,更为重要的是使所承担的风险加大了。因此借贷炒股是证券投资的大忌之一。

2. 能力

从事证券投资的能力主要是指知识和经验。知识源于学习,像证券投资的基本分析和技术分析、证券交易的大致流程、证券市场的法律法规等,都是投资者在入市前应掌握的。虽说不懂这些知识而投资获利的例子并不鲜见,但对于理智的投资者而言,应该是"不打无准备之仗"。而对于"经验",人们会一致认为只能来源于实践。理论上说的确如此,但对于证券投资者,不妨借助于"纸上谈兵",先来一番实战前的热身训练:首先可以通过各种传媒收集有关资料加以研究判断,然后确定要投资的证券及数量。模拟投资的金额应与投资者想真正投资证券的金额相若为宜,这样一来比较有真实感,二来还能认真负责。当然,还要选择一个认为适当的价位介入。最后与"购买"的证券当日收盘后的结果对比,提出对眼下"持券"后该怎么操作的见解,判断什么价位抛比较合适。如果心中无数,可以请教身边有实战经验的投资者,他们的意见往往能使投资者"顿悟"。经过一段时间的演练后,一旦入市,投资者往往会比一般新手来得老练。但由于这只是一种无风险的经验积累方式,演练者的心态远比真正入市时要沉稳得多,所以这种"不花钱的纸上谈兵"的实用性也就大打折扣。在此基础上,投资者可以稍进一步,采取"先买一点儿"的做法进行试探性投资。因为投资新手最忌讳的是在不了解市场的情况下盲目下大注,结果惨遭失败。为减少因盲目投资造成的损失,可用少量的资金进行实战。这种试探性投资的好处是万一投错地方,也不会损失太大,随着判断正确次数的增多再慢慢增加资金投入,用这种办法减轻一次性盲目投入承担大风险的心理压力。

3. 精力

一个人的精力是有限的。虽说长期投资者不必像投机者或专业投资者那样时时关注行市的变化,但也需花费适当的时间与精力来研究证券。如果因从事证券投资而影响了正常的工作与生活,那就足以证明投资者目前的精力不适宜涉足证券投资领域,明智的选择是把获利的机会让给别人。若投资者实在不情愿放弃证券投资,不妨研究一下投资基金——委托专家买卖证券获利。

(二)有序投资原则

时下投资证券(尤其是买卖股票)的投资者在操作上多呈现无序性,常常听风就是雨,跟庄者多,没有一套属于自己经过思考判断总结出来的投资法则,这在投资中是有害的,投资风险很大。在国外,大多数投资专家都认同这样的观点:投资者一定要遵循一套系统完整的投资方法和准则,并在投资中严格遵循这一系统,方能在市场中立于不败之地。预先设计好的投资准则,能使投资者在股市的纷乱中,不受心境和股市假象的影响,将投资操作自动化、机械化、条理化。但令人遗憾的是,不少投资者由于没有一整套方法,常常临时抱佛脚,只见树木,不见森林,结果满脑子都是市场的短线起落,久而久之,常失去冷静的头脑,变得焦虑不安。因此,要想在股市征战中处之泰然,按预定的准则与方法行事是至关重要的。以下介绍几项根据前人经验总结出的股票市场常用投资法则。

1. 华尔街 MACRO 程式法则

股市中有两大阵营:一派强调股票本身价值基础;另一派则强调股票市场中的技术走向。这两派各有千秋,也各有局限,MACRO 程式及配套操作原则,有机地融合了两派投资方法的精髓。MACRO 实际上是五大选股要素的英文首字母的组合。M(money flow)是指有资金流入,即你所选的股票必须有大户乃至大部分投资者在投入资金;A(accelerating earnings)是指公司必须有加速递增着的赢利。选择这样的股票跌无可跌,趋势向上,风险不大;C(current developments)是指最新的发展,如公司有新产品、新资金介入、新合作项目、新进展等,这些都是股票大幅涨升的主要推动力;R(relative strength)是指相对强度(作为相对强弱指数的前期指标,在技术分析一章中有相应介绍),被认为是 MACRO 中最重要、最客观的一个选股标准;O(out look)是指公司发展前景远大,为超级成长股。MACRO 涉及的五要素,在个股的投资价值被重视的情况下是很有实用性的。

2. 墨菲法则

墨菲法则又称风险法则,它主要是描述基于某一说法的事物发生的倾向和趋势。其定义是:如果某件事有可能变坏的话,这种可能性就会成为现实。其形象解释是:假定你把一片一面涂有果酱的面包掉在新地毯上,通常是把带有果酱的一面朝下。该法则提示投资者:在进行风险投资时,必须清楚获胜的条件,选择好规避风险的后续手段(如擅用止损指令)。如果以用扑克翻大小式的心态参与风险市场,其结果往往是令人失望的。

3. 充耳不闻法则

股市消息满天飞,由于利益的驱动,一些人甚至人为地编造出假消息,且几经传播夸大,常常歪曲事实。一些庄家为能在好价位售出手中的股票,常常会放出一些好消息或传闻,使不明真相的大众被"利多"冲得头脑发热匆匆抢购,正好为那些内部人士提供了大量出货的良机。相反,当了解公司经营情况的内部人士想购入股票时,他们肯定会悄悄收购,甚至放出坏消息,吓得外人争相出货。所以,在股市绝不能听信别人的意见和故事,股市是最无情的,别人要赚的就是你口袋里的钱。因此,投资者一定要冷静地研究、分析、思考股市这信息汇集地发散的各种利多与利空,对非正常传媒的许多消息,若难以做到去伪存真,姑且就来他个"充耳不闻",以避免因听得太多而乱了方寸。

4. 侦探法则

侦探法则要求投资者,在买任何股票之前,一定要调查清楚关于那家公司的各方面情况,能找到的资料越多越好。诸如公司最高管理层的背景、公司的产品、市场前景、销售量和赢利状况,以及未来发展的潜力、最新进展,等等,都应在可能的情况下,尽量了解清楚。这里有一点很重要:分析每一项资料、每一个数据时,一定要辨明它是客观事实,还是别人的预测或估计。事实和预测决然是两回事,然而,大部分人却不懂得如何注重事实,而去听信某某股评家的预估和假想。在股市里,能摆到桌面上的赢利和货真价实的产品,最有发言权,而别人对某某公司的意见和看法,常常是靠不住的。

5. 超然出市法则

"不识庐山真面目,只缘身在此山中",股市投资亦然。人远离尘世的嚣噪,于淡泊宁静之间,更能把握理念,并高瞻远瞩。因此有人提出,投资者应定期从股市中退出休假,以局外人立场思索投资的真谛。超然出市法则不仅仅是指在股市搏杀一阵后卸掉包袱(空手)跳出股市,细心分析自己过去在股市的亏损,找出自己运作上的错误和弱点,以免日后重蹈覆辙(不少投资者在股市投资中无数次重犯自己过去的错误,如购股票过于匆忙,未做调查研究;买进卖出过于急躁,一心贪图发快财;看到利好出台就匆忙抢购,等等),还包括手中虽持有股票,但能保持一份良好的心态,以高着眼点适当地"远离市场",等待机会,把握分寸,以最少的时间、精力、金钱,获取尽可能大的收益。

6. 知足常乐法则

知足常乐法则是指投资者能在较低价位买进较高价位抛出,赚得一定差价就该心满意足,而不是一心想在最低价购入最高价脱手。事实上,捞到最低价又卖在最高价可谓股市神话,几乎是不可能的。现实中,很多投资者看到一个股票跌到谷底之后,开始向上回升,他们总是不愿意付出比谷底高一点的价格去购进价位仍然很理想的股票,结果,一等再等,眼睁睁地看着那股票价位一路爬上去。相反,一心要在最高价卖出,也会使投资者错过恰当的出货价区。这样的例子举不胜举。例如,某投资者所持股票从3元升到9元多,当有一天跌到8元时,他坐不住了,但心中老想着要在最高价出货,就挂出了限价9元的卖单,结果股价反弹到8.5元后,继续下滑,几日内直跌到3元附近,结果是从终点又回到了起点。因此永远别让最高价、最低价留在心里作怪。买股票要买低位区,而不是最低价,卖股票要卖高位区,而不是最高价。

7. 以逸待劳法则

兵书论敌:"非择地以待敌,而在以简驭繁;以不变应变;以小变应大变;以不动应动;以小动应大动,以枢应环也"。正所谓"因故之势,不以战;损刚益柔"。这实际上就是我们通常所说的"以逸待劳"。股市如同战场,胜战之计同样适用于股市。在股市中,许多股民往往在人气冲天的牛市争先恐后地抢购股票,仿佛此时只要抓住股票就会赚钱。而事实上,牛市中亦有很多股民没赚到大钱,有的甚至赔钱。因为他们运用了熊市中短线操作方法,频繁进出,稍有赢利就获利了结,一有回档就盲目割肉,一步踏空,步步踏空。其结果是:回头一看,如果遵循了以逸待劳法则,原先买了股票后,就静观以待变,看准大势,弄清政策消息,处乱不惊,不盲目地追涨杀跌,到头来所获得的收益将会是异常的丰厚。同样,股市中,我们也经常会听到一些股民的悔恨之言:当初真不该抛掉某股票,我一抛掉它就疯涨,再也回不到其原先的价位。正如兵书所云:凡是善于作战的人都是能够调动敌人而不为敌人所动。在股市中,要仔细研究、分析,看准大势,以简便控制繁难,不要寄希望自己的股票抛在最高位,因为最高价总是相对的,天外有天,今天的最高价也许是明天的最低价。所以,抛股票的最佳时机并不是在股价上升阶段,而是从其最高处向下滑落之时,你所损失的只是从最高价到你所抛掉价位的这一小段行情,而所得的则是最大的收益。在个股的选择中,聪明、老练的股民,不会人云亦云,而是以不变应万变,以静制动,选择股性较好的绩优的有炒作题材的个股,持有一段时间,只要大势走稳,总会有它风光的时候。总之,股市中切忌急躁冒进,频繁动作。

(三) 鸡蛋分装原则

股市中有句谚语:"不要把所有的鸡蛋都放到一个篮子里"。这实际上是对分散非系统性风险策略的最形象描述,是马科威茨资产组合理论最通俗的表达。那么"鸡蛋"到底该如何"分装"呢?以下几种常见的证券投资组合方式便是部分答案。

1. 多品种组合

多品种组合有两大层次:第一层次是指将整个拟用于金融资产的投资作适当的分配。如美国等一些西方国家较为流行的投资三分法——1/3 存银行以备不时之需,1/3 买证券,1/3 购置房地产。第二层次是进一步将用于证券的投资再分为三部分:一部分为安全性较高的债券或优先股(或基金);另一部分为具有潜在成长能力的普通股;再一部分作为投资的预备金,以备机动运用。至于每一部分各占多大的份额,有固定比例与可变比例两种配比模式。固定比例是指在一段时间内,各部分所占的资金比重基本不变。但到底各部分占多大比例,则因投资者的具体情况而异。可变比例则是指随着价位的高低而相应调整投资总额中各部分的比重。这里以简单的两部分(债券与股票)搭配来举例说明固定比例与可变比例模式的操作。

【例 4-2-1】 固定比例搭配。投资者甲将 2 万元用于债券与股票投资,选定的比例为 4∶6,并计划当股价总额上升或下跌 10% 时,就抛股票购债券或者卖债券买股票,使两者之间的市值比率能大致维持在 4∶6 的水平上。在投资开始时,他拥有价值 8 000 元的债券和 12 000 元的股票。当股价上涨 10%,使其市价总额达到 13 200 时,甲便卖出价值 480 元的股票转购债券;而当股价下跌 10%,使其市价总额降为 10 800 元时,甲便卖出价值 480 元的债券转购股票。由此例不难看出,固定比例搭配中随着股价的上涨(而相应增加了投资股票的风险)逐步地获利了结,而随着股价的下跌适当地增加持股的数量,这显然符合股市中高抛低吸的常规思维模式,是有其合理性的。

【例 4-2-2】 可变比例搭配。投资者乙认为上证综合指数在 1 000 点时属于当前的正常价值,于是将其拥有的 1 万元拟买股票和债券的资金对半分配,5 000 元买股票,另外 5 000 元买债券。随着上证综合指数上升,乙逐渐降低其投资股票的比例,如在 1 100 点时,比率调整为 45∶55;1 200 点时,为 40∶60;反之,当上证综合指数下跌时,乙又缓慢地增加其持股的比重,如上证综指 900 点时,股票债券比例为 55∶45;800 点时,比例为 60∶40,等等。可以看出,可变比例比固定比例更加灵活,富有弹性,也比较难把握,关键是怎样确定与调整比率。一般是根据长时期的股价统计资料,计算其"中央价值",以此求得一个"正常价值",把它作为调整比例的依据。

2. 不同期限组合

不同期限组合有两种典型模式。

(1)杠铃式到期期限组合模式。此模式是指投资者不把资金在长短期两种证券间平均分配,而是根据具体情况作出选择,并且视市场利率的变化、证券行情的涨跌情况进行调整。例如,当长期市场利率趋降,即长期证券价格看涨时,可卖出一部分短期证券,购入长期证券。而当长期市场利率趋升时,则可卖出长期证券买进短期证券。同样,当短期市场利率趋降,即短期证券价格看涨时,可将部分长期证券卖掉,购入短期证券。而等短期利率将回升、短期证券价格趋降时,再卖掉这部分短期证券,购入长期证券。此种模式不排除中期投资,但其比重不大,由此就形成了两头大中间小的组合形态,故称其为杠铃式组合。此模式不要求杠铃的两端绝对均衡,其大小可依据利率和价格等市场因素作相应的变动。

(2)阶梯式到期期限组合模式。此模式是指投资者将资金平均投放到各种期限的证券上。其具体操作是:先用等额资金购入市场上各种期限的证券,这样一年中总有部分证券会到期,到期收回的资金再用来购买长期证券,如此循环往复,始终保持每年有轮番到期的证券,由于从期限配置上看似阶梯,故称其为阶梯式组合。例如,投资者丙将50万元资金平均购买1~10年期的证券。1年后,1年期证券到期,收回的5万元本金用于购买新发行的10年期证券。这时原有证券到期日分别提前一年,两年的变为一年,三年的变为两年,以此类推,投资者始终持有1~10年证券各5万元。这种模式的特点是便于管理,收益也比较稳定,但不足之处是不便于市场利率变动时转换为其他证券。

3. 不同价位组合

投资者是在对某证券看涨或看跌的情况下买进或卖出的,但变化莫测的市场常常会逆投资者预期而行,为规避市场向相反方向变化的风险,投资者可选用不同价位组合模式,即事先确定价格变动的某个幅度为一个买卖单位,当价格升降达到这一幅度时,就买进或卖出一定数量的证券。例如,某投资者选择某股票为投资对象,在每股市价65元时买进100股;当市价跌至每股60元、55元时分别买进100股。而当股价开始反弹时,每涨5元卖出100股,即在每股60元、65元、70元的价位各卖出100股。整个过程共获利1 500元。由此例可知,不同价位组合模式是依据证券的价格涨跌变化分期分批陆续买进或卖出,它可以忽略投资时间的选择,坚持按照既定的方针进行买卖。此模式在运用时通常为三次操作(也可少至两次,多至四次、五次等),一次买进时只能投入拟用于此证券投资资金的1/3。上面的例子是逐次等额买卖。除此之外,还有倍数买卖,如首次在每股30元的价位买进200股,第二次在每股20元的价位买进400股,第三次在每股10元的价位买进800股。如此操作,即使首次买进后被高价位套牢,由于有大量后备资金可机动运用,因而可在股价跌至更低时不断买进且买进数量较大,从而使总的购进成本因摊平而大大地降低。同样,当股市反转,价位不断升高时,投资者可适当卖出,升高幅度越大,卖出数量越多,从而可获得较多的差价收益。这种买卖行为会在不同价位上表现为不同的数量变化,形成一定的动态比例结构。

4. 其他组合

这里所说的其他组合主要包括以下几种:

(1)行业组合。即投资者将资金分散投资于不同行业的证券。这是因为不同行业的公司所处的发展阶段以及所受的经济、政治和其他因素的影响程度及后果不同,因而其经营状况和股票价格受到的影响也不一样。分散投资可以有效规避因孤军深入一个行业可能遭遇的困境,进而减少风险损失。

(2)企业组合。即使某一企业的经营业绩再好,也不要把宝全押在一个企业上,否则就意味着投资者把自己的命运完全与这一企业拴到了一起,一旦该企业遭遇不测,投资者的损失自然是惨重的。

(3)地域组合。由于各地的企业因受市场、税负、法律、政策等诸方面因素的影响不同,其经营效果也会有较大的差异。所以地域组合首先要求所选的证券不要集中在同一地区的企业。此外,地域组合还包括选择不同证券交易所交易的证券。这是因为不同证交所在运作及形象等方面有差异,相同业绩的证券在不同交易所的价格表现会有所不同。

(四) 重视沉淀原则

证券市场上,除了那些玄妙深奥而又未必应验的经济理论外,许多"民间秘方"对市场预测有时也是非常有效的。而这些"民间秘方"无非是来自前人经验的总结和你自己经验的积累,即需要经过"沉淀",提取其实用的"精华"。例如,美国股市有许多颇具趣味的民间秘方:例一,阿司匹林销售量变化法。凡某个时期阿司匹林销售量增加,则预示着熊市很快就要来临;反之,就是牛市了。其理论依据是,低迷不振的股市搞得千百万投资者头昏脑涨,因而买阿司匹林药片的人就越来越多。为此,美国官方每年都要正式报道全国阿司匹林的产量和销售量。据说使用此法预测股市从1965年至1981年间只错过4次。例如,美国1980年阿司匹林销售量为3 300万磅,比上一年大幅度增长,结果1981年股票市场就非常糟。例二,裙摆指数法。该方法是已故的帕尔菲·罗约姆于1967年发明的。他在长期观察中发现,道·琼斯综合指数的升降经常与妇女的裙摆的长度有关联,妇女的裙摆短,恰恰是指数上升时;反之,则指数一定趋于下降。因为银行家及投资者的事业是可以从女性的情绪中得到反映的。当股市萧条时,投资者就自然无兴致亲近女性,而股市一旦好转,女性的服饰自然也会随着男人的态度而更富有性感。例三,领带宽度标准法。这是由阿兰·肖发明的,他认为股市的好坏与男人领带的宽窄有关:宽领带预示萧条,窄领带则标志着繁荣。美国在20世纪60年代末期领带开始变宽,而到1974年达到了最宽,其结果是当年股市暴跌,市值跌去了一半以上。肖认为,爱戴窄领带的人往往比较自信,所以股票投资也搞得比较好,市场自然也就会被带起来。他还举例说,里根总统及其内阁都是爱戴窄领带的。

就我国股市来说,驰骋其间的老牌投资者也"沉淀"出一整套经验法则,例如:

- 当市场价格走势已经形成某种趋势时,应该加强这种趋势,并伺机利用之。比如说,已经持有某只股票且其已有或涨或跌的趋势,则应设法使其涨得更多,获得更大利润,或使其超跌以达到捡便宜货的目的。正如市场人士的俏皮之言:"跟着感觉走是一条穷路,对抗感觉走是一条死路,利用感觉走是一条光明的致富路。"投资者应该明白,市场无对错,只有投资者本身的交易方法有对错。

- 在市场涨跌运行的路途上,由于历史原因,有许多大大小小的壕沟(如高中低价区域线、均线、支撑与阻力位等),这些壕沟将影响股价的运行速度与幅度,股价向上突破壕沟为买入信号,反之为卖出信号。人们将上述内容称为区域法则或壕沟法则。

- 在机会来临前,注重空仓分析机会。特别是下面三类机会:一是众人明显认可的机会;二是潜在的具有获暴利的机会;三是突发的指数或个股机会,报表特别优异者。在这些机会崭露头角时,以准备好的策略与资金重仓追市。这一条被称做"猎豹法则",是大多数沪、深股市赢家的成功法则。但需说明的是,此项法则只适用于短线能手,新股民忌用。

- 重大利空消息出现,指数不跌反涨,市道将走强;反之,重大利多公布,指数不涨反跌,市道将走弱。此谓利空出尽即是利多,利多出尽是利空。股市的奇妙之处就在于,在连续跌势后,大利空当作大利多来做;在连续涨势后,大利多当作大利空来做(如1996年、1997年的三次降息)。

- 做个股行情宜采用运筹法。当某只股于短期内急速大幅飙升,放大量后量缩,宜坚决出货,不能参加横盘。即使再涨一段,那也留给别人去赚吧!以平常心退出后可对大盘观望一段,若仍有上涨潜能,就再去发掘一只潜力个股,获取第一只股 1/2 利润后即退出。若大盘还能涨,就再选一个股,获取第一只股的 1/4 利润后即退出。此时第一只股可能已回落了许多,这样做,即可规避风险,又可获取比死捂一只股票大得多的利润。

- 个股上涨至高位,尾市大手笔对倒拔高,这多半是主力出货的前兆,以欺骗未看盘的中小散户。次日,又往往对倒高开高走,然后回落拉平台,或小幅振荡。众人因看过高价而不舍得低卖,还抱有蓄势再冲高的幻想,其实,这正是主力在出货。

- 当指数远离 5 天、10 天、20 天均线之上,*KD* 和 *RSI* 在 80 以上成交量急剧放大,甚至创天量时,便是顶部,只能出货、减仓,而不宜轻易进货;反之,当指数远离 5 天、10 天、20 天均线之下,*KD* 和 *RSI* 在 20 以下,日、周成交量连续萎缩,甚至创地量时,便是底部,只能进货、加仓,而不能轻易出货。

- 当大盘或个股的日成交量放大到 5 天均量的 2 倍甚至 2 倍以上,必出现回档,应坚决出货。当大盘或个股的日成交量小于 5 天均量的 1/2 甚至 1/2 以下,必出现回升,应坚决进货。当日成交量大于上一个月平均日成交量的 2 倍,一般便是顶部;若小于上一个月平均日成交量的 1/2,一般便是底部。

- 对待盘局,应把握以下几点:一是等待观望,除非有向上突破的明显信号,否则不应加码买进;二是注意使股市陷入盘局的利多或利空消息的变化。若原利多或利空因素实现或消失,即能改变盘局;三是分析成交量和价格变动关系,如价升量增,应是买进时机,若价升量减,则是卖出时机;四是若多头市场态势未变,则盘整时间可望缩短,而在多头市场中领先盘整的个股,亦会领先反弹或回升,通常盘整时间越久,一旦反弹或回升,其劲势也越足;五是在盘局中不应冒失清盘空仓,以免一旦出现向上突破,补进不及,蒙受损失。

二、证券投资的正确理念

从事证券投资,无论是投资对象的选择还是投资时机的把握,都有相应的理论(如基本分析与技术分析)可以指导投资者的行为。但近年来兴起于西方的股价随机走势理论,似乎成了一种推翻所有证券投资理论的理论。这与百姓所言"股票投资是一门艺术,而不是一门科学,没有机械的规律可循",在一定意义上相吻合。

随机走势理论建立的基础是"高效率的股票市场(efficient market)"。所谓高效率的股票市场,是指证券的价格将充分、及时地反映所有可能得到的信息。股票价格的变化是由于其基本的决定因素(如股利、收益、经济形势等)和市场因素(如股票的供求关系、投资心理、投资预测等)的变化所引起的。由于在高效率的股票市场,这些因素的变化会立刻从股票的价格上反映出来。因此,目前的股票价格不能提供什么与未来股价的运动情形有关的情况,不同时期股票价格的运动是相互独立的,人们无法从今天股价的上升中看出将来股价的运动情形。所以,股票的价格运动与其说具有一定的规律性,不如说是一种随机走势。

尽管目前人们对证券市场的效率程度尚存在相当的争论(从而使随机走势理论的论证基础发生动摇),但这种争论本身也从一个侧面反映出证券市场的技术分析(大多数的证券市场技术分析方法与指标恰恰是建立在通过对股价过去运动方式的分析,以预测未来股价走势基础上的——与证券市场的高效率刚好相左)还不够完善。虽然证券的基本分析和技术分析还不能说是一种理想的证券分析工具,但目前它们仍为大多数的投资分析者所采用,并确实为证券投资者提供了大量的有价值的信息,对投资者选择适当的投资对象和投资时机具有一定的指导意义。因此,无论是技术分析还是随机走势,对投资大众来说并不是非此即彼的如严谨的理论研究那样泾渭分明,兼收并蓄似乎更为可取。也就是说,不把证券投资看成100%的科学或100%的艺术,而是科学与艺术的混血儿。投资决策时感性与理性并重,既要研究股市大亨们的股经,又要善于发挥自己的潜能,靠智慧取胜;既要懂得综合运用基本分析与技术分析,又要多多掌握投资的技巧及听取一些善意的忠告。

(一)建立正确的证券投资理念

1."机会成本"的概念应用需有度

机会成本是经济学科中一个非常重要的概念,简单说来,它是指放弃某一选择,而将这被放弃的选择潜在的利益视为自己的成本。机会成本在投资方案比较中是不容被忽视的。然而,有的投资者对机会成本的把握无度,将其滥用于股市,便出现了"视别人的赢利为自己的损失"这样一种错误的理念。因此,在股市中总会有这样的人,看到别人买某种股票赚了钱,而自己当初没有买这种股票,便心理失衡,寝食难安。如此下去,只能是导致十足的疯狂。因为你知道的股票越多,你就会认为自己失去的赢利股票也越多。视别人的赢利为自己的损失,这种思维方式的最大害处是会驱使人们为了赶上潮流或仅仅为了防止更多的"损失"而去购买本来不应买的股票,结果则往往导致真正的损失。

2. 着眼于投资就不该过于看重短期的涨跌

有关投资方面的一个最大的误区,就是用短期的涨跌衡量自己投资的正确与错误。如果一种股票在投资者购买后立即涨升,投资者通常会感到很开心,好像这足以证明投资者购买之正确。虽然马上抛出的话,即刻就会有现金的流入,但是,在这种有利的条件下,大多数人都不愿抛出。相反,一些投资者会尽量说服自己,使自己相信该股票仍然有升值的潜力,于是一直保留这只股票,直到股价下跌才开始醒悟自己的投资并非如想象的那么美妙。实际上,一时的涨跌只能为跑短线者提供获利的机会,对长期投资者意义不大。长期投资者关注的是股票发行公司的前景,为着股价的短期升降大喜大悲显然是不足取的。一种股票在你购买以后是升值还是降价,这只说明有人愿意出更高的价钱或更低的投入来买这同一种股票,并不能作为衡量你投资正误的标志,因为与你预期同样的人也可能在对公司前景的判断上与你犯同样的错误。

3. 性质相似公司的股票不宜简单类比

投资者在选股时,会不自觉地陷入盲目类比的误区。在"我错过了上一家公司的股票,下一家可不能再错过了"的心理左右下,当人们错过了赢利持续上升的甲股票时,往往草率地购进与甲公司性质类似的乙公司的股票。但问题在于这个"下一家"往往不能使你如愿。如果说当初未买甲股票是一个错误的话,那么此后你去买正在走下坡路的乙公司的股票,那可就是错上加错了。事实上,你没买甲股票并未使你有丝毫损失,而你接着犯的错误却使你损失不小。比较明智的做法应该是,在甲公司赢利仍持续上升的前提下以较高价格买进甲股票,而不是随随便便地去买"下一家"即乙公司的廉价股票。

4. "目标价格法"的应用勿僵化

"目标价格法"是确定证券买卖时机的基本方法之一,是指投资者根据自己对各种证券内在价值的估计事先确定买卖的目标价格,当证券价格跌(涨)到投资者原先确定的价格水平以下(上)时买进(卖出)。该方法中的目标价格是根据技术分析及基本分析综合确定的。目标价格法适用于从证券价格随供求关系围绕证券价值上下波动的过程中赚取差价收入。但在目标价格法的实际运用中,有些投资者难免出现思维的僵化,囿于某一目标价格无望地守候!如果投资者发觉自己有落入这一困境之虞时,应该及时提醒自己,进行反思,千万不可被目标价格所累,束缚住自己的手脚。而是应视目标价格若有若无,该见时见,不该见时就及时超越。

5. 不可根据涨跌幅枉论其反转

股市中不时会听到"既然它已涨(跌)了那么多,就不可能再往上涨(下跌)了"或"它已经涨(跌)到头了"等说法。事实上,股票到底会涨升到什么程度几乎是没有一定限度的。只要公司的经营情况良好,赢利在继续增长,而且公司的基本状况未变,那么,仅凭"它不可能再往上涨了"这个理由来抛出股票很可能会使你日后追悔莫及。因为往往是你依此理论抛售后,股价却持续上涨,使你丧失了本该获得的更大利润。所以不论股价涨升了多少,只要公司的基本情况未受损害,继续持有该公司股票的风险就不会很大。同样地,当一贯表现良好的某股票大幅下跌后,不少人会找出一系列的理由,如:"好公司总会恢复过来的","在股市上你应该有耐心","不能因害怕而退出一桩好交易"等等来自我安慰。但就理论而言,没有一种规则能告诉你一种股票会下跌到什么程度。所以,除非是事实上股价下降到某一价位后,不再往下降了,不然,无论你什么时候用"不可能再往下降了"这种观念来预测股价,都只能是有 50% 的正确机会,即或者是你猜对了,或者是猜错了,对错的概率各占一半。

6. 不因股价低而小视风险

你可能不止一次听别人说过:"股价这么低,即使它跌得一文不值,损失也不过如此嘛。"正是由于这样的思想作祟,才有许多人糊里糊涂地选择了低价股。被《时代》周刊誉为"第一理财家"的美国最大的共同投资基金——麦哲伦基金的管理人彼得·林奇对此的看法颇耐人寻味,他说:不管一种股票的价格是 50 美元 1 股还是 1 美元 1 股,如果它跌到 0,那么你还是损失了一切。如果股价没有跌到 0,而是跌到 50 美分一股,那么结果略有不同。以 50 美元一股买进的投资者会损失其投资额的 90%,而以 3 美元一股买进的投资者则损失 83%。但是,这又有什么值得宽慰的呢?关键是,只要股价下跌,价格高的股票和价格低的股票都具有同样的风险。如果你分别用 1 000 美元购买 43 美元 1 股的股票和 3 美元 1 股的股票,但是如果两种股票的价格都跌到 0,不管买的股票价格为多少,投资者最终的损失都是一样的——100%。然而,通常一般投资者无法拒绝购买 3 美元 1 股的便宜股票,他们会对自己说:"我会有多大损失呢?"

7. 不因等待久而盲目脱离

如果你因为等一种股票的升值等得不耐烦了而把它抛出的话,那么第二天,这种股票就可能升值了。这种事情在股市上时常发生,尤其对一些耐性不强,又不善考察公司经营情况的投资者来说,吃这样后悔药的机会可能多一些。彼得·林奇称这种抛后即涨的现象为"脱离后的繁荣"。林奇说:"我习惯于在股价毫无变化的情况下沉住气。我挣的大多数钱都是在我购买一种股票以后的第三或第四年,只有默克公司的股票让我多等了一些时间。不过只要公司的一切情况良好,而且当初吸引我购买其股票的情况保持不变,那么我就相信我的耐心迟早会得到报偿的。我把股票好几年不变动的现象称作'岩石的心电图',事实上,这种现象是个吉兆。每次我在我拥有的股票的表格上看到这种'岩石的心电图',我就得到一种强烈的暗示:下一次的重大的飞跃就要来了。"

8. 不能轻觑其他投资者的市场预期

西方经济学家凯恩斯有句名言:"成功的投资策略,是能准确预测其他投资者的预期。"西方古典经济学认为,引起股价波动的原因是价格随着价值的轴线波动。现代经济学认为,引起股价波动的原因是供求关系。而最新的索罗斯投资学则认为,引起股价波动的原因某种程度上是投资者认知的不完整所造成的,即所谓的"反射理论"。这一点倒是和凯恩斯这位既是学者又是投资者的看法相同。投资大师格拉希姆及巴菲特一致认为是"价格与价值的分离和一致"造成股价的涨落。一般的市场操作者也认为,股价涨落主要取决于证券的预期收益。为什么凯恩斯很早就提出了这一反潮流的观点,并被索罗斯的投资绩效证实了呢?这或许是因为许多投资者往往都是从朴素的唯物主义出发,只认识到决定价格的主要因素是价值,即上市公司的业绩、潜力、市场占有率、有形及无形资产的总和之缘故吧。但显然仅有这一点认识是不够的,我们还要看到人类认知对股价的反作用,也就是对市场预期认同产生的巨大合力,市场的不平衡不完全来自于外部,更来自于投资者内部。我们除了对价格、价值本身进行研究之外,还需要对市场参与者,尤其对他们的心理预期进行研究。一般而言,当股价在顶部或底部时价格与价值的趋向一致起关键作用。但当市场胶着,或趋向不明朗时,投资者对市场的同一预期往往会占上风,有时甚至改变趋势。正如索罗斯所言:"基本分析、技术分析都不足以指导实战,重要的是研究参与者的心态。高效市场其实是不存在的,其任何时候都会有失偏颇,反过来对投资人施加影响,又会加剧原有的偏颇"。

9. 不要在交易中掺杂感情

素有"投机之神"美称的索罗斯之所以成功,除了有鲜明体现其身为金融家和思想家的与众不同的投资策略和投资技巧的反射理论,作为他在金融市场上呼风唤雨、立于不败之地的行动指南外,还在于他有一整套投机制胜的秘密商规,其中一条便是:"不在交易中掺杂感情"。例如,1974年的一天,索罗斯正在跟一位老熟人打网球,电话铃突然响了,电话是东京的代理人打来的。他告诉索罗斯一个秘密:那一年理查德·尼克松总统陷入水门事件的丑闻当中,并最终导致了他的下台,"日本人对尼克松的麻烦反应很糟糕"。由于索罗斯在日本股市中占有非常重要的位置,比例也极大,他必须作出决定到底要怎么办——留还是抛?当时,他的网球伙伴注意到:在打球时都未出汗的索罗斯此时却出了冷汗。当即,索罗斯作出了抛的决定。这个决定只花了几秒钟时间,足见其理智和冷静。关于这一点,摩根集团的拜伦·威恩这样说过:"乔治的天才就是他具有一定的素养。他非常实际地洞察市场,他能领悟影响股价的力量。他懂得市场既有理性的一面,又有非理性的一面。并且他也清楚地认识到:他不可能总是正确的。当他认为他正确时,他就采取颇具魄力的行动,抓住机会,赢得利润。当他认为错误时,他能尽力地去减少损失……当他确信自己是正确的时候,他具有极大的信心,像1992年英镑危机时他的表现一样。"

10. 不要使市场感觉失敏

索罗斯之所以成功,还因为他有敏锐的市场感觉,能超前把握市场趋势,并在行情转折之处果断改变原先的策略,抢在众人之前彻底了结。索罗斯与罗杰斯创立"量子基金"之后,他们在业务上进行了分工,索罗斯负责市场分析,罗杰斯则负责作出决定。他们所运用的策略是投资在先,调查随后。索罗斯负责投资,而罗杰斯负责调查。有的时候,当索罗斯要进行投资,罗杰斯就开始了调查工作,并发现索罗斯起初的想法是错误的。然而,索罗斯仍坚持进行他的项目投资。他喜欢那些局势,因为他知道其中的缺陷是什么,这可帮助他了解何时需要脱身而出。知道了其中存在缺陷,并不意味着索罗斯必须主动从该投资项目中撤出来,它只意味着索罗斯必须对该项目慎重观察。如果这种投资意向看来是错误的,那么他所要做的就是尽快脱身。这就是索罗斯独特的投资风格。这种风格融合了勇气、智力、淡泊与直觉。他的反应论是他的盖勒计数器,告诉他关注何处。它并没有精确地告诉索罗斯瞄准什么以及最为重要的出击时机,但这个理论却能给他的市场经营建立一个框架结构。当索罗斯的投资风格得到应用时,他便能作出准确的判断,适时地把握住机会。索罗斯首先会瞄准目标,随后采取行动。他经营上从不采用华而不实的方式,而是通过验证、探索,努力去断定他所想的是否正确。他提出了一种假说,在此基础上进行投资。发展一种假说就意味着作出了一种金融市场上已呈现出某种趋势的论断。他刚开始干时,绝不是大刀阔斧,而是试探、验证,努力地去确定他的想法是否正确。他甚至要设计一个假设,并且以该假设为基础去搞一个投资交易,再下去就是等待观察他的假设是否成立。如果假设是成立的,他就会作一个更大的交易。他自信的程度决定了他投资交易的规模。如果他发现假设不成立,那么将毫不犹豫地撤回他的投资交易。所以说,索罗斯一直在努力地寻找能验证他假设的投资空间。

正像马科斯后来回忆的:"乔治常常说,'投资在先,调查在后'。这句话的意义是:先作出一个假设,再以此为立足点进行小的交易,去检验假设的可行性,然后就平心静气地等待市场去证明它是正确的还是错误的。"实际上,索罗斯的这一为人称道的战略就可以称为"寻找市场的感觉"。

(二)基金运营大师的投资理念

随着我国证券市场的日益规范与成熟,投资者在注意市场热点的把握和操作技巧的同时,也开始注重投资理念的学习和积累,但其中暴露出的问题也不少。其中尤为重要的,就是有些投资者对投资理念的吸收失之偏颇,不能做到全面准确。以对巴菲特的理解为例,1996年、1997年的绩优股行情使广大投资者开始接受和仿效巴菲特,视巴菲特自传和其投资理念丛书为投资经典。但1998年的行情却让这些追随巴菲特者大跌眼镜。难道是巴菲特的投资理念在我国行不通吗?当然不能如此武断地否定投资经典在我国的实用性,而是应认真检讨我国的许多投资者和一些证券人士对巴菲特投资理念存在的诸多误解。首先,巴菲特并不是只买已成为绩优股的股票;其次,巴菲特持股的时间也是随着公司的经营状况而不断地发生变化,他并不是一个绝对的长线投资者;再次,巴菲特在买进一家企业的股票后,通常要达到一定的控股比例,然后进入公司董事会。在美国由于股权极为分散,一般达到5%即能成为第一大股东,控股后进入董事会这种做法对我国投资者来说目前还很难实现。巴菲特入主一家企业的董事会可以更充分地了解企业的经营和财务信息,具有明显的信息优势,这也是普通投资者所不具备的。另外,巴菲特作为一个成功的金融投资家,其抗风险的心理承受能力也不是以工资收入为主的中小投资者所能比拟的。因此,对巴菲特的投资理念应更加全面和深刻地理解,而不能僵化地照搬和挪用。

与巴菲特理念极为不同的索罗斯在金融领域也取得了极大的成功。其投资的理念被许多人视做一种投机手段。"投机"一词在我国被习惯用于贬义,而该词本义上讲是把握机会的能力,并不具有褒贬的色彩。事实上投机需要更高的知识和技术要求,把握起来难度更大。索罗斯的成功也同时证明了以不同的理念作指导的投资活动都有可能取得成功。关键是投资者需结合自身知识、性格、心理及经济状况找出切合自己实际情况的一种投资理念来指导自己的投资,切不可机械地照搬和模仿一些人的投资理念和方法。毕竟我们所处的经济环境、市场环境以及其他各种状况与国外有着极大的不同。投资理念需要投资者随市场的发展和变化而逐步积累和总结,最后形成一种成熟且适合自身的投资理念。虽然我们强调建立自己的投资理念,但并不是说完全排斥他人的投资理念,尤其是对投资大师们的金言玉语和投资哲学,还是应广泛地学习,细细地领会,消化吸收,为己所用。下面我们简要介绍几位基金运营大师及其主要的投资理念。

1. 罗夫·温哥

温哥毕业于麻省理工学院,获得工业管理学士和硕士学位。但他对知识的理解并不拘泥于书本上的教条。他认为,管理不是科学,而是一种建立于心理学、常识和善意上的知识。他说:"管理的原则不会变,你只要试着让别人朝你的方向工作,你要确定你的方向能被人理解。"

温哥1977年2月出任艾抗基金总裁。该基金于1969年成立,1973年到1974年美国股市走熊的两年间,艾抗基金持有的休斯石油公司股票的坚挺,使该基金成为美国基金表现较为出色的一族。这主要得益于温哥的正确判断。早在20世纪60年代后期,他从飙升的石油价格中看到了石油股票,以及石油生产商及供货商的前景。温哥还下大力气寻找具有超潜力的小企业。芝加哥大学教授洛夫·斑兹在20世纪70年代发现了"小公司"现象,并提出研究报告。这位教授发现,低资本额的小公司有平均水准以上的报酬,甚至经过高风险的调整后,其报酬率仍高过平均水准。这给温哥以极大的启发,因为专家们,包括大公司聘请的分析师也常疏于分析小企业。为此,温哥掌握的艾抗基金,在1973年将1 440万美元投资于39家公司,平均每家公司的投资金额为369 000美元。这么多投资足以分散风险,而且还不至于造成无法研究每家企业的情形。后来,当艾抗基金发展壮大,投资组合增加到166家公司时,就曾向所有地区的小经纪商搜集资讯,并设红A奖,每年对最佳的消息来源给予奖励。温哥投资哲学的主要观点是:小型公司比起大型企业是更好的选择;寻找主要趋势,但并不一定找出这种趋势的领导公司,而是着眼于那些从趋势中获利的公司;关于分公司,他认为必须具有平均水平以上的报酬,即使经过较高风险的调整后,投资报酬率仍能超过平均水平以上的报酬;趋势分析是他对优势行业、人们生活习惯和社会进步等诸多因素的综合判断得出的。比如,他的基金关注旅游业、电业等发展趋势,使之获利不小。温哥坚信鲁宾斯坦规则,并有绝妙的有关"群体内外斑马"的比喻。

鲁宾斯坦规则简言之是"由上而下"的原则,先是分析具有吸引力的市场,即我们所谓的整个国家的经济增长点,然后在这个范围里的好几只股票中,进行系统地分析。一项具有吸引力的投资领域可能有持续5年乃至更久的优势特性,因此,温哥领导的基金的投资组合的周转率非常低,每年大约才25%,也就是说他一年才卖掉1/8的投资项目,转而投资其他。如果当初购买这只股票的原因继续存在,他就会继续持有该股,这样不仅增加了获利机会,而且降低了交易费用。

温哥在分析投资组合经理人的心态和投资方式时,巧妙地比喻他们是一群斑马。第一,它们之间相互有竞争,都想图利,都想表现得比其他经理人好。就像斑马,都想有嫩草可吃。第二,它们一窝蜂地集体行动,彼此不仅外表相同,而且想法一样,聚集一起,牢牢不分离。对于这群斑马来说,它们最重要的决定是随群体生活,因为在群体之中它们才会觉得最安全。温哥认为,正是斑马群体具有这种习惯的想法,才使那些比较勇敢的或没有挤进群体之中的斑马能吃到比较新鲜的草,而挤在群体之中的斑马只能吃到被群体中其他同类吃得差不多或遭践踏的草。当然,群体外的斑马有在被狮子接近时吃掉的危险,而饿瘦的斑马却可能继续在群体中赖活下去。

温哥有关斑马的比喻,对于选股时机是最为深刻和生动的了。他说:"这一次,斑马处在狭道间,一只狮子睡在远处的墙边。每只斑马都想吃狮子鼻子前面的嫩草,而且在狮子扑跳出来之前跑掉。不幸的是,逃脱的机会实在太渺茫,事实上,斑马可能一下子就变成狮子口中的肉块。"温哥认为,那些大型机构都宣称他们能掌握"进场时机",可以在股票与现金之间自由游走。温哥说:"对于在流动性极差的市场中操控数以亿计的现金,根本胡扯!任何类似策略都只会造成大幅振荡的市场,那些技术分析专家则被自己的胡乱猜测及高交易成本弄得七上八下。"温哥认为,值得持有股票的理由,只能是掌握企业的获利和成长,管理者的目标与思考方式,竞争优势与危机等,只要这些理由存在,这只股票就值得持有,而一旦这些理由消失,就应该立即抛出这些股票。

2. 彼得·林奇

林奇毕业于沃顿商学院。他曾风趣地说自己是靠飞虎空运公司的奖学金支付昂贵的学费的。原来他在读大学二年级的时候看过一篇文章,说空运的前途广阔,于是他买了飞虎公司的股票。后来越南战争使空运的需求大增,飞虎公司发了大财,林奇的股票上升了5倍,于是他一点点地抛出这些股票。用这笔钱读完了研究生。林奇毕业后又当过两年炮兵中尉,在1969年成为证券分析员,1977年担任麦哲伦基金的管理人。

林奇接手麦哲伦基金时,基金全部资产不过2 000万美元。到1990年他隐退的13年时间里,麦哲伦基金总资产高达140亿美元,创造了年平均收益率29%的奇迹,这个成绩超过华尔街股市上所有连续经营十年以上基金经理的业绩,而排名世界第二的富翁巴菲特32年间炒股业绩也不过是年复利23%。美国《金钱》杂志说林奇的投资回报率是全美国最高的,他的投资哲学成为美国人崇尚的投资指南。

林奇的投资理念中有一条被称为贫民哲学,他不推崇学院的专业课程,他认为在进军股市做准备方面,历史学和哲学比统计学更有用。股市投资是艺术而不是科学,你在股市上所需要的数学知识在小学四年级就学到了。林奇还创造了常识投资法,他认为普通投资人可以按照常识判断来战胜股市和共同基金。

"20年的工作经验使我相信,任何正常的人只要用自己3%的脑力就能在选择股票的时候和那些处在平均水平之上的华尔街专业人员选得一样好"。林奇还指出,要找到好股票就需要在生活中留心观察,例如,观察自己常去的商店,买你已经熟悉的行业股票,而不是买那些自己完全不懂的生物化学科技股,还要花时间了解你拥有的股票。他认为,与其浪费时间去预测股市,不如多用精力去实际考察一个公司的前途。

林奇每天要阅读许多份年报和投资报告,他是走访上市公司最勤的投资专家,他被视为波士顿投资圈首要的沟通对象。林奇最讨厌那种只推荐股票而谈不出充分理由的经纪人。他并不计较向他推荐股票的经纪人过去是否有过辉煌的经历,他需要的是正确的背景资料。有时为了查证这些材料的正确性,他会亲自造访公司。他不会在不了解真相的情况下去接受二手材料。他在总结自己应付竞争,并善于从复杂的形势中取胜的关键之处时,确认这是得益于第一手资料。他经常警策自己的一句名言是:"我留在这里干什么?"以提醒自己不要陷入第二手资料的包围之中。

林奇研究上市公司,特别重视关键变数的变化。他认为,某个公司也许今年业绩表现不佳,但要注意其有无关键的变数在变动。如订货是否增加,新产品、新服务是否推出,如果这些变数正向好的方向转化,这只股票就可以买进。他把这些变化称为"市场脉动"。林奇在这方面有着比其他投资人更多的优势,他能够掌握充分的资料,并迅速平稳地采取行动,他不会为要发掘更多的资料而烦恼。林奇也比其他投资人更能掌握投资契机,随时准备从事任何一种股票交易。"流畅"是林奇投资技巧的本质,市场上出现新的机会时,他会立即采取行动而不作太多的分析,这里除了林奇独具智慧的眼光,还有从丰富经验中培养出来的正确的判断力。当美国本国汽车股的股价偏低时,他立即行动,买入福特、克莱斯勒与通用的股票,而静等它们的价格上涨,同时收购外国汽车股票:如富豪、本田、标致、菲亚特等。他总是这般冷静地反向操作,处于主动地位。他的投资组合永远在变动,一些股票只有一两个月的持股时间,每年整个股票名单会周转一次,林奇的投资组合通常由1 400余种股票组成,可见其流动性是极大的。

林奇认为,想在股市中生存,就要当个很好的观众。从众多的公司中去选择,经过一两年的观察,就会有足够的判断能力。林奇为了解上市公司的情况,很重视与这些公司的竞争对手讨论它的"敌人",若这些"敌人"被对手骂得体无完肤,则他认为是正常现象;而对手说"敌人"好话时,就值得注意;当不熟悉本行业业务的人提供某种其他行业信息时,他都要设法查证这些信息的可靠性。当某些上市公司的内部人员买入本公司股票时,林奇认为这是值得重视的信号,公司中中下层人员购进尚属低迷股价的股票,特别应该引起重视。这方面纽约的证交所与证管会及时发出的内部交易报告给了他极大的帮助。成长股是林奇重视的另一类股票,它们常有被高估或低估的时候。林奇认为一家近几年内一直都出现盈余的小公司,将会不断成长起来。小公司股票的上涨空间往往超过大公司,美国股市小公司常有升值3倍的机会。林奇认为高成长高本益比的股票也具有较大的获利潜力。

  林奇的奇迹来源于其本身灵活的选股方式。在他接手麦哲伦基金时,该公司资产配额表上只有40种股票,其后的几年时间,林奇逐步扩大基金所持有股票范围,以致最后基金拥有了1 400种股票。用他自己的话来说就是:"如果你观察10个股票,会发现一个你感兴趣的股票,而如果观察100个股票,你就会发现10个感兴趣的股票,石头翻得最多的人才能找到宝藏。"虽然林奇对股票的爱好是如此广泛,但下列几种股票林奇还是敬而远之的:一是热门行业的热门股。对于受众人青睐、人人奔走相告的热门行业的热门股,股价涨得快,常常是一跃而起,屡创新高。但是,支撑这种股票的不过是空想和热望,如果你在抛出方面缺少心计,很快就会发现赚的钱消失得一干二净,接下来便是亏本。因为热门公司为保证市场占有率而常常投入巨资,最后可能会陷入财务危机而使股价下跌。二是那些与"某某公司第二"有关的股票。什么IBM第二、麦克唐纳第二、国际公司第二、迪士尼第二等。林奇说:"依我的经验,这种第二型公司几乎永远成不了真的第二。""如果人们把一种股票称作某某第二,这不仅标志着仿效者的穷途,也标志着被仿效者的末路。当其他计算机公司被称为第二个IBM时,你可以断定IBM公司的日子一定也十分难过。"三是愚蠢扩大业务范围的企业的股票。企业不是将功夫用在自身的挖潜、改造上,而是寄希望于一些与主业毫不相干的业务兼并,结果带来的只能是日益加重的债务负担。美国企业始于20世纪60年代走马灯式的兼并潮,最后在70年代的市场崩溃中落下帷幕,最优秀的企业家也无法将他们买来的癞蛤蟆全都变成王子。林奇建议,上市公司若有多余的现金,不如把自己的股票买进来,而不要轻易地介入不熟悉的行业,以免误入歧途。四是内幕消息股。这类股票刚一接触时似乎很有诱惑力,如某公司业绩大幅增长,来源于其开发出前景极佳的产品;某公司攻克世界性难关如癌症等。这类公司股票的一个共同点是:架子玄妙而毫无实货,投资报酬率几乎为零。投资这种股票很少有不赔钱的。五是依赖他人生存的公司的股票。若一家公司将其产品的25%全卖给另一家企业,那么这家公司就会岌岌可危,因为人家随时可以改变供销合同或者调控价格给你带来生产和经营上的困难。六是名称醒目公司的股票。公司冠以"尖端"、"重要"、"微型"或其他让人感到神秘莫测名称的股票,往往让投资者产生虚假的安全感,而实际上这类股票除了迎合潮流外,并没有其他实质上的内容。

3. 乔治·索罗斯

索罗斯 1930 年出生于匈牙利布达佩斯的一个犹太律师家庭。1949～1953 年进入伦敦经济学院学习经济学,受该院教授、哲学家卡尔·波帕思想影响甚深,著有《意识的负担》一书。1979 年,据说是受德国物理学家、量子力学创始人海森堡"测不准原理"影响,索罗斯将 1973 年与人合作成立的"索罗斯基金"更名为"量子基金"(另一种说法称这样做是要追求基金达到量子般的增长速度)。同年,索罗斯还创建了"开放社会基金",并开始从事慈善活动。1981 年 6 月,索罗斯以"全球最杰出的基金经理人"成为《机构投资者》杂志的封面人物。1984 年,他在家乡布达佩斯成立"索罗斯慈善基金会"。1987 年,他又在苏联成立同名慈善基金会,完成《金融炼金术》一书。至 1990 年,"索罗斯基金组织"在 26 个国家设立了 89 个机构,由其资助的中欧大学同年分别于布达佩斯和华沙创立。1992 年 9 月,索罗斯趁英镑危机,短短一个月内赚取了创纪录的 15 亿美元,并以牛津大学主要资助人身份成为该校董事会成员。1993 年,索罗斯以 11 亿美元的年收入成为美国历史上第一个年收入超 10 亿美元的人。当年美国个人收入排行榜 100 名中有 9 人为索罗斯基金会工作。其后的索罗斯名声大噪,1993 年以"一个能改变市场的人物"成为美国《商业周刊》封面人物。1994 年 6 月,被《华尔街日报》称为"全球金融界的坏孩子"。1995 年 9 月,其自传性的《索罗斯说索罗斯:永远处在曲线前面》一书被著名的约翰·威利父子出版公司出版。

"索罗斯基金网络"是一个庞大的机构。其活动涉及文化艺术、儿童及青年问题、法律政策、经济发展、科学教育、互联网、图书馆及媒体项目、医疗卫生、移民保障、妇女问题、犯罪及社区文化、扫雷计划、国际交流等一系列领域。为这些活动提供财政支持的主要是其旗下最有名的"量子基金"。该基金被普遍认为是世界上效益纪录最好的基金。从其前身的前身,1969 年成立的"双鹰基金"算起,截止到 1997 年的 28 年间,它的资产规模已从 600 万美元扩大到 150 亿美元。除 1981 年和 1994 年没有赢利以外,其余 26 年都有平均 35% 以上的高额回报。索罗斯曾说,第二次世界大战期间逃避纳粹追捕的经历给他最大的启示是:期待意料之外的事件发生,并做好应对的准备。索罗斯基金组织的许多活动都围绕着他提出的"开放社会"的概念,即人的行动基于不完备的知识,没有人掌握终极真理这样一种认识。在 1994 年 4 月 26 日麻省理工学院经济学系"世界经济实验室会议"上,索罗斯宣读了一篇题为"反射理论"的文章。其中提出:现实与人们对现实认识之间的差距创造了有利可图的机会。人们的认识会改变事物,而事物的变化又会改变人们的认识。主要基于以上的哲学观念,索罗斯创立了一套独特的投资或者说投机理论和原则。概括地说,索罗斯不同意经济学上经常假定的人对市场有完全认知能力的假设,他认为市场的运行并非都是有效而合理的,其中必然存在漏洞。在他看来,投机者的一窝蜂行为根本不能用经济学的价格供求论解释,市场在很大程度上受群体情绪的左右。因此,投资的原则应当是:确定自己能承担风险的大小,注意观察那些宣告某种趋势即将告终的迹象,在转折之前逆潮流而动,从而以有限的资金和有限的信息胜人一筹,走在市场曲线的前面。

　　索罗斯具有超乎寻常的自信。一旦相信自己判断正确,投资仓位绝不嫌大。与一般的赌徒不同的是,索罗斯还具有死里求生的胆识。他喜欢说:"如果你没做好,第一个动作就是收手,不要想翻本。重新开始时,则从小做起。"索罗斯的直觉和灵活性也常被他周围的人所称道。索罗斯并不花费很多时间阅读研究股票分析报告,他主要通过阅读并不一定与金融相关的报章,并保持与全球权威人士的接触,来形成自己的见解和判断。和华尔街投资大王沃伦·巴菲特一样,他认为证券的技术分析没有任何理论依据,真正有用的是基本分析。与巴菲特不同的是,索罗斯显得更有弹性。他更注意全球市场的大趋势,善于根据风向变化进出金融市场,努力在正确的时机抓住市场波动。索罗斯最与众不同的个人特质,也许就是他能够接触全球的领袖和权威人物。这个无须申请然而极难进入的"俱乐部",由各国政治经济界的杰出人物组成:国家元首、财政部长、央行总裁……然而身份地位与之相差甚远的索罗斯却成功地打入了这个极端排外的圈子。索罗斯在市场上取得的越来越大的影响力,使"俱乐部"的其他成员不得不关注他的看法,了解他可能作出的决定。当然,这种兴趣是相互的。凭借这个便利,索罗斯得以了解全球的事件和全球的运作程序。

　　除去上述个人特质,索罗斯还极善于巧妙利用市场的合力。在每一次决定性"战役"中,索罗斯不仅有胆量倾注自己的全部力量,而且还能因势利导纠集大量追随者,形成规模骇人的力量集团。索罗斯就好像一群鲨鱼中率先对猎物发动攻击的那头巨鲨,一旦得手,其他闻到血腥的大小鲨鱼们便会蜂拥而上将猎物撕咬一空。索罗斯的另外一个过人之处在于,他还是操纵舆论,特别是西方主流媒体的能手。索罗斯的每一次袭击,都伴随着大量推波助澜的新闻报道。这些报道来自权威媒体,声势浩大,但往往充斥或混杂着误解、偏见甚至谣言。真实、客观、公正的报道与这些声音混在一起,令人极难区分。此外,根据"索罗斯基金组织"网站的材料,索罗斯本人也著有大量关于国际政治经济金融形势的文章,并且大多发表在《金融时报》《华尔街日报》《纽约时报》《华盛顿邮报》《时代》《新闻周刊》等国际著名报刊上。

　　索罗斯在《金融炼金术》中说:"从孩童时代,我就存有相当强的救世主幻想。我把自己想象成某种上帝,或者是像凯恩斯那样的经济改革者,或者更好,像爱因斯坦那样的科学家。我对现实有十足的认识,所以知道那样的期望太过分,因此像犯了罪一样,我把这念头藏在心底。在我成人生活的大部分时间里,这是相当不快乐的一个源头。踏进这个世界后,现实和我的幻想拉得很近,使我敢于承认自己的秘密,至少对自己坦诚。不用说,这使我快乐许多。"20世纪70年代后期,索罗斯的基金操作得十分出色,他说:"我和基金融为一体,它因我而生,我和它生活在一起,睡在一起,它是我的情妇。"

4. 沃伦·巴菲特

1950年被哈佛大学拒之门外的巴菲特,1965年接管伯克希尔·哈撒韦控股公司(当时是纺织品生产厂)时,该公司每股股票的价值徘徊于12至15美元之间,2004年该公司每股股票的价值超过了9.7万美元。巴菲特是采用双管齐下的策略取得这般收益的。他的策略之一是买下了伯克希尔·哈撒韦的全部公司。其子公司包括美国第七大汽车保险公司Geico公司、《布法罗晚报》和一系列其他公司,如家具生产公司、巧克力厂、制服生产厂和快餐连锁店。令华尔街和证券投资者更感兴趣的是巴菲特的第二个策略,即投资证券。可口可乐公司和美国运通公司是巴菲特的宠儿。这两家公司的股票巴菲特已经储藏多年,目前的市价已相当可观。但是,无论是招揽生意还是投资,巴菲特决定投资的原则始终如一。80多岁的查尔斯·芒格是巴菲特的朋友,同时也是伯克希尔·哈撒韦公司的副总裁。巴菲特在谈到与他协商的情形时说:"当我和查尔斯买下一种股票时,我们的头脑中既没有考虑到出手的时间也没有考虑过出手的价位。只要我们相信这家公司有令人满意的增长前景,我们就会长期持有这种股票。"巴菲特评价一项投资成败的唯一标准是公司的经营状况,而不是该公司在股市上的现时价位。巴菲特如此自信的原因是,他在19岁时从他的老师、毕生的偶像本杰明·格雷厄姆那里听到了这样一句话:"以近期的眼光看,股市是一个投票箱;以长远的眼光看,股市是一个天平"。这是格雷厄姆反复向他的学生灌输的一句话。由格雷厄姆撰写的《聪明的投资者》一书于1949年首次出版,以后又一版再版,巴菲特视其为"投资圣经"。来自纽约的巴菲特研究家劳伦斯·坎宁安解释说:"格雷厄姆教导说,股市交易商在每日的所作所为中历尽种种期盼与忧愁"。从长远的目光来看,那些影响价格的主观因素会相互平衡。价格与公司的价值相去甚远的"投票箱式的股市"会变成价格与公司价值接近的"天平式股市"。巴菲特能充分利用股市的这种暂时的不景气。他的原则是:从不购买价格并不明显低于公司价值的股票。巴菲特衡量公司价值的依据是,公司是否有能力保持市场的主导地位,是否能靠难以效仿的产品坚持下去。坎宁安说:"巴菲特在许多方面都与30年来大学课堂上的讲授以及华尔街的实践相矛盾"。与许多专家的意见相左,巴菲特认为,持有几种有价证券所冒的风险要比持有许多种有价证券的风险小。他说:"集中的有价证券会降低风险,因为这会提高投资者在投资前对某家公司的研究深度"。由于他要求对一家公司及其所占据的市场有最详尽的了解,这便一直妨碍了他向技术股投资。巴菲特既没有分享到微软公司或英特尔公司取得的举世瞩目的业绩,也没有沉入人们对戴尔计算机公司或 Amazon.Com 等因特网公司的迷醉中去。巴菲特说:"必须深入研究迅速发展的技术世界的那种公司,不适合就其长期的经济前景作出可靠的评价"。坎宁安说:"巴菲特何必放着眼前现成的不要而去大海捞针呢?"巴菲特的一句至理名言是:"在其他人都下了投资的地方去投资,你是不会发财的"。

研究巴菲特的投资理念,我们可以得到如下一些启示:

(1)不要丢掉自己所熟悉的投资策略,而去采用自己不了解的投资方法,因为这些方法未经检验,有可能给你带来巨大的亏损。巴菲特说:"我们将以实质价值而非热门股作为投资选择的基础,中庸之道是唯一让我感到舒服的投资策略"。股票投资应量力而行,找出一套适合自己的操作方法,不能人云亦云。

(2)股票的长期价值取决于企业的实际内涵,而不是每天的市场行情。"短期看市场,是个投票机器,但长期看市场,是个称重机"。从这个思路出发,巴菲特确定买入股票的几个基本点是:观察企业全貌;寻找有行业特许权,能获得较高投资报酬率的企业;判断企业管理者的能力及对股东的诚实度;把握股票价格与其实际价值的正常关系;买下这家企业而不仅仅是这家企业的股票。

(3)投资者总想买进太多的股票,却不愿耐心等待一家真正值得投资的好公司,每天抢进抢出不是聪明办法。在巴菲特看来,买进一家顶尖企业的股票后长期持有,比起一天到晚在那些不怎么样的股票里忙得焦头烂额绝对是容易得多。他曾打过一个比方:"投资者应该假设自己手中只有一张可以打 20 个洞的投资决策卡。每作一次投资,就在卡片上打一个洞,相对地,能够作决定的次数也就减少了一次"。巴菲特认为集中持股可以降低风险。他相信:"正确的投资方法是把大量的资金,投入到那些你所了解而且对其经营深具信心的企业"。而一旦买入股票后,并不要过多理会手中股票的涨跌与市场股价指数的表现。他知道,只要企业本身拥有杰出的营运绩效,总有一天这种绩效会反映在股价上。

(4)投资的时候,要将自己看做是企业分析家,而不是市场分析师或宏观经济分析师,更不是证券分析师。巴菲特认为:成功的企业,是获得较高的股东权益报酬率,而不只是每股盈余的持续增加。他喜欢以股东权益报酬率——营业盈余与股东权益之间的比例,作为评估公司年度表现的依据。巴菲特最信奉的一句话是:"最聪明的投资方式是把自己当做持股公司的老板。"他认为一般股票的持有人和企业经营者这两个角色是密切相关的,二者应同等看待企业的所有权。

(5)人们对一些大环境事件的忧虑达到最高点,就是我们做成最佳交易的时机,恐惧是追赶流行者的大敌,却是基本分析者的密友。胆大心细,无疑是做成任何事情的法宝。1994年,美国股票市场开始逐级下滑。当人们悲观失望开始恐慌时,巴菲特却忙得不亦乐乎,这一年巴菲特连续作了几项重大的收购决策,震动了华尔街。这似乎成了他的习惯,经济不景气时,也是巴菲特大张旗鼓之时。"发现评估一家公司,必须长期熟悉它",潜台词就是不要只盯着眼前的利益。

以上就四位大师的投资理念作了粗略的分析。不难看出,大师们的某些投资理念是完全相反的。这也从一个侧面佐证了证券投资是一门艺术而不是一门科学,没有放之四海而皆准的投资理念。因此,投资者往往是了解的大师越多,越不知该取哪家的经,越会在投资理念的树立上感到茫然。对于此一问题,笔者认为可取的态度是:学习众大师,但须在博采众大师之长的基础上勇于超越,根据自己的实战经验总结、寻找、确立自己独特的投资理念。常言说得好:"适于我者为最佳"。

第5章 期货市场运行机制及业务创新

第一节 期货市场的组织机构

现代期货市场是具有高度系统性和严密性的规范化市场,是贸易市场的最高形式,其构成包括期货交易所、期货交易结算机构、期货公司和期货市场主体,这四个组成部分既相互依赖,又相互制约,形成一个完整的组织机构体系。

一、期货交易所

期货交易所,是指为交易双方提供标准化期货合约买卖的场所,是期货市场运作的载体,从这个意义上讲,期货交易所成为期货市场的组织者,在特定的情况下,可以称为狭义的期货市场。期货交易所的这种地位,决定了其在期货交易中的特定功能作用。期货交易所遍布世界各地,其数量已有百余所左右。有些期货交易所是国际性的,在世界经济发展中发挥着重要作用。这些期货交易所业务量大,上市品种多,主要分布在美国、英国、日本、中国香港等地,如美国的芝加哥期货交易所、芝加哥商品交易所等,这些期货交易所内所达成的商品价格,对世界市场商品价格会产生很重要的影响。另一些期货交易所则属于国内市场或地区性市场,其交易量和交易品种都远不及国际性期货交易所。

(一)期货交易所的建立

期货交易所是进行标准化期货合约交易的有组织的场所,其设立不是随意的,应具备如下基本条件。

1. 选址要以城市基础设施的先进性、完备性为前提

一般来说应以经济中心城市为首要选址,因为经济中心的基础设施一般具备一定规模和质量,多数可以满足现代期货交易对信息服务、交通服务以及金融服务的要求,同时,经济中心城市具有对周边地区在经济上不可忽视的影响和辐射作用,期货商品价格可以形成某一特定地域市场价格的基础,可以制约或引导周边地区经济发展。

2. 要以雄厚的资本实力为后盾

期货交易所是一种大规模的集中性交易场所,无论是组织交易还是提供交易条件,都需要大量的资本投入。在期货交易日益发达的今天,先进的技术通信

手段被大规模地应用于期货交易中,这不仅为交易活动的便捷运转提供了方便,而且也对交易所的设立提出了更高的资本要求。

3. 拥有一批高素质的期货专门人才

期货交易所是一个专业性极强的特殊市场,它之所以能够发挥重要的经济功能,是和期货市场严格规范的管理分不开的。而这种高效管理行为的实施则有赖于一支高素质的专业管理人员队伍,他们是推动期货交易所运转的核心力量。

4. 制定完善的章程和规则

期货交易的参与者数量众多,成分复杂,交易本身又是一种专业性极强、操作技术相当复杂的特殊交易,所以,每一家期货交易所都必须制定符合规范化要求的规章制度。

(二)期货交易所的职能

1. 为期货交易提供场所

不允许场外交易是期货交易区别于现货交易的重要一点。期货交易所为期货交易提供专门的有组织的场所,为期货交易的正常进行提供必须的条件,包括各种先进的通讯联络设备和行情显示设备等。

2. 为期货交易规定专门的时间

期货交易所不但为期货交易提供了专门的场所,而且为期货交易规定了专门的时间,交易只能在期货交易所规定的时间内进行。如郑州商品交易所规定日盘交易时间为9:00至11:30和13:30至15:00。

3. 为期货交易制定标准化的期货合约

期货合约由期货交易所统一制定,其中规定了标准化的交易单位(数量)、标准化的商品质量等级、交割地点和合约月份等内容。

4. 为期货交易制定统一的交易规则

期货交易所是贸易形态中结构最严谨的市场组织,期货交易必须遵守一系列的交易规则。期货交易所为此制定了统一的规则和规章制度,以便最大限度地规范期货交易行为,也最大限度地行使期货交易所的职能,确保期货交易的顺利开展。

5. 收集、传播期货商品价格

在期货交易过程中,期货交易所要负责收集、传播在期货交易所内所形成的期货价格,发布给交易所会员并公之于众。期货交易所负责收集、传播的期货价格,其形成完全是众多买方和卖方公开竞价的结果,是由期货市场的供求关系决定的。期货交易所并不参与期货价格的形成,期货交易所只负责记录期货价格的变化,并向交易所会员和社会公众传播。

6. 为期货交易提供履约担保

在期货交易所内进行的期货交易,凡是符合期货交易所有关规定的,由期货交易所提供合约履行财务方面的担保,任何期货合约的买者或卖者,不必担心自己所进行的期货交易得不到履约,实际上,如果你买入期货合约,那么你的交易对手是交易所,即你买入一手合约成为买家,交易所承接你的交易而成为卖家。当然,期货交易所之所以能够为期货交易作履约担保,并不是动用交易所的资金,而是靠交易者执行期货交易所制定的各项规章制度,特别是保证金制度,起到为期货交易提供履约担保的作用。

7. 调解期货交易中的纠纷

期货交易中的纠纷有交易者之间的,也有客户与期货公司或期货公司之间的。期货交易所会按有关规定调解期货交易中的纠纷,并由专门的仲裁机构负责作出仲裁,这使得期货交易中的纠纷绝大多数都会在期货交易所得到解决。

8. 监督管理期货交易

期货交易所制定了一套复杂、严密的交易流程。通过期货交易所有效的组织监督,可以使整个交易流程有序、稳定地进行,这样可以降低交易成本,提高市场的运行效率,为投资者提供了一个安全、方便、高效的交易环境。

9. 监管指定交割仓库

交割环节作为联系期货市场与现货市场的纽带,是期货市场能否发挥经济功能,期货交易能否正常运转最重要的环节,如果商品交割出现问题,那么期货交易将无法保证公开、公平、公正的原则,期货交易将失去基础,期货市场的功能也就无从谈起。因此,对期货交割仓库的监管是非常必要的。

(三) 期货交易所的组织形式与管理系统

在国际期货市场上,期货交易所有公司制和会员制两种不同的组织形式。这两种组织形式的主要区别是出资方投资方式不同,以及由此决定的权利义务的差别。不同组织形式的期货交易所,其内部管理系统也不同,主要区别是公司制交易所以股东大会或股东大会选举的董事会为最高决策机构,会员制交易所以会员大会或会员大会选举的理事会为最高决策机构。

1. 公司制期货交易所

公司制交易所是以股份有限公司或有限责任公司形式设立的期货交易所,通常注册为非营利的特殊企业法人。英联邦系统的期货交易所一般为公司制交易所,最有名的当数伦敦金属交易所,而芝加哥商业交易所是美国第一家公司制交易所。

公司制期货交易所组织形式的主要特点是:交易所以投资者认股或发行股票的形式筹集资金,交易所股票或股份可以转让,但不公开上市(随着人们对资本市场认识的提高,现在已经有部分交易所挂牌上市交易),投资者是交易所的股东,但不一定是交易所会员。公司制期货交易所作为以有限公司形式存在的特殊企业法人,其组织特征主要有五点:一是交易所的股份资本区分为普通股和特殊股,特殊股还分甲、乙、丙类股,普通股和特殊股享有不同的权利和义务,交易所股票的分类由董事会决定。二是任何公司不得注册成为持有当时发行的普通股总和10%以上的普通持股人。若普通股持股人违反了这项规定,董事会将行使权力,书面通知他把全部或部分股票过户给董事会指定的他人。三是特殊股由董事会分配。任何特殊股股票的发行如附带红利优先权或资金退还保证,那么其他与之同等类别的股票的发行(有红利或有资金退还保证)将被认为是该种股票的股权分割。特殊股股票分配后,董事会将不再分配同类股票。四是交易所股票可以转让,但交易所对股票具有留置权,董事会有绝对的自行处理权,可以拒绝各种股票的任何形式的转让。五是董事会有权书面通知特殊股票的持有者将他全部或部分股票转让给董事会指定的他人。这种转让由转让者和接受转让者达成公开价格,两周之中未达成协议者,由交易所审计员来决定价格,实际转让必须在公平价格确定后一周内完成,接受转让者将转让凭证递交交易所注册登记。

公司制期货交易所内部管理系统主要包括:①董事会。董事会是公司制期货交易所的最高管理机构,董事会由股东大会选举产生,开会时持股人可亲自出席,亦可委托代表出席,在选举中持股人按一股一票制行使表决权。②委员会。董事会可以根据需要指定一个或多个委员会,并授予委员会相应的权力。委员会成员不必是董事,对委员会的委任,根据董事会决议或交易所规则进行。董事会还拥有取消或改变原来任命的权力。③董事的任命和离任。交易所董事由股东大会选举产生,任期四年,一届任期届满,董事应当提出离职,在董事离职的股东大会上,交易所应选举相应数量董事顶替空缺。若原董事要求重新当选,而其要求未被否决,大会也没有填补空缺的决定,他可以重新当选。董事不是交易所职员,不以董事身份计报酬。④交易所职员。交易所的行政管理工作由总裁负责,总裁依据其职位成为当然的董事,总裁及其他高级行政人员由董事会聘任,董事会可以从董事中选举一位代理总裁,代理总裁的任职时间由董事会决定,并且只要他的董事身份不变,就可以重新当选。⑤期货市场委员会。交易所的期货市场委员会由董事会规定或按允许的方式组成,董事会可随时开除期货市场委员会成员。如伦敦商品交易所下设可可、咖啡和蔗糖期货市场委员会,分别负责管理各类商品期货市场。各期货市场委员会每年召开一次由法定会员参加的大会,在大会上相应的期货市场委员会要作部门事务和商业报告。期货市场委员会有权制定、修改和取消合同规则、合同条款、管理手续、分级规则,有权指定与交易所有关的仓库及管理人员,并拥有交易所章程中赋予的其他权力。⑥资格委员会和交易厅委员会。公司制期货交易所还设有资格委员会和交易厅委员会,这两个委员会也是由董事会指定的。资格委员会对董事会负责,确定股金分配、股票转让注册和申请交易几个等级的会员资格的标准。董事会授予资格委员会审查有关交易所会员资格或市场会员资格的权力。交易所的交易厅委员会负责对各个市场的交易行为进行管理,每个期货市场委员会有权提名2名交易厅委员会成员。

2. 会员制期货交易所

会员制期货交易所是由交易所会员共同出资兴建的非营利性经济组织。会员制交易所组织形式的主要特点表现为:交易所建设资金及营运资本由会员以缴纳会费的形式筹集,交易所收入结余时,会员不享有回报的权利;而当交易所出现亏损时,会员必须以增缴会费的形式承担。所有同类型的会员在交易所内享有同等的权利,相应承担同等的义务。美国、日本的商品交易所多采用这种形式,我国的期货交易所也属于会员制交易所。

交易所会员是指拥有会员资格的个人或企业、公司。会员制组织形式的交易所,其会员的主要义务是向交易所缴纳会费。这是因为,交易所虽然是由会员基于共同的商业需要而组成的非营利性组织,但为了维持期货交易的顺利进行,交易所必须提供一定的交易场所和设施,雇用一定数量的工作人员以及支付其他为维持交易所正常活动所需的开支,这些费用,除了靠收取交易手续费之外,其余均来源于交易所会员所缴纳的会费。

交易所会员的主要权利是:交易所只允许会员在交易所内进行期货交易,即会员享有在交易所进行期货交易的权利。非交易所会员的个人或企业、公司等,不能在期货交易所内进行期货交易,非会员若想买卖期货合约,必须通过交易所会员代为交易。交易所会员还享有参加交易所会员大会、参与交易所管理的权利。同时,交易所会员可享受缴纳较少交易手续费的优惠。

交易所会员有一般(普通)会员和全权(特殊)会员之分。一般会员是指只能在期货交易所内从事与自身生产、经营业务有关的期货合约买卖交易的会员。一般会员不能接受任何非交易所会员的委托,不能代理非会员在期货交易所内进行期货交易。全权会员既能在期货交易所内为自己从事期货交易,又能接受非会员委托,代理非会员在交易所内从事期货交易。在交易所会员中,一般会员数量多,全权会员的数量少。

期货交易所会员的入会条件很严格,原则上只有与期货交易所经营的期货商品有关的生产、经营企业及个人,并具备法人资格的法人代表才能申请入会。交易所设有会员资格委员会,在收到申请人入会申请后,对申请者的财力情况、商业信誉、市场地位等内容进行严格审查,符合条件并经会员资格委员会考核通过后,再将申请书递交董事会批准。申请批准后,申请人还要在交易所签字,保证遵守交易所规章制度并缴纳会费。对于不履行义务的会员,会员资格委员会有权施以警告、罚款处分,甚至可报董事会表决,取消其会员资格。

会员制期货交易所的管理系统在不同国家不尽相同,就是在同一个国家也存在差异。尽管如此,各国的会员制期货交易所内部管理系统的框架是基本一致的:①会员大会。会员制期货交易所是由会员来经营和管理的。一般由全体会员组成会员大会,会员大会作为交易所的最高权力机构,决定交易所的方针政策。会员大会以选举方式组成交易所理事会,理事会是交易所的最高管理机构,也是会员大会的常设机构,会员大会选举产生理事长、理事。②理事会。理事会的主要职责是贯彻执行会员大会所制定的各项政策,执行交易所的各项规章制度,全权处理交易所的一切有关事务;同时,理事会还要接受政府主管部门的领导和监督,协调交易所实行的规章制度与国家法律、法规、政策之间的关系。③会员委员会。为了保证理事会有效地履行职责,理事会下设各种会员委员会。会员委员会由会员大会选举产生,或由理事会选出。会员委员会有权向理事会提出各种建议,协助理事会管理交易。会员委员会有权提名理事会成员、理事长和各会员委员会候选人;监督财务,监督审查交易所会员的业务活动;仲裁交易纠纷;审查会员资格申请人各方面的条件;监督交易厅内的交易活动,监督市场价格报告制度的实施;管理交易所的各种设备;制定和修改交易所的交易条例和规则;监督期货合约的变动;检验到期的实物商品,管理交易所指定的仓库;负责对外公共关系活动与宣传等。④行政部门。为处理交易所的日常行政事务,理事会下设行政部门。各行政部门在职能上与各种委员会大致相对应。行政部门由理事会委任一名会员为总裁,或由理事会批准聘用一名非会员为受薪经理来进行统一管理。行政部门要执行理事会及相对应的会员委员会的决策,在职能上与相对应的会员委员会互相配合,并接受会员委员会的监督。

3. 会员制期货交易所与公司制期货交易所的区别

会员制与公司制期货交易所的主要区别表现在以下几个方面:一是设立的目的不同。会员制法人是以公共利益为目的;而公司制法人是以营利为目的,并将所获利益在股东之间进行分配。二是承担的法律责任不同。会员制期货交易所的会员,只承担章程规定的分担经费及所需缴纳的款项,不承担交易所的任何责任;而公司制股东除缴纳股金外,还需对期货交易所承担有限责任。三是适用法律不同。会员制一般适用于民法的有关规定;公司制法人,首先适用公司法的规定,同时也适用于民法。四是资金来源不同。会员制交易所的募集资金来源于会员缴纳的资格费,赢利后,不作为红利分给会员;公司制交易所的资金来自于股东,只要交易所有赢利,就应当分配红利给股东。

二、期货结算机构

在期货交易过程中,不论期货交易所采取哪种组织形式和交易方式,期货市场的风险管理都是核心问题。期货市场既要起到在公平、公正、公开原则指导下活跃期货交易的作用,又要将风险尽可能约束在可控制的范围内。在期货交易中,为使每次期货合约的买卖能及时、准确地结算,确保期货合约的履行,使每一个买卖期货合约的交易者都确信交易对方会不折不扣地履约,建立完备的结算系统是非常重要的。在这一点上,虽然世界各国的期货市场的结算方式有所不同,但主要职责是一致的。期货结算系统的主要职责有以下几点:一是发挥金融作用,接收结算会员缴纳的结算保证金,与结算会员一起充当中介,将期货交易中发生亏损的交易者的资金转移到产生赢利交易的资金账户上。二是负责到期期货合约的交割,即在合约到期时,挑选出愿意接收实货交割的公司与愿意提供实货交割的公司,合理搭配。三是交易部位处理,主要是保证期货交易中所有成交的买卖双方正好数量相等,保证全部交易都由结算系统结算,负责管理计算机交易方式下的自动结算系统。

(一)期货结算系统

为了完善期货市场的风险管理,建立完备的结算系统是非常必要的。当前,国际期货市场上,结算系统大致有以下三种:

1. 独立的结算机构

在英联邦国家,期货交易一般是通过国际商品结算所进行结算,英国的伦敦金属交易所就是这样做的。国际商品结算所与伦敦金属交易所的管理部门共同开发了针对交易所场内交易和会员单位之间交易的专门的收支对应结算系统。该结算系统由两部分组成:电子数据输入设备及安装于每个会员单位内的与国际商品结算所中央处理机联网的终端设备。各结算所会员必须将其全部交易输入该计算机结算系统,每笔期货交易实际上在计算机内记录了两次,即卖方会员输入一次,买方会员输入一次。每日下午5点收盘时,结算系统处于收支对应平衡状态,在此之后发生的交易到下一交易日结算时再处理。

收支对应结算系统保证了由结算所结算的市场期货交易总是处于收支相抵的清算状态,在结算会员中有亏损的就必然有赢利的。若个别结算会员无法履约,结算所负责承担该会员的债务。为了保证结算所会员履约,特别是为了确保在结算所会员无法履约时的承付能力,国际商品结算所制订了保证金制度,规定所有期货合约在成交时需缴纳初始保证金,当市场价格变动对某结算会员不利或出现亏损时,将要求该会员缴纳追加保证金。为了减少期货交易成本和资金占用,伦敦金属交易所结算制度允许以银行信用担保形式缴纳保证金。

显然,英国期货交易的结算与其期货交易所组织形式是相联系的。

2. 交易所内部的有关部门形成的结算机构

日本的期货交易所一般不设独立的结算机构,期货交易的结算由交易所内的有关部门通过计算机系统完成。计算机结算系统与期货交易系统、信息系统联在一起,期货交易所的全部会员都必须通过这一系统对期货交易进行结算,而不作交易所会员与结算所会员的区分。

交易所内部结算部门进行交易结算的程序为:首先是确定期货交易的结算区间。结算区间是指结算一次所包含的交易时间的长短。一般情况下,一个交易日就作为一个结算区间,特殊的,在期货合约价格波动过大时,理事长有权在一个交易日内设置两个结算区间。其次是确定结算价格。在进行期货交易结算时,必须确定以什么价格作为一个交易区间的基准价格。正常情况下,一个结算区间的结算价格为该区间的最终合约交易价格,即结算区间的最后一笔合约成交价。在某些商品(如贵金属)的期货交易中,其最后交易日的结算价格采用期货交易一开始时的合约价格,即第一笔成交价。结算价格确定后,可以计算出合约差额与入账差额。合约差额用来衡量当天成交合约的浮动盈亏状况;入账差额用于衡量以前成交的未平仓合约的浮动盈亏状况。再次是差额的征收和支付。在一个结算区间结束后,交易所计算机系统立即计算上述两个差额,并在第二个交易日开市前,向亏损的会员征收亏损金额,随后向赢利的会员支付赢利金额,为了使结算系统能够正常运转,最大限度地控制未平仓合约的风险,交易所设计了详细的保证金体系,上述结算程序正是以保证金制度为条件才得以完成的。

3. 附属于某一交易所的相对独立的结算机构

美国期货交易结算一般是通过交易所内相对独立的结算所进行的。结算所的主要功能是:清算交易;核收履约保证金并保证它维持在交易所规定的最低水平上;监督实货交割;报告交易状况。美国期货交易所会员和期货结算所会员是有区别的。在期货交易中,只有结算会员能在结算所进行交易结算,非结算会员必须由结算会员代为在结算所从事交易结算。事实上,对结算会员买方来说,结算所是卖方;对结算会员卖方来说,结算所是买方。

美国各大期货交易所对结算保证金的征收方式大致分为两类:一类是根据结算会员公司所持有的净持仓量来确定其初始保证金,如芝加哥期货交易所;另一类是根据结算会员公司的总持仓量确定初始保证金,如芝加哥商业交易所和纽约商业交易所。在价格波动较大时,结算所还会向会员征收追加保证金。追加保证金指的是,当价格变动对某个结算会员发生不利影响,从而使其结算账户上的资金余额低于交易所规定的维持保证金水平时,为将其余额追加到初始保证金水平而征收的资金。维持保证金是指结算所会员公司为继续持有未平仓合约而必须在交易所存有的最低保证金水平。不同的期货交易所和不同上市商品,维持保证金的金额是不同的。

(二)结算公司的组织结构

结算公司是期货市场上专门负责对每天在交易所达成的期货合约的买卖进行清算,对结算会员的保证金账户进行调整,负责征收保证金,监督和管理实货交割,报告期货交易数据特别是结算价格的结算保证机构。

期货结算公司的建立,对促进期货交易的发展起着重要作用,对于期货交易来说,期货合约在到期之前多次被买卖,交易结算就显得更为重要。在国际期货市场上,各国期货交易所在结算机构的设置上有所不同,但结算的实质内容和达到的目的是一致的。结算所的组织结构主要内容如下:

1. 结算会员

期货市场的会员制度,包括交易所会员制度和结算会员制度。结算公司也采取会员制组织形式,即结算公司是由结算会员基于对期货交易进行结算和提供担保的共同需要组成的。一般只有交易所会员才有资格申请成为结算会员,这样结算会员当然也同时是交易所会员,但是,不是所有的交易所会员都能成为结算公司会员,结算会员只占交易所会员的一小部分,即只有资本雄厚的交易所会员才有可能被批准为结算会员。在对结算会员的资金额要求上,各结算公司的规定虽有差别,但为了确保期货结算公司的财务健全,确保实现为期货交易履约担保的职能,结算公司一般对结算会员的财力要求很严。

根据结算所会员权利的不同,可将结算所会员分为两类:一类是全权结算会员。全权结算会员,其资本雄厚,组织和制度健全,信誉可靠。全权结算会员不仅可以为自己的期货交易通过结算公司进行结算,而且可以代理非结算会员的期货交易结算。另一类是普通结算会员。普通结算会员具有一定的资本和承受风险的能力,普通结算会员只能为自己的期货交易在结算公司进行结算,而不能代理非结算会员的交易结算。

结算会员应履行以下义务:其一,结算会员必须按结算保证金制度的规定,缴纳结算保证金。一般要求结算保证金是现金,以充当储备金,由结算所随时调用,只要结算会员资格不变,这笔保证金不得提取。追加保证金制度也适用于结算会员。其二,结算会员对达成的每一笔交易都要向结算公司支付一定的结算手续费,非结算会员应支付的结算费由代理结算的结算会员公司负责收取,再交付给结算所。

结算会员的权利主要包括:第一,结算会员享有在结算公司进行交易结算的权利,即结算公司只对结算会员进行期货交易结算。非结算会员的交易结算必须通过结算会员公司代理。第二,结算公司的会员在期货交易所进行期货合约的买卖,享有免交交易手续费的权利。可见,就期货交易的费用而言,结算会员的费用低于非结算会员的交易费用;非结算会员的交易所会员的费用又低于既非结算所会员又非交易所会员的期货交易者。

2. 结算公司的组织结构

结算公司的日常工作一般由总裁负责,总裁由结算公司会员大会选举产生,并须经有关商品交易所和政府主管部门的批准。结算公司内一般设置登记部、结算部、经济部、信息部等业务部门,处理与期货交易结算有关的具体事项。

三、期货中介机构

期货交易所规定,只有交易所会员才能在交易所买卖期货合约,非会员的个人或公司,只有通过会员才能从事期货交易。期货公司是代理客户从事期货交易的企业法人或其设立的分支机构,凡委托期货公司代为进行期货交易的公司或个人,统称为期货公司的客户。在期货市场各种复杂的关系中,首先是期货公司与客户的关系,因为,大多数期货交易者是非会员,他们进行期货交易的第一步是在期货公司开立账户。

(一) 期货公司的作用

期货交易是指在交易所进行的标准化期货合约的买卖活动。这样,期货交易的规模在一定程度上受到交易所会员容量的限制,即在交易所会员席位有限的条件下,可以直接进入交易所从事期货交易的人数也就有限,为了使众多非会员也能参加期货交易,便产生了期货经纪行(公司)。期货公司的构成主要包括以下几部分:

1. 期货公司

期货公司可以以个人或组织的名义向期货交易委员会或其他主管部门申请登记注册。主管部门对期货公司原则上不做数量上的限制,只要符合条件并履行正常的手续,就予以注册登记。

期货公司大致有以下几类:一类是金融公司兼营期货经纪业务。这类公司有雄厚的财力,主营金融业务,期货经纪在其业务范围中只占很小一部分,负责期货经纪业务的机构可能是总公司的期货部,也可能是总公司下设的专门从事期货经纪活动的子公司,这类公司一般具有交易所会员资格和结算会员资格。另一类是现货公司兼营期货业务。这类公司主要是现货的加工商、仓储商、中间商和出口商等,为了避免现货市场的价格风险,它们在期货市场从事套期保值业务,后来逐步从自营套期保值业务拓展到期货经纪业务,有些现货公司下设专门从事期货经纪业务的子公司。这类公司一般是期货交易所会员,其突出特点是有丰富的现货贸易经验,对现货市场与期货市场之间的关系把握得比较准确。还有一类是专业期货公司。专业期货公司的专营业务即期货经纪业务。有些专业期货公司的规模很大,并具有若干个期货交易所的会员资格,还有一些专业期货公司规模很小,本身不具有期货交易所的会员资格,它们必须将客户的期货交易指令再委托会员经纪公司,才能进行交易和结算。

2. 场内经纪人

场内经纪人又称出市代表,是指在交易所内替会员经纪公司及其客户执行交易指令的人,大部分场内经纪人是受雇于某家期货公司的,他们只能为雇佣他们的期货公司服务。在美国,还有少数场内经纪人是独立的,他们可以为任何一家期货公司服务。任何场内经纪人必须通过全国期货协会向商品期货交易委员会申请注册登记。

3. 介绍经纪人

介绍经纪人是指寻求或接受客户期货交易指令,但不持有客户资金,同时也不向客户收取任何佣金的个人或组织。介绍经纪人必须向商品期货交易委员会申请注册登记,介绍经纪人不具有交易所会员资格,他必须与具有会员资格的期货公司建立特定联系,由期货公司执行客户的交易指令。期货公司有责任将处理情况回报介绍经纪人,如果介绍经纪人愿意,可以直接将客户转让给期货公司,并向期货公司收取一定的介绍费,介绍经纪人不能向客户收取任何费用,只能从期货公司处获得收益。

4. 商品基金操作商

商品基金操作商是指向个人筹集资金组成基金,利用这个基金在期货市场上从事投机交易以图获利的个人或组织。商品基金操作商分为登记和不登记两种。不登记的商品基金操作商,只在下列两种情况下存在:一是商品基金操作商只管理一项基金,且未利用系统的广告招募资金,操作商的报酬也未超出基金的管理费的情况下;二是资金总值小于 20 万美元,而且基金的投资者少于 15 人的情况。以上两种情况以外的商品基金操作商都必须向商品期货交易委员会登记。商品基金操作商不能独立处理客户的指令和账户,而必须与具有交易所会员资格的期货公司分工处理。

5. 商品交易顾问

商品交易顾问是指向客户提供期货交易咨询服务以获取收益的个人或组织,咨询服务包括口头或书面咨询,也包括替客户直接操作账户。商品交易顾问不允许持有客户的资金,且必须向商品期货交易委员会登记注册。商品交易顾问在接触客户时必须遵循商品期货交易委员会的规定。

第5章 期货市场运行机制及业务创新

(二) 期货公司的设立

期货公司的设立必须根据有关法律、规章,按照规定程序办理手续。公司设立之前,须经政府主管部门批准,并到政府有关部门办理登记注册后才能开业。

我国《期货交易管理暂行条例》规定:设立期货公司,必须经中国证监会批准,未经批准,任何单位和个人不得从事期货经纪业务。设立期货公司,应当符合公司法的规定,并应当具备下列条件:注册资本金最低限额为人民币3 000万元;主要管理人员和业务人员必须具有期货从业资格;有固定的经营场所和合格的交易设施;有健全的管理制度;中国证监会规定的其他条件。

(三) 期货公司的组织结构

期货公司的主要职能部门有:

1. 开户部

非交易所会员要想参与期货交易,必须通过期货公司,成为期货公司的客户,大多数新客户是由各地分公司的业务代表开发给期货公司的。业务代表必须为客户准备新开账户所需的全部文件,经客户签字后,再将这些文件送交总公司的开户部门,在收到这些文件并对未来的客户进行信用审查后,应为新客户指定一个新账号,新客户取得账号后,就可以通过期货公司进行期货交易了。

2. 结算部

结算部负责与结算公司、客户之间交易记录的核对,管理、监督客户的保证金账户,进行盈亏核算,使客户的保证金账户处于盈余状态,即如果客户的账户出现亏损,账面额出现资不抵债状态时,应督促其在规定时间将差额补足,否则,经纪公司将采取约定方式,减持其超出的头寸,直至账户恢复到正常水平。因为若期货市场出现大量非正常账户,将无法保证正常的履约,公平、公正的市场原则也无从谈起。

3. 交易部

交易部负责维持期货公司的交易秩序。

4. 客户服务部

客户服务部负责市场开发,向客户解释期货交易的规则、手续,和客户保持密切的联系。

5. 研究发展部

研究发展部负责收集、分析、研究期货市场和现货市场的信息,进行分析预测,为客户提供交易指导;研究资金的运作规律;研究期货市场及本公司的发展规划等。

四、期货市场主体

根据参与期货交易的目的不同,期货交易参与者分为套期保值者和投机者两大类。

(一)套期保值者

任何在现货市场上进行期货交易的企业都会遇上如下的价格风险:一是在拥有、生产、制造、加工或者预计在未来拥有、生产、制造或加工中的产品价格的潜在变化;二是在负债或预计负债中的负债价值的潜在变化;三是在提供、购买或预计提供、购买劳动中劳务价值的潜在变化。套期保值者是指那些把期货市场作为价格风险转移的场所,利用期货合约作为将来在现货市场上进行买卖商品的临时替代物,对其现在买进(或已拥有,或将来拥有)准备以后售出或对将来需要买进商品的价格进行保值的厂商、机构和个人。这些套期保值者大多是生产商、加工商、库存商以及贸易商和金融机构,其原始动机是期望通过期货市场寻求价格保障,尽可能消除现货交易的价格风险,从而能够集中精力于本行业的生产经营业务上,并以此取得正常的生产经营利润。套期保值者的本性决定了其具有以下特点:一是规避价格风险,目的是利用期货与现货盈亏相抵保值;二是经营规模大;三是头寸方向比较稳定,保留时间长。

套期保值者的主要作用是:其一,对企业而言,套期保值者是为了锁住生产成本或产品利润,有利于企业在市场经济活动中稳定、持续地进行生产经营。其二,期货市场的建立是出于规避价格风险的需要,套期保值者是联系现货市场与期货市场的主体,正是由于套期保值者的参与,才使得期货价格与现货价格合理运行,保持理性的统一,形成权威的价格,发挥期货市场价格发现的功能。

为了规避风险,套期保值者主要依据"对冲原理",在期货市场同时进行与现货市场商品数量相当但方向相反的买卖活动,即在买进或卖出现货的同时,在期货市场卖出或买进同等数量的期货合约。企业参与套期保值,应结合自身的实际情况,大多数情况应进行保值交易,但有些情况是不需要保值的。

(二)期货投机者

期货投机者是期货市场最主要的交易主体。首先,在期货市场中,有买入保值者,也有卖出保值者,在通常情况下,这两者的数量并不能完全相等,而且对价格的要求是相悖的,买入者希望价格越低越好,卖出者希望越高越好。在这种情况下,期货价格成交是困难的,因此期货市场就需要有人承担中间价格的形成,即转嫁价格的波动风险的职能,投机者即是这样一种角色。因为投机者的存在,价格变得连贯,具有理性,反过来又有利于套期保值的进行。其次,期货市场是保证金交易,具有"以小搏大"的杠杆优势,资本的投资原则是利润最大化,即只要存在价格波动,就会有资金介入,因此,期货市场是放大的利润市场,投机资金介入是顺理成章的事情。

期货投机者的作用:一是使套期保值者能够顺利转嫁价格风险,有承担价格风险、分散风险的作用;二是使期货市场有充分的流动性,有利于期货价格在完全竞争的基础上形成,代表了最大多数交易者的意志,具有权威性;三是使期货市场的价格波动趋缓,从整体上反映供求;四是使期货市场价格与现货价格保持合理联系。

第二节 期货交易的基本制度

期货交易建立在现货交易的基础之上,是契约交易的发展与延续。为了便于期货合约这种特殊的商品在市场中流通,保证期货交易的顺利进行和健康发展,所有交易都应在有组织的期货市场中进行,所有交易者都必须遵循期货交易所制定的一系列交易制度。只有如此,才能保证期货市场高效运转,发挥期货市场应有的功能。

一、合约标准化

期货合约是标准化的合约。这种标准化是指进行期货交易的商品的品级、数量、质量等都是预先规定好的,只有价格是变动的。这大大简化了交易手续,降低了交易成本,最大限度地减少了交易双方因对合约条款理解不同而产生的争议与纠纷。

期货合约的标准化条款一般包括以下项目:

(一)交易数量和单位

每种商品的期货合约规定了统一的、标准化的交易数量和数量单位,统称"交易单位"。例如,大连商品交易所规定豆粕期货合约的交易单位为10吨/手。也就是说,你在大连商品交易所买卖豆粕期货合约,起步就得10吨,这是最小的交易单位。不过,对于目前已经上市的金融期货(国债期货和股指期货),没有交易数量和单位的规定。

(二)质量和等级

商品期货合约规定了统一的、标准化的质量等级,一般采用国家制定的商品质量等级标准。例如,大连商品交易所大豆期货的交割标准采用国标。上海期货交易所铜期货交割标准品必须符合国标 GB/T 467—1997 标准阴极铜规定,其中主成分铜加银含量不小于 99.95%。同时,上海期货交易所还规定了替代品的交割品级即高纯阴极铜,必须符合国标 GB/T 467—1997 高纯阴极铜或符合

BS EN1978:1998 高纯阴极铜的规定。金融期货的交割标准不同于商品期货,以国债期货为例,其交割标准为合约到期月首日剩余期限为 4~7 年的记账式附息国债。

(三) 交割地点

期货合约为期货交易的实物交割指定了标准化的、统一的实物商品的交割仓库,以保证实物交割的正常进行。我国期货市场上交割地点有仓库交割、厂库交割和车(船)板交割等。仓库交割是指卖方通过将指定交割仓库开具的相关商品仓库仓单转移给买方以完成实物交割的交割方式。厂库交割是指卖方通过将指定交割厂库开具的相关商品标准仓单转移给买方以完成实物交割的交割方式。车(船)板交割是指卖方在交易所指定交割计价点将货物装至买方汽车板、火车板或轮船板,完成货物交收的一种实物交割方式。目前,强麦、白糖、棉花、菜油、铜、铝、橡胶等采用仓库交割,甲醇、菜粕、PTA、螺纹钢等采用仓库交割和厂库交割两种方式,普麦、菜籽等采用车(船)板交割和仓库交割,玻璃由于其易碎、运输不方便等特点仅适合厂库交割,动力煤期货采用车(船)板交割和厂库交割。

(四) 交割期

商品期货合约对进行实物交割的月份作了规定,一般规定几个交割月份,由交易者自行选择。例如,大连商品交易所为鸡蛋期货合约规定的交割月份就有 1 月、2 月、3 月、4 月、5 月、6 月、9 月、10 月、11 月、12 月,交易者可自行选择交易月份进行交易。如果交易者买进 9 月份的合约,要么 9 月前平仓了结交易,要么 9 月份进行实物交割。

(五) 最小变动价位

最小变动价位指期货交易时买卖双方报价所允许的最小变动幅度,每次报价时价格的变动必须是这个最小变动价位的整数倍,例如,大连商品交易所豆粕期货合约的最小变动价位为 1 元/吨,也就是说,当你买卖豆粕期货时,不可能出现 2 188.5 元/吨这样的价格。中国金融期货交易所上市的沪深 300 股指期货的最小变动价位是 0.2 点,即盘面上股指期货的报价是 2 452.2,2 452.4,2452.6 等,不会出现类似于 2 452.1,2 452.3 这样的数字。

(六) 涨跌停板幅度

涨跌停板幅度,指交易日期货合约的成交价格不能高于或低于该合约上一交易日结算价的一定幅度。例如,大连商品交易所规定,豆粕期货的涨跌停板幅度为上一交易日结算价的 4%。上海期货交易所规定的铜的涨跌停板幅度为 5%,中国金融期货交易所上市的沪深 300 股指期货涨跌停板幅度为 10%,5 年期国债期货合约涨跌停板幅度为2%。

(七) 最后交易日

最后交易日指期货合约停止买卖的最后截止日期。每种期货合约都有一定的月份限制,到了合约月份的一定日期,就要停止合约的买卖,准备进行实物交割。例如,大连商品交易所规定豆粕期货的最后交易日为合约月份的第10个交易日,上海期货交易所规定的铜期货最后交易日为合约月份的15日,中国金融期货交易所规定的沪深300指数期货最后交易日为合约到期月份的第三个周五。

(八) 其他条款

其他条款包括交割方式、交易时间、交易手续费、交易代码、违约及违约处罚等条款。其中,我国上市的商品期货的连续交易时间是每周一至周五9:00至11:30,13:30至15:00,金融期货(沪深300指数期货和5年期国债期货)的交易时间是9:15至11:30,13:30至15:15。

表5-2-1是大连商品交易所豆粕标准合约规定,5-2-2是中国金融期货交易所的股指期货标准合约规定。

表5-2-1 大连商品交易所豆粕标准合约

交易品种	豆粕
交易单位	10吨/手
报价单位	元(人民币)/吨
最小变动价位	1元/吨
涨跌停板幅度	上一交易日结算价的4%
合约月份	1,3,5,7,8,9,11,12
交易时间	每周一至周五9:00至11:30,13:30至15:00
最后交易日	合约月份第10个交易日
最后交割日	最后交易日后第4个交易日
交割等级	大连商品交易所豆粕交割质量标准
交割地点	大连商品交易所指定交割仓库
最低交易保证金	合约价值的5%
交易手续费	不超过3元/手
交割方式	实物交割
交易代码	M
上市交易所	大连商品交易所

表 5-2-2　中国金融期货交易所股指期货标准合约

合约标的	沪深 300 指数
合约乘数	每点 300 元
报价单位	指数点
最小变动价位	0.2 点
合约月份	当月、下月和随后两个季月
交易时间	上午 9:15 至 11:30,下午 13:00 至 15:15
最后交易日交易时间	上午 9:15 至 11:30,下午 13:00 至 15:00
每日价格最大波动限制	上一个交易日结算价的 ±10%
最低交易保证金	合约价值的 12%
最后交易日	合约到期月份的第三个周五,遇国家法定假日顺延
交割日期	同最后交易日
交割方式	现金交割
交易代码	IF
上市交易所	中国金融期货交易所

二、双向交易和对冲机制

期货交易与股市的一个最大区别就是期货可以进行双向交易,也就是期货投资者既可以买入期货合约作为期货交易的开端(称为买入建仓),也可以卖出期货合约作为交易的开端(称为卖出建仓),也就是通常所说的"买多卖空"。所谓买多,就是当价格上涨时,可以先低买再高卖。卖空即当价格下跌时,可以先高价卖出,待价格下跌后再买入。

与双向交易的特点相联系的还有对冲机制。在期货交易中大多数交易者并不是通过合约到期时进行实物交割来履行合约,而是通过作与建仓时的交易方向相反的交易来解除履约责任。具体来说就是,买入建仓之后可以通过卖出相同合约解除履约责任,卖出建仓后可以通过买入相同合约解除履约责任。

期货交易的双向交易和对冲机制的特点吸引了大量期货投机者参与交易,因为在期货市场上,投机者有双重的获利机会:期货价格上涨时,可以通过低买高卖来获利;价格下降时,可以通过高卖低买来获利,并且投机者可以通过对冲机制免除进行实物交割的麻烦。这吸引了投机者的积极参与,大大增加了期货市场的流动性。

三、保证金制度

在期货交易中,任何交易者必须按照其所买卖期货合约价值的一定比例(通常为5%~10%)缴纳资金,作为其履行期货合约的财力担保,然后才能参与期货合约的买卖,并视价格变动情况确定是否追加资金。这种制度就是保证金制度,所交的资金就是保证金。

期货保证金交易制度具有一定的杠杆性,投资者不需要支付合约价值的全额资金,只需要支付一定比例的保证金就可以交易。保证金制度的杠杆效应在放大收益的同时也成倍地放大风险,在发生极端行情时,投资者的亏损额甚至有可能超过所投入的本金。

假设一个交易者一笔5万元的资金用于股票或者现货交易,交易者的风险只是价值5万元的股票或者货物所带来的。如果5万元的资金全部用于股指期货交易,交易者承担的风险就是价值50万左右的股票或货物所带来的,这就使风险放大了10倍左右,当然相应的,利润也放大了10倍。

举例来看,2014年10月15日PTA1501合约收盘价5 666元/吨,合约规定交易单位为5吨/手,假设保证金比例按10%来计算,那么投资者交易1手PTA需要的资金为:5 666×5×10% = 2 833元,即投资者只需要付出2 833元就能够在期货市场上购买5吨的PTA,而2 833元在现货市场上甚至买不了1吨的PTA,这就是期货的杠杆效应。

保证金制度是期货交易的特点之一。经中国证监会批准,交易所可以调整交易保证金比例,交易所调整保证金比例的目的在于控制风险。一般情况下,每逢节假日,由于影响商品价格的不确定因素较多,交易所通常上调交易保证金比例。比如,郑州商品交易所规定,自2014年9月29日结算时起,该交易所上市的期货合约交易保证金比例由原比例调整至9%,10月8日恢复交易后,自第一个未出现单边市的交易日结算时起,各期货合约交易保证金标准恢复至调整前水平。

四、每日无负债结算制度

期货交易的结算是由交易所统一组织进行的。期货交易所实行每日无负债结算制度,又称"逐日盯市",是指每日交易结束后,交易所按当日结算价结算所有合约的盈亏、交易保证金及手续费、税金等费用,对应收应付的款项同时划转,相应增加或减少会员的结算准备金。期货交易的结算实行分级结算,即交易所对其会员进行结算,期货公司对其客户进行结算。

该制度实际上是对持仓合约实施的一种保证金管理方式。按正常的交易程序,交易所在每个交易日结束后,由结算部门先计算出当日各种商品期货合约的结算价格。当日结算价一般是指交易所某一期货合约当日成交价格按成交量计算的加权平均价;当日无成交的,以上一交易日结算价作为当日结算价。结算价确定后,以此为依据计算各会员的当日盈亏(包括平仓盈亏和持仓盈亏)、当日结算时的交易保证金、当日应交的手续费、税金等相关费用。最后,对各会员应收应付的款项实行净额一次划转,相应调整增加或减少会员的结算准备金。结算完毕,如果某会员"结算准备金"明细科目余额低于规定的最低数额,交易所则要求该会员在下一交易日开市前30分钟补交,从而做到无负债交易。

期货平仓盈亏的计算公式如下:

$$当日平仓盈亏 = 当日平历史仓盈亏 + 当日平当日仓盈亏$$

$$当日平历史仓盈亏 = \sum[(卖出平仓价 - 上一交易日结算价) \times 卖出平仓量] + \sum[(上一交易日结算价 - 买入平仓价) \times 买入平仓量]$$

$$当日平当日仓盈亏 = \sum[(当日卖出平仓价 - 当日买入开仓价) \times 卖出平仓量] + \sum[(当日卖出开仓价 - 当日买入平仓价) \times 买入平仓量]$$

若客户当日没有进行平仓交易,平仓盈亏为0。

期货持仓盈亏的计算公式如下:

$$当日持仓盈亏 = 当日历史持仓盈亏 + 当日开仓持仓盈亏$$

$$当日历史持仓盈亏 = \sum[(当日结算价① - 上一日结算价) \times 买入持仓量] + \sum[(上一日结算价 - 当日结算价②) \times 卖出持仓量]$$

$$当日开仓持仓盈亏 = \sum[(卖出开仓价 - 当日结算价) \times 卖出开仓量] + \sum[(当日结算价 - 买入开仓价) \times 买入开仓量]$$

举例来看,某客户在6月7日存入保证金1 000 000元用于期货交易,当日以2 720的价位买入3手IF1006,当日又以2 794的价位卖出平仓1手,还有2手IF1006多单当日未平仓,当日结算价为2 791.4。到10日,该客户又以2 700的价位卖出1手IF1006进行平仓,同时又以2 718的价位开仓卖出1手IF1006合约。此时该客户手中持有IF1006合约1手多单和1手空单。当日结算价为2 705.4,前一日结算价为2 702。(股指期货交易单位为每点300元,假设保证金比例为10%)

7日该客户账面盈亏情况为:

$$当日平仓盈亏 = (2\,794 - 2\,720) \times 300 元 \times 1 手 = 22\,200(元)$$

---

① 买入开仓,当日结算价相当于卖出价。
② 卖出开仓,当日结算价相当于买入价。

当日持仓盈亏 = (2 791.4 - 2 720)×300元×2手 = 42 840(元)

当日账面盈亏 = 当日平仓盈亏 + 当日持仓盈亏 = 22 200 + 42 840 = 65 040(元)

10日该账户账面盈亏情况为：

当日平历史仓盈亏 = (2 700 - 2 720)×300元×1手 = -6 000(元)

由于当日该客户未开仓,因此不存在当日平当日仓盈亏。

当日平仓盈亏 = 当日平历史仓盈亏 = -6 000(元)

当日历史持仓盈亏 = (2 705.4 - 2 702)×300元×1手 = 1 020(元)

当日开仓持仓盈亏 = (2 718 - 2 705.4)×300元×1手 = 3 780(元)

当日持仓盈亏 = 当日历史持仓盈亏 + 当日开仓持仓盈亏 = 4 800(元)

当日该账户总盈亏 = 当日平仓盈亏 + 当日持仓盈亏 = -1 200(元)

五、涨跌停板制度

涨跌停板制度又称每日价格最大波动限制,即指期货合约在一个交易日中的交易价格波动不得高于或低于规定的涨跌幅度,超过该涨跌幅度的报价将被视为无效,不能成交。在涨跌停板制度下,前一交易日结算价加上允许的最大涨幅构成当日价格上涨的上限,称为涨停板;前一交易日结算价减去允许的最大跌幅构成价格下跌的下限,称为跌停板。因此,涨跌停板又叫每日价格最大波动幅度限制。

涨跌停板的确定,主要取决于该种商品现货市场价格波动的频繁程度和波幅的大小。一般来说,商品的价格波动越频繁、越剧烈,该商品期货合约的每日涨跌停板额就应设置得大一些;反之,则小一些。

制定涨跌停板制度,是因为每日结算制度只能将风险控制在一个交易日之内,如果在交易日之内期货价格发生剧烈波动,仍然可能会造成会员和客户的保证金账户大面积亏损甚至透支,期货交易所将难以担保合约的履行并控制风险。涨跌停板的实施,能够有效地减缓、抑制一些突发性事件和过度投机行为对期货价格的冲击而造成的狂涨暴跌,减缓每一交易日的价格波动,交易所、会员和客户的损失也被控制在相对较小的范围内。并且,由于这一制度能够锁定会员和客户每一交易日所持有合约的最大盈亏,也为保证金制度的实施创造了有利条件。涨跌停板制度下,向会员和客户收取的保证金数额只要大于在涨跌幅度内可能发生的亏损金额,就能够保证当日期货价格波动达到涨停板或跌停板时也不会出现透支情况。

六、持仓限额制度

持仓限额制度是指期货交易所为了防范操纵市场价格的行为和防止期货市场风险过度集中于少数投资者,对会员及客户的持仓数量进行限制的制度。超过限额,交易所可按规定强行平仓或提高保证金比例。

持仓限额制度的执行可以很方便地借助投资者交易编码中的客户号来进行。我们都知道,同一个投资者尽管可以在不同的会员处开户,从而拥有多个交易编码,但在不同的交易编码中其客户号应当相同。因此,同一客户即使在不同会员处开仓交易,仍可以按其客户号对其持仓进行加总计算。如果某投资者的持仓达到或者超过持仓限额,将不得同方向开仓交易,即多头持仓超限时将不得进行新的买入开仓,空头持仓超限时将不得进行新的卖出开仓;并且,在下一交易日第一节结束前该投资者必须自行平仓以满足持仓限额的要求,否则将会被强行平仓。

七、大户报告制度

大户报告制度是指当会员或客户某品种持仓合约的投机头寸达到交易所对其规定的头寸持仓限量80%以上(含本数)时,会员或客户应向交易所报告其资金情况、头寸情况等,其中,客户须通过经纪会员报告。大户报告制度是与持仓限额制度紧密相关的又一个防范大户操纵市场价格、控制市场风险的制度。

八、强行平仓制度

强行平仓制度是指当会员或客户的交易保证金不足并未在规定的时间内补足,或者当会员或客户的持仓量超出规定的限额,或者当会员或客户违规时,交易所为了防止风险进一步扩大,实行强制平掉会员或客户相应的持仓。简单地说,就是交易所对违规者的有关持仓实行平仓的一种强制措施。强行平仓制度是与持仓限制制度和涨跌停板制度等相互配合的风险管理制度。

九、期货交割制度

期货交割是指期货合约到期时,交易双方通过该期货合约所载商品所有权的转移,了结到期未平仓合约的过程。简单来说,就是合约到期后,未平仓的买方支付货款并获得相应商品,未平仓的卖方交付相应商品并开具增值税发票的过程。

(一)交割方式

期货交割方式一般可分为现金交割和实物交割两类。现金交割是指合约到期日,核算交易双方买卖价格与到期日结算价格相比的差价盈亏,把盈亏部分分别结算到相应交易方,期间不涉及标的实物交割;实物交割是指合约到期日,卖方将相应货物按质按量交入交易所指定交割仓库,买方向交易所交付相应货款,履行期货合约。

在期货市场中,商品期货通常都采用实物交割方式,金融期货中有的品种采用实物交割方式,有的品种则采用现金交割方式。现金交割由于不进行实物交收,只是以交割时的现货价格作为交易盈亏和资金划拨的依据,因此,实行现金交割的品种,其现货标的价格应具有可确定性特点,而且是标准的、唯一的。目前为止,除了沪深300指数期货采用现金交割外,其他品种均采用实物交割。

实物交割方式还可分为集中交割、滚动交割、期货转现货等方式。

集中交割指在最后交割日卖方把标准仓单、买方把货款全部交到交易所,由交易所一次性集中完成期货合约所载商品所有权的转移,了结买卖双方到期未平仓合约的交割形式。交割价格按交割月份所有交易日结算价的加权平均价格计算。采取集中交割可以有效避免交割违约,为卖方提供增值税发票和买方筹措货款留下充足时间。

滚动交割是指进入交割月后可在任何交易日交割,由持有标准仓单和卖持仓的卖方提出交割申请,由交易所组织匹配双方在规定时间内完成交割的交割方式。滚动交割结算价为配对日结算价,交割商品的计价以交割结算价为基础,再加上不同级别商品质量升贴水,以及异地交割仓库与基准交割仓库的升贴水。

期货转现货是指期货市场持有同一交割月份合约的多空双方之间通过协商达成现货买卖协议,并按照协议价格了结各自持有的期货持仓,同时进行数量相当的货款和实物交换。这种交割方式在全球商品期货和金融期货中都有广泛应用,我国三家商品期货交易所都已推出期转现交易,比如大连商品交易所上市的豆粕、豆油、LLDPE等均可采用期转现交割。

目前,我国上市的期货品种中,股指期货是现金交割,国债期货是实物交割,商品期货都采用实物交割的方式。上海期货交易所上市的品种都是集中交割,大连商品交易所的品种有集中交割和滚动交割两种,郑州商品交易所的品种都是滚动交割。

(二)实物交割程序

1. 集中交割方式

以郑州商品交易所棉花为例,采用五日交割法:

(1)第一交割日:①买方申报意向。买方在第一交割日内,向交易所提交所需商品的意向书,内容包括品种、牌号、数量及指定交割仓库名等。②卖方交标准仓单。卖方在第一交割日内将已付清仓储费用的有效标准仓单交交易所。

(2)第二交割日:交易所分配标准仓单。交易所在第二交割日根据已有资源,按照"时间优先、数量取整、就近配对、统筹安排"的原则,向买方分配标准仓单。不能用于下一期货合约交割的标准仓单,交易所按所占当月交割总量的比例向买方分摊。

(3)第三交割日:①买方交款、取单。买方必须在第三交割日14:00前到交易所交付货款并取得标准仓单。②卖方收款。交易所在第三交割日 16:00 前将货款付给卖方。

(4)第四、第五交割日:卖方交增值税专用发票。交割日,交易所收取买方会员全额货款,并于当日将全额货款的 80% 划转给卖方会员,同时将卖方会员仓单交付买方会员。余款在买方会员确认收到卖方会员转交的增值税专用发票时结清。发票的传递、余款的结算,会员均应当盖章和签字确认。

2. 滚动交割方式

以郑州商品交易所为例,实行"三日交割法"。凡持有标准仓单的卖方会员均可在进入交割月前一个交易日至交割月最后交易日的交易期间,凭标准仓单到交易所办理标准仓单抵押手续,以头寸形式释放相应的交易保证金。卖方会员必须到交易所办理撤销标准仓单抵押后,方可提出交割申请。

(1)第一日为配对日。凡持有标准仓单的卖方会员均可在交割月第一个交易日至最后交易日的交易期间,通过席位提出交割申请。没有进行仓单质押的交割申请提出后,释放相应的交易保证金。卖方会员在当日收市前可通过席位撤销已提出的交割申请。撤销交割申请后,重新收取相应的保证金。交割月买方会员无权提出交割申请。交易所根据卖方会员的交割申请,于当日收市后采取计算机直接配对的方法,为卖方会员找出持该交割月多头合约时间最长的买方会员。交割关系一经确定,买卖双方不得擅自调整或变更。

(2)第二日为通知日。买卖双方在配对日的下一交易日收市前到交易所签领交割通知单。

(3)第三日为交割日。买卖双方签领交割通知的下一个交易日为交割日。买方会员必须在交割日上午九时之前将尚欠货款划入交易所账户。卖方会员必须在交割日上午九时之前将标准仓单持有凭证交到交易所。

(三)交割费用

在期货实际交割过程中,买方和卖方支付的费用并不相同。买方支付的费用包括交割手续费、仓储及损耗费、出库费等;卖方支付的费用包括入库费、检验费、仓储及损耗费、交割手续费等。

尽管期货交割在期货合约总量中占的比例很小,然而正是期货交割和这种潜在可能性,使得期货价格变动与相关现货价格变动具有同步性,并随着合约到期日的临近而逐步趋近。期货交割就其性质来说是一种现货交易行为,但在期货交易中发生的期货交割则是期货交易的延续,它处于期货市场与现货市场的交接点,是期货市场和现货市场的桥梁和纽带,所以,期货交易中的期货交割是期货市场存在的基础,是期货市场两大经济功能发挥的根本前提。一些企业特别是生产企业,通过期货交割,也可以有效规避原材料涨价的风险。

第三节　商品期货

期货按照标的物是实物还是金融工具的不同大致可分为两大类:商品期货和金融期货。商品期货是指标的物为实物商品的期货合约。与商品期货相比较,金融合约标的物不是实物商品,而是传统的金融商品,如证券、货币、利率等。商品期货历史悠久,种类繁多,主要包括农产品期货、金属期货、能源化工期货、贵金属期货等几大类。金融期货有三个种类:货币期货、利率期货、指数期货。到2014年6月30日,我国上市的商品期货种类较多,而金融期货只有两种,即利率期货和股指期货,见表5-3-1。

表5-3-1　我国已经上市的期货品种

	期货分类	上市品种
商品期货	农产品期货	小麦、玉米、大豆、豆油、豆粕、菜粕、棉花、棕榈油、白糖、鸡蛋等
	金属期货	铜、铝、锌、铅、钢材
	能源化工期货	燃料油、精对苯二甲酸(PTA)、线性低密度聚乙烯(LLDPE)、聚氯乙烯(PVC)、焦煤、焦炭、动力煤、甲醇、玻璃等
	贵金属期货	黄金、白银
金融期货	股指期货	沪深300指数期货
	利率期货	5年期国债期货

一、商品期货

商品期货是期货交易的起源品种。商品期货交易的品种随着交易的发展而不断增加,从传统的谷物、畜产品等农产品期货,发展到各种有色金属、贵金属和能源化工等大宗初级产品品种。

(一)农产品期货

农产品期货是期货市场最早出现的交易品种。期货市场的产生和农产品的市场特征有直接的关系。全球农产品期货品种主要包括谷物类、油籽类、禽畜与禽畜产品类、乳品类、木材类、软商品类(包括棉花、咖啡、原糖、可可)等。

从全球市场来看,有代表性的农产品期货交易所有:芝加哥商业交易所(CME)集团的芝加哥期货交易所(CBOT)、洲际交易所(ICE)集团的纽约期货交易所(NYBOT)和郑州期货交易所、大连商品交易所。芝加哥期货交易所是世界上历史最悠久的农产品期货交易所。目前我国农产品期货交易的主要场所是郑州商品交易所和大连商品交易所。截止到 2014 年 6 月 30 日,我国农产品期货上市的主要品种有:小麦、玉米、大豆、棉花、稻米,以及农作物加工、提炼的产品——豆油、豆粕、菜粕、棕榈油、白糖等,2013 年 11 月 8 日上市的鸡蛋期货也属于农产品期货类。

大多数农产品期货品种具有以下共性:

第一,从农产品生产到最后的消费,一般都会经历农作物生长、农产品加工和下游消费三个阶段。在三个不同阶段中,不同的因素对市场供给、需求以及价格变动的作用各不相同,因此每个阶段需要关注的重点不同。农作物种植阶段,主要关注天气因素和季节因素;生产加工阶段,主要关注采购、生产加工和产品销售;下游消费阶段,主要关注成本因素和下游需求因素等。

第二,农产品期货价格的波动具有明显的季节性。农产品的共性就是具有固定的播种、生长和收获的季节性周期,也恰恰是农产品这种特有的季节性供求关系变化,使得其价格波动在每年的一些特定时期内同向运动的趋势性十分明显。以大豆为例,北半球的大豆主产国通常在 4 月份开始播种,9 月份开始收割;而南半球的大豆主产国一般于 10 月份开始播种,次年四五月份才能收割。如此一来,每年的七八月份正是大豆青黄不接的时节,全球大豆供应相对紧俏,价格多维持高位;11 月、12 月是全球大豆的供应旺季,价格多处年内低谷,这一规律从图 5-3-1 大豆行情长期走势中不难得到验证。

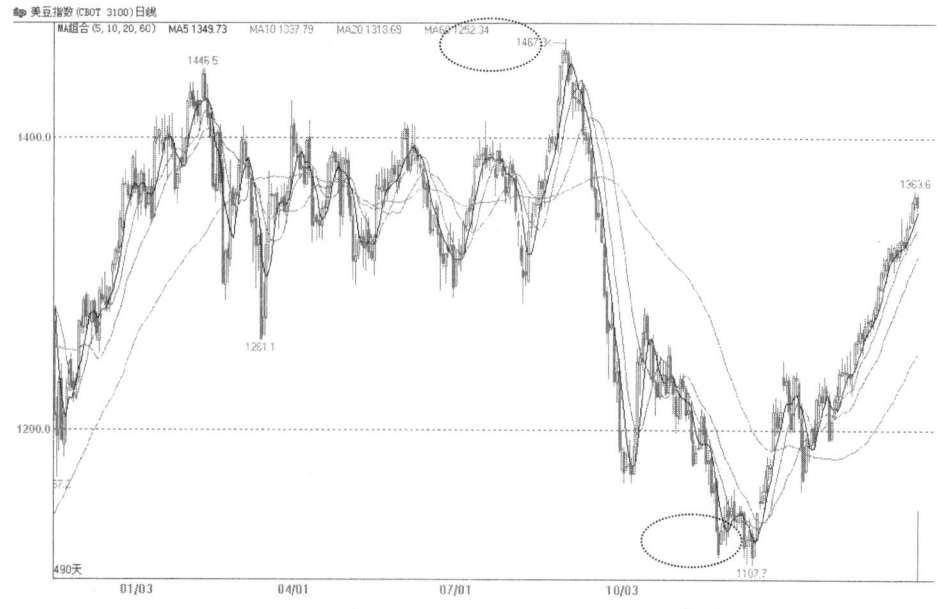

图 5-3-1 2011 年美豆指数走势图

数据来源:文华财经。

2011年CBOT大豆在8月份正值大豆供应淡季,价格一路飙升,至8月30日已经涨到1 467.3美分/蒲式耳,其后随着北半球大豆收割,市场供应逐渐充足,大豆价格开始下跌,至12月14日跌到年内最低点1 107.7美分/蒲式耳。除大豆以外,玉米、小麦、白糖等农产品期货也均表现出明显的季节性特征。

第三,农产品作为人类食物和生存需求的一般特征,具有明显的相关性和替代性。例如,作为食用的大豆的替代品有豌豆、绿豆、芸豆等;豆油的替代品有菜籽油、棕榈油、花生油等。从产业链的角度来看,大豆压榨生产出豆油和豆粕,通过玉米、豆粕生产出饲料,通过甘蔗、甜菜生产出白糖等,农产品在整个产业链中都不是孤立的品种,彼此之间存在上下游的关系。上下游商品价格的变动,替代品市场的波动,都会对相关商品市场造成影响。如图5-3-2所示,大豆指数与豆粕指数走势表现出高度的一致性。

图5-3-2 大豆指数与豆粕指数走势叠加图(2011-10-20至2012-10-20)
注:浅色图形为豆粕指数走势,深色图形为豆一指数走势。
数据来源:文华财经。

第四,受种植条件、自然因素和资源有限性的制约,农产品产量和供给增长相对有限,偶尔还会因灾害性天气出现歉收年景。比如,洪涝和干旱都有可能严重影响农作物的产量,从而导致市场供求关系的根本性改变。1997—1998年的厄尔尼诺现象曾经使得 CBOT 大豆在 1998 年的 6 月、9 月至 12 月大幅上涨。国内市场上,百年难遇的洪涝灾害令大连大豆在 1998 年 5 月底到 6 月上涨达 300 元/吨;而郑州小麦在 1998 年创出 1 208 元/吨的新低后一路放量上扬,到 7 月底涨至 1 562 元/吨,涨幅近三成。一般来说,极端的气候和天气因素往往使农产品减产,供需短期失衡,因而农产品期货的多头行情相对比较容易出现。

(二) 金属期货

金属是当今世界期货市场中比较成熟的期货品种之一。目前,世界上的金属期货交易主要集中在伦敦金属交易所、纽约商业交易所和东京工业品交易所。伦敦金属交易所期货合约的交易价格,被世界各地公认为是有色金属交易的定价标准。金属期货包括基本金属期货和贵金属期货。国内基本金属期货上市的品种包括铜、铝、锌、铅、钢材等,国内的贵金属期货只有黄金和白银两种。上海期货交易所是中国国内唯一一家开展金属期货交易的交易所。

基本金属行业具有以下几方面共有特征:

1. 与经济环境高度相关,周期性较为明显

金属行业为国民经济提供基础材料,金属的消费需求与经济增长密切相关,行业发展与宏观经济周期高度一致。当经济处于上升时期,市场需求增加,产品价格趋于上涨,行业产出会紧随其扩张;当经济衰退时,市场需求萎缩,产品价格下跌,行业产出、效益也相应下滑。

2. 产业链环节大致相同,定价能力存在差异

一般而言,金属产业链可以划分为采选、冶炼、加工、消费四个环节,对应着矿产商、冶炼企业、金属加工企业,以及建筑、电力、电子、交运设备制造、五金机械、化工等消耗或使用金属制品的企业,见表 5 - 3 - 2。产业链不同环节的定价能力取决于其行业集中度,总体而言矿产商强于冶炼企业,冶炼企业强于金属加工企业。当然品种之间、地域之间还是存在较大差异,并且一些大型企业通过收购兼并,积极向上下游扩张,推动产业链一体化。

表 5 - 3 - 2 金属期货品种上下游产业链

	铜	铝	锌	钢材
上游原料	铜精矿、废杂铜	铝土矿、废铝	锌精矿	铁矿石、废钢
金属产品	铜材	铝材	镀锌板、合金、氧化锌	螺纹钢、线材等
下游消费	电力、空调制冷、交通运输、建筑、电子等	建筑、交通运输、包装等	交通运输、建筑、基础设施等	建筑、家电、汽车、造船等

3. 需求弹性大于供给弹性,供求变化不同步

金属需求受世界经济景气度的影响,往往可以迅速发生较大变化。金属供给项目特别是矿山供应建设周期长,并且受到资源和勘探成果限制,短期增加新产能较为困难。一旦建成开工,持续生产,不会轻易关闭,供应的变化往往会落后于经济形势变化。所以,金属供给价格弹性小,而需求价格弹性相对较大,供给变化与需求变化直接存在速度差,从而导致市场出现供需失衡。

4. 矿山资源垄断,原料供应集中

20世纪90年代以来,采矿和钢铁行业是基础材料行业中整合度最高的行业,这其中又以铁矿石行业的垄断程度最高。淡水河谷、力拓和必和必拓三大巨头垄断了全球70%的铁矿石资源,世界前五位铜矿生产商的产量占比也达到40%以上。

基本金属特别是有色金属作为大宗商品,被市场赋予双重属性——商品属性和金融属性。前者反应金属供求关系的变化对价格走势的作用,而后者则主要体现为金融市场对金属的投资行为。通常情况下,基本金属体现的是其商品属性,但在特定的历史时期或阶段,其金融属性则可能发挥主导作用。

从广义上看,基本金属的金融属性主要体现在以下三个层次:第一,作为融资工具。铜、铝、锌具有良好的自然属性和保值功能,历来作为仓单交易和库存融资的首选品种而备受青睐。许多银行或投资银行直接或间接参与仓单交易,并通过具有现货背景的大型贸易商进行融资操作。这种传统意义上的金融属性,实际上起到风险管理工具和投资媒介的作用。第二,作为投机工具。基本金属是最成熟的商品期货交易品种之一,构成整个金融市场的有机组成部分,从而吸引大量投资资金的介入,利用金融杠杆进行投机炒作,这本身就体现了其"泛金融属性"的特征。第三,作为资产类别。铜、铝、锌作为重要的自然资源和工业原材料,和原油、黄金等其他商品一起,为越来越多的国际投资机构所重视,有的甚至将其视作与股票和债券等"纸资产"相对应的"硬资产",成为与金融资产相提并论的独立资产类别,从而成为其重要投资标的或投资替代品。

(三) 能源化工期货

能源化工类期货品种出现得相对较晚,以20世纪80年代初在纽约市场率先推出的原油期货为标志。海外能源化工类期货交易有代表性的交易所是芝加哥商业交易所集团的纽约商业交易所(NYMEX)和洲际交易所集团的欧洲期货交易所,有影响的期货品种分别是西德克萨斯中间基原油、北海布伦特原油、成品油和天然气等,其价格已经成为全球贸易价格基准。另外,东京工业品交易所(TOCOM)、新加坡商品交易所(SICOM)的天然橡胶价格,也可作为交易和价格分析的参考基准。

至 2014 年 6 月 30 日，我国境内三家商品期货交易所——郑州商品交易所、大连商品交易所、上海期货交易所先后推出了燃料油、对苯二甲酸(PTA)、线性低密度聚乙烯(LLDPE)、聚氯乙烯(PVC)、焦炭、甲醇、玻璃、焦煤、动力煤、沥青、胶合板、纤维板、聚丙烯(PP)，以及与合成橡胶高度相关的天然橡胶期货，见表 5-3-3。煤化工领域的期货品种越来越多。已经上市的期货品种要么本身就是能源类、化工类产品，要么和能源(原油、煤炭)类、化工类产品有千丝万缕的联系。

表 5-3-3 至 2014 年 6 月 30 日我国已经上市的能源化工类期货品种

交易所	已经上市的能源化工类期货品种
郑州商品交易所	PTA、甲醇、玻璃、动力煤
大连商品交易所	塑料、PVC、焦炭、焦煤、PP、胶合板、纤维板
上海期货交易所	燃料油、沥青、天然橡胶

国内能源化工类(除天然橡胶)期货品种的产业链源头与原油和煤有关，因此化工类产品对应着石油化工和煤化工两大行业。石油化工类期货品种主要包括燃料油、沥青、塑料、PVC、PP 等；煤化工类期货品种包括焦煤、焦炭、煤炭、甲醇等。

对于石油化工类期货品种，其价格走势受国际原油走势影响较大。原油对化工品的影响主要有两方面，一是从成本上构成推力，二是对投资者心理产生影响。能源和化工品在走势上具有趋同性，尤其是原油在一段时间内形成明显上涨趋势时，很容易引发现货市场跟涨，期货市场上大量资金涌入炒作。对于煤化工类期货品种而言，国内煤炭价格走势影响着产业链上诸多商品的价格。

能源化工类期货品种的价格波动具有季节性和频繁波动性。能化品种在生产上并不像农产品那样有鲜明的季节性供应特点，但在需求上却有一定的季节性规律。比如，以塑料期货为例，每年的 5 月为消费淡季，通常伴随着价格的下跌；10 月为消费旺季，塑料价格多以上涨为主。

(四) 贵金属期货

在全球期货市场上，贵金属期货交易品种有黄金、白银、铂、钯四个品种，其中黄金、白银交易量最大。有代表性的贵金属期货交易所主要有：芝加哥商业交易所集团的纽约商业交易所 COMEX 分部、东京工业品交易所和上海期货交易所，其中纽约商业交易所 COMEX 分部的价格参考价值更高。目前，上海期货交易所上市的贵金属期货品种有黄金和白银两个品种。

作为投资性品种，黄金、白银的现货交易便捷，投资者可以进行全天 24 小时买卖。全球性的贵金属现货市场较为发达,其现货价格波动对期货市场影响较大,必须密切关注。按时区分布不同,全球有代表性的贵金属现货市场有:悉尼市场、东京市场、香港市场、新加坡市场、苏黎世市场、伦敦市场、纽约市场。国内规范的贵金属现货市场是上海黄金交易所,主要交易品种有黄金、白银和铂金。

贵金属的供给相对稀缺,包括原始矿产资源和二次资源两个层面。原始矿产资源以各种各样的矿石矿物形式存在,比如金矿。二次资源则是矿石资源以外的各种再生资源,其来源主要包括贵金属材料在生产和加工过程中产生的废料、丧失使用性能的各种含有贵金属的器材和材料以及含有回收价值的各种对象、物料。有关资料显示,全世界使用过的贵金属85%以上是被回收和再生利用过的。

贵金属的需求主要分为贵金属消费需求和投资需求。贵金属的消费需求是指首饰业及其他用金业如电子、装饰、医疗等行业的贵金属需求,其中首饰消费量所占比重较大。目前中国的首饰用金占黄金总需求量的60%左右,居世界第二位,仅次于印度。银首饰和装饰品相对黄金价格较为低廉,容易为消费者接受,占白银总需求量的30%左右。近几年,铂金系列首饰需求开始猛增。由于贵金属具有储藏和投资价值,因此贵金属还具有投资需求,如金条、金币、银币和ETF投资等。另外,黄金储备也一向被中央银行用做防范国内通货膨胀、调节市场的重要手段。

由于黄金兼具商品、货币和金融属性,又是资产的象征,所以影响黄金期货价格的因素除自身的供需关系外,还包括地缘政治、经济发展、利率、汇率、各国中央银行对黄金储备的增减等。

第四节 金融期货

一、金融期货的产生与发展

(一)金融期货的定义

金融期货是于20世纪70年代初产生的一个新的期货类别。所谓"金融期货",是指以各种金融工具或金融商品(如外汇、债券、存款证、股价指数等)作为标的物的期货交易。换言之,金融期货是指人们在集中性的交易场所(期货交易所),以公开竞价的方式所进行的标准化金融期货合约的交易。

世界上第一张金融期货合约是1972年5月16日由美国芝加哥商业交易所(CME)的分部——国际货币市场(IMM)所推出的外汇期货合约。外汇期货的出现,标志着金融期货这一新的期货类别的产生。从那时起,不仅外汇期货本身的交易数量迅速增加,交易市场急剧扩大,而且其他各类新的金融期货品种也被陆续推出,并以异常迅猛的发展速度赶上和超过其他各种商品期货类别,逐渐占据整个期货交易领域的首位。

目前,在世界各大金融期货市场,交易活跃的金融期货合约就有数十种之多。根据各种合约标的物的性质,金融期货大致可以分为三大类别:一是外汇期货;二是利率期货;三是股票指数期货。

需要指出的是,除了这三大类别的金融期货以外,人们通常还把黄金期货也作为金融期货的一种,这自然也有一定的道理。我们知道,从黄金固定地充当一般等价物(货币参照物)之后,它几乎已成了货币的代名词。尽管现在世界各国均已放弃了金本位制,而采取不兑现的纸币流通制度,但黄金依然被普遍地作为国际支付手段和国际储备资产。因此,它仍然不可避免地与货币和金融联系在一起,成为金融领域的一个重要范畴。不过,作为一种交易方式,黄金期货却较多地类似于普通商品期货,而缺乏其他各种金融期货所具有的特性,因此,在讨论与此相关的问题时,一般不把黄金期货列入金融期货范畴之中。

(二)金融期货的产生

任何事物的产生都不是偶然的。金融期货的产生也有其深刻的原因:一方面,国际金融环境的新变化使金融风险骤然增大,广大投资者、生产经营者尤其是各种金融机构的避险需求也随之迅速扩大,这就对金融期货这一新的套期保值工具的产生提出了迫切的要求;另一方面,其他各种商品期货交易的悠久历史也为金融期货的产生提供了现实的条件。

1. 外汇期货的产生

在现有的各种金融期货中,最先产生的是外汇期货。外汇期货之所以产生,主要是由于布雷顿森林体系的崩溃、外汇风险的急剧增大这一特定的历史背景所决定的。

所谓布雷顿森林体系,是指第二次世界大战结束后所形成的以美元为中心的固定汇率制度。其基本内容有三个方面:一是美元与黄金挂钩。国际货币基金组织的各成员国都必须确认美元与黄金的官价:1盎司黄金 = 35美元。各国政府均有维持此官价的义务,而美国则承担着各国政府或中央银行按此官价以美元兑换黄金的义务。二是国际货币基金组织的其他成员国的货币与美元挂钩,即各国货币均与美元建立固定汇率关系。三是除美元以外的其他各国的货币都不能直接兑换黄金,而只能按固定汇率兑成美元,再以美元按官价向美国兑换黄金。因此,对美国以外的其他各成员国而言,这种制度实际上是一种以美元为中心的金汇兑本位制度。

布雷顿森林体系的建立,对战后世界经济的发展,特别是对西欧各国经济的复兴和国际货币金融秩序的相对稳定都起到了重要的作用。在这种制度下,各国货币之间的汇率波动被控制在极为有限的范围内,各经济主体的外汇风险相当有限,从而对外汇风险管理工具的需求也自然不大。

但是,进入20世纪50年代特别是60年代以后,随着西欧各国经济的复兴,它们持有的美元逐渐增多,而美国却因先后对朝鲜和越南发动战争,其国际收支连年出现巨额逆差,从而不断出现美元泛滥、黄金大量外流的"美元危机"。

美元危机的频繁发生,沉重地打击了美国,使其政治、经济实力大为削弱。为挽救此局面,美国政府不得不于1971年8月15日宣布实行"新经济政策",停止其对外国政府和中央银行履行以美元兑换黄金的义务。1971年12月,"十国集团"在美国签订"史密斯协定",正式宣布美元兑黄金贬值7.89%,并将各国货币对美元的汇率波动幅度扩大到货币平价的上、下各2.25%。签订此协定的目的是企图恢复以美元为中心的固定汇率制度,但事与愿违,美元危机继续发生且进一步恶化,于是,1973年2月,美国政府不得不宣布美元再一次贬值10%。

美元的一再贬值,自然引起各同盟国的强烈不满。因此,在美元第二次贬值之后,各国政府纷纷宣布其货币与美元脱钩。于是,布雷顿森林体系彻底崩溃,以美元为中心的固定汇率制度终于为浮动汇率制度所代替。

在浮动汇率制度下,国际金融市场上各种货币之间的汇率波动既频繁又剧烈。因此,广大投资者、生产经营者以及金融机构普遍面临着日益严重的外汇风险的威胁。在这种情形下,人们自然迫切地需要一种即便利又有效的防范外汇风险的工具,因此外汇期货应运而生。

2. 利率期货的产生

利率期货的出现和美国通货膨胀的增长及利率管制的放松紧密相关。第二次世界大战以后,在美国金融市场上资金供应比较充裕,并且美国银行法规也对利率进行了限制和管制,因而利率水平一直很低,如美国财政部发行的长期国库券的利息一直十分稳定,这种政策一直维持到20世纪60年代初期。20世纪60年代中后期尤其是70年代两次石油危机的影响,使通货膨胀率开始不断上升,美国亦被持续的"滞胀"阴云所笼罩。为了对付通货膨胀,美国操起了高利率这张王牌,但实行高利率的结果又加剧了经济停滞,使失业率上升,造成了严重的经济问题和社会问题,迫使中央银行降低利率,利率管制逐渐放松。1979年10月6日,联邦储备系统将其货币政策由直接控制利率水平转向主要控制货币供应总量,利率管制和限制全面放松。与这种放松伴生的是利率变动频繁度的增加。早在1970年,在许多人对利率趋势的短暂性还没有引起足够的警惕性以前,商品交易者就从基础性商品价格的反复无常中嗅出了异味,不同时期的价格关系开始反映利率变动的频繁性。1971年,尼克松总统决定美元贬值,退出维持西方主要货币固定汇率的布雷顿森林协议,这一决策使利率变动更加频繁。当其他各国纷纷调整利率以保护其币值时,这一决策对利率变动频繁度的影响更加显而易见。

国际货币制度的混乱和利率制度的反复无常,对交易者的影响最为明显。因为单个的投资者或附息证券持有人面临的利率风险急剧增加,各种机构投资者的营运资本价值受损失的可能性也大大提高,在交易中对套期保值的需求开始迅速增加,以克服由于利率波动而带来的风险。这样,一个完整的全新的套期保值市场应运而生。早在20世纪70年代初,美国政府就着手组织了政府国民抵押协会贴现市场,目的是使资金流入住宅建筑业,使对住宅建筑的需求不会因利率和通货膨胀的上升而减弱,不至于因严重衰退和失业而崩溃。1975年10月20日,芝加哥商品交易所开办了政府国民抵押协会的抵押证券期货合约,这是最早的利率期货合约,随后国库券期货合约也出现了。

随着20世纪80年代美国市场利率的波动增加,利率期货在规模、品种等方面不断增长。继芝加哥商品交易所和芝加哥期货交易所之后,美国其他地区相继成立了经营利率期货的交易所。其他国家或地区则陆续效仿美国开办了利率期货交易,如英国伦敦国际金融期货交易所、日本东京证券交易所、中国香港期货交易所等。

3. 股票指数期货的产生

股票价格的升降和利率变动十分密切,二者理论上成反向变动关系。由于前面所述的利率剧烈波动,股票市场受到沉重打击,股价狂跌。1980年底,美国公众手中持有的股票价值达14 000亿美元,股票种类达55 000多种,这么多财产随时面临股价下降的风险,这不仅威胁到股票持有者的切身利益,而且危及股票市场的前途。如何保证股票持有人不受损失或少受损失,如何采取有效措施分散风险,对市场提出了寻找更加有效的套期保值方式的要求。但是,对所有股票价格变动都进行套期保值交易,费用极高,又较烦琐,因此,在最早的金融期货产生10年后,即1982年2月,美国密苏里州堪萨斯城期货交易所开始经营按1 700种股票指数进行的期货业务,其名称为价值线综合平均指数期货合约,这标志着股票指数期货的诞生。

1982年4月美国芝加哥商品交易所推出了标准普尔500种股票指数(S&P500)的期货合约;1984年,英国伦敦国际金融期货交易所推出了金融时报—证券交易所100种股票指数的期货合约;1984年,CME又推出了重要市场指数期货合约;1986年5月,中国香港期货交易所正式推出了恒生指数期货合约。另外,法国巴黎金融期货交易所、新加坡国际金融交易所、日本东京和大阪等地都相继推出了股票指数期货交易。股票指数期货由于有交易成本低、有利于避险的优点,发展非常迅速,被称为"股票交易中的一场革命"。

二、金融期货的种类探讨

迄今为止,金融期货的种类主要有债券利率期货、股票指数期货、欧洲美元期货、利率互换期货、外汇期货等。前面已经谈到,期货合约不同于远期合约,它是标准化的合约。因此,要认识不同类型的金融期货,首先就必须了解它们具有哪些标准化的内容。

每种具体的金融期货合约都有其特定的到期月份。所谓到期月份,就是指该期货合约在这个月的某个时刻停止交易,这时候期货的买者得到与其所购买的期货相对应的现货证券,同时按期货价格向卖者支付。当然,也有某些期货实际上不存在与之对应的可用于交割的现货,如股票指数期货,在这种情况下,交割就只能通过付现来进行。一般来说,金融期货的到期月份在一年中有 3 月、6 月、9 月、12 月 4 个,这些到期月份就构成了金融期货的周期。

与到期月份相联系的重要因素是该到期月的期货价格。由于期货价格始终随供求而不断波动,因此在行情表上就给出了一天的开盘价、最高价、最低价、收盘价。此外,为了便于进行比较,还给出了今天的收盘价与昨天的收盘价的差额,以反映价格的涨跌,并且还有该种期货合约自交易以来的最高价和最低价,这样就使交易者对期货合约的价格变动有了一个全面、历史的认识。

标准化内容还包括空盘量(持仓量)。空盘量是指未结清的交易量。对于每个空盘期货合约(未平仓合约)来说,必定存在一个卖者和买者,因为正是他们的交易活动创造出了这个合约。不过,买者可以在合约到期之前卖掉这个合约,而卖者亦可以购买这个合约。

对于金融期货来说,最接近到期月的那种期货合约的空盘量最大。因为该种期货合约的交易量最大。但是,当该种期货合约的交易期接近终点时,即接近停止交易的时间时,它的空盘量就开始减少了。之所以如此,是因为期货合约买卖的双方往往都不希望交割,于是在该种期货合约的交易停止之前,常会进行一次相反的交易,即卖者买进,买者卖出。

由于美国的金融期货市场最为发达,其交易量大约占全世界总额的 60%,并且金融期货的品种也最多,因此,我们下面就以美国的金融期货为基础进行介绍。

(一)股票指数期货

在美国,股票指数期货主要有 3 种:标准普尔 500 种股票指数期货、纽约证券交易所股票指数期货、主要市场指数期货。前两种股票指数期货从 1982 年开始交易,最后一种股票指数期货的交易则从1984年才开始。在这3种股票指数期货中,交易最活跃的当数标准普尔500种股票指数期货。

前面已经提到,股票指数期货的交割是通过付现来进行的,因为用各种计算指数的股票来进行交割,几乎不可能。既然用现金来交割,那么,如何计算交割的现金量呢?下面举例说明。

1. 标准普尔500种股票的指数期货

在美国芝加哥商业交易所上市交易的标准普尔500种股票指数的价格是用500美元乘以指数计算出来的。指数的最低变动量为0.05,或者说,价格的最小变动额为25美元,一个指数点的变动为500美元。在20世纪末,因为证券市场连续上扬,标准普尔500种股票指数一度位于2 000指数点以上,比1994年上涨了5倍,波动的幅度加大,因此,芝加哥商业交易所将其每1指数点的价值调整为250美元,以适应新的价格指数。

标准普尔500种股票指数期货的4个到期月的合约可以同时进行交易,但实际上大部分交易都集中在3月和6月期的合约上。对标准普尔期货合约来说,交易的终止日期为合约到期月的第三个星期五之前的星期四。股票指数期货市场发展很快,标准普尔期货合约的交易总量已超过5万张合约,相应的股票价值也在100亿美元之上。

2. 主要市场指数期货

主要市场指数期货在芝加哥的谷物交易所上市交易。该指数是根据20个主要公司的股票价格编制的,其中17个公司的股票价格也是道·琼斯工业指数的构成部分。指数值由这20种股票的价格之和除以一个适当的除数求得,该除数随着进入该指数的股票及其股息的变化而变化,在1991年底为2.008 22(除数),其期货价格的计算也是将500美元乘以相应的指数求得。指数的最小变动量为0.05,即价格的最低变动额为25美元。到期月为现在的这个月和以后的两个月,不过仍是前两个月份的交易活跃,交易的终止日期为到期月的第三个星期五,结算用现金进行。

(二) 短期利率期货

短期利率期货是指用于消除短期利率风险的金融期货。我们主要介绍三种短期利率期货:短期国债期货、欧洲美元期货和90天存单期货。

1. 短期国债期货

短期国债期货的交易始于1976年1月,其交易地点为芝加哥商业交易所的国际货币市场。它是第一批上市交易的短期利率期货。在美国,从20世纪70年代中期到1982年这段短期利率多变的时期,该期货的使用相当普遍。

单位短期国债期货合约的面额为100万美元,基础是为期90天的现货短期国债。这就是说,如果一个单位的该期货合约被持有到交割期,那么,其所有者就可以得到偿还期为90天、面额为100万美元的现货短期国债。

短期国债期货的行情是用指数表示的。该指数用短期国债期货的价格除以其面额再乘上百分之百求得。因此,该指数也就是价格与面额之比的百分数。因为短期国库券是按折扣价发行的,也就是说,发行价格低于面额,所以,价格指数也就低于100,而价格指数与折扣利率之和就正好等于100。折扣利率也叫贴现利率,如D为折扣利率,I为短期国债期货的价格指数,那么:

$$I = 100 - D$$

上述公式非常清楚地表现出短期国债期货价格变动与利率的反比关系:利率上升,价格指数下降,从而价格下跌;反之,利率下降,价格指数上升,则价格上涨。

现货短期国债的折扣利率是按360天计算的年利率,但它本身的偿还期只有90天,因此,期货价格指数一个基点的变动就只能引起期货价格25美元的相应变动。

短期国债期货在一年中有4个交割月:3月、6月、9月和12月。因为有2年的期货合约可以交易,所以,在任何营业日都可以买卖8个不同交割月份的期货合约。但是,在13周的短期国债发行日和1年期的短期国债离到期还有13周的那个月的第一天,短期国债期货的交易停止,第二天即为交割日。因为交割日必须与两种不同的现货短期国债的偿还期相适应,即两种不同的现货短期国债都可以用于交割,所以,该规定确实增加了用于交割期货合约的现货短期国债的数量。

2. 欧洲美元期货

欧洲美元期货合约于1981年12月在芝加哥商业交易所开始交易。该期货合约与短期国债期货合约相似,面额为100万美元,一年4个到期月:3月、6月、9月和12月。欧洲美元期货之所以产生并被广泛交易,其原因在于美元在国际贸易中的重要性以及美元存款在伦敦金融市场上的作用。这使得欧洲美元期货比国库券期货更为活跃,它常被用来为以伦敦同业拆借利率为基础的贷款以及其他浮动利率负债如利率互换合约进行套期保值。

欧洲美元期货的报价也与短期国债期货类似,不过其利率不是以银行贴现率为基础,而是以按360天计算的货币市场利率为基础。之所以如此,目的是为了与现货的欧洲美元定期存款市场相一致。此外,二者还有一个区别,即短期国债期货有与之对应的可交易的现货短期债券,而欧洲美元期货所对应的欧洲美元定期存款不是证券,因此,欧洲美元期货用现金交割。

在欧洲美元期货刚创设时,只有6个到期月的合约可供交易,而现在则是16个到期月即4年的期货交易可同时进行。其交易量已大大超过了标准普尔股票指数期货,是唯一具有100万以上持仓量期货合约的金融期货品种。

3. 90天存单期货

可流通的存单是存款式金融机构发行的短期融资工具,由货币中心银行发行的存单具有最大的流动性。对发行存单的银行来说,存单是它们重要的资金来源。发行存单是一种既方便又快捷的筹资方法,因为存单的面额通常在100万美元甚至以上,当然也有面额仅为10万美元的。存单的偿还期和利率由发行银行和购买者协商决定,存单在发行时的最短偿还期不得低于14天,最长可达1年,但90天到180天的最为常见。

存单是不记名的,利息到期支付。与短期国债不同,存单不是折扣发行的,而是按面额发行。由于存单是存款式金融机构发行的,因此,它的风险自然大于短期国债。于是,存单的收益率也就比具有相同偿还期的短期国债高。事实上,即使是具有相同面额和相同偿还期的存单,其收益率也会因其发行者的不同而不同。一般来说,发行者的信用等级越高,其存单的收益率就要越低一些;反之,则相反。

前面讲到,存单具有不记名的性质,这一点对存单二级市场的形成非常重要。正因为存在一个活跃的二级市场,存单期货的发展才成为可能。在美国,存单期货于1981年7月在几个期货交易所同时创设,但芝加哥商业交易所的国际货币市场存单期货合约很快占据了统治地位,成为最重要的存单期货合约。国际货币市场的存单期货合约与短期国债期货合约类似,其现货基础是偿还期为90天、面额为100万美元的存单。最低价格变动为一个基点,即25美元。每手的价格变动限额为80个基点,即2 000美元(25×80)。

由于发行存单的银行不止一家,这就产生了一个问题:究竟哪家银行发行的存单可用于交割? 答案是:可交割存单由交易所确定,在第一个交割日前的两个营业日内宣布。如此临近交割期才宣布可交割的存单,是有一定道理的。因为存单发行银行的信用状况可能在数月内发生戏剧性变化。不过,同其他期货合约的交易一样,存单期货交割的比例也是很低的。

(三) 中长期利率期货

中长期利率期货是指用于消除中长期利率风险的期货合约。它与短期利率期货的区别在于,中长期利率期货所对应的现货证券的偿还期在1年以上,而不像短期利率期货所对应的现货证券或现货资产,其偿还期在1年之内。长期国债期货是中长期利率期货的典型代表。

长期国债期货在美国是指其所对应的现货债券的偿还期在15年及其以上的国债期货。该期货于1977年8月在芝加哥谷物交易所开始交易,主要为长期利率的投机者和套期保值者所利用。如果没有长期和中期国债期货,那么,美国规模巨大的国债现货市场就不可能有效地发挥作用。例如,当政府发售新的中长期国债时,所有的证券商都要用中长期利率期货为他们所购买的几十亿美元的证券进行套期保值以降低证券价格变动的风险。此外,自从星期天到星期四的夜市创设以来,许多日本的交易者介入了美国中长期国债期货的交易,因为日本的投资者持有大量的美国政府发行的中长期债券,他们需要利用期货进行套期保值。期货夜市的交易量平均为 15 000 到 20 000 份合约,交易活跃时有可能超过 40 000 份合约。长期国债期货每日的交易量十分巨大,它是交易最活跃的期货之一。

长期国债期货的报价与它所对应的现货证券相同,都是通过其面额的一个百分数来表示。与短期国库券期货不同,长期国债期货的面额为 10 万美元。由于现货长期国债不是折扣发行的,因此,其价格指数通常不在 100 以下,期货指数亦是如此。

现在,有 12 种不同到期月的长期国债期货可同时进行交易,也就是说,可交易 3 年的期货合约。在期货到期月,卖方可决定在哪一天交割现货,在交易所的任何一个营业日都可进行交割。

(四)汇率期货

汇率期货是指以货币本身为交易对象的期货。当然,这里涉及的货币绝非一种货币,而是多种货币,确切地说,是一种货币与多种货币之间随着时间的变动而变动的价格关系。在美国,汇率期货于 1972 年在芝加哥商业交易所的国际货币市场开始交易,因此,从时间上看,货币期货是最早出现的金融期货。现在,除国际货币市场之外,纽约棉花交易所中的金融证券交易部也交易货币期货。

国际货币市场期货是指在美国芝加哥的国际货币市场交易的外汇期货,其中,交易比较活跃的有英镑、加拿大元、日元、瑞士法郎和德国马克。澳大利亚元的交易量不大,法国法郎和墨西哥比索的交易也不活跃。

汇率期货的标价是以一个单位的外币(对美元而言)为基础的。由于各种外币的单位价值不同,因此,不同货币的期货合约的面额也是不同的。例如,1 手英镑合约的面额为 62 500 英镑,而 1 手马克则为 125 000 马克。

外汇期货也是每隔 3 个月为 1 个到期月,随时都有 4 个到期月的期货可供交易,但总是接近到期月的期货交易最活跃。

三、我国已经上市的金融期货品种

至 2014 年 6 月 30 日,我国已经上市的金融期货有两种,即股指期货和利率期货。

（一）股指期货

股指期货是以股票价格指数为标的物的金融期货合约。2010年4月16日中国金融期货交易所推出股指期货，以沪深300指数为标的，代码为IF。我国股指期货上市以来发展非常迅速，交易量与参与人数呈几何倍数增长，2013年成交金额已突破140万亿元，占2013年全年期货市场成交总额的52.6%。股指期货上市三年多来，其市场功能逐步发挥，已成功嵌入资本市场。

之所以选用沪深300指数作为股指期货合约标的，主要原因在于该指数自2005年4月8日发布以来，市场检验表明其具有较强的市场代表性和较高的可投资性。该指数覆盖率高，主要成分股权重比较分散，行业分布相对均衡，抗行业周期性波动较强，并能有效防止市场可能出现的指数操纵行为。因此以沪深300指数为标的的指数期货有较好的套期保值效果，可以满足投资者的风险管理需求。

1. 沪深300指数期货合约要素

沪深300指数期货合约中主要包括下列要素：

（1）合约标的，即股指期货合约的基础资产。沪深300指数期货的合约标的即为沪深300股票价格指数。

（2）合约价值，即投资者买卖一手期货合约在期货市场上所成交的金额，它由指数的点位和合约乘数的大小共同决定，直接影响着股指期货的市场参与者的结构和交易的活跃性。按照沪深300指数期货2 000点来计算，期货的合约面值为300×2 000，即60万元。

（3）沪深300指数期货合约的报价单位为指数点，最小变动价位为0.2个点。

（4）沪深300指数期货合约月份，为当月、下月及随后的两个季月，共四个月份。比如，在2014年3月2日的沪深300股指期货交易中，就同时有IF1403、IF1404、IF1406、IF1409四个合约在交易，其中：IF1403为当月合约，IF1404为下月合约，IF1406和IF1409为随后的两个季月合约。采用近月合约与季月合约相结合的方式，在半年左右的时间内共有四个合约同时交易，具有长短兼济、相对集中的效果。

（5）交易时间，为上午9:15至11:30和下午13:00至15:15，相比股票市场的交易时间，早开盘15分钟，晚收盘15分钟。如此设置的好处在于：早开15分钟，更充分地体现股指期货发现价格的作用，帮助现货市场在未开市前建立均衡价格，减小市场开市时的波幅。晚收15分钟，有利于减小现货市场收市时的波幅，及为投资者提供对冲工具——一些根据现货市场收市价作指标的套期保值盘。

（6）价格限制，是指期货合约在一个交易日中交易价格的波动不得高于或者低于规定的涨跌幅度。根据中国金融期货交易所规定，沪深300指数合约的涨跌停板为上一个交易日结算价的±10%。

（7）合约交易保证金，根据《沪深300指数期货合约》，沪深300指数期货合约最低交易保证金定为合约价值的12%。中金所有权根据市场风险情况进行调整。

（8）交割结算价，国际市场上股指期货的到期交割均采用现金交割方式，交割结算价确定方式主要有四种，分别是：最后交易日现货市场一段期间的平均价格；最后交易日现货市场收盘价；交割日现货市场特别开盘价；交割日现货开盘后一段时间成交量加权平均价。为更加有效地防范市场操纵的风险，在《中国金融期货交易所结算细则》中，沪深300股指期货的交割结算价为最后交易日标的指数最后2小时的算术平均价。交易所有权根据市场情况对股指期货的交割结算价进行调整。

（9）最后交易日和最后结算日。股指期货合约在最后结算日进行现金交割结算，最后交易日与最后结算日的具体安排根据交易所的规定执行，现规定为合约到期月份的第三个周五，遇法定节假日顺延。

沪深300指数期货合约主要要素，见表5-4-1。

表5-4-1　沪深300指数期货合约表

交易品种	沪深300指数
交易单位	每点300元
报价单位	指数点
最小变动价位	0.2点
涨跌停板幅度	上一个交易日结算价的±10%
合约交割月份	当月、下月及随后两个季月
交易时间	上午9:15至11:30，下午13:00至15:15
最后交易日	合约到期月份的第三个周五，遇节假日顺延
最低交易保证金	合约价值的12%
交易代码	IF
上市交易所	中国金融期货交易所

2. 股指期货的特点

与股票相比，股指期货有几个非常鲜明的特点，主要体现在：期货合约有到期日，不能无限期持有。股票买入后可以一直持有，正常情况下股票数量不会减少。但股指期货都有固定的到期日，到期就要摘牌；期货合约是保证金交易，必须每天结算。股指期货合约采用保证金交易，一般只要付出合约面值约10%~15%的资金就可以买卖一张合约，这一方面提高了盈利的空间，但另一方面也带来了风险,因此必须每日结算盈亏;股指期货合约可以十分方便地卖空,等价格回落后再买回。股票融券交易也可以卖空,但难度相对较大。当然一旦卖空后价格不跌反涨,投资者会面临损失。

(二)利率期货

利率期货是指以债券类证券为标的物的期货合约,它可以回避银行利率波动所引起的证券价格变动的风险。利率期货的种类繁多,分类方法也有多种。通常,按照合约标的的期限,利率期货可分为短期利率期货和长期利率期货两大类。

利率期货合约最早于1975年10月由芝加哥期货交易所推出,在此之后利率期货交易得到迅速发展。虽然利率期货的产生较外汇期货晚了三年多,但发展速度却比外汇期货快得多,应用范围也远较外汇期货广泛。在期货交易比较发达的国家和地区,利率期货早已超过农产品期货而成为成交量最大的一个类别。在美国,利率期货的成交量甚至已占到整个期货交易总量的一半以上。

我国利率期货起步较晚,曾在1992—1995年间开放了国债期货交易,当时交易日趋火爆,经常出现日交易量达到400亿元的市况,而同期市场上流通的国债现券不到1 050亿元。由于市场条件不成熟、监管相对落后等原因,最终在1995年2月酿成了轰动内外的"327国债事件",随后国债期货被暂停交易,也标志着我国首次国债期货交易试点以失败而告终。

随着我国国债市场化的发行机制日趋完善,债券市场规模扩大,交易较为活跃,利率市场化改革正在稳步推进,各类市场主体管理利率波动风险的需求日益强烈。时隔18年后,我国5年期国债期货合约于2013年9月6日再次挂牌交易。作为我国第一个场内利率衍生品,国债期货的上市,标志着我国期货衍生品市场进入了一个新的发展阶段。

5年期国债期货的合约交易代码为TF,报价方式为百元净价报价,最小变动价位0.002元,合约交易报价为0.002元的整数倍。标的采用国际上通用的名义标准券设计,即采用现实中并不存在的虚拟券作为交易标的,实际的国债可以用转换因子折算成名义标准债券进行交割。5年期国债期货合约标的为面值为100万元人民币、票面利率为3%的名义中期国债。

5年期国债期货交易合约月份为最近的三个季月(3月、6月、9月、12月中的最近三个月循环)。采用集合竞价和连续竞价两种交易方式。集合竞价时间为每个交易日9:10~9:15,其中9:10~9:14为指令申报时间,9:14~9:15为指令撮合时间。连续竞价时间为每个交易日9:15~11:30(第一节)和13:00~15:15(第二节),最后交易日连续竞价时间为9:15~11:30。涨跌停板为上一交易日结算价的±2%。

5年期国债期货合约要素,见表5-4-2。

表 5-4-2　5 年期国债期货合约表

合约标的	面值为 100 万元人民币、票面利率为 3% 的名义中期国债
可交割国债	合约到期月首日剩余期限为 4~7 年的记账式附息国债
报价方式	百元净价报价
最小变动价位	0.002 元
合约月份	最近的三个季月（3 月、6 月、9 月、12 月中的最近三个月循环）
交易时间	9:15 至 11:30，13:00 至 15:15
最后交易日交易时间	9:15 至 11:30
每日价格最大波动限制	上一交易日结算价的 ±2%
最低交易保证金	合约价值的 2%
最后交易日	合约到期月份的第二个星期五
最后交割日	最后交易日后的第三个交易日
交割方式	实物交割
交易代码	TF
上市交易所	中国金融期货交易所

与股指期货现金交割方式不同，国债期货到期时采用实物交割方式，在交割月首日剩余期限为 4~7 年且满足其他交割条件的记账式附息国债均可用于交割。由于可用于交割的债券票面利率、到期时间等各不相同，因此必须通过一个转换比例与名义标准券的价格进行换算，以使不同的可交割债券价值具有可比性。这个比例就是通常所说的转换因子，类似于商品期货交割时的升贴水概念。

5 年期国债期货转换因子计算公式如下：

$$CF = \frac{1}{\left(1+\frac{r}{f}\right)^{\frac{xf}{12}}} \times \left[\frac{c}{f} + \frac{c}{r} + \left(\frac{c}{r}\right) \times \frac{1}{\left(1+\frac{r}{f}\right)^{x-1}}\right] \frac{c}{f} \times \left(1 - \frac{xf}{12}\right)$$

式中：r 为 5 年期国债期货合约票面利率 3%；

x 为交割月到下一付息月的月份数；

n 为剩余付息次数；

c 为可交割国债的票面利率；

f 为可交割国债每年的付息次数。

计算结果四舍五入至小数点后 4 位。

应计利息的日计数基准为"实际天数/实际天数"，每 100 元可交割国债的应计利息计算公式如下：

$$应计利息 = \frac{可交割国债票面利率 \times 100}{每年付息次数} \times \frac{配对缴款日 - 上一付息日}{当前付息周期实际天数}$$

计算结果四舍五入至小数点后 7 位。

在计算转换因子时,债券的剩余期限只取 3 个月的整数倍,多余的月份舍掉(二舍三入)。如果取整数后,债券的剩余期限为半年的倍数,就假定下一次付息是在 6 个月之后,否则就假定在 3 个月后付息,此时累计利息应从贴现值中扣掉,以免重复计算。

比如:假设一只债券存续期是 20 年零 2 个月,票面利率为 14%(复利频率为半年),则转换因子的计算如下:

$$债券含息价格 = \sum_{t=1}^{40} \frac{0.07}{(1+4\%)^t} + \frac{1}{(1+40\%)} = 1.5938$$

转换因子 = 1.5938 - 0 = 1.5938

我国推出国债期货,对于经济的发展具有重大意义。

第一,有助于促进国债顺利发行,完善国债管理体制,落实财政政策与宏观调控目标。2013 年两会政府工作报告提出要适当增加财政赤字和国债规模,2013 年拟安排财政赤字 1.2 万亿元,比去年预算增加 4 000 亿元,因此国债的顺利发行就至关重要。而国债期货可以为国债发行定价提供重要参考,并增强承销商的积极性,进而提高国债发行效率,降低国债发行成本,保证国债顺利发行,从而更好地支持实体经济发展及改善民生。

第二,有助于完善债券市场体系,构建起国债一级市场发行、二级市场交易以及与之相配套的、专业的利率风险管理市场,推动债券市场长远发展。国债期货市场的建立,将满足市场对利率风险管理的迫切需求,构建起完整的债券市场体系,使债券的发行、交易和风险管理环节形成良性互动,增强投资者持有债券的信心,提高市场流动性。这对于完善我国债券市场结构、健全债券市场功能、扩大直接融资比例、促进债券市场长远发展具有深远意义。

第三,国债期货具有套期保值功能,能够为债券市场乃至整个经济体提供高效率、低成本的利率风险管理工具,增强实体经济抵御利率风险的能力。目前,我国国债余额高达 7 万亿元,利率每上升 1 个百分点,国债市值将损失约 3 000 亿元,市场避险需求十分迫切。而国债期货就是全球使用最广泛、效果最显著的利率风险管理工具,能够满足各类持债机构的避险需求,有效提高市场管理利率风险的能力和水平。

第四,国债期货具有价格发现功能,有助于提高国债定价效率,推动建立完善的基准利率体系,推进利率市场化进程。国债期货产品标准、报价连续、集中交易、公开透明,能够准确反映市场预期,形成全国性、市场化的利率参考定价,有助于构建起一条市场公认、期限完整的基准收益率曲线,并助推利率市场化进程。

第五,国债期货作为标准化、基础性的利率衍生产品,有助于完善金融机构创新机制,促进金融产品创新,增强金融机构服务实体经济的能力。国债期货上市后,可以为金融机构在期现货市场提供多种交易方式,丰富其投资策略;国债期货可以增加基于债券市场组合的投资产品,使金融机构的资产管理有更大的创新空间;同时,金融机构在进行业务创新、产品创新时,可以通过期货市场管理利率风险,增强创新动力。

四、金融期货的定价分析

与任何其他的商品的价格一样,金融期货作为一种特殊的商品,其价格也是通过市场供求的力量来决定的,但这并不等于说金融期货的价格决定没有内在根据,恰恰相反,在市场供求力量的背后,存在着决定金融期货价格的客观因素。

金融期货的价格对于所有金融期货市场上的交易者来说都是非常重要的,不论是投机者、套利者还是套期保值者,都十分关心期货价格的走势,如果实际的期货价格与其合理价格之间的差距太大,则投机者和套期保值者都需要改变策略。差价对套利者更加重要。因为交易者的趋利性推动着期货价格的变化。交易者的趋利行为受到决定金融期货价格的客观因素的制约,这些因素包括:与期货对应的现货资产的价值;距期货合约交割期的时间;获取相应现货资产的融资成本;现货资产的现金收入以及期货合约在交割期的特性等。

将上述因素联系起来以考虑金融期货价格的决定而形成的有关期货价格的决定理论被称为持有成本理论。该理论通过净融资成本(融资成本减去现金收入)将现货市场与期货市场联系起来。例如,按照持有成本理论,股票指数的期货与现货的价差应由融资成本与股息收入决定。因为投资者如果持有期货合约,则可节省从现在至合约到期这段时间的融资成本,如果持有现货则可获得股息收入。所以,在期货价格中应将这部分融资成本包括在内,否则人们就会倾向于舍现货而购期货,从而将期货价格抬高,直到将这部分融资成本包括在内为止;同时,也应在期货价格中将持有现货可获得的股息减去,因为持有期货没有股息收入,如不减去,则人们就会倾向于舍期货而购现货,从而使期货价格下跌,直至将这部分股息收入消除为止。可见,所谓持有成本理论,就是用持有现货所必须付出的净融资成本来解释期货价格形成的理论,或者说,就是将期货价格解释成相应的现货价格加净融资成本的理论。

(一)基差

对于金融期货而言,基差是指现货投资的价格与相应的期货合约的价格之间的差额。若 P 为现货价格,E 为期货价格,则基差就为 $P-E$。例如,某人以 P 的价格买入现货国债,由于担心利率上升引起国债的价格下跌,而按 E 的价格卖出国债期货,基差就为 $P-E$。在期货未到期之前的这段时间,现货国债与期货国债的价格都随市场利率等因素的变动而变动,从而引起基差的变动。如果现货价格由 P 降为 P',期货价格由 E 降为 E',但期货价格的下降幅度比现货价格的下降幅度小,也就是说 $P'-E'<P-E$,即利率上升所造成的现货方面的损失不能完全从期货价格的下跌中得到补偿。这种情况正是由基差的变动引起的,所以,人们就把基差变动称为基差风险。很明显,基差风险越大,利用期货合约为现货证券进行套期保值的有效性就越低。一般来说,用以进行套期保值的期货合约与现货证券在价格变动上的相关性越低,则基差风险就越大。例如,当用标准普尔500种股票指数期货合约来为一种场外交易的股票进行套期保值时,基差风险增大的情况就会发生。因为场外交易的股票与标准普尔500种股票指数期货合约所涉及的股票在价格变动上的相关性较差。

趋同是指随着期货合约的交割期或到期日的临近,现货价格向相应的期货价格靠拢的价格运动。在交割之前,货币的时间价值使得期货与现货价格不同,换言之,因持有现货而支付的净融资成本,使期货价格往往高于现货价格。但随着距离到期日时间的缩短,货币的时间价值自然也就不断降低,从而使现货价格与期货价格之间的基差就变得越来越小。在交割时,期货就成了现货,二者的价格完全一致。当然,基差缩小的过程并不是均匀的,这是因为现货价格和期货价格都在变动,从而它们之间差额的变动率就不是一个常数,而是一个变数。这也是基差风险产生的根源之一。

除了股票指数期货之外,欧洲美元期货以及市政债券都是用现金交割的。因此,在最后一个交易日结束时,这些期货合约的价格都被规定等于其现货资产的价格,从而那些持有相应的期货指数的套利者可能从现货价格与期货价格的差额的消失中获利。用现金交割的好处,除了前面提到的股票指数期货很难用现货进行交割从而现金交割比较方便之外,还能够降低在临近期货合约交割期时所产生的对现货资产供求的巨大压力。

(二) 股票指数期货的合理价格

在按照持有成本理论来考虑股票指数期货的合理价格之前,我们可以设想一个套利者,他用借来的钱购买现货资产,同时卖出相应的期货合约,保持现货资产直到期货合约到期,然后用它来交割期货合约。很明显,要保证购买现货资产不吃亏,期货合约的价格就应等于现货资产的价格加上为购买现货而融资的成本。如果期货合约的价格低于上述现货价格与融资成本之和,那么套利者对期货的争购就会推动期货价格上升,直到期货的价格等于现货价格与融资成本之和为止。即"期货合约的合理价格"等于"现货资产的当前价格"按照"融资利率"以"期货合约到期的时间"为期限的折现值。具体到股票指数期货,尚需对以上持有成本理论的一般公式稍加变动才行。这是因为持有现货股票可以取得股息收入,而持有股票指数期货没有这种收入,所以股息收入应从期货价格的计算中减去,因为该收入可视为对融资成本的扣除。由此不难看出,融资利息成本与股息收入之间的差额越大,则合理的期货价格与当前的现货价格的差额也就越大。此外,距期货合约到期日的时间越长,合理的期货价格与当前的现货价格的差额就越大;反之,则相反。

需要说明的是:在上面计算股票指数期货价格的过程中,是以总股息在整个时间均匀支付的假定为前提的。实际上,股息是按季度支付的,并且,许多公司支付股息的时间差不多都是相同的。例如,主要市场指数期货所涉及的全部股票的70%,其股息支付都是在每个季度的第二个月;标准普尔500种股票指数期货所涉及的全部股票的75%,其股息支付都是在每个季度的最后7个星期。显然,股息的支付时间会影响股票的价格。如果股息按季度支付,并且支付的具体时间都是在一个季度的后半部分,那么,融资成本与股息间的关系就不是不变的而是可变的,换句话说,在一个季度的前半部分,融资成本大于股息,而在一个季度的后半部分,股息则可能大于融资成本。总的来说,融资成本和股息都随时间的推移而下降,但融资成本的下降是比较均匀的,股息则不然,它在支付之前相对稳定,支付以后就迅速下降。正因为股息支付时间的这种影响,所以,股票指数期货可能按低于其现货的价格售出。比如,当在期货合约到期之前的股息收益超过无风险的利率收益时,期货就只能折价出售。主要市场指数期货合约受股息支付的影响特别大,因为构成主要市场指数的股票都具有较高的股息收益,所以,与其他股票指数期货相比,主要市场指数期货合约的价格在不同月份之间的波动较大。

除了股息支付的时间影响股票指数期货的价格之外,还有一个影响股票指数期货价格的股息因素,即股息支付额的不确定性。因为股息支付一旦被董事会批准之后,就完全由公司负责执行,而公司则可以根据自己的需要,提高或降低股息支付率。这就是说,股东实际得到的股息在事前是不能确定的。这种对其他非金融期货合约来说不存在的不确定性,不能不影响到股票指数期货的价格决定。

(三)短期利率期货的合理价格

前文介绍了两种短期利率期货,即短期国债期货和欧洲美元期货。关于它们的合理价格的确定通常有三种方法,当然,每种方法的基础都是持有成本模型。第一种方法是通过使用证券价格直接运用持有的成本公式;第二种方法是比较远期收益率与期货收益率;第三种方法则是比较暗含的融资利率与实际的融资利率。至于在实际计算中究竟使用哪一种方法,要取决于获取资料的方便程度和其他实际情况。

前面讨论的持有成本公式可直接用于计算短期利率期货合约的合理价格而无须任何调整。因为对于短期利率期货来说，相应的现货证券没有期中收入，这与股票不同，所以，不用考虑净融资成本。欧洲美元期货与短期国债期货的交割只有两天时间，所得利息的确定取决于卖方选择哪一天来交割，这就排除了可交割证券的任何不确定性。当然，欧洲美元定期存款和短期国债在利息支付上存在差别，这也就决定了它们各自的期货价格的计算不可能完全相同。对于短期国债期货的合理价格的计算来说，由于现货短期国债的利息来自于其买卖价的差额，所以，当前的短期国债的现货价格和它被用于交割期货合约时的价格之间的差额就等于持有现货短期国债所获得的利息，这样，也就不需要对持有成本公式作任何特殊的调整去考虑利息问题。欧洲美元期货的定价稍微有点不同。因为欧洲美元定期存款是按货币市场的基础利率支付利息，所以，在价格计算中可直接使用求远期利率和暗含的融资利率的方法。一般而言，短期利率期货的价格计算使用求远期收益率和暗含的融资利率的方法较为普通，因为用现货价格进行计算的持有成本方程要求把利率标价转化为价格。

远期收益率对债券期货来说非常重要，特别是对短期利率期货合约而言更是如此。所谓远期收益率，是指持有一个较长期的债券并同时卖空一个较短期的债券所得到的收益率，或者说，它是一个按复利计算的较长期的债券收益率与较短期的债券收益率的"差额"。换言之，远期收益率实际上就是指由期限不同的现货收益率所决定的未来某个时期的收益率。人们之所以关心远期收益率，正因为它是包含于现货收益率中的未来收益率，从而成为期货收益率的决定者，进而成为期货价格的决定者。债券价格直接由其收益率决定，同理，债券期货的价格也由等于其远期收益率的期货收益率来决定。如果期货收益率不等于其远期收益率，比如，远期收益率大于期货收益率，那么，相对于期货来说，现货的价格也就偏低，人们就会买现货，卖期货；反之，当期货收益率大于远期收益率时，人们就会卖现货，买期货，从而促使期货收益率等于远期收益率而使债券期货的价格得以确定。

（四）长期利率期货的合理价格

长期利率期货，特别是其中的长期国债期货是非常活跃的重要的期货合约。长期债券不同于短期债券，它们有期中利息收入，这样，在分析持有成本时就不能不考虑利息所得。长期国债、中期国债以及绝大多数公司债券的利息都是半年支付一次，在利息支付期之间的长期债券或中期债券的总价格就等于标出的交易价格加上未支付的应计利息。所谓应计利息，是指自上一次利息支付后已获得但未被支付的利息量，应计利息的计算天数使用从上一次利息支付到债券出售时的实际天数。除利息所得外，长期利率期货的价格决定还受其他一些因素的影响,因此,在分析长期利率期货的合理价格时,还必须考虑到期收益率、持有成本模型及转换系数等。

到期收益率是指使现行债券价格与债券的现金收入的现值相等的利率。该收益率的计算考虑到了原有的息票收益以及债券价格向面额接近的预期变动,并且还假定息票收入将按该收益率再投资。但是,实际上息票收入的再投资利率是不确定的,因此,实际收益率将不仅取决于原有的息票收入和债券价格的变动,还取决于将所得息票收入再投资的利率。该实际收益率就是实现的复合到期收益率。与到期收益率比较,实现的复合到期收益率是一个更为真实的收益率,而到期收益率则具有预期的性质。如果再投资利率对所有的息票收入来说都与到期收益率相等,那么,实现的复合到期收益率就等于到期收益率。因此,对于零息票债券来说,由于不存在再投资利率的差别,从而也就不存在实现的复合到期收益率与到期收益率的差别。

中长期现货债券与短期现货债券不同,它们在偿还期到来之前有利息收入,这就像持有现货股票的股息收入一样。投资于中长期现货债券的利息收入构成了对融资成本的一种扣除,从而使净融资成本降低。此外,在使用持有成本模型时,现货价格应该是调整后的。这是因为,期货合约是标准化的合约,但能够用来交割期货合约的现货债券对中长期国债而言是没有标准化的,因此,允许许多不同的现货债券用于交割。这样就产生了一个问题:究竟应该用哪种现货债券来决定期货的价格?既然允许多种现货债券用于交割,那么,一般而言,卖者会选择最便宜的。所以,从技术上说,用于决定期货价格的现货债券应该是最便宜的。实际上,除了上面所说的问题外,中长期债券期货的价格还受交割选择权的影响。这是由于中长期债券期货的交割期较长,而具体的交割日由卖方决定,这种由卖方所拥有的对交割日的选择权不能不影响到期货价格的决定。尽管如此,持有成本模型还是能为长期和中期的国债期货价格提供一个合理的近似计算。

前面谈到,对于中长期国债期货来说,能用于交割的现货债券的种类很多。例如,就长期国债期货而言,其现货基础是假想的具有8%的票面收益的长期国债。实际上这种国债并不存在。所以,美国的芝加哥谷物交易所允许任何距到期日至少还有15年,或者距第一个收兑日至少还有15年的长期国债被用于长期国债期货的交割。这样就保证了有足够数量的现货债券能用于交割,但却又不可避免地引出了另一个问题,即价格调整。因为每种现货债券都具有不同的票面收益和到期日方面的特点,从而具有不同的价格,所以,如果用它们来进行交割,就必须对期货价格进行调整。例如,用于交割的现货债券的价格较高,那么期货的交割价格就应该相应提高;反之,则应该相应降低。所谓转换系数,就是指根据用于交割的现货而对期货的交割价格进行调整的系数。显然,有一种可用于交割的现货,就有一系列与之对应的转换系数。对于某种具体的债券来说,要找出它在某个时候的转换系数,就必须查出该债券截至到期日(或收兑日)的时间,并用完整的季度数来表示,不足一个季度的部分忽略不计。

(五) 汇率期货的合理价格

货币期货价格的决定不同于前面分析的股票指数期货和债券利率期货。前面两类期货的价格主要由持有相应的现货资产的融资成本决定,如果相应的现货资产还有股息和利息收入,则还应从融资成本中将这类收入减去以考虑净融资成本。货币期货由于代表着在未来某个时间的两种货币之间的交换比率,因此,影响汇率的利率必然也是货币期货价格的决定因素,或者说,货币期货的价格取决于有关的两种货币的利率及其相应的融资成本。

假设 $S(t)$ 为在时间 t 时现货外汇的美元价格,即单位外汇所值的美元数; $FD[t,t+T]$ 为在时间 t 成交而在时间 $t+T$ 到期的外汇期货的美元价格; i 为美元贷款的年利率。这样,如果一个人在 t 时借入1美元,持有期为 T,那么,到期时他应归还的金额就为:

$$1 + i \times (T/360) \tag{5.4.1}$$

如果这个人将其借得的1美元换成 $1/S(t)$ 单位的外汇并存入银行,存期也为 T,那么,到期的本利和就为:

$$[1/S(t)] \times [1 + i \times (T/360)] \tag{5.4.2}$$

为保证货币转换不带来损失,这个人在将美元换成外汇时,即卖出外汇期货 $F[t,t+T]$,这样在时间 $t+T$ 时,他所得到的美元金额就应为:

$$[1/S(t)] \times [1 + i \times (T/360)] \times F(t,t+T) \tag{5.4.3}$$

如果由式(5.4.1)计算出来的结果与式(5.4.3)计算出来的结果相等,即:

$$1 + i \times (T/360) = [1/S(t)] \times [1 + i \times (T/360)] \times F(t,t+T) \tag{5.4.4}$$

那么,由 $F[t,t+T]$ 所表示的汇率期货的价格就是合理的。因为如果式(5.4.3)的计算结果大于式(5.4.1)的计算结果,人们就会乐于将美元换成外汇并卖出外汇期货而从中获利。反之,如果式(5.4.3)的计算结果小于式(5.4.1)的计算结果,人们就会将外汇换成美元并买入外汇期货。总之,只要式(5.4.3)与式(5.4.1)不等,则货币期货的价格就无法稳定。当式(5.4.3)的计算结果较大时,则汇率期货的价格偏高;反之,则偏低。所以,只有当式(5.4.3)与式(5.4.1)的计算结果相等时,相应的期货价格才是合理的。因此,我们可以得到合理的汇率期货价格的计算公式为:

$$F(t,t+T) = S(t) \times [1 + i(T/360)] / [1 + i \times (T/360)] \tag{5.4.5}$$

式(5.4.5)表明,合理的汇率期货的价格是现货汇率以及两种货币利率的函数。

第五节　期货业务创新

期货业务创新主要分三大类:一是期货品种创新,包括金融期货推出、商品期货新增品种、期权品种筹备上市等,逐步完善投资风险防范体系;二是期货公司业务范围创新,主要是在传统经纪业务的基础上,增加期货投资咨询业务、期货资产管理业务、期货公司风险管理子公司业务、境外期货经纪业务等;三是期货公司发展模式创新,主要指期货公司通过资源整合、收购兼并,增强综合竞争力。

一、期货品种创新

近几年,我国期货品种上市步伐加快,不仅商品期货品种增多,金融期货品种也陆续推出。2010年4月16日股指期货上市,成为国内首个金融期货品种,打破了国内期货市场的空白。2013年9月6日,国内第二个金融期货品种——国债期货上市。未来几年,我国还将推出外汇期货、期权等。另外,至2014年6月底,上海期货交易所已经推出黄金、白银、铜、铝、锌、铅6个期货品种夜盘交易,市场活跃度全面提升,以后还将有更多的期货品种开启夜盘交易。

2010年,我国上市的期货品种只有20多种,主要是上海期货交易所上市的铜、铝、锌、天然橡胶、燃油、黄金、螺纹钢、线材;大连商品交易所上市的大豆、豆粕、豆油、塑料、棕榈油、玉米、PVC;郑州商品交易所上市的硬麦、强麦、棉花、白糖、PTA、菜籽油、籼稻;以及中国金融期货交易所上市的股指期货等。到2014年6月底,期货上市品种已经发展至43个,其中金融期货品种两个。

新品种上市丰富了期货市场上的投资品种,为期货公司拓展了挖掘新业务的机会。更为重要的是,从国家经济战略的高度来看,抓紧建设国内期货市场,有利于增强我国在国际市场上的定价能力和话语权。对于相关品种所在行业的上下游企业以及个人投资者来说,新品种的接连上市使得产业链上相关企业可以通过套期保值规避价格波动的风险,达到控制成本或者锁定利润的目的。

在全球衍生品市场中,成长最快速的新型工具无疑首推期权。2013年以来我国也在积极筹备期权品种的上市,并且拟将做市商(或流动性提供商)引入期权市场,初期拟推出的期权品种主要包括中金所的沪深300、上证50,上期所的黄金、铜,郑商所的白糖,大商所的豆粕,上证所的个股期权和ETF等。截止到2014年6月,共有4家期货交易所、1家证券交易所共8个期权品种扎堆筹备,并进入仿真交易和备战待发状态。这些仿真品种可分为股指期权、商品期权和个股期权,交易方式有欧式、美式。

随着我国资本市场的不断发展和成熟,交易制度和监管制度的持续完善,以及投资群体的不断学习和进步,期权作为国际上重要的金融衍生品工具,逐渐受到了业界的广泛关注和讨论。期权本身的产品特性,使它在风险管理、资产配置、产品设计以及市场功能发挥等方面,具有其他衍生品不可取代的位置。因此,各类期权产品的逐步推出,对于推动我国资本市场长期健康发展、完善金融市场结构,有着划时代的意义。

二、期货公司业务范围创新

长期以来,我国期货公司只能从事传统的经纪业务,但随着交易品种的扩充、市场容量的提高以及互联网金融业务向期货行业的渗透,期货公司手续费竞争日趋白热化,传统的经纪业务收入难以继续维持快速增长,在这样的背景下期货公司必须进行业务创新。近几年我国期货公司业务范围逐步拓宽,除经纪业务外,还包括期货投资咨询业务、资产管理业务、风险管理子公司业务、境外期货经纪业务等。

(一) 期货投资咨询业务

1. 期货投资咨询业务定义

所谓期货投资咨询业务,是指基于客户委托,期货公司从业人员为客户提供风险管理顾问、期货研究分析、期货交易咨询等的营利性业务。当前我国期货投资咨询业务仍以服务经纪业务为主。

早在1997年,我国就已经颁布了《证券、期货投资咨询管理暂行办法》。此后,证券投资咨询业务得到逐步发展,而关于期货投资咨询的规定,由于操作性不强,内容脱离实际,未能在期货市场得到实施。1999年颁布实施的《期货交易管理暂行条例》以及2007年修订后颁布的《期货交易管理条例》,虽然都将期货投资咨询纳入期货公司可以发展的业务范围,但是由于定位不明,导致这一业务始终未能真正发展起来。2011年5月11日《期货公司期货投资咨询业务试行办法》正式实施,标志着我国期货投资咨询业务政策的明朗化,也是期货业发展的一个契机,意味着我国期货公司的业务领域从传统的经纪业务拓展到了投资咨询业务,期货公司业务向多元化发展迈出了重要的一步。

2. 期货投资咨询业务范围

根据《期货公司期货投资咨询业务试行办法》,期货公司期货投资咨询业务是指期货公司基于客户委托从事的下列营利性活动:

(1) 协助客户建立风险管理制度、操作流程,提供风险管理咨询、专项培训等风险管理顾问服务;

(2) 收集整理期货市场信息及各类相关经济信息，研究分析期货市场及相关现货市场的价格及其相关影响因素，制作、提供研究分析报告或者资讯信息的研究分析服务；

(3) 为客户设计套期保值、套利等投资方案，拟定期货交易策略等交易咨询服务；

(4) 中国证券监督管理委员会规定的其他活动。

3. 期货投资咨询业务推出的意义

虽然目前业务模式转型尚存在困难，但无论是国际咨询业务的成功经验，还是国内证券投资咨询业的成熟发展，都能够给予期货公司信心。期货投资咨询业务的正式推出，有助于促进期货经纪行业资源的优化配置。期货市场经过多年的规范发展，市场参与各方对期货研究日益重视。

期货投资咨询业务的推出，将使综合实力较强、具有较为雄厚的研发实力的期货公司有机会改善盈利能力，在竞争中脱颖而出，促使优质的期货公司逐步做优做强；甚至，还将促进期货公司的优胜劣汰，促进兼并重组，使期货行业的资源配置得到优化。

期货投资咨询业务的推出，还将有助于提升期货市场为国民经济服务的能力。目前，期货市场已发挥了一定的价格发现和风险规避功能。但期货市场投资者结构仍然存在一定的不合理性，这突出地体现在产业客户占比仍然偏低。不少产业客户因缺乏专业知识和专业人才，无法或不敢利用期货工具进行风险管理操作。

随着期货投资咨询业务的推出，期货公司可以为产业客户提供风险管理咨询这一高度专业化的服务，以协助产业客户提高利用期货市场进行风险规避的能力。这有助于提高参与市场交易的产业客户的比重，改善我国期货市场的投资者结构，从而使期货市场更好地为国民经济发展服务。

（二）期货资产管理业务

1. 期货资产管理业务定义

期货资产管理业务是指资产管理人根据资产管理合同约定的方式、条件、要求及限制，对客户资产进行经营运作，为客户提供期货及其他金融衍生产品的投资管理服务的行为。期货资产管理业务主要有三种，分别是为单一客户办理定向资产管理服务、为多个客户办理集合资产管理业务、为客户特定目的办理专项资产管理业务。我国已经开放的期货资产管理业务主要是第一种。

2. 期货资产管理业务投资范围

2012年9月1日《期货公司资产管理业务试点办法》（以下简称《试点办法》）正式实施，将我国期货公司的业务领域进一步拓展。根据《试点办法》，我国资产管理业务的投资范围包括：

(1) 期货、期权及其他金融衍生品；

(2) 股票、债券、证券投资基金、集合资产管理计划、央行票据、短期融资券、资产支持证券等；

(3) 中国证监会认可的其他投资品种。

资产管理业务的投资范围应当遵守合同约定，不得超出前款规定的范围，且应当与客户的风险认知与承受能力相匹配。

3. 期货资产管理业务发展的意义

目前国内期货公司主要业务构成还是经纪业务，截至2013年年底，国内期货市场保证金总量约2 200亿元，期货市场有效客户约80万户，其中绝大多数是自然人客户。法人客户数量占比虽然不多，但持仓占比达40%。期货公司资产管理业务2013年起正式开户，客户约280户，管理资金约12亿元。

随着市场品种向衍生品转变，法人客户的数量会增加，资产管理等新业务的地位将进一步提升，期货公司也应该从单一的经纪业务向以风险管理、财富管理为核心的全方位综合金融服务商转型。可以说，资产管理业务是期货公司实现核心竞争力的一条途径。当前背景下，期货公司须大力推进以资产管理业务为核心的业务创新，这不仅能给期货公司和期货行业带来新的利润增长点，也为投资者开辟了新的准入渠道。另外，资产管理业务也为国内私募基金走向阳光化开辟了另一条道路。

（三）风险管理子公司业务

2012年12月21日，中国期货业协会发布《期货公司设立子公司开展以风险管理服务为主的业务试点工作指引》（以下简称《指引》），这标志着今后期货公司可以通过设立子公司的方式为实体企业提供仓单服务、合作套保、定价服务、基差交易等风险管理服务。《指引》自2013年2月1日起实施。按《指引》规定，子公司的客户应为商业实体、金融机构、投资机构等法人或组织，以及可投资资产高于100万元的高净值自然人客户。

1. 风险管理子公司业务范围

期货公司风险管理子公司以现货业务为基础，但并不仅限于现货业务，也可以称为"泛现货"业务。其主要包括四个方面：一是仓单服务。子公司为实体企业客户提供仓单串换、仓单回购、仓单收购、仓单销售等业务。二是合作套保。期货公司子公司可以根据企业实际生产经营需求，为企业特别是中小企业，提供"一对一"套期保值服务及风险管理产品。三是定价服务。期货公司子公司可以在基差贸易的基础上为现货企业提供点价交易、均价交易、远期和互换等个性化的定价和风险管理工具。四是基差交易。期货公司子公司可以通过自身基差交易的实务操作所形成的成功模式和示范效应,引导和培育实体企业更好地利用期货市场完善定价机制和进行风险管理。

(1)仓单服务。标准仓单是期货市场的产物,期货交易所对标准仓单的生成、流通,以及对指定交割仓库的资格认定、日常管理等,均有严格的监管,从而使得标准仓单与普通仓单相比,品质更有保证,流动性好且变现能力强。同时,标准仓单在流通中的用途也非常广泛,除了用于实物交割外,还可以用于冲抵保证金、质押和转让等。标准仓单的这些特征为期货公司风险管理子公司开展仓单服务业务提供了前提条件。

目前期货公司在仓单服务中大多只是充当一种中间人角色,而设立现货业务子公司,在被赋予仓单串换、回购、收购、销售等一系列的准入许可之后,相当于成为现货市场上一个独立的主体,与实体企业一样拥有买卖现货的权利,而这里的现货就是仓单。如此一来,有买卖仓单需求的客户更容易找到对手方,仓单市场的流动性大大增加。此外,基于期货公司在套期保值上的经验优势,现货业务子公司可以将买卖仓单与套期保值相结合,多层次、多手段地帮助实体企业解决生产经营中的难题。当然,仓单服务的顺利开展,需要期货公司拥有较强的现货背景基础和相对充足的仓单资源。

仓单服务的主要业务模式围绕仓单串换、仓单回购、仓单收购、仓单销售等业务展开。目前,期货业界对于期货公司设立以现货业务为主的子公司的探索一直在进行中,国内各期货公司都是根据本公司在期货交叉业务中拥有的资源进行整合,开发有优势和适宜的现货业务。

第一,仓单串换。仓单串换业务缘于客户需求。期货公司多年来一直将仓单串换作为个性化服务项目来操作,可以说是期货公司为客户搭建了一个服务平台,将客户的资源和需求进行对接。根据客户目的的不同,这通常可以分成两种:一种是以交换非通用仓单交割仓库为目的,称为仓单交换的平台;另一种是以仓单购销为目的,称为仓单交易的平台。将来子公司开展仓单串换业务,可以充当期货公司的角色,也可以取代其中一方客户的角色。

仓单交换平台主要解决客户在交割过程中由于接到的仓单比较分散或者交割库较远所导致的不便于集中出库或者销售,由此产生的仓单串换的需求问题。参与的双方客户都持有仓单,是一个双向转让的过程,并且不涉及货款和发票的流转。操作方式也比较简单,双方客户签订仓单转让协议,通过交易所的电子仓单系统协助双方客户交换仓单到对应的交割库即可。仓单交换平台收益来源主要是仓单转让手续费和不同交割库的仓单之间的地域升贴水。

仓单交易平台主要满足客户之间进行仓单购销的需求。其中一方客户持有仓单,是一笔单向的转让,同时会涉及货款和发票的流转。子公司可以作为中间人,对掌握的客户资源进行配对,收取仓单转让费用。同时,子公司也可以作为其中的一方客户,直接参与购销业务,其具体操作与仓单收购流程大致相同。

以上海期货交易所锌锭交割品牌为例,无品牌升贴水和地区仓库升贴水,其中,火炬牌锌锭在华东市场实际现货销售中价格高出普通交割锌锭 400~800 元/吨,南华牌锌锭在华南市场的价格高于普通锌锭 400~800 元/吨。A,B 两公司通过期货公司在上期所分别买入交割仓单 200 吨,交割结算价为 15 000 元/吨。A 公司因生产需要指定火炬牌锌锭,高于一般仓单 1 000 元/吨;B 公司得到火炬牌锌锭,但在企业生产中无法产生超额收益。鉴于以上情况,风险管理子公司分别联系 A,B 公司,通过贸易进行仓单串换。

经协商如下:A,B 公司分别以 15 000 元/吨和 15 400 元/吨的价格将仓单销售给风险管理子公司,风险管理子公司以 15 600 元/吨的价格将 B 公司仓单销售给 A 公司,同时将 A 公司仓单以 15 000 元/吨的价格销售给 B 公司。

通过以上串换业务,A 公司以低于市场 400 元/吨的价格获取企业所需仓单,B 公司获得 400 元/吨的超额收益,而风险管理子公司则获取 200 元/吨贸易利润作为服务费用。

第二,仓单回购。仓单回购业务是指仓单转让企业将仓单出售给仓单受让企业的同时签订回购协议,约定回购相关条款,然后由受让方根据协议支付首付款,双方完成仓单所有权的过户后,受让方在扣除一定比例仓单价值波动风险押金以及仓储费等其他费用之后支付余款的业务模式。

仓单回购业务可以划分为两种类型,即标准仓单回购业务、非标准仓单回购业务。标准仓单回购业务是指双方企业之间合作购销的仓单为交易所标准仓单。非标准仓单回购业务是指双方企业之间合作购销的仓单为非标准仓单。

下面以一个仓单回购案例作具体说明。

A 方客户是一个产地的现货贸易商,B 方客户是规模以上的生产、加工类企业。A 方客户准备从产地收购一批大豆卖到期货盘面进行交割,因为资金周转问题,与 B 方客户协商进行仓单回购业务(该案例发生在两个客户之间,期货公司子公司可以取代 B 方客户的角色)。

操作方式:双方约定由 A 方将符合交割质量标准的大豆发至大商所指定交割仓库,注册标准仓单后转让给 B 方,B 方按约定数量在 A1301 合约卖出保值交割。

相关费用计算:标准仓单生成前的所有费用(产地到交割库的运输、损耗、入库、保管、检验注册费用和升贴水)、期货交易和交割手续费、仓储费均由 A

方承担,各项费用收取标准按交易所和期货公司标准执行;资金占用费按年6%计算,包括持仓保证金占用的资金、B方预付货款及垫付的各项费用占用的资金。

付款方式:合约签订后B方即按约定数量在A1301合约卖出开仓,按实际开仓价格支付20%预付款,标准仓单转让后支付A方60%货款,实物交割后扣除相关费用支付余款。

增值税发票的开具:由买、卖双方根据交割结算价开具。先由A方开具给B方,再由B方根据交割配对情况为接货方开具,提交时间为交割配对后7个工作日内。

上述案例中,A方获得了收购资金,扩大了业务规模,同时在期、现货市场之间建立了一个完整的购销渠道,从而实现了自身能力达不到的现货收购量及期货交割量。

B方提供了融资渠道,收取了资金费用,同时采用标准仓单转让后付款、实物交割还款以及根据交割结算价开具增值税发票的方式,规避了以上环节可能存在的风险,在锁定收益的前提下扩大了期、现货贸易规模。

对于生产加工型企业而言,仓单回购业务可以缓解企业生产期间因持续收购原材料而导致的流动资金紧张问题;对于贸易型企业而言,仓单回购业务可以解决大量库存商品占压流动资金的问题。

仓单的收购、购回、销售都是基于标准仓单的购销业务,是通过公司期现服务部与客户共同制定仓单业务协议书,并按照约定实现仓单的交割、购销。

2. 合作套保

合作套保业务是指两家企业签订合作协议,合作一方在另一方需要通过期货市场建立套期保值头寸时提供部分资金支持和风险控制服务的业务模式。

合作套保业务根据合作的程度可以划分为三种类型,即:资金支持型、专业服务型以及业务产品化型。资金支持型合作套保业务是指甲公司提供部分资金支持,客户负责套期保值操作,甲委托期货公司监控客户风险。专业服务型合作套保业务是指甲公司提供部分资金支持,甲公司为客户提供交易与风控指导。业务产品化型合作套保业务是指客户购买甲公司的风险管理产品,将套期保值操作整体打包给甲公司来操作。

对于期货公司风险管理子公司来说,合作套保的业务模式分三种:买入套保、卖出套保和进出口业务套期套保。买入套保的具体操作方式是客户为锁定原材料成本委托期货风险管理子公司进行期货操作,并向风险管理子公司支付一定数额的定金;风险管理子公司通过期货市场买入交割为客户提供所需的原材料,并且需要为客户承担期货保证金和配套资金。客户委托风险管理子公司进行卖出套保的目的则是为了对库存进行保值,风险管理子公司承担客户的期货保证金和配套资金,为客户执行仓单购入交割手续。进出口业务套期套保业务则是针对跨境产品来说的,通常情况下,客户委托风险管理子公司购买国外现货,并且在国内期货市场上卖出保值,而风险管理子公司需要深入研究国内外市场的价格差异,并提供高质量的套期保值方案。

合作套保业务与定价服务在现货业务试点推出伊始就备受期货公司关注。合作套保重点凸显了"一对一"的服务模式,相比期货公司传统的套期保值,更侧重在与企业结成利益关联方的基础上,通过更深入了解客户的经营环节,共同参与套保流程的制定和操作,为企业量身定做更贴心的套保服务,从而避免了目前企业在套保中完全依赖自身,在专业、人力、制度等方面频频遇阻的困境,大大提升了企业套保的实际效果和风险管理水平。

3. 定价服务

定价服务业务实际上是基差交易的衍生。期货公司风险管理子公司可以在基差交易的基础上,为现货企业提供点价交易、均价交易、远期和互换等个性化的定价和风险管理工具。现货业务子公司就可以在定价服务中,主动把基差报价这种模式引导给企业,使其逐渐摒弃以往烦琐、不透明的传统定价模式,帮助企业在基差交易中更好地降低价格波动带来的经营风险。当前我国期货风险管理子公司定价服务做得较多的是点价交易。

点价交易是指以某月份的期货价格为计价基础,以期货价格加上或减去双方协商同意的升贴水来确定双方买卖现货商品的价格的交易方式。点价交易从本质上看是一种为现货贸易定价的方式,交易双方并不需要参与期货交易。在一些大宗商品贸易中,例如大豆、铜、石油等贸易,点价交易已经得到了普遍应用。

例如,在大豆的国际贸易中,通常以芝加哥期货交易所(CBOT)的大豆期货价格作为点价的基础;在铜精矿和阴极铜的贸易中通常利用伦敦金属交易所(LME)或纽约商品交易所(COMEX)的铜期货价格作为点价的基础。之所以使用期货市场的价格来为现货交易定价,主要是因为期货价格是通过集中、公开竞价方式形成的,价格具有公开性、连续性、预测性和权威性。使用大家都公认的、合理的期货价格来定价,可以省去交易者搜寻价格信息、讨价还价的成本,提高交易的效率。

与传统的贸易不同,在点价交易中,贸易双方并非直接确定一个价格,而是以约定的某月份期货价格为基准,在此基础上加减一个升贴水来确定。升贴水的高低,与点价所选取的期货合约月份的远近、期货交割地与现货交割地之间的运费以及期货交割商品品质与现货交割商品品质的差异有关。在国际大宗商品贸易中,由于点价交易被普遍应用,升贴水的确定也是市场化的,有许多经纪商提供升贴水报价,交易商可以很容易确定升贴水的水平。

根据确定具体时点的实际交易价格的权力归属划分,点价交易可分为买方叫价交易和卖方叫价交易。如果确定交易时间的权力属于买方称为买方叫价交易,若该权力属于卖方则为卖方叫价交易。

随着 LME 被越来越多的生产厂家、消费厂家和贸易商所利用,价格的不确定性也越来越大。为了锁定住一定的价格水平,实物贸易中适时地利用了 LME 价格基础,由此产生了点价。因为正是 LME 为实物点价提供了一个价格基础,如果没有 LME 市场,实物贸易将不可能存在点价,而是买卖双方在签订合同时直接确定价格。

点价也是期货交割的一种定价方式,即对某种远期交割的货物,不是直接确定其商品价格,而是只确定升贴水是多少,然后在约定的"点价期"内以国际上主要期货交易所某日的期货价格作为点价的基价,加上约定的升贴水作为最终的结算价格。

点价交易可以降低双方的风险,提高交易的效率,稳定生意上的伙伴,扩大合作的对象,并且有效实现期货与现货的"两条腿走路"。同时,点价模式可以绕开期货的标准化交割,实现供给者与需求者的一对一的交割。

点价交易案例:某一利用钢坯生产螺纹钢的企业于 2013 年 12 月 2 日以 3 050 元/吨的价格买入钢坯,估算钢坯加工成螺纹钢及其他相关成本合计约 400 元/吨,此时期货 RB1405 合约价格为 3 690 元/吨,为锁定利润,此钢铁企业在买入钢坯的同时在期货市场上卖出套期保值。那么,此时该钢铁企业的利润则为 3 690 - 3 050 - 400 = 240(元/吨)。

12 月 16 日 RB1405 合约的价格跌至 3 670 元/吨,该钢铁企业与下游贸易商进行点价销售,销售价格为期货价格减去 20 元/吨的贴水(此时上海螺纹钢现货价格为 3 650 元/吨),点价期为 1 个月。下游贸易商在未来一个月内进行点价协议来确定结算价。

12 月 31 日,RB1405 合约价格跌至 3 570 元/吨,此时该钢铁企业将期货空单平仓,并销售已经生产出的螺纹钢。钢铁企业与贸易商通过点价交易确定的螺纹钢结算价格为 3 570 - 20 = 3 550(元/吨),期货平仓的收益为 3 690 - 3 570 = 120(元/吨)。那么该钢铁企业通过点价交易所获得的总利润为:3 550 - 3 050 - 400 + 120 = 220(元/吨)。

上述案例中,一方面,钢铁企业通过点价销售,已经确定了 220 元/吨的利润。比起通过套期保值锁定 5 个月后的 240 元/吨的利润,点价模式更加直接有效,不确定性也大大降低。另一方面,钢铁企业转让基准价格给市场,仍能基于现货市场和自身情况,通过确定升贴水来保证自身的利益。此外,点价模式其实是让钢贸商多一个点价的选择权,这将大大增加钢贸商购买和交易的积极性,增加钢铁企业的销售。

4. 基差交易

基差交易即以某月份的期货价格为计价基础,以期货价格加上或减去双方协商同意的基差,来确定双方买卖现货商品的价格的一种交易方式。基差交易根据品种主要分为两大类:股指期现套利交易和商品期现套利交易。其中股指期现套利交易指的是股指期货和股票的套利交易,而商品期现套利交易是指商品期货和现货实物(或仓单)之间的套利交易。

基差交易是一种低风险的交易模式,通过期货保值将商品的绝对价格波动风险转化为相对价格波动风险,即基差波动风险,大大地降低了贸易过程中承担的风险,提高贸易企业经营的稳定性和可持续性。

基差交易服务是由于客户信息不对称和市场不完全导致大量投资机会的存在,一方面,基差交易将有利于增加市场活跃度、提高市场有效性;另一方面,现货子公司、产业客户和银行可以合作利用基差交易机会设计具有多种风险收益特征的理财产品。

基差交易在海外期货市场中的运用极为广泛,主要是与套期保值联合运用。我国推出现货交易新业务有利于推动期货公司子公司加强在基差交易上的实务操作能力,使之形成一种可复制推广的成功模式和示范效应,帮助实体企业进一步加强套保效果,并最终引导企业更好地利用期货市场,完善定价机制与风险管理,这说明基差交易同时也是在为定价服务打下基础。

当然,我国期货公司风险管理子公司业务尚处于起步阶段,在发展中也曾遇到过一些制约,比如国内可用的交易工具有限、大多数实体企业无法通过正规渠道参与境外衍生品市场交易,人才、资金等资源缺乏等,另外,法律、税收等相关政策条款也在一定程度上阻碍了业务的快速发展。

(四)境外期货经纪业务

境外期货经纪业务,是指境内的企业或个人,可以通过有境外期货经纪代理业务资格的期货公司,参与境外交易所的全球期货交易。而之前内地期货公司在香港地区开设的期货业务机构,不能代理境外资金进入内地交易,内地资金也不能通过它在香港地区交易,它只相当于香港的本地期货公司。

在期货公司众多创新业务中,境外期货经纪业务的一个明显优势是,能够直接有效地增加期货公司的收入。境外衍生品市场品种丰富,走势连续,且与境内市场保持高度联动,能吸引大量境内套保、套利、跨境投资走出去。同时,境外成熟的衍生品市场在市场设计、规则制定、交易清算、风险控制、产业服务等方面都已形成先进的体系,除大宗商品期货外,还有期权、掉期等深度衍生品,能够为定价和风险管理提供多样化的工具。而且,境外成熟市场的期货经营机构业务范围覆盖广泛,业务层次鲜明,定位准确。

借助境外业务,期货公司可以切实参与境外市场,学习成熟市场经验,提高公司内部运营管理、交易风控清算、技术服务支持等方面的能力,并为未来内地期货市场的大发展做好知识、经验和人才方面的储备。

尽管近几年我国期货公司创新业务取得快速发展,但经纪业务依然占据主导地位,通道收入仍是期货公司最主要的收入来源。与国内不同,国外大型综合性期货公司的传统期货经纪业务所占比重较小,而资产管理、期货基金、投资咨询等金融服务占主导地位。国内期货公司只有通过业务的多样化,充分利用资产管理、境外代理、现货贸易、投资咨询以及未来可能出台的自营业务等多种模式,拓宽自身的盈利渠道,才能给期货公司及期货行业带来最实在的正面意义。

三、期货公司发展模式创新

过去几年,期货业裂变重生,大规模的兼并与整合浪潮迭起,行业洗牌持续加速,综合竞争力大大增强。我国期货行业的并购,大致可分为三波浪潮,分别是券商吸收期货公司、期货公司与期货公司的并购以及银行、保险等金融机构控股、参股期货公司。

(一) 券商吸收期货公司

2006年,股指期货上市渐行渐近,为了在市场竞争中抢得先机,券商对期货公司实行了大范围的"地毯式"收购,开启了期货行业的首轮并购潮,由此也引发了券商类期货公司的大规模扩容。2005年,我国券商参股的期货公司仅24家,到2007年底这一数字增长到50家左右,不到两年的时间,券商系期货公司数目翻倍。

在被收购的期货公司中,券商控股已经成为主要趋势。部分券商100%控股期货公司,比如浙商证券、上海证券、中信证券、光大证券、宏源证券、齐鲁证券、中信建投证券等;券商控股比例超过80%的也不少,包括申银万国、东方证券、东海证券和国金证券等;即使持股比例较小的华泰证券,其持有长城伟业期货公司的股份也达到49%,也处于相对控股的地位。

金融期货的经纪业务由期货公司开展,券商不能直接从事金融期货的经纪业务,但可以通过为它们控股的期货公司提供IB(金融期货交易介绍商)服务来参与金融期货。由于金融期货的发展速度远超过商品期货,券商通过吸收并购期货公司的方式能够从金融期货带来的收益中分得一杯羹。同时,由于券商主要经营证券业务,通过购买股指期货还可以降低其投资风险。

券商系期货公司与没有券商背景的期货公司最大的不同就是参股控股股东性质的差异。借助于股东力量,券商系期货公司可以利用股东券商的营业网点与客户资源优势,扩大业务范围,争取客户。从股指期货客户的开户量来看,没有券商背景的期货公司,明显低于有券商背景的期货公司。

(二)期货公司与期货公司的并购

我国期货业的第二轮并购潮起于2011年,以中国国际期货并购珠江期货、中证期货吸收合并新华期货为代表,开始了期货公司与期货公司之间的并购。此轮并购使得期货公司经营规模扩大、行业战略地位得以提升,同时也加快了我国期货行业由量变向质变发展的进程。

我国期货公司的并购与期货市场的发展环境是紧密联系的。分类监管的实施将促进期货行业主体结构的调整和行业整体的合理布局,金融衍生品的不断推出使得期市进入金融期货时代,期货市场对外开放的步伐加快,期货公司的规模经济效应开始显现。同时,随着创新业务的推出,期货公司的盈利模式走向多元化。

国际化并购成为我国期货公司资源整合的一大亮点。期货行业的国际化并购主要包括两种方式:第一种是"走出去",即国内的期货公司通过并购国外的期货公司来完成资源整合。第二种是"引进来",即国内的期货公司通过引进境外战略投资者来完成资源整合。目前国内已有成功引进外商投行的案例,如荷兰银行入股银河期货、东方汇理金融入股中信期货以及摩根大通入股中山期货等。

未来几年,我国将扩大期货行业对外开放、允许境外机构参股期货公司。在原油期货上市临近之际,外资收购境内期货公司也有望进一步放开,行业整合将加速推进。

(三)银行、保险等金融机构控股、参股期货公司

一直以来,期货业内的并购大戏一直以券商、期货公司为主角。但2013年11月26日,中航投资控股股份有限公司发布公告称,公司控股子公司中航期货拟作为存续方吸收合并江南期货,开启了央企并购重组期货公司的步伐。除了中航系等央企外,银行、保险等大型金融机构也有意入主期货公司。特别是国债期货上市后,借力收购期货公司来布局国债期货成为金融机构的重要考量。

随着金融期货的不断推出,银行、保险等金融机构将控股、参股期货公司,这是行业的第三轮并购。第三轮并购之后,我国的期货公司将主要分为金融背景期货公司、产业背景期货公司和部分专业化、区域型期货公司三类,并从中产生一批有实力、竞争力和一定国际影响力的期货公司。

目前,期货市场进入金融期货时代拓展了期货公司并购的范围,期货行业对外开放步伐的加快扩大了期货公司并购的空间,日益显现的规模经济效应增加了期货公司并购的内在动力。期货公司并购重组对整合市场资源、优化行业结构及培育核心竞争力将起到积极的作用。

第6章 期货的市场交易及投资谋略

第一节 投机交易

期货投机是指在期货市场上以获取价差收益为目的的期货交易行为。投机者根据自己对期货价格走势的判断，做出买进或卖出的决定，如果这种判断与市场价格走势相同，则投机者平仓出局后可获取投机利润；如果判断与价格走势相反，则投机者平仓出局后承担投机损失。由于投机的目的是赚取差价收益，所以，投机者一般只是平仓了结持有的期货合约，而不进行实物交割。

一、期货投机者类型

根据不同的划分标准，期货投机者大致可分为以下几种类型。

根据交易头寸方向不同可分为多头投机者和空头投机者。在交易中，投机者根据对未来价格变动的预测来确定其交易头寸。投机者买进期货合约，持有多头头寸，这样的投机者成为多头投机者。投机者卖出期货合约，持有空头头寸，则被称为空头投机者。

根据交易主体的不同，可划分为机构投机者与个人投机者。机构投资者是指用自有资金或者从分散的公众手中筹集的资金专门进行期货投机活动的机构。目前主要的机构投资者有商品指数基金、期货投资基金、对冲基金、国际投行及商业银行等。另外，证券公司、养老基金、共同基金、私募股票基金以及日内交易公司等机构也纷纷将资金投向期货市场，使得投机者组织形式更加多样化。

根据持有期货合约时间的长短，投机可分为三类：第一类是长线投机者，此类交易者在买入或卖出期货合约后，通常将合约持有几天、几周甚至几个月，待价格对其有利时才将合约对冲；第二类是短线交易者，一般进行当日或某一交易日的期货合约买卖，其持仓不过夜；第三类是逐小利者，又称"抢帽子者"，他们的技巧是利用价格的微小变动进行交易获取微利，一天之内他们可以做多个回合的买卖交易。

二、期货投机的准备工作

(一)充分了解期货合约

为了尽可能准确地判断期货合约价格的未来变动趋势,在决定买卖期货合约之前,应对其交易品种的相关制度进行充分的了解,在此基础上再针对期货合约未来的价格走势进行全面和谨慎的研究。只有对合约有足够的认识之后,才能决定下一步准确买卖的合约品种及数量。

(二)制定交易计划

交易计划通常就是把个人的交易方法、资金运用和风险控制情况等结合起来。很多投资者在期货市场中遇到的主要问题是缺乏明确的交易计划。在期货交易中,制定交易计划可以促使交易者考虑一些可能被遗漏或考虑不周或没有给予足够重视的问题。

(三)设定盈利目标和亏损限度

一般情况下,交易者根据自己对盈亏的态度来设定可接受的最低获利水平和最大亏损限度,并把各种分析方法结合起来对期货合约进行预测,这样获利的潜在可能性应大于所冒的风险。因此,交易者应事先为自己确定一个最低获利目标和所能够承受的最大亏损限度,做好交易前的心理准备。

三、期货投机的操作方法

(一)开仓阶段

1. 选择入市时机

首先,可以通过基本分析法仔细研究市场是处于牛市还是熊市。如果是牛市,继续分析升势有多大,持续时间有多长;如果是熊市,继续分析跌势有多大,持续时间有多长。此时技术分析法是一个比较合适的分析工具。

其次,权衡风险和获利前景。合理的做法是,只有在判断获利的概率较大时才能入市。所以,投机者在入市时,要充分考虑自身承担风险的能力。

最后,确定入市的具体时间。如果入市时间不当,在预测趋势尚未出现时就进行合约买卖,仍会使投机者蒙受惨重损失。技术分析法对选择入市时间有一定作用。建仓时应该注意,要在市场趋势已明确上涨时买入期货合约,在市场趋势已明确下跌时卖出期货合约。如果趋势不明朗或不能判定市场发展趋势,则不要匆忙建仓。

2. 金字塔式买入卖出

如果建仓后市场行情与预料相同并已经使投机者获利可以增加持仓。增仓应遵循两个原则:第一,只有在现有持仓已经盈利的情况下才能增仓;第二,持仓的增加应渐次递减。金字塔式卖出的做法与此类似。

举例来看,某投机者预测9月份白糖期货合约价格将上升,故建立5手(10吨/手)白糖期货的多单,成交价格为5 240元/吨,此后合约价格迅速上升到5 500元/吨,首次买入的5手合约已经带来浮动盈利(5 500 − 5 240)元/吨×10吨/手×5手=13 000元。

为了增加收益,该投机者再次以5 400元/吨的价格买入3手9月份合约,持仓总数增加到8手,这时,所有持仓的平均买入价为(5 240×50+5 400×30)/80=5 300元/吨。当市场价格再次上升到5 350元/吨时,又买入2手合约,持仓总计10手,所持仓的平均价格为5 310元/吨。这是金字塔式的持仓方式和建仓策略。

3. 合约交割月份的选择

建仓时除了要决定买卖何种合约及何时买卖外,还必须确定合约的交割月份。

(二)平仓阶段

投机者建仓后应该密切关注市场行情的变动适时平仓。行情变动有利时,通过平仓获取投机利润;行情变动不利时,通过平仓可以限制损失。

1. 限制损失、滚动利润

这一方法要求投机者在交易出现损失并且损失已经达到事先确定的数额时立即对冲了结,认输离场。过分的赌博心理只会造成更大的损失。在行情变动有利时,不必急于平仓获利,而应尽量延长持仓时间,充分获取市场有利变动产生的利润。

2. 灵活运用止损指令

止损指令是实现限制损失、滚动利润方法的有力工具。止损单运用得当,可以为投机者提供必要的保护。不过投机者应该注意止损单中的价格不能太接近于当时的市场价格,以免价格稍有波动就不得不平仓。但是止损单中的价格也不能离市场价格太远,否则又易遭受不必要的损失。止损单中价格的选择,可以利用技术分析法来确定。

(三)资金和风险管理

即使未来市场行情判断错误了也不必惧怕,只要做好资金的风险管理,一样可以取得较好的交易效果。

1. 一般性的资金管理要领

(1)投资额应限定在全部资本的1/3至1/2以内为宜。这就是说交易者投入市场的资金不宜超过其总资本的一半。剩下的一半做备用以应付交易中的亏损或临时性的支出。

（2）根据资金量的不同，投资者在单个品种上的最大交易资金应控制在总资本的10%~20%以内。这一措施可以防止交易者在同一市场上注入过多的本金，从而将风险过度集中在这个市场上。

（3）在单个市场中的最大总亏损金额宜控制在总资本的5%以内。这5%是指交易者在交易失败的情况下愿意承受的最大亏损。

（4）在任何一个市场群中所投入的保证金总额宜限制在总资本的20%~30%以内。这是为了防止交易者在某一市场群中投入过多的本金。同一市场群往往价格变动趋势比较一致。例如，焦煤和焦炭同属于煤化工群，其走势大体一致，如果把全部资金头寸注入同一市场群的品种中，就难以达到风险分散的目标。因此，我们应当控制投入同一市场群的资金总额。

上述要领在国际期货市场上是比较通行的，不过也可以对之加以修正，以适应各个交易者的具体需要。有些交易者大胆进取，往往持有较多的头寸，也有的交易者较为保守稳健持有较少的头寸。

2. 分散投资与集中投资

虽然分散投资是限制风险的一个办法，但对期货投机来说，要把握分散投资的度。期货投机不同于证券投资之处在于，期货投机主张纵向投资分散化，而证券投资主张横向投资多元化。所谓纵向投资分散化是指选择少数几个熟悉的品种在不同的阶段分散资金投入，所谓横向投资多元化是指可以同时选择不同的证券品种组成证券投资组合，这两种方法都可以起到分散投资风险的作用。

四、期货投机的作用

投机者是期货市场的重要组成部分，是期货市场必不可少的润滑剂。投机交易增强了市场的流动性，承担了套期保值交易转移的风险，是期货市场正常运营的保证。其经济功能主要有如下几点：

第一，承担价格风险。期货投机者承担了套期保值者力图回避和转移的价格风险，使套期保值成为可能。

第二，提高市场的流动性。投机者频繁地建立部位，对冲手中的合约，增加了期货市场的交易量，既可以方便套期保值交易成交，又能减少交易者进出市场所可能引起的价格波动。

第三，保持价格体系稳定。投机者的参与，促进了相关市场和相关商品的价格调整，有利于改善不同地区价格的不合理状况，有利于改善商品不同时期的供求结构，使商品价格趋于合理，并且有利于调整某一商品对相关商品的价格比值，使其趋于合理化，从而保持价格体系的稳定。

第四,形成合理的价格水平。投机者在价格处于较低水平时买进期货,使需求增加,导致价格上涨,在较高价格水平卖出期货,使需求减少,这样又平抑了价格,使价格波动趋于平稳,从而形成合理的价格水平。

第二节 套期保值

活动在期货市场上的交易者形形色色,有生产企业、加工企业、流通企业、银行、其他金融机构、个人,等等,归根到底,这些交易者不是套期保值者就是风险投资者即投机者。其中,套期保值者是那些试图通过期货交易避免价格风险的交易者,套期保值的交易方式为他们提供了避风港。

一、套期保值的基本概念

(一)套期保值的定义

套期保值是以规避现货价格风险为目的的期货交易行为。所谓规避风险的功能,是指生产经营者通过在期货市场上进行套期保值业务,可以有效地回避、转移或分散现货市场上价格波动的风险。生产经营者通过期货市场规避风险的方式是进行套期保值操作。套期保值就是在期货市场买进或卖出与现货数量相等但交易方向相反的商品期货合约,以期在未来某一时间通过卖出或买进期货合约而补偿因现货市场价格不利变动所带来的实际损失。

(二)现货价格和期货价格

对于同种商品,其现货价格与期货价格间存在着两种基本关系。正常情况下,期货合约价格高于现货价格,特殊情况下现货价格高于期货合约价格。根据这两种关系,期货市场可以分为正常市场和逆转市场。

正常市场又称为顺市或持仓费市场,其基本特征就是在市场正常供求状况下期货价格高于现货市场,交割期越远期货价格越高。例如,某企业在未来一个月需要某种商品,它有两种选择:一是立即买入一个月后交割的期货合约,将其持仓到期实现交割;二是买入该种商品的现货,将其储存至一个月后使用。购买期货合约除了要支付少量保证金外,不需要更多的投资;而买入现货不仅需要一次性交足货款,而且还必须支付从购入商品到使用商品期间的仓储费、保险费以及资金成本利息。所以在市场正常供求状况下,期货合约的买入者必须以高于购置现货的价格买入期货合约,以抵补持有现货的交易成本。人们通常将持有现货的仓储费、保险费以及利息成本合称为持仓费。期货价格 = 现货价格 + 持仓费,期货合约的价格相对于现货价格称为升水;相应的,现货价格相对于期货价格称为贴水。贴水额也等于持仓费,交割月份越远的期货合约持仓费越高,其相对现货市场的升水越多。期货合约持仓费为月持仓费乘以现货的实际储存月数。

(三) 逆转市场

若现货价格高于期货价格(或交割月份较近的合约的价格高于交割月份较远的合约的价格),此种市场称为逆转市场,在我国香港地区又称做逆市。该市场的出现有两个原因:一是近期对此种商品的需求非常迫切,远大于近期产量及库存量;二是预计将来该商品的供给会大幅度增加,导致期货价格下跌。总而言之,逆市的出现是由于人们要求立即取得商品,价格再高亦在所不惜,从而造成现货价格剧升,交割期较近的期货合约价格也随之上升,交割期较远的合约则因未来供给量大量增加的预测,价格相对平稳。这种价格关系并非意味着持有现货没有持仓费的支出。只要持有现货并且需要储存到未来某一时期,储存费、利息成本、保险费支出都是必不可少的,只不过在逆转市场上,由于市场对现货及近期期货合约需求迫切,购买者愿意承担全部持仓费而已。在逆转市场上,随着时间的推移,现货价格和期货价格如同在正常市场上一样,会逐步接近、趋同,到交割月收敛一致。

从理论上说,交割月现货价格和期货价格必将收敛一致,但现实情况略有差别,由于一些具体的技术性因素,两种价格间多少会存在一些差距。这些技术因素包括:交割的具体时间、具体地点,商品的品质差别,搬运费、运输费和交割费的差异等。

(四) 基差

上述期货价格和现货价格间的种种关系可以用一个概念加以概述,这就是基差。所谓基差是指在某一特定地点,某一商品的现货价格与同种商品的某一特定期货合约价格间的价差。基差的计算公式为:

$$基差 = 现货价格 - 期货价格$$

若不加说明,其中的期货价格应是离现货月份最近的期货合约的价格。

在正常市场上,基差为负;在逆转市场上,基差为正。虽然期货价格和现货价格的变动同升同降,但变动幅度往往不同,所以基差并不是一成不变的。随着现货和期货价格持续不断的变动,基差时而扩大,时而缩小,最终因现货和期货价格的收敛性,在期货合约的交割月下降为零。习惯上,人们通常所说的基差扩大、缩小是指绝对值而言,不计正负。由于地理位置等的不同,同种商品可以有多种现货价格,又由于交易者对不同交割月份的合约兴趣不同,所以同种商品的基差不是唯一的。同种商品的基差虽然多达几个、几十个甚至上百个,但对交易者来说,有意义的只是其中有用的一两个。

在期货交易中,基差的概念非常重要。首先,它是成功地进行套期保值的基础;其次,期货合约价格是成千上万的个人投资者、企业、机构投资者等在分析了各种商品供求状况的基础上,通过交易所公开叫价竞争达成的,是一个公正、公平、公开的价格。所以,越来越多的商品,其现货报价是以期货价格加减基差的形式报出的。这种现象的存在并非意味着期货价格决定着现货价格,实际正相反,从根本上说,现货价格决定着期货合约的价格,但这并不妨碍以期货价格为基础报出现货的价格。这也正是"基差"名称的由来。

基差的决定因素主要是市场上商品供给量和需求量间关系的集中反映。在现货交割地,如果市场供给量远大于需求量,现货价格就会低于交割月份最近的期货合约的价格;如果市场需求量远大于供给量,现货价格就会高于交割月份最近的期货合约的价格。对于初级产品,特别是农产品的基差,除受一般供求因素的影响外,还在很大程度上受季节性因素的左右,使基差在一个时期扩大,在另一个时期缩小,一年年周而复始。例如,在正常市场中,到了收获季节,因大量农产品在极短的时间内集中上市,造成供给量大大超过当时的市场需求,现货价格剧降,基差扩大;一旦收获季节过去,大量农产品逐步为市场所吸收,基差又开始缩小。随着春季来临,上年库存使用殆尽,在一些地区很可能出现供给短缺,现货价格相对于期货价格骤然上升,很可能出现逆转市场,基差由负变正。除此以外,替代产品的供求状况、仓储费用、运输费用、保险费、上年结转库存等因素,或多或少都会影响商品期货的基差。

二、套期保值的基本原理

(一)经济原理

套期保值之所以能有助于规避价格风险达到保值的目的,是因为期货市场上存在着现货价格和期货价格平行移动和收敛的经济原理。

1. 同种商品的期货价格与现货价格变动趋势一致

现货市场与期货市场虽然是两个各自独立的市场,但由于某一特定商品的期货价格和现货价格在同一时空内,会受到相同经济因素的影响和制约,因而一般情况下两个市场的价格变动趋势相同。套期保值就是利用这两个市场上的价格关系,分别在期货市场和现货市场做方向相反的买卖,取得在一个市场上亏损、在另一个市场上盈利的结果,以达到锁定生产成本的目的。

2. 现货市场与期货市场价格随期货合约到期日的临近,两者趋向一致

期货交易的交割制度,保证了现货市场价格与期货市场价格随期货合约到期日的临近,两者趋向一致。按规定,商品期货合约到期时,必须进行实物交割。到交割时,如果期货价格高于现货价格,就会有套利者买入低价现货,卖出高价期货,实现盈利。这种套利交易最终使期货价格和现货价格趋向一致。

正是上述经济原理的作用,使得套期保值能够起到为商品生产经营者最大限度地降低价格风险的作用,保障生产、加工、经营活动的稳定进行。

(二)套期保值的几种基本操作类型

在商品实际价格运动过程中,基差总是在不断变动,而基差的变动形态对一个套期保值者而言至关重要。由于期货合约到期时,现货价格与期货价格会趋于一致,而且基差呈现季节性变动,使套期保值者能够应用期货市场降低价格波动的风险。

基差变化是判断能否完全实现套期保值的依据。套期保值者利用基差的有利变动,不仅可以取得较好的保值效果,而且还可以通过套期保值交易获得额外的盈余。一旦基差出现不利变动,套期保值的效果就会受到影响,蒙受一部分损失。

1. 卖出套期保值

卖出套期保值又称空头套期保值或卖期保值,是指在期货市场上卖出期货合约,待抛出现货后再买入期货合约冲销原空头部位的交易手段。

【例6-2-1】 假设7月份,一家农场了解到大豆现货价格为2 010元/吨,该农场担心到9月份收获季节大豆价格下跌,从而减少收益。为避免将来价格下跌带来的风险,该农场决定在大连商品交易所进行大豆期货套期保值交易。假设期货价格与现货价格下跌幅度相同,交易情况如表6-2-1所示。

表6-2-1

	现货市场	期货市场
7月1日	大豆价格2 010元/吨	卖出开仓10手9月份大豆合约:价格2 050元/吨
8月1日	买入100吨大豆:价格1 980元/吨	买入平仓10手9月份大豆合约:价格2 020元/吨
套保结果	亏损30元/吨	赢利30元/吨

注:大豆合约1手=10吨。

从本例可以得出以下结论:一是完整的卖期保值实际上涉及两笔期货交易。第一笔为卖出期货合约,第二笔为在现货市场卖出现货的同时,在期货市场买进种类相同、数量相同、月份相同的期货合约,对冲原先持有的部位;二是因为例子中的交易在期货市场上的操作顺序是先卖后买,所以称其为卖期保值;三是通过这一卖期保值交易,虽然现货市场价格出现了对该农场不利的变动,价格下跌了30元/吨,因而少收入了3 000元,但是,其在期货市场上的交易赢利了3 000元,从而消除了价格不利变动的影响。

2. 买入套期保值

买入套期保值又称多头套期保值或买期保值。它是指在期货市场上买入期货合约,待买入现货后再卖出相同种类、相同数量、相同月份的期货合约冲销原有多头部位,以防范价格风险的交易手段。

【例 6-2-2】 7 月 1 日,大豆的现货价格为 2 040 元/吨,某加工商对该价格比较满意。为了避免将来现货价格可能上升,导致原材料成本提高,决定在大连商品交易所进行大豆期货套期保值交易。此时,大豆 9 月份期货合约的价格为 2 010 元/吨。该加工商于是在期货市场上买入 10 手 9 月份大豆合约。8 月 1 日他在现货市场上以 2 080 元/吨的价格买入大豆 100 吨,同时在期货市场上以 2 050 元/吨卖出 10 手 9 月份大豆合约,对冲 7 月 1 日建立的头寸。交易情况如表 6-2-2 所示。

表 6-2-2

	现货市场	期货市场
7 月 1 日	大豆价格 2 040 元/吨	买入开仓 10 手 9 月份大豆合约:价格 2 010 元/吨
8 月 1 日	买入 100 吨大豆:价格 2 080 元/吨	卖出平仓 10 手 9 月份大豆合约:价格 2 050 吨
套保结果	亏损 40 元/吨	赢利 40 元/吨

注:大豆合约 1 手 = 10 吨。

分析本例可以得出以下结论:一是完整的买入套期保值同样涉及两笔期货交易。第一笔为买入期货合约,第二笔为在现货市场买入现货的同时,在期货市场卖出商品相同、数量相同、月份相同的期货合约,对冲原先持有的头寸;二是因为例子中的交易在期货市场上的操作顺序是先买后卖,所以称其为买期保值;三是通过这一买期保值交易,虽然现货市场价格出现了对该加工商不利的变动,使该加工商在现货市场损失了 4 000 元(100 吨 × 40 元/吨),但是,其在期货市场上的交易赢利了 4 000 元,从而消除了价格不利变动的影响。如果该加工商不做买期保值交易,现货市场价格下跌时,他有可能得到更便宜的原料;但是,一旦现货市场价格上升,他就必须承担由此造成的损失。相反,他在期货市场上做了买期保值,虽然失去了获取现货市场价格有利变动的赢利,可同时也避免了现货市场价格不利变动的损失。因此,可以说,买期保值规避了现货市场价格变动的风险。套期保值防范价格风险的作用,不以其结果是赢利还是亏损为转移,只是保证企业的正常生产运营。

(三) 套期保值的原则

套期所以能够保值,其根本原因在于无论是买期保值还是卖期保值,其中都贯穿着"均等且相对"的原则。所谓"均等",是指在期货市场上买入、卖出的商品和在现货市场上卖出、买入的商品种类相同、数量相同。由于种类相同,现货市场的价格和期货合约价格必然密切相关,一升俱升,一降俱降;又由于交易量相同,现货市场与期货市场上相同幅度的价格变动,给现货交易和期货交易带来的权益量必然相同。"相对"是指在现货和期货市场上采取相反的交易行为,在现货市场上买入则在期货市场上卖出,在现货市场上卖出则在期货市场上买入。"均等"与"相对"结合,结果必然是交易者在这两个市场上的盈亏相反且数量大致相同,由此实现了避免或减少价格风险的目的。

(四) 套期保值的目的

套期保值的目的,总的来说就是保护经营利润,防范价格风险。

首先,套期保值保护的是经营利润。就一般情况而言,两个市场盈亏相等的情况虽不多见,但只要遵循均等且相对原则,两个市场上的盈亏至少可以大部分抵消。因此套期保值总是能够使将来在现货市场买入或卖出现货的价格与进行套期保值之初现货市场的价格大体相同。农场主及制造商等套期保值者们从生产、经营中应获得的利润已经包括在进行套期保值之初的现货市场价格之中了。他们之所以从事套期保值就是要尽可能抵消日后现货市场价格变动对该现货价格的影响,保护其在生产经营中的利润,并不指望从现货市场价格的有利变动中获取额外的利益,这也正是套期保值者和投机者最大的区别。投机者追求的恰恰是这种价格变动带来的利益,并且不惜为此承担亏损蚀本的风险。

其次,套期保值防范的是现货价格波动的风险。当现货价格上升或下降时,期货价格随之升降。由于保值者在期货市场上采取的交易行为和现货市场相反,结果现货市场上价格波动给保值者造成的盈亏必将由期货市场上的亏盈抵补,所以套期保值防范的是价格风险,而对于基差风险无能为力。基差的前后相同,才能保证现货市场的亏盈恰恰被期货市场上的盈亏抵消。如果在套期保值过程中基差发生改变,情况就会大不相同。

基差变动给套期保值造成损失的可能性与套期保值能够避免风险的一般结论并不矛盾,因为基差是现货价格与期货价格之差,而期货价格和现货价格在变动方向上又是相同的,所以基差的变动必然小于现货市场上现货价格的净变动,这样通过套期保值避免的风险远大于它不能防范的风险。所以,套期保值仍是避免风险的有力手段,只是一般而言它有可能不能完全消除风险。由此,我们也可以认识到基差在套期保值中的重要性:即便现货市场上的价格变动对套期保值者不利,但只要基差变动有利,就可以获得基差有利变动的利益。因此,认识基差,预测基差,选择在基差变动有利之时对套期保值的期货合约部位进行对冲,就成了套期保值者最重要的任务。那么,什么情况下基差变动将对套期保值产生有利影响呢？就卖期保值而言，下列情况之一成立时，才有获利的可能性：现货价格不变，期货合约价格下降；期货合约价格不变，现货价格上升；现货价格上升，期货合约价格下跌；现货价格与期货合约价格同时上涨，但现货价格上涨较快；现货价格与期货合约价格同时下跌，但期货合约价格下跌较快；现货价格原先低于期货合约价格，但后来居上。就买期保值而言，以下情况之一成立时，才具备盈利的可能性：现货价格不变，期货合约价格上升；期货合约价格不变，现货价格下跌；现货价格下跌，期货合约价格上升；现货与期货价格均上升，但期货价格上升较快；现货与期货价格均下跌，但现货价格下跌较快；现货价格原先高于期货价格，但后来转变成低于期货价格。

（五）套期保值的成本

套期保值也要付出一定的成本。客户最终决定是否进行套期保值和如何进行套期保值，就是要考虑回避风险带来的利益和付出成本之间的关系。套期保值者的成本有以下几个：

1. 交易手续费方面的成本

期货交易要缴纳期货交易手续费，如果客户要进行实物交割的话，还需要考虑交割手续费。

2. 资金占用方面的成本

占用资金是要支付利息的，这就构成了期货交易的资金成本。首先，期货交易要缴纳交易保证金。在我国，保证金的要求并不高，一般只是合约价值量的5%~10%，而且套期保值者可以用标准仓单和国库券质押保证金。其次，要准备可能出现的追加保证金。期货交易结算的逐日盯市制度可能会增加套期保值者的成本，这是因为现货交易的利润或损失必须等到实物买卖时才进行清算，而期货持仓从入市当天开始就每日结算。以空头套期保值为例，如果价格上涨，期货持仓是损失，套期保值者必须追加保证金以满足要求。此时现货市场虽然因价格上涨而有利，但在实现现货交割前，现货价格上涨带来的利润仅仅是账面利润，套期保值者在期货市场需要先追加保证金来弥补期货持仓的损失。

（六）套期保值应注意的问题

第一，了解所选择的期货交易所的上市期货商品有哪些，尽量选择同种商品的期货合约。

第二，进行套期保值交易却无相同商品时，可采用关系紧密的替代商品的期货合约。

第三，了解所选择期货合约的标准化规定。

第四，操作时，应严格遵循套期保值交易的四个基本特征和原则，即与现货交易方向相反、商品种类相同、商品数量相同、月份相同。

第五,要计算出进行套期保值交易时的基差,并随时关注基差的变化,以更好地控制风险。

第六,要认识到套期保值的保值功能的有限性。基差的变化,使期货商品的数量无法与需要进行保值的商品数量完全相等,替代商品期货价格和现货商品价格之间相互关联程度不很强,等级差别对现货商品的价格影响很大而对期货合约的价格影响甚微等,都会影响套期保值的效果。

第七,要认识到套期保值交易的防御性特征,不要企图用套期保值来获取厚利。作为套期保值者,要根据企业的生产、销售计划及公司经营目标,结合价格走势进行保值交易,以期在转移价格风险后专心致力于生产经营,获取正常经营利润。

第八,套期保值不等于实物交割。在实际的期货交易中,绝大部分期货合约都采用对冲的方式了结交易,套期保值者必须明确进入期货市场的目的不是为了实物商品的交割,而是借助于期货交易规避在现货市场买卖现货商品产生的价格风险,因此,套期保值者不一定必须进行实物交割。

第九,资金的分配与管理。期货市场是一个具有金融性质的市场,其价格有超常变动的可能。因此,企业在进行套期保值的过程中,应认真分析现货市场与期货市场的不同点,充分考虑到期货市场潜在的投机风险,做好在期价发生超常波动时的思想准备、资金准备以及应对措施。

第三节 套利交易

期货市场上价格波动极为频繁,投机者直接利用期货价格的波动来进行投机交易,这种交易的关键在于投机者正确地预测和判断价格走势,一旦预测准确则获利甚丰,一旦判断失误则带来损失,甚至血本无归。因此,进行多头、空头投机交易,赢利与亏损风险同在。能不能找到一种投机手段,来降低和限制风险,增加赢利的可能性呢?期货套利交易便是这样一种有效的交易方式。

一、期货市场套利交易综述

(一)期货套利交易的定义

期货套利交易也叫做期货套期图利或价差交易,指的是在买入或卖出某种合约的同时,卖出或买入相关的另一种合约的交易方式。套利交易是期货市场所特有的一种低风险获取稳定收益的方式。在交易形式上它与套期保值相同,只是套期保值在现货市场和期货市场上同时买入卖出合约或商品,套利交易却只在期货市场上买卖合约。套利交易丰富了期货交易的内容,是与投机交易相平衡的不同的交易方式。

美国著名期货专家、金融期货的创始人利奥·梅拉梅德在1977年发表的《市场流动性和套期图利技术》中指出:"从事期货交易的基本技术不外乎几种,交易所场内和场外的交易者交替使用这些技术。这些技术从广义上可区分为投机商(做市商)、部位交易者和套期图利者交易技术。期货市场套期图利者的技术与做市商或部位交易者大不一样,套期图利者利用同一商品在两个或更多合约月份之间的差价,而不是任何一个合约的价格进行交易。因此,他们的潜在利润不是基于商品价格的上涨或下跌,而是基于不同合约月份之间差价的扩大或缩小,从此构成其套利的部位。"可见,套利者是一个与投机者、套期保值者都不同的独立群体。

套利交易丰富了期货投机交易的内涵,同时,与实盘交割组合使用可有效提高获利的稳定性与延续性,是参与当今我国期货市场的绝佳方式之一。

(二) 套利交易与套期保值的联系与区别

从期货市场套期保值理论的演变过程可以看出,随着期货市场的发展,套期保值的内涵已发生了本质的变化。现代意义上的套期保值已不再是简单地在期货市场上买卖与现货市场方向相反、数量相等的交易合同,而是将现货市场和期货市场的交易作为若干投资乃至投机组合。因此,从实际操作的角度,应该确定套期保值、套利交易的基本形式和相互关系。

套利交易与套期保值的交易方式很相似,它们都注重"套期",即同时买卖数量相等、交易方向和部位相反的两种交易部位,但它们在本质上又有明显的差别。

1. 交易目的不同

套期保值的目的是"保值",是为了利用期货交易的赢利来弥补现货交易的亏损。套利交易本质上是投机,目的是"图利",期待一个交易合约的获利比另一个交易合约的亏损大。

2. 交易内容不同

套期保值对冲交易的标的物是不同的,一种是现货合约交易,一种是期货合约交易。期货交易是为现货交易"保值"服务的,必须与现货交易相协调。套利交易的交易都是期货交易买卖,只是一个是空头合约,另一个是多头合约。

3. 交易手段不同

套期保值交易一部分合约通过期货交易市场实现,一部分合约通过现货市场实现;套利交易一般都通过期货交易市场进行。

(三) 套利交易与一般期货投机的联系与区别

套利交易在本质上也是一种期货投机交易,它与一般期货投机一样,是建立在对价格预测的基础上,通过期货合约的买卖和对冲活动,博取价格波动带来的利润。套利交易是以一般期货投机交易为基础、在一般期货交易基础上发展起来的,但是,套利交易和一般的期货投机之间存在着许多明显的区别。

1. 投机的对象不同

一般期货投机交易的投机对象是期货合约的绝对价格水平,如果价格的变动方向与当初的预测相一致,交易者即可从中获利;套利交易者关注的是不同期货合约之间价格变化的差额。

2. 交易的内容不同

一般期货投机交易只做某一合约或几种不相关合约的多头或空头交易。套利交易做的是同时进行、数量相同、交易方向相反的两种相关合约的期货交易。

3. 风险的大小不同

期货合约价格的波动和幅度并不直接明显地影响套利交易的盈亏及其大小,对套利交易盈亏及其大小有直接明显影响的是所交易合约之间的差价变化和幅度。实际上,相关合约之间的差价变化同基差变化一样,比其中任何一个合约的价格变化都小。因此,套利交易的风险相比一般期货投机交易为小。套利交易的优点和长处就在于此。此外,由于套利交易的两个合约是相关的同类商品,所以合约价格在运动方向上是一致的,在同时买入、卖出的过程中,其承担的风险较单方向的普通投机交易要小。

4. 交易的作用不同

一般期货投机交易的主要作用是形成合理的期货价格。套利交易的作用,一是为交易者提供风险对冲机会,使保值者能在中途选择合适机会退出期货市场,使期货市场的流动性得以保证;二是调节不同交割月份、不同交易地点的相关期货市场商品的供求变化,使它们一时扭曲的价格关系能重新回到正常合理的状态。

二、套利交易的种类

套利交易可以分为跨期套利、跨市套利、跨商品套利、原材料与制成品套利和期货与现货间套利等五种形式,其中以第一种形式最具代表性。

(一)跨期套利

跨期套利就是在同一交易所内,同时买入、卖出同种商品不同交割月份的期货合约。跨期套利是对同一商品的不同交割月份期货合约之间的差价进行的投机行为,交易者试图利用这种差价变化机会赚取差额利润。跨期套利是最为常见的一种套利行为,它在商品期货交易和金融期货交易中都广泛存在。

1. 不同交割月份合约的价格

在期货交易所上市交易的每种期货合约都有两个以上的交割月份,其中一些离现货月份较近的称为近期合约,另一些离现货月份较远的称为远期合约。远期合约价格大于近期合约价格时,称为正常市场或持仓费市场;近期合约价格大于远期合约价格时,称为逆转市场。无论是近期合约还是远期合约,随着各自交割月的临近,它们的价格和现货价格的差异都会逐步缩小,直到收敛,但近期合约价格和远期合约价格相互间不完全存在收敛的问题。

在正常市场中,近期合约和远期合约的价差只限于持仓费,即从近期月份到远期月份之间持有现货商品应当支付的仓储费、保险费及利息等之和。

在逆转市场中,二者的价格差没有限制,取决于近期供给相对于需求的短缺程度,以及购买者愿意花多大代价换取近期能得到的商品供给。

农产品期货合约价格的变动还涉及作物年度的问题,作物年度一般从农作物大量收获月的第一天开始到次年收获月的前一日止。例如,小麦的作物年度从7月1日开始到次年的6月30日止;棉花作物年度从8月1日开始到次年的7月31日止。

由于作物年度关系,农产品期货便有新、旧产期货之分。旧产期货是在次年农产品收获之前到期的合约,因其交割月在收获季节之前,只能以上年度所产农产品办理交割;新产期货是以新产农产品办理现货交割的期货合约。

无论是正常市场还是逆转市场,在不同阶段均会产生套利机会。套利交易者根据以上关系,正确计算不同交割月份合约之间的应有价差,再结合具体的市场行情及对市况发展趋势的分析预测,判断不同合约间的价格关系是否正常。如果不正常,无论价差过小还是过大,套利者均可根据二者的偏离情况决定采取何种套利方式,待价格关系恢复正常时同时对冲了结,以获取利润。

2. 正向套利

正向套利有时称为牛市套利。在正常市场上,如果供给不足,需求旺盛,则会导致近期期货合约价格涨升的幅度大于远期合约,交易者可以在买入近期合约的同时卖出远期合约,从而进行牛市套期。

在正常市场上做牛市跨期套利交易时,只要价差缩小即可获利,缩小越多获利越多;相反,如果价差扩大,投机者就会蒙受损失。在正常市场中,买近卖远的跨月套利交易最突出的特点是,投机者的损失有限,而获利的潜力有可能是无限的。其原因在于:

(1)只有价差扩大套利才会出现损失。因为在正常市场上,远期合约对近期合约的升水额是呈扩大趋势的,但是由于存在套利的可能性,这一升水额又不会超过从近期合约交割月到远期合约交割月的持仓费,所以损失是有限的。

(2)无论价格是升还是降,只要价差缩小即可获利。当价格上升时,只要近期合约升幅足够大,近期合约的绝对价格水平就可以高于远期合约,形成近期合约对远期合约升水。其升水额取决于近期市场对商品的需求程度及供给的短缺程度,不受其他限制,所以获利潜力是无限的。

在逆转市场上,由于需求远大于供给,导致现货价格高于期货价格,并连带近期合约价格高于远期合约价格。虽然持有现货的持仓费依旧存在,但已被忽略,购买者愿意承担,在这种情况下可以入市进行牛市套利。交易者应当注意:第一,只要价差扩大,无论价格升降,交易者均可获净利,价差缩小则出现净亏损,近期合约较远期合约价格升幅更大时,或远期合约相对于近期合约跌幅更大时,才能入市做牛市套利;第二,因近期合约对远期合约的升水额可以没有限制,远期合约对近期合约的升水额却受制于持仓费等原因,故牛市套利获利潜力无限,风险却有限。

3. 熊市套利

在正常市场上,如果近期需求减少,供应量增加,则会导致近期合约价格跌幅大于远期合约价格,或者近期合约价格的涨幅小于远期合约价格。这时候,投机者进行卖出近期合约买入远期合约的熊市套利,即可获利。

在正常市场上卖近买远的熊市套利和前面买近卖远的牛市套利有以下共同点:第一,纯粹的多头或空头投机可以获得更大利润,同时风险也更大;套利交易获利虽较小,风险也较小。第二,套利获得成功的关键在于价差的变动,与价格变动方向无关。二者的区别在于,正常市场上卖近买远的熊市套利可能获取的利益有限,而可能蒙受的损失无限。因为此种套利获净利的前提是价差扩大,而在正常市场上价差最多只能扩大到和持仓费相等的水平,但近期合约价格却可能大幅度上升致使其价格水平远在远期合约价格水平之上,所以理论上可能的损失额也就没有上限。当然,实际情况并非完全如此。在逆转市场中,卖近买远的熊市套利与买近卖远的牛市套利的情况正好相反。

4. 蝶式套利

蝶式套利是跨期套利的另一种方式,它是由两个方向相反、共享其中交割月份的跨期套利组成。蝶式套利是两个跨期套利的互补平衡组合,被称为"套利中的套利",其风险和利润都较小。蝶式套利组合差价的计算公式为:

组合差价 = 2 × 中间合约价 − 前期合约价 − 后期合约价

组合差价扩大趋势中,执行买中间合约卖前、后合约方式的蝶式套利。组合差价缩小趋势中,执行卖中间合约卖前、后合约方式的蝶式套利。

(二) 跨市套利

跨市套利就是同类商品、同一交割月份、在不同交易所的期货合约之间进行的套利行为。套利交易者试图利用这一差价变化的机会赚取利润。

跨市套利与跨期套利的基本原理相同,不同之处有以下几点:

1. 运输成本

跨市套利首先必须了解各种商品的运输费用,计算各种商品期货合约在不同交易所应有的差价水平,然后计算这一差价的实际水平,并将它与应有的正常水平比较,根据二者的偏离情况判断这一差价的变化方向,最后再根据对差价变化方向的预测决定买入哪个交易所的合约,卖出哪个交易所的合约。

2. 交割等级的差异

各交易所规定的商品交割等级也会影响同种商品期货合约在不同交易所的差价。

3. 当地的供求状况

如果某商品A交易所供给短缺,B交易所供给充足,则A交易所该商品合约价格必趋于上升,套利交易者可买入A交易所某商品期货合约,卖出B交易所同类商品期货合约。

跨市套利既可以在同一国不同交易所之间进行,也可以在不同国家的交易所之间进行。在跨市套利中,应充分关注运输费用、关税与增值税、交割标的物差异、交易单位、汇率波动、保证金与交易佣金费用等。

(三) 跨商品套利

跨商品套利在不同但相关的商品间进行。相关商品是指两种商品在用途上存在着替代关系或者两种商品受同一供求因素的制约,在期货市场上表现为合约价格的变动方向相同,同升同降。如果某一商品价格上涨,而其替代商品一时没有上涨,就会有一些厂商和消费者转向购买替代商品,结果替代商品的价格必然上涨。这是由于两种相关商品价格波动的时间差带来了套利机会。除了替代商品以外,其他不同商品之间的期货价格变化具有很大的独立性,它们的价格变化方向是否一致是相当不确定的,在它们之间做跨商品套利就失去了可降低风险的意义和吸引力。

例如,在美国,商品期货合约中跨商品套利的机会主要存在于小麦和玉米、燕麦和玉米之间。由于燕麦与玉米都主要用做饲料(燕麦总量中的85%~90%、玉米总量中的60%~65%都用做饲料),当玉米价格上升时,人们自然会以燕麦代替玉米,造成对燕麦的需求增加,价格趋涨;当玉米价格下跌时,人们自然会选择玉米,燕麦价格下跌,道理相同。

燕麦合约与玉米合约的价差变动有一定的季节性:燕麦在7月、8月份收获,玉米在10月份收获。每年7月、8月份燕麦收获季节来临,大量燕麦在短期上市,燕麦相对于玉米来说价格下跌;到11月、12月份,燕麦大部分已为市场吸收,供给压力缓解,但此时玉米收获上市,价格趋跌。所以,7月、8月份燕麦与玉米合约的价差会扩大,到年底又会缩小,最终恢复正常。交易者可以利用这种价差变动进行跨商品套利。

相关商品间的套利交易在铜、铝之间也较为常见。

(四)原材料与制成品套利

原材料与制成品套利是一种特殊的套利交易,前提是某种原材料及其制成品的期货合约同时上市交易。与其他套利交易相比,可以进行原材料与制成品套利交易的市场并不多,最典型的是芝加哥商品交易所大豆及其两种产品豆油、豆粕间的套利。大连商品交易所的大豆、豆粕之间也存在该种套利机会。

1. 价格关系和加工毛利(压榨利润)

大豆经常被加工成两种产品:豆油和豆粕。豆油食用,豆粕用作饲料。大豆价格与豆油、豆粕价格关系密切,多呈现同向变动,但幅度很少一致,所以价差总是不停地变化,时而扩大,时而缩小。通常以大豆和豆油、豆粕间的关系为基础计算加工毛利(又叫压榨利润),计算公式为:

$$压榨利润 = 豆粕价值(豆粕价格 \times 出粕率) + 豆油价值(豆油价格 \times 出油率) - 大豆价格 - 加工费$$

如果大豆加工所获产品的综合价值(豆粕价值 + 豆油价值)大于大豆价格,则压榨利润为正;如果小于大豆价格,则压榨利润为负。由于压榨利润取决于综合价值与大豆价格间的差价,且大豆、豆油、豆粕的价格呈同向变动,所以压榨利润和价格变动的方向无关,而由三者之间价格变动的相对幅度决定。

2. 大豆提油套利和反向大豆提油套利

当压榨利润为正时,如果投资者预测产品综合价值相对于原材料价格将要下跌,压榨利润将要下降,那么于此时买入原料大豆的期货合约,卖出产品豆油和豆粕的期货合约,持有合约到压榨利润缩小时分别对冲了结即可获利,此种价差交易称为大豆提油套利。这种交易既可被交易者利用以获取利润,又可被大豆加工商利用,用大豆提油套利的利润来弥补在现货市场上大豆价格上升造成的损失。

(五)期货与现货间套利

期货与现货间的套利也可以像套期保值或套利那样,在期货合约到期前把合约对冲掉。但由于现货交易不能买空、卖空,所以期货与现货间套利只能是在卖出期货合约的同时买入等量的同一现货。实物商品的现货交易比较麻烦,因此,在商品期货中,一般投资者不会参与期货与现货间的套利交易,倒是一般的生产经营商试图借此在保值的同时又获利。在金融期货中,由于金融工具的现货交易比较简单,一些投机者也会参与这种交易。

期货与现货间的套利交易是以基差为投机对象的,交易者试图赚取的是基差变化的差额。

三、套利策略

(一)下单报价时清楚地表明交易意愿

在套利交易中,无论是开仓还是平仓,只要价差符合要求,即可按任何价格成交。我国目前只有限价报单方式,所以在符合价差的基础上,下单时还是要指明成交价格的。在美国等地的交易所,下达交易指令时只需写明买入合约与卖出合约间的价格差,不必说明具体的买入价和卖出价,否则不利于场内经纪人执行指令。如在芝加哥和堪萨斯两个交易所进行跨市套利,交易的商品期货是 12 月份的小麦,投机者可下达这样的指令:"买入芝加哥 12 月份小麦合约,卖出堪萨斯 12 月份小麦合约,堪萨斯合约比芝加哥合约低 10 美分"。

(二)套期图利同时进出

进行套利交易时,必须坚持同时进出的原则,也就是开仓时同时买入卖出(或卖出买入),平仓时同时卖出买入(或买入卖出),切忌跛脚而行。

交易者在做套利交易时,通常是买入和卖出同时操作,但在抽身出市时,许多交易者往往自以为是,先了结价格有利的那笔交易。比如,某交易者预测玉米合约价格将上涨,且近期合约价格的涨幅大于远期合约,便进行牛市套利,买入近期合约卖出远期合约;在价格下滑的时候,原本应该同时结清买盘和卖盘,平仓出市,但他先将卖出的玉米合约结清获利了结,并持观望态度,希望所买入的玉米合约能够出现转机,价格上扬而获取更大的利益,即买入卖出的两只脚不是同时从市场中撤出。假如价格真如他所愿反转上扬,当然可以获利,但是一旦价格继续下行,将遭受更大的损失,而且往往趋势会持续一段时间,因此在套利交易中,绝不能抱有侥幸心理。

(三)不能因为低风险和低额保证金而做超额套利

套利确实有降低风险的作用,而且国外交易所为了鼓励套利,交易收取的保证金数额比一般的投机交易低 25%~75%。但是,不要以为这样,就可以把交易数量扩大几倍。因为如此一来,如果价差不向预期的方向发展,投资者面临的亏损额将与他的合约数量成正比,无形中增加了自己的风险。此外,套期图利的佣金费用与单盘交易相同,超额套利后,佣金增加,套利的优势无法正常地发挥出来,由此可能产生意外的风险。

(四)不要在陌生的市场做套利交易

"不在陌生的市场做套利交易"应当说是一个常识问题。套利者通常关心的是合约之间的价差,而对交易的期货品种并没有浓厚的兴趣,因为套利者就是通过合约之间的价差赚取利润,而对具体的商品并无需求。但是在新旧农作物年度的跨月套利以及农产品的跨市套利中,套利者必须了解农作物何时收获上市、年景如何以及仓储运输条件怎样等,如果不具备这些基本知识,应该远离这个市场。

(五) 不要用套利来保护已亏损的单盘交易

在期货市场上进行交易,总是有亏有盈,在出现亏损时就应该忍痛了结,必须具备随时止损的心理准备,不肯服输的投资者有时可能会出现更大的损失。但是,在实际交易过程中,有的投资者买入一份期货合约后,价格出现下跌,本来应该迅速平仓离场,可是他仍寄希望于有奇迹出现,价格能够反弹,于是继续留在市场中观望。为了避免更糟的情况发生,他又做了一笔交易——卖出同一种期货合约,形成了套期图利的模式,其理由是如果价格继续下跌,卖出的这份合约将可以减少当初买入合约的一部分损失。事实上,后来卖出的期货合约只能起到已有损失不再扩大的作用,而且因为月份不同,有可能产生未知风险。先前买入的期货合约的亏损已经客观存在,采用套利来补救为时已晚,不如认输退出市场。

这一原则也有例外的情况。因为大多数交易所都有每日交易停板额的规定,当投资者买入或卖出合约时,价格已达到跌停限制或涨停限制时,可以在最初交易月份的下一个交割月采取相反的交易来抵消最初交易的损失。例如,某投资者卖出一份原油合约,由于发生突发事件,导致国际原油价格暴涨,原油期货价格也连带上涨,达到该日的涨停板。这时投资者可以不急于抽身脱市,而是入市买入2份以上的下一个交割月的原油合约,以抵消先前卖出合约的损失。因为在这种情况下,近期合约的价格上涨速度远大于近期合约下跌的损失。但要记住,只有在面对一连串的涨跌幅度限制的市场内,投资者才能利用套利来分散风险。

(六) 注意套期图利的佣金支出

一般来说,套期图利是同时做两笔生意,经纪公司总是想从投资者的套利中收取双份的全额佣金。在如何征收套利的佣金上,各方看法不一,各个交易所的规定也不同。按国外的惯例,套利的佣金支出比一个单盘交易的佣金费用要高,但又不及一个单盘交易的两倍;当投资者下达套期图利指令时,应明确表示,这是一笔套期图利。需要注意的是,投资者必须是从入市开仓到平仓出市完成一笔完整的套利,才可以享有佣金费用方面的权利。也就是说,投资者不能只抽出其中一只脚,继续占据有利的获得位置,而又希望经纪公司和交易所承认其是在进行套利。即使先后抽出套利的脚在同一天,经纪公司和交易所也不会承认这是一笔套利。佣金费用相对于一笔交易来说,也许不算什么,但当交易额巨大时,这也是一笔不小的支出,所以不要支付不必要的交易成本。

应当指出的是,套利尽管从总体上来说风险较小,但期货市场上的变化是无穷的,理论上的小风险不等于实践中风险小。遇到涉及现货交割月、市场供求状况急剧变化以及其他破坏正常价格关系的情况时,套利仍然具有相当大的风险性。因此,交易者应对自己的交易策略和模型进行认真的设计和反复的验证,以确保交易成功。

第四节 期货投资谋略精要

一、期货投资需要的正确理念

(一)期市生存的唯一途径:止损!止损!!止损!!!

期货市场是一个风险高度集中、投机性极强的市场,主要原因是投资买卖一种商品只需付5%~10%的保证金便可参与交易,这与需要足额支付交易款项的股票投资存在重大区别。如果用交易股票的思路来从事期货买卖,其结果往往会背道而驰。因此,从事期货交易应当制定一套完整的买卖方案后方可进场,并应把握以下基本原则:

第一,要学会在市场中生存,尤其在初入市时学会生存比赚钱更重要。投资者要生存就必须有一套有效的资金管理办法来管理资金。一般来说,初入市者最有效的资金管理办法是减少损失,免得在刚开始交易时,就弹尽粮绝。打个比方来说,在前10起交易时可用你投入期货资金总额的10%,并将这10起交易逐次加以总结,如果胜率占50%,就可以再加码资金总额的10%,依此类推,但累计加码比率不应超过总额的30%,尤其是做投机交易者或交易年限不超过3年的更应如此。举个例子来说:两军对垒,如果战役刚打响,一方就将先遣队、主力队、预备队等全部投入战场,那么如果对方战术有所变动,整个战场格局中有了质的变化,胜败自然也就立即分出来了。所以在一般情况下,战争双方都是先试探性地小规模接触,然后根据战场格局,逐步投入兵力,而预备部队不在关键时刻是不能用的。

第二,在期货交易中能生存乃至获利的基础是:止损,即认错、服输、赔得起。如果没有止损的概念和意识,就像没有刹车闸的汽车在公路上行驶一样,迟早要出事。关于止损,华尔街有句格言:"不管你对市场的认识如何,你必须在某个价位进行止损",因此止损是投机交易的基本功。不仅是在期货市场,投资者在其他市场都应该懂得止损,只是止损在期市交易中显得更重要罢了。止损就如一把刀,它可能使你鲜血淋淋,但能使你不伤元气地活下去,使你的交易损失不再扩大,并能最终寻找机会反败为胜。有一个鳄鱼吞食的原则,非常适合于期市中的止损:鳄鱼在吞食的过程中,食物愈挣扎,鳄鱼的收获就愈多。假定一只鳄鱼咬住你的脚,如果你用手臂挣扎试图挣脱你的脚,则他的嘴巴便同时咬你的脚与手臂,你愈挣扎,便陷得愈深。因此唯一的生存办法便是牺牲你的一只脚,也就是说壮士断臂不断头。若以市场的语言来表达就是:当你交易的方向并没有按照自己的预测方向运行,请立即平仓了结出场,不要再抱有任何侥幸心理。

第三,如果你不能或不会止损,最好的办法是让委托人或经纪人来执行。即当你下达新单后,当市场价格达到你止损的水平时,委托人就会执行止损平仓指令。止损委托的益处体现在"割肉"时不用你自己动手,就如同在医院里,医术再高明的外科医生,如果自己身上有疾患,给其动手术的也肯定不是自己,这是个心态问题。因此,如果你忍受不了"割肉"时的这种痛楚的感觉,最好请别人来帮助你,这也是一种解脱办法。请记住:要想在期市博弈中生存,除此之外,没有其他路径可走。

(二) 摒弃人性的弱点——贪婪与恐惧

人性的弱点是什么?自私、狂妄、怯懦、自大、贪婪、恐惧、急功近利、刚愎自用……这些弱点,大凡是人,生下来就都有,只是在家庭熏陶、学校教育、工作实践和社会磨炼中会逐渐得到改进和修正。悟性强者,改变或摒弃这些弱点较快,因此在学业和事业中备受师生或同事的推崇与关注,逐渐成为社会的佼佼者。悟性稍差些者,经过生活磨难、事业坎坷及阅历和知识的不断丰实,也会有辉煌业绩或出人头地之时。但是,还有一些人可能觉察不出人性的弱点或自己身上有这些弱点,于是就在社会与事业的底层随波逐流,偶尔有几次机遇也是稍纵即逝,于是就有平生不得志的说法。

具体归纳起来,在期货交易中人有两个弱点是最容易表露的也是必须摒弃的:一是贪婪,二是恐惧。在瞬息万变的期货市场中,交易者往往会在短期内经历无数次的成功与失败,如果不能保持平和的心态而让贪婪和恐惧占据了上风,就会带来许多不良的后果。尤其是当交易的合约开始有浮动赢利时,有的交易者心中充满着对赚钱的贪欲,恨不得将整个市场的钱在一波行情中赚足,此时心中已完全没有止损止盈的概念,更不要说风险了。所有一切全让贪婪蒙住了双眼,让感性替代了理性,其结果往往是以失败而告终。贪婪和恐惧是孪生兄弟。在经历了几次类似于这样的交易失败后,有些投资者往往贪婪心没有了,恐惧感却上来了:下单时开始畏手畏脚,一次次市场机会从眼前掠过,恐惧感取代了自信心也取代了灵感;偶尔交易一次,当市场行情波幅稍大时,要么赶紧出场,要么马上锁单。交易者的心态变得越来越不平稳。

因此,贪婪和恐惧是期货交易者的大忌,只有彻底克服了这两个弱点,成功才能真正降临。那么,应该怎样克服呢? 首先,在进行交易时,应弱化期货的暴利情结,将期货投资当做一项长期的工作来进行,就如同人生之路一样:出现错误,立即改进修正,最终会走向成功。罗斯福总统在入主白宫时曾说:"在自己做过的事情中有 3/4 是正确的就感到无悔了。"伟人尚且如此,何况凡人呢? 从这方面讲,人生与期货之路基本上是异曲同工的。其次,积小盈也能成大胜。古语曰:"不积跬步,无以至千里;不积小流,无以成江海。"在期货交易中,考验交易者的并不是看谁正确的次数多,而是比谁犯的错误少,所以在这个市场中交易者只要形成了正确的交易理念,无论失败多少次都可以在市场中重新站立起来。没有任何市场能和期货市场一样,能为失败者在短期内创造那么多重新奋起的机会,但前提是必须有重新搏击的资本,否则只有吟唱"大江东去,浪淘尽,千古风流人物"了。

期货市场是一个看不见硝烟的战场,多空搏杀则意味着敌我相争。因而交易者都应把自己看做是战场上的战士,要有"战前多流汗,战时少流血"的理念。如果有了这个想法,离成功也就不远了。

(三)"计划你的交易,交易你的计划"

在期货交易中,许多成功的交易人士都信赖一套交易计划。这些交易者,一般至少在期货市场摸爬滚打 3~5 年以上,并历经几波大的行情,而逐渐悟出了制定交易计划的重要性。因此他们会很认真地审视自己制定的交易系统的每一个细节,对系统运行可能出现的错误准备好防范措施,然后确定有多大的赔钱概率。所以,他们利用这些反复测试过的交易系统并遵规守纪地去执行,每次交易结束,一般是盈多亏少,长久累积下来,其交易账户的赢利百分比会是成十倍或百倍地增长。

那么如何制定交易计划呢? 它有两个要点:一是预测行情,即以何时何价位,用多少保证金对一种期货合约买入或卖出;二是风险控制,即买入或卖出期货合约后,用多少交易资金把该合约了结。

怎样进行行情分析把握价格走向呢? 期货交易除了和其他交易一样利用先买后卖产生价差利润外,还可以通过先卖后买产生价差利润,这是期货独特的交易方式之一。因此交易的灵活性就需要交易者对价格有准确把握,即对未来几周或几个月的价格走向作出正确判断,也就是说需要一个价格预测的方法。大多数交易者是通过基本面或技术面的分析来预测价格的,当然也有个别的交易者通过《周易》《八卦》或一些五花八门的方法和指标来预测价格。既然是预测,结论与实际走势就不可能百分之百地吻合,总会有些偏差。对此,应有清醒的认识。

在对价格走向的预测中,可以通过技术分析的 K 线、均线、趋势线、支撑位及阻力位等规律性变化来预测未来价格的涨跌及在某一波段价格走势中相对的底部与顶部,也可以通过结转库存、产量、购销报告、气候及经济状况等基本面因素预测价格的未来趋向。一般的交易者在开始时倾向于使用他们感觉不错的价格预测模式,靠每次实践中的成败来检验该模式的效能并使之发展和完善,而只有被证明能提高预测效果的模式才能被最终保留。需要指出的是:该模式可能会适合于特定的几个交易品种,如果在对其他品种的价格预测中,该预测模式失效,那么就应该去研究另一套行之有效的价格预测模式。

关于风险,指的是由于影响期货市场商品价格的诸多因素发生不可预见的变化(如政治、经济、供需、库存等)从而导致市场波动,使交易者的交易行为所产生的结果与其收益目标发生偏离。这种偏离可能是正的,即实际的收益高于交易者的预期目标;也可能是负的,即实际的收益低于交易者的预期目标。因此,期货交易风险就是指由于交易行为结果的不确定性而发生损失的可能性,所以在期货交易中要进行风险控制。风险控制意味着对每一笔期货交易都要建立止损和赢利目标。首先,赢利目标要大于止损目标,3:1的比例较合适,只有这样的交易才是有利可图的。其次,赢利的次数和亏损的次数也很重要。因为期货交易只有两个方向,不是涨就是跌。假设交易者进行交易的时候,正确和错误的次数各占50%,但他每一次止损的目标限制在1 000元以内,而赢利的目标却是在3 000元以上,那么交易10次有3次是正确的,整个交易过程就会是赢利的。所以期货业有句行话:"及时止损,放胆去赢",换句话说,如果你总是结束开始亏钱的头寸而保留开始赚钱的头寸,你最终将赚钱。大部分成功的交易者也承认自己在价格预测方面看错多于看对,但他们看对时所赚到的钱超过看错时亏损的总和,这主要归功于他们及时有效地实施了风险控制。

需要说明的是,和价格预测模型一样,风险控制系统的相关参数也应该经过时间的、实践的检验并加以完善才能成熟。

因此,制定交易计划对每个交易者来说都至关重要。初入市者在进入市场前可先制定模拟交易计划,经过演练修正后,模型较成熟时再入市交易。交易计划的制定要因人而异,且要考虑个人的经历、教育、风险资本和对风险的承受能力,因此,作为交易者必须制定一套最适合自己使用的交易计划,在贯彻计划的过程中应严格遵守自己建立的原则,认真做好交易记录,定期对交易模型进行总结,在此基础上可以创造性地尝试新的方法。

总之,在期货交易中,一定要计划好你的交易,并且实施好你制定的计划。因为在期货投资领域里没有保证能获利的方法,也没有百战百胜的赢家,但是遵守交易计划可以使你走上长久的赢利之道。

(四) 良好的心态是期货市场交易成败的关键

期货市场是一个整合全球信息的市场,任何一个信息都会对商品价格产生影响,因而它是一个关联性相当强的市场。由于时差关系,经过各个不同国家的交叉开盘、收盘,就使得全球在同一个市场上的买卖形成了全天候的交易。有时候一个品种24小时都在进行交易。例如,铜期货交易白天有远东盘和上海盘,到了晚上,伦敦盘和纽约盘又开始衔接。因此,对于交易者来说,任何一个市场的变化都不能忽视。期货市场是一个国际化的交易市场,就其交易的公平性、信息的透明度及交易风险方面都不需要花太多心思,也就是说,每个交易者几乎都在一个平台上进行投资。不过,期货交易的结果却是差异很大,这是什么原因造成的呢?应当说,交易者的心理因素占了相当大的一部分原因。

在期货交易中,实物交割业务占整个市场的比例不到5%,大部分资金流入期货市场的目的在于赚取差价利润,这些资金就是通常所说的投机资金。期货交易素有"投入的是信息,产出的是价格"之称。不过,虽然信息在交易中占有相当重要的因素,但是在交易厅的交易员不一定因为可以早一点接收到信息而在操作上占主动,实际上即便是场内的出市代表(红马甲),其在期货操作上的输赢比例也和外面的投资者没什么不同。尤其是在当今的信息化社会,网上交易、自助委托及电话语音报价系统普及使用,已使所有的投资者在交易上的时间差顶多是几分钟而已,因此这并不能成为赔钱的主要原因。同样的技术分析,同样的信息共享度,为什么有人赚钱,有人赔钱?究其原因我们发现主要是因为每个投资者的心理反应不同,因而形成操作上的差异,以致产生的结果也就不同。一般来说,在初入市交易的一段时期,投资者大都会有下列的心理反应:

1. 骑于虎背,上下两难

这种心理是交易者最容易遇到的,无论是赚钱还是赔钱,都难以摆脱这种心理反应。期货市场由于受保证金以及合约到期的限制,使得交易者必须在规定的时间对买卖的合约做一个平仓的决定,所以在获利了结还是在认赔出场时常常会碰到这样的心理抉择问题:平仓还是不平,是否现在平仓,是多赚一些还是少赔一些。平仓以后赢利方往往也没有认为赚了钱而比较舒坦,亏损方就更不用说了,这使得任何一方都会有失落感。例如,做天胶期货时,因该品种盘子较小,涨跌停板幅度较大,一般是当天涨跌幅度3%,如当天停板第二个交易日就扩大到6%,市场振幅有时可达到1 000多个点。如果买了一手天胶期货,也许两天获利就会达到资金额的100%,应当说利润是极高的,但是,现在的市场表明,天胶的市场价格还会继续走高,如果现在不平仓,过两天利润也许会翻两番。这个时候交易者通常会面临卖或不卖的两难境地,也许会愿意再等高价,放弃现在100%的获利。结果没想到过了两天,天胶非但没上涨,反而又跌回了原来的价位。从表面上看本钱虽然没有损失,但因原来可以获利而没有平仓了结,本来可以获利100%,而现在持仓价位又与刚买入时一样,实际是等于损失了许多金钱。目前就本钱而言,处于损益平衡的状态下,原本持有的合约是否继续持有,还是再等行情回升,这又面临着一个抉择,因为原本可以获利的100%已经不存在了,若这时行情继续下跌,很有可能连本钱也会损失,甚至可能连投入的保证金也会全军覆没。类似这样卖也不是、等也不是的两难局面,几乎每个交易者只要有持仓合约就一定会碰到,没有人可以例外。

2. 是多是少？总是懊悔

当交易者结束一个阶段的操作做总结时,如果赚了钱,而在该阶段的操作中只动用了10%~30%的保证金,一定会后悔为什么没有多买一点；也有的在获利了结后,发现行情仍然继续上扬,同样也会叹息"早知道"这样手上的合约不要全部了结,少卖一部分还可以多赚些。相反的,如果是亏损,自然也会反省为什么没有少买一点或是早在亏损没有扩大时多卖一点。这种困惑都是交易者常常会碰到的,但是,在没有结束手上持有的合约出场之前,谁也无法知道自己的决定对不对。如果这种情绪一直蔓延下去,势必会影响交易者以后的操作。

3. 货物总是别人的好

这主要是在心理上总认为自己买卖的期货商品没有其他人的好。看到别的商品价格一直往上走,自己手上的合约还在原地踏步,会产生焦急的心理反应,于是想把手上的合约平仓了结,再去选择目前正热门的合约介入,结果却常常适得其反。例如,手上正持有豆粕合约,而CBOT黄豆恰逢牛市来临,大连大豆大涨。眼看大豆价格飞上了天,而由于国内饲料企业持续停产检修,豆粕价格却纹丝不动,于是交易者难免会有急躁心理。一不做,二不休,干脆将手上的豆粕合约了结,转而买进大豆。结果刚买进,大豆价格开始调整,获利盘大量涌出,于是,买进的大豆合约像刚接过来的烫手山芋,而这时饲料企业设备检修完毕开始生产,豆粕已活跃起来……

4. 长线套牢,短线获利,无法区分投资与投机

无论是在股市还是在期市,多数交易者都会有这样一种习惯性思维,即究竟是短线投机还是长线投资,往往视所持合约标的的价格走向随机而定。能够立即获利就做短线,无法迅速获利而又被套牢就只好做长线,这种以获利与否作为是否持有头寸的做法其实是一种很危险的操作方式。在期市操作上,最好在进场之前就将操作的策略定位好,擅长趋势分析的人,适合在中长线上发挥,对于盘中高低价位较敏感的人,可以往短线操作上发展。做短线、长线并没有任何价值判断,重要的是以什么样的方式最容易让自己获利。如果原本打算做短线而刚好被套牢就抱着"投资"的心理继续持有往往延误了出场的时机,有可能使原本可以大赚一笔的机会白白丧失掉了。因此,不管是什么样的投资策略,都要有坚持到底的态度。期货操作不同于其他投资工具的地方,主要在于下决定的时

间相当紧迫,而真正靠研判行情以实力取胜的并非没有,但是关键仍在于交易者的心理素质。基本上只要涉及风险,人们就会存在恐惧的心理反应,大部分投资工具都会有此现象,而期货以保证金形式进行交易更是如此。如果没有办法克服这种感觉,在操作上就无法"高人一等",即使研判正确也无济于事。就如同做模拟交易时,10次交易有9次成功,而进行实际交易时,反而成功率大不如以前了,这就是心理因素的影响。因此,在交易中如果没有良好的心理状态,会使操作达不到预期的水准。

那么如何才能发挥正常的心理状态呢？就期货而言,按下面阐述的几个步骤,可使心态逐步趋稳。

第一,尊重市场,不要在交易中痴心妄想。市场总是按照其本身的运动规律变化的,因为它是由无数个可变物组成的。在交易中若要制胜,其想法与行动必须与市场保持一致,包括资金、风险控制及头寸管理都应遵循相应的市场规则,任何关于市场应当按照自己的预测来运行的观点都是痴心妄想。期市上大的行情价格走向可以超出所有人的想象,上扬或下跌都不是哪一个人能预测得了的。一句话,市场行为包容一切。

第二,记住最主要的交易规则。即使你已经掌握了许多市场知识,但还是要把这些交易规则牢牢记在脑海里:每次交易都要制定操作计划,不要随机交易,坚持到底,就会胜利。如果趋势是牛市,就不停地买,不要追高,要回调时跟进,更不要有趁市场获利回吐而加空头合约的想法；如果是熊市,反之即是。当持有的合约已开始有赢利时,不要轻易削减这些头寸。不要与其他交易者谈论他们的交易观点,因为你不想受他们观点的影响。心神不定就不要交易,应继续观察市场,要客观认识自己并能找出远离失败的办法。

交易者在进入市场之前,必须根据自身的情况知道在市场中哪些是自己可控的,哪些是自己控制不了的。一般而言,交易者可控的方面包括:投入市场的资金、交易合约的数量、怎样交易、何时交易、何时平仓、怎样平仓,等等。如果这几点交易者不能很好认识,将会直接导致交易失败。但是,市场趋势和市场变化持续的时间是交易者绝对控制不了的。也就是说,当交易者有明天肯定能涨或明天肯定能跌的想法时,问题一经发生,失败就会成为事实。因为市场不是以哪个人的意志来运动的,每一个在市场中进行交易的人只能追随市场,而别无其他选择。

（五）若想生存,必须有计划地控制风险

期货市场就其实质而言是一个风险交换的市场,在这里风险的厌恶者(套期保值者)将风险转嫁给风险的嗜好者(投机者),而后者买卖的目的则是为了追逐风险利润。因此,作为投机者,若想赚钱就必须进行交易,而一旦进行交易,风险就自然会产生。与其他风险不同的是,这些风险中带有获取利润的巨大潜力。那么,如何在控制风险的前提下获取利润呢?

从长远看,真正的赢家是市场本身。作为投资者个人,投出的资金是有风险的,而市场是众多交易者集中的地方,它的资金是无限的。如果从游戏的角度讲,你赚了100元,市场中就有人失去了100元。以大豆持仓为例,假设大豆总持仓为100万手,市场价格每波动10元,则意味着多头或空头阵营有一方要损失500万元。而作为交易者个人,如果所持合约方向正确的话,只能从中分享较少的一部分利润;但如果方向错误,市场会向你索取100元、1 000元甚至失去所有交易资本。也就是说,交易者每次可以向市场索取有限的利润,因为市场的钱是无限的,只要这个市场存在;但交易者一次可能亏掉所有的投资,理由是不管交易者一次投入到期货市场的资金额是10万、100万还是1 000万甚至更多,但与市场相比,其资金总是有限的。为了在这个市场上长久地生存下去,投资者就必须控制其在市场的损失,而后确定在冒多大风险的前提下来获取利润。

假设你投入的资金是10万元,在进行交易时,每次可动用的保证金应当是多少呢?每次应当不超过1万元,即10%。在进行交易时,将盈亏比例设定在3∶1,即每次投入1万元进行交易。在方向正确的情况下,每次盈利率至少在3 000元以上;如果方向反了,出现亏损,每次亏钱部分顶多不超过1 000元。如此演绎,日积月累,不仅能在市场中生存,而且盈利率还会相当可观,那么,何乐而不为呢?虽然从动用的资金看,这种做法比较保守,但细算下来,你就会发现这不仅科学而且风险会大大减少。

总之,在期货交易中,必须有计划、有步骤地控制风险,制定每次交易的止损价位,使交易损失率降到最低点。这样做,只要在交易中正确的次数大于30%,就可以在市场中生存下来。

二、期货交易策略及交易模式

(一) 期货交易策略选要

1. 技术因素与资金管理的结合

在考虑设置止损指令的时候,除了利用图表的点位外,还应适当地兼顾资金管理的几条要领。假定交易者决定在300元附近买进黄金,其账户金额为10万元,我们采取其中的10%为每笔交易的最大注入限额。那么,在这笔交易中,只可动用1万元,因为保证金要求为2 500元,所以只能买进4张合约,而最大的风险限额为5%,即5 000元,因此,所设置的止损指令的价位必须满足如下条件:万一交易失手,止损指令被执行了,其亏损总额不能超过5 000元。

在具体设置止损价位时,必须综合考虑资金管理的各项限额,以及图表上支撑或阻挡水平的位置。假定买入点是301元,而图表上显示的最接近的可靠支撑水平在其下 11 元处,即 290 元,则如果把止损指令设置在 289 元(290 元支撑价位的下方),那么每张合约最终的风险金额为 1 200 元(12×100),4 张合约总的风险额为 4 800 元,刚好处于 5 000 元的限额以内,符合资金管理的要领。

如果最接近的支撑水平在 15 元以下,那么每张合约的风险额将达到 1 600 元。为了保证总风险处于 5 000 元限额以内,现在只可以买进 3 张合约而不是原先的 4 张了。所以,如果能够找出较接近的支撑水平,那么选择起来就会轻松得多。倘若止损指令只需要放置在 5 元以下(每张合约只要冒 500 元的风险),那么即使买入多达 10 张合约,也不会超过 5 000 元的风险限额。当然,买进 10 张合约是不符合 10% 的规定的,但这里有机会,便可以进行一点变通。

止损指令较接近的话,就允许持有较大的头寸;而止损指令较远,则可能限制持有头寸的规模。有些交易者在决定止损指令的时候,完全是从资金管理的因素出发的,但是,有一点十分重要:对于空头头寸,其止损保护指令应当设置于有效的阻挡点位的上侧;而对于多头头寸,其止损保护指令应当设置于有效的支撑点位的下侧。

2. 日内价格图表

因为时机抉择问题关心的是短期的市场行为,所以日内价格图表特别有用处。在我们从事当日交易时,日内价格图表也是不可或缺的。不过,这一点不是这里的中心话题。在我们作出了应当入市或出市的基本决定后,如何利用日内价格图表来帮助我们抉择具体的买入或卖出时机是最重要的。

有一点值得反复地说明,即在整个交易过程中,必须从长期的研究着手,然后逐步过渡到较短的时间范围内。分析是从对连续月线图和周线图的长期透视开始的;接下来,可以考察日间图表,这是作出实际交易决定的基础;最后,研究日内价格图表,以获得进一步的精确度。长期图表是对市场的鸟瞰,而日内价格图表是对市场活动的微观观察。前文所讨论的各项技术原理,在这类极灵敏的图表中均有清晰的体现。

3. 抢反弹技术

所谓抢反弹技术,也称为"突刺"技术,是威廉·邓尼根在 20 世纪 50 年代早期创立的。它是一种利用日线图来寻求既存趋势发生小幅折返的入市时机的方法,其意图是乘市场发生反趋势方向的小规模调整时买入,它的最低要求是在市场价格上升过程中至少有一个价格下跌的交易日,较理想的情况是有三个下跌日。所谓下跌日,是指当日的最高价和最低价均分别低于前一天的对应价格,扩张日和收缩日都不算下跌日。假设在上升趋势中至少出现了一个下跌日,那么,如果次日的最高价至少高过下跌日的最高价一个基本价格单位,就构成了"突刺"买入信号。在这个多头头寸开立之后,其止损保护指令可以设置在入市当日最低价的下方。

4. 日内轴心价格点的利用

为了更早地入市,并且使止损保护指令的水平与入市水平更紧凑,有些交易商设法通过轴心价格点的方法来预期市场的收市价位。在这种技术中,包含了7种关键的价格水平和4个时间参数。这7个价格轴心点分别是:前一日的最高价、最低价和收市价,当日的开市价、最高价、最低价和收市价。4个时间参数都是在当前交易日,分别是:开市、开市后30分钟、正午以及收市前35分钟。这些都是平均的时间概念。我们可以针对具体的市场进行调整。这种方法的意义是:当交易者觉得市场已经处于强弩之末或处于摇摇欲坠的顶部或底部状态时,可以采用上述轴心点作为时机抉择的工具。其中的买、卖信号,是以当日价格突破各个轴心点为标志的,当日,信号出现得越迟,则越强。下面举个买入信号的例子:如果当日的开市价高于前一天的收市价,但是低于前一天的最高价,则可以把买入指令设置在前一天最高价的上方;如果这个买入指令得以执行,就把它的保护性卖出止损指令设立在当日最低价的下方;在收市前35分钟的时候,如果当日还未开立任何头寸,则在前一日最高价上方设置买入指令,其保护性止损指令放在当日开市价下方。一般来说,在开市后的头30分钟内,交易者不采取行动。随着当日交易活动的进行,轴心价格点之间的距离会逐渐减小,而保护性止损指令的距离也就相应缩短。作为买入信号,最后还有一个条件:当日的收市价格必须既高于前一日的收市价,又高过当日的开市价格。

以上只是对期货交易策略的粗略介绍,如果开列一张简单醒目的清单,比较重要的期货交易策略可概括如下:顺应中等趋势的方向交易;在上升趋势中,乘跌买入,在下降趋势中,逢涨卖出;让利润充分增长,把亏损限于小额;始终为头寸设置保护性止损指令,以限制亏损;不要心血来潮地做交易,不打无准备之战;先制订好计划,然后贯彻到底;奉行资金管理的各项要领;分散投资,但须注意"过犹不及";收益与风险比至少要达到3:1方可动作;当采取金字塔法增加头寸时,应遵循以下原则:交易的每一层头寸必须小于前一层、只能在盈利的头寸上加码、不可以在亏损头寸上再增加头寸、把保护性止损指令设置在盈亏平衡点以内;绝不要追加保证金,别把活钱扔进死头寸里;为了防止出现追加保证金的要求,应确保至少拥有总的保证金要求的50%~75%的净资金;在平回盈利头寸前,优先平仓了结亏损的头寸;除非是从事极短线的交易,否则总应当在市场之外,最好是在市场闭市期间,做好决策;研究工作应由长期逐步过渡到短期;利用日内图表找准入市、出市点;在从事当日交易之前,先掌握隔日交易的技巧;尽量别理会常识,不要对传播媒介的任何说法过于相信;学会踏踏实实地当少数派,如果你对市场的判断正确,那么,大多数人的意见会与之相左;技术分析这门技巧靠日积月累的学习和实践才能提高，永远保持谦逊的态度，不断地学习探索；力求简明，复杂的并不一定是优越的。

(二) 期货交易模式介绍

合理的期货交易模式应当包括分析方法、交易策略、资金管理三方面的内容。分析方法应当坚持简单、明了的原则，而交易策略以减少交易次数为前提，资金管理则关系到期货交易最终的成败。

1. 分析方法

现在有许多种分析方法，较多使用的是技术分析法和基本分析法，两者各有利弊，在此不再赘述。笔者建议投资者，特别是企业、商业部门等大型投资者采用周期性的分析方法分析商品价格的长期趋势，再结合技术分析选择入场点。

(1) 高低价区的确定。商品价格走势和天气的变化非常相似，以大豆为例，其典型的农作物周期特征是：从现货角度看，1.6元/500克以上(3 200元/吨)属于高价区，而0.85元/500克(1 700元/吨)的价格则明显偏低。期货价格也是如此，3 300元/吨属于高价区，在其上运行的时间较短暂；而2 000元/吨以下属于低价区。但这并不能说明价格跌破2 000元后不会继续下跌，而是仍然有可能跌至1 800元甚至更低，并且随着交割制度的改进，期货价格会越来越接近现货价格，1 600元/吨以下的期货价格也可能出现。但是，3 300元以上的高价区和2 000元以下的低价区对于期货交易来说有现实的指导意义——在高价区没必要做长线的买入交易及买期保值；在低价区没必要做长线的卖出交易及卖期保值，除非现货市场没有现货或者人民币出现明显的贬值倾向。当价格进入低价区域时，首先应当回避风险，将手中的头寸抛空离场，然后再选择合适的价格，等待买入时机；当价格进入高价区域时，情况正相反，应首先出清手中的长线多头头寸，然后伺机长线抛空。有些时候，可能需要等待很长的时间才会出现长线抛空或买入的机会。

(2) 交易方向的选择。买入或卖出交易方向的选择实际上是一个较为容易的问题。原则是价格高了应当卖出，低了应当买入，但应当选择一个合理的参照物。举例来说，现在大豆现货价格为2 000元/吨，而3个月后到期的期货合约的价格为2 200元/吨，其中3个月的交割费用为50元/吨，实际期货价格高于现货价格150元。那么，是否以此作为单方面抛空的理由呢？答案显然是否定的。因为期货价格与现货价格接近有两种运行方式：一种是现货价格上涨接近期货价格；另一种是期货价格下跌接近现货价格。第一种情况发生的概率明显大于第二种，即现货价格上涨(源于资本市场的先知功能)，因此以此进行交易是危险的。如果时间只有一个月，而额外价差100元/吨，这将是一个不错的交易选择，因为30天的价格变动有限，而且100元的收益明了；但对于100天而言，时间确实太长了。

因为市场随时在变动,所以参照物确实不容易确定。某些时候2 200元价格被高估了,而有时又确实低了,难以把握。当然,我们还是有一些办法来解决这个问题的。以大豆为例,可以把大豆的高、低价区作为参照物。比如,在以1 950元的价格建立买单后,一直持有到3 300元以上,然后逐步离场。价格完成大的牛市上涨趋势后,最终高点可能在3 800元,也可能在3 500元,但每吨的利润在1 300元之上。至于2 200元到底是高价还是低价,对于实际交易反而微不足道。因此,在2 000元以下如何选择买入点,以及在3 300元以上如何选择卖出点是实际交易的关键(如何长时间持有同一方向的期货合约,在下面介绍。)

大的交易方向确定后,选择具体的入场点时应注意以下几方面:

首先,在一波大的跌势完成后,市场往往出现大的反弹,但这并不是长线买入时机,马上还会有再见前期低点的机会,也可能是几个月,也可能是一两年。但一般来说,第一、第二次出现的历史低点(低价区以内的),还可能会有第三、第四次触及它的机会,建议在二次触及以后可以尝试性少量买入。买入时还应当结合其他短线的分析技术,特别要关注成交量及持仓量的变化。

其次,期货价格从高价区下跌至低价区的运行方式虽有所变化,但多数情况属于快速下跌,这主要是由资金大量抽逃造成"真空"、资金链断裂引发价格危机造成的。这种情况在底部往往会持续很长的时间,有可能是三五年,也可能是八九年,但如果价格是缓慢下跌,那么在底部区域整理的时间将大大缩短。这种情形在大品种上不会经常出现,而较多地发生在诸如天然橡胶、绿豆等小作物品种上。资金问题是造成此种情形的主要原因。

再次,投资者还应该注意周期问题。对于商品期货品种来说,制约价格波动的周期来自于三方面:一是商品的固有周期。农、林作物及其相关品种存在明显的作物周期,而工业品的周期特性弱于农作物,往往表现出提前或滞后的情形。下面以大豆为例做以简单介绍。大豆存在两个自然周期:一个是较长的作物周期,大约6~7年(低点到低点),主要是由农作物轮流耕种以及利润变化造成的。作物品种在增加,作物周期会逐渐延长,但这个过程是缓慢的。另一个是生长周期,与其产量、需求量有关。我们知道在大豆收获的10月份,因为供应量增加,价格会下跌,这个过程会一直持续到来年的四五月份。以后,随着储存量的减少,价格开始升高,直至九十月份价格达到年度高点。其后,周而复始。期货价格与此基本类似。二是资金运作周期。大量的游资总是在不同的市场之间来回运动,创造投资机会。受投资收益的驱动,人们总是追逐利润最大化的市场,在不同市场之间的时间可以成为"资金周期",也会影响到商品周期。当一个市场中游资大量云集时,商品的价格往往会被高估,我们称为"泡沫";而当资金缺乏时,价格一般会低于其价值。对于较大型基金的运作,在资本市场上其实只有一个方向,即买入。证券市场上是这样,期货市场上也是如此。在证券市场上,股票的份额是固定的,下跌的空间有限,抛空面临双重风险。当然,投资者不会在股票价格从10元涨到20元之上时再大举买入。对于期货市场而言,道理更为简单,抛空需要考虑到实物交割的问题,因为一旦出现问题,将耗费大量的财力、物力、人力收集整理现货,而且还可能会出现意外的交割质量问题;而作为买入方,价格上涨所带来的利润可能就会保证交割的资金。基金有时也可能抛空,但就其资金而言是少量的,阶段性的。三是交易心理周期。投资者的交易心理也会影响到价格,但一般对较短的周期有效,对作物周期的影响不大。

最后,期货市场中的头部问题也比较复杂,因为不确定因素太多,而且价格的上涨可能存在货币贬值的因素(如美国黄豆1970年以前价格高点一直在400美分/蒲式耳,但因为货币贬值,价格冲过400美分/蒲式耳以后,几乎再没回到400美分之下),因此,摸顶应慎重,最好以季节性的下跌作为参照。比如,大豆在10月份以后抛空,成功的概率较大,即使错了,一般也不会出现更大的失误。

当然,期货投资的分析方法因人而异,某些人更适合于短线交易,长线的观点对其而言无疑是荒谬的。但对于基金、套期保值者等较大型的资金,长线思路有明确的指导意义。

2. 交易策略

(1)选择低风险交易机会。这里主要是指套利交易,但也应注意季节性问题。需要再次重申的是:与现货价格的价差,不是介入交易的绝对理由。应当选择自己熟悉的交易品种,最好不同时介入不同的品种,除非是跨品种套利。在一定时期内,专注地做好一个品种,是成功的捷径。

(2)坚持"低买高卖"的原则。在期货市场上,价格本无所谓高低,因为低了可能有更低的低点出现,高了可能还会有更高的。只有结合高低价区原则,才能为具体的交易提供指导。比如,确定了大的交易方向为买入后,坚持调整后买入的原则,可以使买入的价格降低,这就是"低买";而遇到急涨平仓,就是"高卖"。坚持"低买高卖",可以提高交易成功的概率。

(3)尝试性买入(卖出)。无论是正金字塔式交易法,还是倒金字塔式交易法,都有无法弥补的缺陷。相比之下,倒金字塔更符合交易原则,只是对资金的要求更高。在此推荐尝试性买入法,当交易方向确定后,比如买入,就可以选择相对低价位,尝试性地少量买入。如果价格继续下跌止损出场时,损失会非常有限。如果涨升一段空间后,作为主力资金,应当一次性杀入,但不应违背介入资金量不高于总资金量的30%~40%这一原则。如果价格继续上涨,则不增加头寸,直至进入高价区;如果价格下跌,仍有少量头寸盈利,将减少亏损额度。正金字塔式交易法也存在重大的缺陷:第一次买入后,如果价格上涨,这是不错的选择,毕竟降低了交易重心;但如果买入后价格不涨反跌,你不得不用大量的头寸止损,损失将会扩大。

(4)把握持有时间。这是一个技术性问题。一轮牛市或熊市,往往持续2~3年甚至更长的时间。但对于某一个合约而言,其存续期多为一年。因此单靠一个合约,难以持有2~3年。解决这个问题我们可以采取"换月"的方法。简单地说,"换月"就是指后续合约转移,这样做只是增加了交易成本。同时,我们注意到,在上涨趋势中,市场通常表现为反向(逆转)市场,后续合约的价格低于近期合约价格,转仓还会有额外收益。这表面上是因为现货供不应求,但实际上是资金运作的结果。无论是多头还是空头,都会向后移仓,因为在上涨趋势中,没有资金介入,价格将保持平稳,因此低于近期合约;在下跌趋势中,情况正相反,表现为正向市场,远期价格高于近期价格。因为在下跌一段时间后,市场对于继续下跌持观望等待的态度,缺乏进一步抛空的动力,因此表现为正向市场。如果是多头头寸移仓,将会产生额外的损失。

3. 资金管理

与上述两点相比,资金管理无疑更为重要。介入资本市场,首先应当学会止损。

(1)资金管理原则。坚持"多赚少赔"的交易原则。"多赚"是指交易方向对了,应尽可能地赚尽每一分钱,还表现为让最大的头寸更多地处于盈利状态。"少赔"是指当交易出现亏损时,应当尽快结清交易;另外,它还指尝试性的头寸出现少量亏损,因为数量的原因,可以适当放大,但应当是可以控制的;同时,为了减少失误的概率,应当减少交易次数。

(2)止损原则。止损是资本市场生存的不二法门。作为交易者,总有不冷静的时候,如果没有止损的概念,纵然十次做对,只要有一次失误,大部分资金也将毁于一旦。这是因为随着资金的增长,持仓数量也会同步增长。止损分为自然止损和机械止损。自然止损指以特定的价格高低点作为参照物,建立止损体系;机械止损指按照损失额度占总资金的百分比确定止损体系。对长线交易者,建议采用自然止损法,以确保交易的准确度。

(3)头寸原则。坚持开仓资金不超过总资金的40%,在交易期内,专注于一个品种。投资者可以采用尝试性建仓方法,两次入场。以大豆交易为例,假如入市资金为10万元,在6~7年的周期中如果有3年价格上涨,则结果如下:

总开仓资金	100 000×40% = 40 000(元)
开仓手数	40 000÷1 600(保证金) = 25(张)
建仓价位	平均2 000(元/吨)
出场价位	3 300(元/吨)
持仓时间	3~3.5(年)
交易结果	赢利325 000(元)

总资金	325 000 + 100 000 = 425 000(元)

而如果有 3 年价格下跌,则结果是:

总开仓资金	425 000 × 40% = 170 000(元)
开仓手数	170 000 ÷ 2 640(保证金) = 64(张)
建仓价位	理想状态 3 300(元/吨)
出场价位	2 000(元/吨)
持仓时间	3 ~ 3.5(年)
交易结果	832 000(元)
总资金	832 000 + 425 000 = 1 257 000(元)

交易的结果不能不令人吃惊,因为我们仅仅进行了两笔交易,而事实却是如此!

三、投资期货的几点注意事项

我国的期货市场在经过初期的盲目发展和此后几年的治理整顿后,近年已进入稳定的发展阶段。伴随着交易品种的增加,成交日趋活跃。但是,期货市场始终是一个高风险的市场。作为初入期货市场的投资者,主要应注意以下几个方面的问题。

(一)是否具备合法主体资格

期货市场的投资主体一般分为自然人、法人及其他组织,现行法律对两者的资格要求是不同的。对于自然人,除了要具备我国民法所要求的完全民事责任能力和行为能力之外,还必须具备承担交易亏损的心理素质和资金实力。期货投资是高风险投资,所需资金数额较大,从结果看亏多盈少。所以,投资者在入市之前必须做好应付和承受因市场原因而造成的一切亏损的心理准备,切忌带着侥幸心理入市,更不可轻信别人包赚不赔的承诺。对于法人和其他组织而言,如是国有企事业单位,根据中国证监会及其他主管部门的规定,参与期货交易要经上级主管部门或公司董事会批准,且内部必须有专门的机构、健全的管理规章和完善的账目管理,并且要以套期保值业务为主。经营亏损的国有企事业单位不能进行投机性交易。

(二)资金来源是否合法

自然人进行期货交易,可以使用个人或家庭的闲置资金,而不宜向别人借款或动用维持个人及家庭生活所必需的资金,以免因遭受亏损而负债累累,影响个人及家庭生活。法人和其他组织进行期货交易,应以从自有资金中提取的合理比例的专项资金为限,而不能运用单位的生产经营资金或将固定资产抵押变用于投资,也不可挪用其他专项资金进行期货交易。

(三)选择资信良好的经纪机构

经过国家有关方面对期货市场的整顿,各种非法从事期货交易业务的公司已得到了很大程度的清理,但目前仍有一些在继续活动,有的改头换面,有的则向内地或偏远地区转移。在这样的公司做期货,客户的合法权益难以得到保障。即使经过中国证监会备案或审核批准,颁发期货经纪业务许可证的数百家期货公司,其资信状况和经营记录也相差甚远。因此,公众在进行期货交易之前,为保护自己的合法权益,不妨先自行或委托有关机构进行资信调查,着重了解准备委托的期货经纪机构是否具备从事期货经纪业务的合法资格,资金实力是否雄厚,有否固定的场所和合乎行业要求的通信设施,是否有完善的组织机构和健全的财会制度,经营记录如何,是否有重大诉讼事件或是否受过中国证监会等主管机关或交易所的处罚等。只有在全面了解上述情况之后,才可以进行委托。

(四)选择称职、可靠的经纪人

选定期货经纪机构之后,还需选择一名经纪人从事具体的业务代理。在选择经纪人时,应特别注意以下几个方面:其一,该人士曾在何时何地受过期货业务培训,是否有合格证书或从业资格证书;其二,该人士从业时间长短及业务记录好坏;其三,该人士是否如实、客观地向客户介绍期货交易、揭示风险、分析行情和执行客户下达的交易指令;其四,该人士不应向客户作出盈利担保或承诺;其五,该人士不应提出与客户私下分成;其六,该人士不应要求客户进行全权委托。只有综合考虑以上几点,才能大致判断一个经纪人是否称职、守法、可靠,这样在委托经纪人时才能做到心中有数。

(五)确定适合的投资额和品种

刚接触期货交易的投资者一定要注意:由于期货交易实行无负债的每日结算制度,因此必须在账户内保持充足的资金,以备在市场行情不利于自己时,能按时追加保证金以维持现有头寸。所以,初入市交易时投入的资金一般不宜超过全部交易资金的1/3,否则投资者将面临巨大的市场风险。同时,投资者还必须了解哪些品种是国家允许进行交易的,哪些是国家明令禁止或暂停交易的。例如,目前仍有一些公司在做外盘期货(即境外期货交易),并声称是合法经营的,但实际上国家早已下文禁止从事上述期货交易。因此,投资者必须了解有关文件,切勿上当,否则将很难保证自己的合法权益。

(六)细读契约,慎重签字

客户契约确定了经纪机构与客户之间的权利义务关系,是极为重要的法律文件。双方一旦发生纠纷诉至法院,法院在审理时要更多地依据客户契约。因此,投资者在签署客户契约之前,一定要详细地阅读和分析,注意双方的权利义务是否对等,合约条款是否公平,对交易风险是否予以充分的提示,对交易的各个环节是否清楚,等等。如果自己不具备这方面的知识或对此没有把握时,可以聘请专业律师或法律顾问代为审核,这对于保护客户自身的合法权益是极为重要的。如果不加以仔细阅读、分析就匆忙签署——这意味着已认可契约的全部内容,一旦发生纠纷,往往会使自己处于很被动的地位。

(七) 只可进行一般委托

一般委托指经纪人只能按照客户下达的指令填写交易指令进行交易,不能代替客户作决定。全权委托指客户自己不下达交易指令,全部交给委托经纪人负责操作。全权委托的优点在于省事、便捷,利于把握行情的变化,缺点在于客户本身不参与交易,完全由经纪人下达指令,交易结果如果亏损往往会引发纠纷。同时,如果经纪人为多得佣金而随意炒作,客户的利益就更难得到保障。因此,我国现行法律禁止进行全权委托。经纪机构和经纪人也不得接受客户的全权委托。特别值得注意的是,在有些情况下,全权委托还可能是经纪机构欺诈客户、侵害其合法权益的一种手段,因此,对"全权委托"要保持警惕。

当投资者签署了契约,委托了经纪人,打入开户资金后,其身份即已变成了经纪机构的客户,可以进行期货交易了。这时,首先遇到的问题就是如何正确下达交易指令。对此,需要注意以下几点:一是下达指令必须明确、完整。客户下达的交易指令应包括交易方向(即买进或卖出)、交易品种、合约数量、交割月份、价格等项内容,投资者必须逐项填写,如缺少某项内容,容易产生纠纷,不利于保护自身的合法利益。二是要根据行情选择交易指令。交易指令还包括市价、限价、停止、止损等多种,客户应掌握各种指令的不同作用和适用范围,以根据行情正确选择。三是选择下达指令的方式。下达指令一般可采用书面、口头、电话、传真、电报等方式,以采用书面方式下达指令为最好。如通过电话下达指令,一定要注意所委托的经纪机构是否具备业务录音电话。条件许可的话,客户自己也应进行电话录音,以便保存证据进行比对。

(八) 密切注意盈亏状况

客户将保证金打入经纪机构开设的账户后,只要一开始进行交易,其金额就由于价格的波动开始不断变化,这种变化每时每刻都在进行。因此,当一天的交易结束,账户中的保证金不足维持头寸需要追加时,客户应及时按照规定的比例补足保证金。否则,当客户账户中的保证金低于一定比例时,经纪机构有权对保证金不足的头寸进行强制平仓,而由此产生的一切损失和后果,都要由客户自己承担。

每一笔期货交易完成后,期货经纪机构都要进行结算,并在闭市当天立即打印出当日的交易结算单送达客户。如经纪机构不及时提供,客户应要求其提供。拿到交易结算单之后,客户应当及时阅读,逐笔核对,如发现有执行指令或其他方面的错误,要立即向经纪机构提出。

第7章 期权交易

第一节 期权概述

作为一种金融衍生投资工具,期权交易是随着市场经济的发展而产生并发展起来的。它是市场经济发展到高级阶段的产物。近年来,随着市场不确定因素的增加,期权作为一种有效的保值手段和风险有限的投资形式,其应用已日趋广泛。如今,期权交易在市场经济发达国家的许多交易所和柜台市场上进行得相当活跃,品种不断增多,规模不断扩大,具有广阔的发展前景。我国证券市场上目前比较红火的"权证"买卖,实质上就是一种金融期权,只不过其交易还处于相当不成熟的阶段。

一、期权的概念和特点

期权又称选择权,它是指在确定的日期或这个日期之前,持有人所享有的依照事先约定的价格买进或者卖出某种确定商品或期货的权利。所谓期权交易,实际上就是这种"权利"的买卖。对于权利的持有者即买方来说,购买期权并没有得到任何商品,而只是购买到一种权利,这种权利使其可以在一定时期内(即"到期日"之前)以事先约定的价格购买或者出售一定数量的某种商品或者期货,条件是必须在购买时支付一定的权利金。对于期权的卖方而言,必须承诺在期权有效期内买方行使期权时,出售或者购买某种商品或某种期货合约,这是其必须履行的义务。期权卖方可以收取一定的费用作为补偿,这种费用称为期权费,或称保险费、期权价格、权利金。

期权的产生和发展,使人们又掌握了一种新型的金融工具来避免风险和固定成本。但是,由于期权交易是期权的购买者先购买一种"权利",然后再根据情况决定是否行使该权利去购买或出售商品,因此与其他金融工具相比,期权交易要复杂得多,其技术性与交易技巧性也更强。一般而言,期权交易具有以下特点:

(一) 标的物的特殊性

期权是一种可以买卖的权利,它可以是买卖某种现货的权利,也可以是买卖某种期货合约的权利,其本身是一种抽象、无形的东西。期权交易以这种特定权利作为交易标的,是一种权利有偿使用的交易,是期权的购买方向期权的卖出方支付了一定数额的权利金之后,所拥有的在规定的有效期内按事先约定的价格向期权的卖出方买进或者卖出一定数量的某种商品或期货合约的权利。

(二)交易的灵活性

期权的执行与否完全由购买方确定。如果市场行情的变化对购买方有利则执行,如对其不利,购买方完全可以放弃这种权利不予执行。此外,如果购买方选择执行,依美式期权,则其可以在期限届满之前的任何一天行使权利,这是一般金融交易工具所不具备的。

(三)权利义务的非对等性

在期权交易中,期权的购买方享有在有效期内买进或卖出一定数量的某种商品或期货合约的权利,但并不负有必须买进或卖出的义务。但对期权的卖出方来说,其权利是有限的,即向购买方收取一定数额的期权费用,但其义务则有可能是无限的,一旦买方要求行使期权,卖出方则必须即时卖出或买进一定数量的某种商品或期货合约,以响应购买方的权利。

(四)风险与收益的不平衡性

对于期权的购买方来说,其所承担的风险是有限的,因为可能遭受的最大损失就是购买期权时已经支付的期权权利金,这种风险是可预知并且已经支付了的。由于购买方具有行使买进或卖出期货合约的决定权,所以获利机会较多,并且在购买看涨期权的情况下,其收益额可能是无限的,只有在购买看跌期权的情况下,其获利额才是有限的。但对于期权的卖出方而言,其在期权交易中所面临的风险是很难准确预测的,为此必须预先缴纳一笔保证金以表明其具有履约的财力。具体来说,在出售看涨期权情况下其风险可能是无限的,在出售看跌期权情况下一般是有限的。与所承担的风险相比,期权出卖人的收益额永远是有限的,即期权购买方支付的期权权利金。

由此我们可以看出,对于期权交易的购买与卖出双方来说,期权交易可谓是有利有弊。购买方的风险有限并且已知,这种一次性付清的费用使其在市场状况不利时不必担心追加价格变动保险金,而只需放弃期权即可退出市场,从而防止了由于对交易时机的错误判断而造成更大损失,但是其购买期权所支付的权利金是一种即期现金资本支出,因此实际上是一笔损失。卖出者则要冒很大风险,甚至可能两面吃亏,即在库存成本增加时所收权利金入不敷出,当市场情况有利于卖方时却又因期权已售而失去良机。但其可收取权利金作为收益或冲减库存成本,因其只有在预测某种商品或期货合约价格波动幅度不足以使购买方行使期权权利时才会出售期权。也许可以认为,期权交易存在的主要价值即在于其允许操作者制造风险,再以各方对风险的不同预计,合力承担此风险,而且费用低廉。

二、期权的历史沿革

期权交易起始于 19 世纪后期的美国和欧洲市场。

由于制度不健全等因素的影响,期权交易的发展一直受到抑制。19 世纪 20 年代早期,看跌期权/看涨期权自营商都是些职业期权交易者,他们在交易过程中,并不会连续不断地提出报价,而是仅当价格变化明显有利于他们时,才提出报价。这样的期权交易不具有普遍性,不便于转让,市场的流动性受到了很大限制,交易体制也因此受挫。

对于早期交易体制的责难还不止这些。以 XYZ 期权交易为例,完全有可能出现只有一个交易者在做市的局面,致使买卖价差过大,结果导致"价格发现"——达成一致价格的过程受阻。客户经常会问:"我怎么知道我的指令成交在最好(即公平)的价位上呢?"对市场公平性的顾虑,使得市场无法迅速吸引到更多的参与者。

直到 1973 年 4 月 26 日,芝加哥期权交易所开张,进行统一化和标准化的期权合约买卖,上述问题才得到解决。期权合约的有关条款,包括合约量、到期日、敲定价等都逐渐标准化。起初,这个市场只开出 16 只股票的看涨期权,但很快这个数字就成倍地增加。股票的看跌期权不久也挂牌交易,迄今,全美所有交易所内有 2 500 多只股票和 60 余种股票指数开设相应的期权交易。之后,美国商品期货交易委员会放松了对期权交易的限制,有意识地推出商品期权交易和金融期权交易。

由于期权合约的标准化,期权合约可以方便地在交易所里转让给第三人,并且交易过程也变得非常简单,最后的履约也得到了交易所的担保,这样不但提高了交易效率,也降低了交易成本。

1983 年 1 月,芝加哥商业交易所提出了 S&P500 股票指数期权,纽约期货交易所也推出了纽约股票交易所股票指数期货期权交易,随着股票指数期货期权交易的成功,各交易所将期权交易迅速扩展至其他金融期货上。自期权出现至今,期权交易所已经遍布全世界,其中芝加哥期权交易所是世界上最大的期权交易所。

20 世纪 80 年代至 90 年代,期权柜台交易市场(或称场外交易)也得到了长足的发展。柜台期权交易是指在交易所外进行的期权交易。期权柜台交易中的期权卖方一般是银行,而期权买方一般是银行的客户。银行根据客户的需要,设计出相关品种,因而柜台交易的品种在到期期限、执行价格、合约数量等方面具有较大的灵活性。

外汇期权出现的时间较晚,现在最主要的货币期权交易所是费城股票交易所,它提供澳大利亚元、英镑、加拿大元、欧元、日元、瑞士法郎这几种货币的欧式期权和美式期权合约。目前外汇期权交易中大部分的交易是柜台交易,中国银行部分分行已经开办的"期权宝"业务,采用的也是期权柜台交易方式。

三、期权的种类

由于期权交易的方向、方式、标的物、是否在交易所交易、合约内涵价值等的不同,产生了众多的期权品种,对期权进行合理的分类,有利于我们了解期权产品。

(一)按期权的权利方向划分,包括看涨期权和看跌期权

看涨期权(call options)是指期权的买方向期权的卖方支付一定数额的权利金后,即拥有在期权合约的有效期内,按事先约定的价格向期权卖方买入一定数量的期权合约规定的特定商品的权利,但没有必须买进的义务。期权卖方有义务在期权规定的有效期内,应期权买方的要求,以期权合约事先规定的价格卖出期权合约规定的特定商品。举例来看,某投资者预测 A 股票价格近期内将上涨,于是就以 500 美元的期权价格买入 A 股票的期权 100 股,期限 3 个月,约定执行价格为 50 美元/股,3 个月后,假如该股票价格上涨到 60 美元/股,则该投资者仍有权以 50 美元/股的价格从卖方手中购买 A 股票 100 股,从而可于交割时获利 500 美元[(60 - 50) × 100 - 500];但是,如该股票价格跌到 30 美元/股,则该投资者就会放弃行使期权,其最大损失仅为所付出的 500 美元期权权利金而已。

看跌期权(put options):按事先约定的价格向期权买方卖出一定数量的期权合约规定的特定商品的权利,但没有必须卖出的义务。而期权卖方有义务在期权规定的有效期内,应期权买方的要求,以期权合约事先规定的价格买入期权合约规定的特定商品。例如,某投资者预测 B 股票的价格将下跌,于是便以 100 美元的期权价格买入 100 股 B 股票的看跌期权,期限 6 个月,约定执行价格为 50 美元/股。6 个月后,假如 B 股票价格显然如其预料降到了 40 美元/股,则该投资者仍然可以以每股 50 美元的价格向期权出售者卖出 100 股 B 股票的权利,从而可从这项期权交易中实际获利 900 美元[(50 - 40) × 100 - 100];反之,若 B 股票的价格反而上升到每股 60 美元,则该投资者可以放弃行使期权,其最大亏损金额仍只是支付的权利金 100 美元。

(二)按期权的行权时间划分,主要包括美式期权、欧式期权和百慕大期权

美式期权是指在期权合约规定的有效期内任何时候都可以行使权利。欧式

期权是指仅在期权合约规定的到期日方可行使权利,期权的买方在合约到期日之前不能行使权利,过了期限,合约则自动作废。

百慕大期权(Bermuda option)是一种可以在到期日前所规定的一系列时间行权的期权。界定百慕大期权、美式期权和欧式期权的主要区别在于行权时间的不同,百慕大期权可以被视为美式期权与欧式期权的混合体,如同百慕大群岛混合了美国文化和英国文化一样。

(三)按期权合约的标的划分,主要包括商品期权、外汇期权、利率期权、指数期权与股票期权

全世界在交易所交易的商品期权基础产品是农牧林、能源与金属产品。其中,农牧林产品包括大麦、菜籽油、菜籽粕、活牛、玉米、棉花、奶制品、亚麻、燕麦、橙、活猪、稻米、大豆、葵花籽、小麦、羊毛、可可豆、咖啡豆、食糖、木材等。这些商品期权品种的合约单位无一例外都是商品期货合约。

外汇期权又称货币期权,是一种选择契约,其持有人即期权买方享有在契约届期或之前以规定的价格购买或销售一定数额某种外汇资产的权利,而期权卖方收取期权费,有义务在买方要求执行时卖出(或买进)期权买方买进(或卖出)的该种外汇资产。

利率期权是一项关于利率变化的权利。买方支付一定金额的期权费后,就可以获得这项权利:在到期日按预先约定的利率,按一定的期限借入或贷出一定金额的货币。这样当市场利率向不利方向变化时,买方可固定其利率水平;当市场利率向有利方向变化时,买方可获得利率变化的好处。利率期权的卖方向买方收取期权费,同时承担相应的责任。

外汇期权和利率期权品种的合约单位大多数是金融期货合约,少数品种的合约单位是货币或者债券。

指数期权是在指数期货合约的基础上产生的。期权购买者付给期权出售方一笔期权费,以取得在未来某个时间或该时间之前,以某种价格水平,即指数水平买进或卖出某种指数合约的选择权。第一份普通指数期权合约于1983年3月在芝加哥期权交易所出现。该期权的标的物是标准·普尔100种股票指数。指数期权品种的合约单位绝大多数是指数(实际上是指数所对应的一揽子基础产品),极少数品种的合约单位是指数期货合约。

股票期权是指买方在交付了期权费后即取得在合约规定的到期日或到期日以前按协议价买入或卖出一定数量相关股票的权利。股票期权是上市公司给予企业高级管理人员和技术骨干在一定期限内以一种事先约定的价格购买公司普通股的权利。股票期权的合约单位是股票。

(四) 按期权是否在交易所交易划分,包括场内期权和场外期权

场内期权是指在交易所内以固定的程序和方式进行的期权交易,又称上市期权。

场外期权是指不能在交易所上市交易的期权,又称零售期权。

场内期权与场外期权的区别主要表现在期权合约是否标准化。场外市场是指管制较少的市场,期权合约可以私下交易,但其交易成本要比场内高。场外期权的优点是其非标准化的合约可以弥补交易所标准化合约的不足,可以满足资产管理人的一些特殊要求,并且除交易双方外,其他人无法掌握交易的相关信息。相对场外期权,交易所提供的二级市场为投资者提供了充分的流动性,同时所有期权合约都由"结算公司"进行结算,结算公司作为所有期权投资者的对手方承受交易对手方的信用风险。因此,场内期权持有者不必担心交易对手方的信用。

(五) 按期权合约的内涵价值划分,包括实值期权、虚值期权和平价期权

实值期权也叫价内期权,是指执行价格与标的资产的现行市场价格相比较为有利的期权。如果是看涨期权,那么执行价格小于标的物价格的期权为价内期权;如果是看跌期权,那么执行价格大于现行标的价格的期权为价内期权。

虚值期权也叫价外期权,执行价格与标的资产的现行市场价格相比较为不利的期权。如果是看涨期权,那么执行价格大于标的物价格的期权为价外期权;如果是看跌期权,那么执行价格小于现行标的价格的期权为价外期权。

平值期权,也叫价平期权,是指执行价格与标的资产的现行市场价格一致的期权。

对上述区别进行归纳,见表7-1-1。

表7-1-1

	看涨期权	看跌期权
实值期权	期权执行价格 < 实际价格	期权执行价格 > 实际价格
虚值期权	期权执行价格 > 实际价格	期权执行价格 < 实际价格
平值期权	期权执行价格 = 实际价格	期权执行价格 = 实际价格

四、期权合约的组成要素

一般而言,一份具有标准化、可流通性等特点的期权合约的内容,主要应包

括以下几个方面：

第一，标的资产，即进行交易的商品或期货的种类和数量，通常与相同商品期货合约中规定的数量相一致，在具体合约中体现为标准化数量单位。

第二，交易单位，是指每手期权合约所代表标的资产的数量。比如交易单位应用到期货品种中，动力煤期货的交易单位是200元/吨，我们都熟悉的股指期货的交易单位是300元/点，等等。

第三，最小变动价位，是指买卖双方在出价时，权利金报价变动的最低单位。在期货交易中，最小变动价位指的是在期货交易所的公开竞价过程中，对合约标的每单位价格报价的最小变动数值。最小变动价位乘以交易单位，就是该合约价格的最小变动值。这个也可运用到期权中来。

第四，每日报价最大波动限制，是指期权合约在一个交易日中的权利金波动价格不得高于或低于规定的涨跌幅度，超出该涨跌幅度的报价视为无效，同期货中的理解相同。

第五，执行价格，是指期权的买方行权时事先规定的买卖价格。这一价格一经确定，则在期权有效期内，无论期权之标的物的市场报价上涨或下跌到什么水平，只要期权买方要求执行该期权，期权卖方都必须以此价格履行其必须履行的义务。例如：期权买方买入了看涨期权，在期权合约的有效期内，若价格上涨，并且高于执行价格，则期权买方就有权以较低的执行价格买入期权合约规定数量的标的资产，而期权卖方也必须无条件地以较低的执行价格履行卖出义务。对于外汇期权来说，执行价格就是外汇期权的买方行权时事先规定的汇率。

第六，执行价格间距，是指相邻两个执行价格之间的差，并在期权合约中载明。郑州商品交易所设计的硬冬白麦期权合约规定，在买卖开始时，将以执行价格间距规则标准的整倍数列出以下执行价格：最接近相关硬冬白麦期货合约前一天结算价的执行价格（位于两个执行价格之间的，取其中较大的一个），以及高于此执行价格的3个连续的执行价格和低于此执行价格的3个连续执行价格。

第七，合约月份，是指期权合约的交易月份。与期货合约不一样，为了减少期权执行对标的期货交易的影响，期权合约的到期日一般提前至其合约月份前的1个月内。

第八，最后交易日，是指某一期权合约能够进行交易的最后一日。

第九，到期日，是指期权买方能够行使权利的最终一日。

第十，权利金（premium）又称期权费、期权金，是期权的价格（注意区别执行价格）。权利金是期权合约中唯一的变量，是由买卖双方在国际期权市场公开竞价构成的,是期权的买方为获取期权合约所赋予的权利而必须支付给卖方的费用。对于期权的买方来说,权利金是其损失的最高限度。对于期权卖方来说,卖出期权即可得到一笔权利金收入,而不必立即交割。

第十一,合约到期日,是指期权合约必须实行的最终日期。欧式期权规定只有在合约到期日方可履行期权。美式期权规定在合约到期日之前的任何一个买卖日(含合约到期日)均可履行期权。同一品种的期权合约在有效期长短上不尽相同,按周、季度、年等不一样的期限作划分。

第二节 期权价格

在一个标准化的期权合约中,期权的有效期、敲定价格、交易商品的种类和数量都是事先规定好的,而只有期权价格即期权的权利金是期权合约中的变量,是交易双方通过在交易所内以公开竞价的方式决定出来的。因此,期权权利金成为期权交易中所要考虑的最重要的因素,它体现了某一具体期权在当时市场上的价格。

一、期权价格构成

期权价格就是买进(或卖出)期权合约时所支付(或收取)的权利金。期权的权利金主要由内涵价值、时间价值两部分组成。即:

$$期权价格 = 期权的权利金 = 内涵价值 + 时间价值$$

(一)内涵价值

内涵价值指立即履行合约时可获取的收益。如果一种期权被立即执行的话,那么,这种期权的内涵价值就是它的经济价值。由于期权的买方不一定执行这种期权,而且如果买方从执行这种期权中不能获得经济收益的话,实际上其就不会执行这种期权,因此,期权的内涵价值不能小于零。

$$看涨期权的内涵价值 = \max(0, s - x)$$
$$看跌期权的内涵价值 = \max(0, x - s)$$

式中:s 为当前标的资产的市价;x 为执行价。

(二)时间价值

期权距到期日时间越长,大幅度价格变动的可能性越大,期权买方执行期权获利的机会也越大。与较短期的期权相比,期权买方对较长时间的期权应付出更高的权利金。

值得注意的是,时间价值与到期时间的关系如图 7-2-1 所示,是一种非线性的关系,而不是简单的倍数关系。

期权的时间价值随着到期日的临近而加速减少,期权到期日的时间价值为零。期权的时间价值反映了期权交易期间时间风险和价格波动风险,当合约0%或100%履约时,期权的时间价值为零。

例如,某投资者在股票价格为43美元时,购买了一项执行价格为40美元的看涨股票期权,这时该期权的内涵价值即为3美元。1个月后,如果该股票价格上升至45美元,那么此

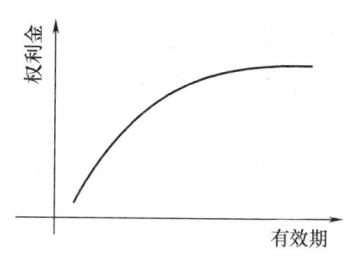

图7-2-1 期权的时间价值

时若该投资者实施期权即可得5点溢价,比3美元的内涵价值还高2美元,则2美元即为该期权的时间价值。

二、影响期权价格的基本因素

期权价格是由期权的买方与卖方的供求关系决定的。影响期权价格的基本因素主要有:标的物的价格、执行价格、标的物价格的波动率、距到期日的剩余时间、无风险利率等。另外,还有只对股票期权有影响的股票分红等。具体来说如下:

(一)标的物的市场价格

标的物价格和履约价格是影响期权价值的重要因素。看涨期权是以某一特定价格买入一定数量标的物的权利,因为履约价格是一定的,如果标的物价格上升,标的物价格和履约价格的差——看涨期权的内涵价值就会增加,看涨期权的价值也就随着增加;同理,因为看跌期权是以某一特定价格卖出一定数量标的物的权利,履约价不会变,所以标的物价格越低,履约价格和标的物价格的差——看跌期权的内涵价值就会越高,看跌期权的价值也会增加,见表7-2-1。

表7-2-1 标的物价格与期权价格的关系

期权	标的物价格	期权价格
看涨期权	上涨	上涨
	下跌	下跌
看跌期权	上涨	下跌
	下跌	上涨

(二)执行价格

如果是看涨期权,执行价格越高,买方的盈利越小,所以执行价格高的看涨

期权会相对便宜,相反,执行价格越低看涨期权会越贵。与看涨期权相反,看跌期权的执行价格越低对买方越不利,所以执行价格低的看跌期权会相对便宜,执行价格高则会比较贵,见表7-2-2。

表7-2-2 执行价格与期权价格的关系

期权	执行价格	期权价格
看涨期权	越高	越低
	越低	越高
看跌期权	越高	越高
	越低	越低

(三)距离到期日的剩余时间

与前面提到的时间价值概念是相同的,在其他条件相同的情况下剩余时间多的期权会比剩余时间少的期权价格高。这是因为距离到期日的剩余时间越多,标的物就越有充分的时间向有利于买家的方向变动,随着到期日的临近,发生变动的概率也会减小,时间价值也会逐渐降低。但是,时间价值的下降速度与剩余时间的减少并不成比例,在距离到期日还有很多天时,时间价值的减少是相当缓慢的,而当距到期日没有几天的时候,时间价值的减少速度会变得非常快。见表7-2-3。

表7-2-3 距离到期日时间与期权价格的关系

期权	距离到期日时间	期权价格
看涨期权	越长	越高
	越短	越低
看跌期权	越长	越高
	越短	越低

(四)标的物价格的波动率

价格波动率是指标的物价格的波动程度,在其他因素不变的条件下,标的物价格的波动增加了期权向实值方向转化的可能性,权利金也会相应增加。标的物价格波动率越大,在期权到期时,标的物价格涨至执行价格之上或跌至执行价格之下的可能性越大。因此,标的物价格波动率越大,期权价格就会越高;相反,价格波动率越小,期权价格越低,见表7-2-4。

表7-2-4 标的物价格波动率与期权价格的关系

期权	标的物价格波动率	期权价格
看涨期权	上升	上升
	下降	下降
看跌期权	上升	上升
	下降	下降

(五)无风险利率

无风险利率的变动对期权价格的影响是复杂的:利率变化会引起期权标的资产的市场价格变化,从而引起期权内涵价值的变化;利率变化会使期权价格的机会成本变化;利率变化还会引起对期权交易的供求关系变化,因而从不同角度对期权价格产生影响。例如,利率提高,期权标的资产如股票、债券的市场价格将下降,从而使看涨期权的内涵价值下降,看跌期权的内涵价值提高;同时,利率提高,又会使期权价格的机会成本提高,有可能使资金从期权市场流向价格已下降的股票、债券等现货市场,减少对期权交易的需求,进而又会使期权价格下降。总之,利率对期权价格的影响是复杂的,应根据具体情况作具体分析。

第三节 期权基本交易策略

期权基本的交易策略有四个:买进看涨期权、卖出看涨期权、买进看跌期权、卖出看跌期权,其他所有的交易策略都因此而派生。

一、买进看涨期权

买进一定执行价格 X 的看涨期权,在支付一笔权利金 C 后,便可享有在到期日之前买入或不买入相关标的物的权利。一旦市场价格 S 果真上涨,便履行看涨期权,以低价获得标的物多头,然后按上涨的价格水平高价卖出相关标的物,获得差价利润,在弥补支付的权利金后还有盈余;或者在权利金价格上涨时卖出期权平仓,从而获得权利金价差收入。在损益平衡点(执行价格+权利金)以上,标的物价格上涨多少,期权便盈利多少。看涨期权买方的最大损失是权利金,这在买入看涨期权的那一刻就已经确定了。看涨期权多头的损失有限,盈利无限。因此,买进看涨盈亏状况如下(见图7-3-1):

当 $S > X + C$ 时,期权将会被执行,此时盈利 $= S - (X + C)$;

当 $S = X + C$ 时,期权将会被执行,此时盈亏平衡;

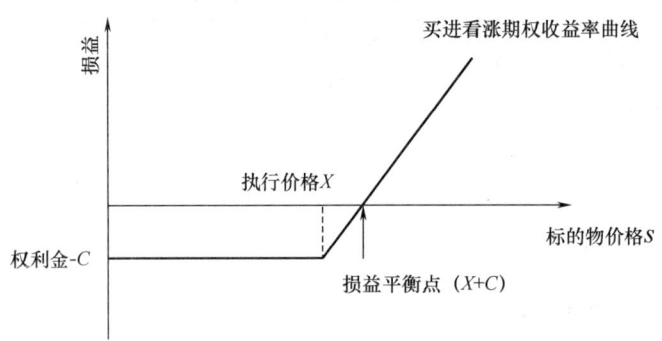

图 7-3-1 买进看涨期权损益情况

当 $X<S<X+C$ 时,期权仍将会被执行,此时盈利 $=S-(X+C)$,即执行期权是亏损的;

当 $S\leq X$ 时,这时候期权不会被执行,买方最大亏损为 C。

【例 7-3-1】 某日芝加哥期货交易所 9 月玉米期货合约价格为 360 美分/蒲式耳,某个投资者买进一份执行价格为 370 美分/蒲式耳的玉米期货的看涨期权,权利金为 5.5 美分/蒲式耳,设到期时期货合约价格为 S,盈亏状况如下:

若期权到期时期货价格为 $370+5.5=375.5$ 美分/蒲式耳,则投资者盈亏平衡;

若期权到期时期货价格高于 375.5 美分/蒲式耳,如果执行期权,则投资者获利 $(S-375.5)$ 美分/蒲式耳;

若期权到期时期货价格介于 370~375.5 美分/蒲式耳间,如果执行期权,则投资者亏损 $(S-375.5)$ 美分/蒲式耳;

若期权到期时期货价格低于 370 美分/蒲式耳,理性的投资者不会执行期权,损失为支付的权利金 5.5 美分/蒲式耳。

当然,投资者也可以在期权到期之前将期权合约平仓,盈亏情况为期权卖出价与买入价的差额。这里不再详细分析。

二、卖出看涨期权

与买入看涨期权不同的是,卖出看涨期权得到的是义务,而不是权利。如果看涨期权的买方要求执行期权,那么看涨期权的卖方别无选择,只有履行义务,以一定的执行价格 X 卖出看涨期权,可以得到权利金收入 C。如果标的物价格 S 低于执行价格 X,那么买方将不会执行看涨期权,卖方可获得全部的权利金 C。如果标的物价格介于 X 和 $X+C$ 之间,那么卖方将获得部分收益。如果标的物

价格 S 大于损益平衡点,则卖方将面临标的物价格上涨的风险。因此,卖出看涨期权盈利有限(最大盈利即权利金),而潜在亏损无限。

因此,卖出看涨期权盈亏状况如下(见图7-3-2):

当 $S > X + C$ 时,买方将会执行期权,卖方亏损 $= (X + C) - S$;

当 $S = X + C$ 时,买方将会执行期权,卖方盈亏平衡;

当 $X < S < X + C$ 时,期权仍将会被执行,卖方盈利 $= (X + C) - S$;

当 $S \leq X$ 时,这时候期权不会被执行,卖方的最大盈利为 C。

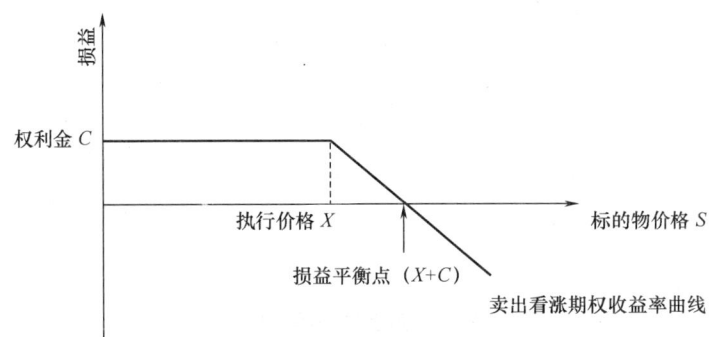

图7-3-2 卖出看涨期权损益情况

如例7-3-1,对于期权的卖方来说,若期权到期时期货价格高于375.5美分/蒲式耳,那么买方会选择执行期权,期权卖方亏损为(375.5 - S)美分/蒲式耳;

若期权到期时期货价格介于370~375.5美分/蒲式耳之间,如果执行期权,则卖方盈利(375.5 - S)美分/蒲式耳;

若期权到期时期货价格低于370美分/蒲式耳,理性的期权买方不会执行期权,那么期权卖方将获得全部的权利金5.5美分/蒲式耳。

三、买入看跌期权

看跌期权的买方在支付一笔权利金 P 后,有权在到期日之前按照合约规定的执行价格 X 向看跌期权的卖方卖出一定数量的期权标的物。如果标的物价格高于执行价格,看跌期权的买方可以放弃执行期权,最大的损失即权利金;如果标的物价格在执行价格和损益平衡点之间,则会损失部分权利金;如果标的物价格低于损益平衡点,则看跌期权的买方就会执行期权,以较高的执行价格卖出标的物,只要价格一直下跌,那么就会一直获利。因此,看跌期权的买方亏损有限,而获利是无限的。买进看跌期权的盈亏状况如下(见图7-3-3):

当 $S > X$ 时,看跌期权不会被执行,买方最大损失 $= P$;

当 $X - P < S < X$ 时,看跌期权将会被执行,买方的损失 $= X - P - S$;

当 $S = X - P$ 时,执行期权时,买方盈亏平衡;

当 $0 < S \leq X - P$ 时,看跌期权会被执行,买方的盈利 $= X - P - S$;

当 $S = 0$ 时,买方最大盈利 $= X - P$。

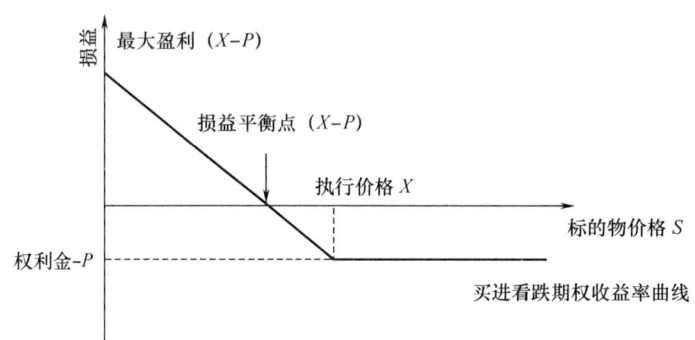

图 7-3-3 买进看跌期权损益情况

【例 7-3-2】 某个投资者某日买进芝加哥期货交易所 9 月玉米期货看跌期权,执行价格为 360 美分/蒲式耳,权利金为 3.5 美分/蒲式耳,设到期时期货合约价格为 S,盈亏情况如下:

若期权到期时期货价格为 $360 - 3.5 = 356.5$ 美分/蒲式耳,那么投资者此时盈亏平衡;

若期权到期时期货价格高于 360 美分/蒲式耳,那么投资者将会放弃看跌期权,最大损失为权利金 3.5 美分/蒲式耳;

若期权到期时期货价格介于 356.6~360 美分/蒲式耳间,那么投资者将亏损 $(356.5 - S)$ 美分/蒲式耳;

若期权到期时期货价格低于 356.5 美分/蒲式耳,那么理性的投资者会选择执行期权,盈利 $(356.5 - S)$ 美分/蒲式耳。

极端情况下,若期权到期时期货价格为 0,那么投资者会选择执行看跌期权,此时盈利最大,为 356.5 美分/蒲式耳。当然,这只是理论上的推算,实际上期货价格不可能跌至 0。

四、卖出看跌期权

卖出看跌期权意味着将来承担义务。期权到期时,如果看跌期权的买方要求执行期权,看跌期权的卖方就只能履行合约。看跌期权卖方损益与买方正好相反,买方的盈利即为卖方的亏损,买方的亏损即为卖方的盈利。因此,看跌期权卖方盈利是有限的,而亏损是无限的。假设到期时标的物价格为S,卖出看跌期权盈亏情况如下(见图7-3-4):

当$S > X$时,看跌期权不会被执行,卖方最大盈利$= P$;

当$X - P < S < X$时,看跌期权将会被执行,卖方的盈利$= P + S - X$;

当$S = X - P$时,执行期权时,卖方盈亏平衡;

当$0 < S \leq X - P$时,看跌期权会被执行,卖方的亏损$= S + P - X$;

当$S = 0$时,卖方最大亏损$= X - P$。

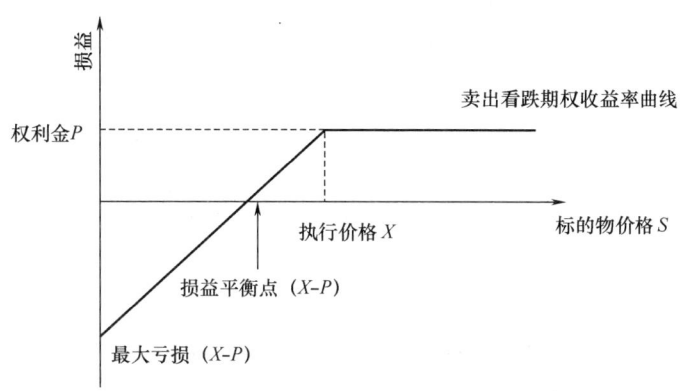

图7-3-4 卖出看跌期权损益情况

如例7-3-2,对于期权的卖方来说,若期权到期时期货价格为$360 - 3.5 = 356.5$美分/蒲式耳,那么投资者此时盈亏平衡;

若期权到期时期货价格高于360美分/蒲式耳,那么买方将会放弃看跌期权,卖方最大盈利为权利金3.5美分/蒲式耳;

若期权到期时期货价格介于356.6~360美分/蒲式耳之间,那么期权卖方将盈利$(S - 356.5)$美分/蒲式耳;

若期权到期时期货价格低于356.5美分/蒲式耳,那么理性的期权买方会选择执行期权,卖方则亏损$(S - 356.5)$美分/蒲式耳。

极端情况下,若期权到期时期货价格为0,那么期权买方会选择执行看跌期权,此时卖方亏损最大,为356.5美分/蒲式耳。当然,这只是理论上的推算,实际上期货价格不可能跌至0。

第四节 期权定价理论

期权价格是期权合约中唯一随市场供求变化而改变的变量,它的高低直接影响到买卖双方的盈亏状况,是期权交易的核心问题。早在 1900 年法国金融专家劳雷斯·巴舍利耶就发表了关于期权定价的文章。此后,各种经验公式或计量定价模型纷纷面世,但因种种局限难于得到普遍认同。20 世纪 70 年代以来,伴随着期权市场的迅速发展,期权定价理论的研究取得了突破性进展。目前期权定价理论最常用的有几种,分别是二叉树期权定价模型、布莱克—斯科尔斯期权定价模型(Black—Scholes Option Pricing Model)、风险中性定价和鞅定价等。下面仅对较为经典的二叉树模型和 Black—Scholes 模型作详细阐述。

一、二叉树期权定价模型

二叉树模型,也叫二项期权定价模型,经常被用来描述金融市场中变量的随机行为,如股票价格、股票指数、外汇汇率、利率等。二叉树期权定价模型是常用的期权定价模型之一。考克斯(J. C. Cox)、罗斯(S. A. Ross)、鲁宾斯坦(M. Rubinstein)和夏普(Sharpe)等人发表的论文中最初提到该理论的要点,主要用于计算美式期权的价值。

二叉树期权定价模型假设标的物价格的波动只有向上和向下两个方向,且假设在整个考察期内,标的物价格每次向上(或向下)波动的概率和幅度不变。模型将考察的存续期分为若干阶段,根据标的物价格的历史波动率模拟出其在整个存续期内所有可能的发展路径,并对每一路径上的每一节点计算期权执行时的收益,再用贴现法计算出期权价格。对于美式期权,由于可以提前行权,每一节点上期权的理论价格应为期权行权收益和贴现计算出的期权价格两者较大者。

二叉树期权定价模型涉及一系列假设条件,主要有:第一,不支付股票红利;第二,交易成本与税收为零;第三,投资者可以以无风险利率拆入或拆出资金;第四,市场无风险利率为常数;第五,股票的波动率为常数。

一旦套利机会出现,假定这些市场参与者随时准备利用这些套利机会,这意味着任何可以利用的套利机会将很快消失。为了分析问题,假定市场上不存在套利机会。

为了后面的讨论更加方便,使用如下的符号定义:

S 为期权标的资产的即期价格;

X 为期权的执行价格;

σ 为期权标的资产的价格;

T 为期权到期日;

r 为 T 时刻到期的投资的无风险利率;

C 为看涨期权的价格;

P 为看跌期权的价格。

简单的二叉树模型为离散时间模型的二叉树模型,以下我们仅对最简单的离散时间模型的二叉树模型作具体分析。

(一) 一阶段二叉树模型

我们从最简单的一阶段二叉树模型开始。一阶段的含义就是,标的资产的价格变化从一个给定的价格开始,在期权到期时价格变化为一个新的价格。

我们首先构造一个看涨期权,标的资产价格以事先规定的比例上升或下降。如果标的资产价格在时间 t 的价格为 S,期权到期时间 T 时标的资产价格上升至 Su 或下降至 Sd,期权执行价格为 X。假定如果对应标的资产价格上升至 Su,则期权价格也上升至 Cu;如果对应标的资产价格下降至 Sd,则期权价格也降至 Cd。期权到期时,其价值就是内涵价值,因此,

$$Cu = \text{Max}(0, Su - X)$$
$$Cd = \text{Max}(0, Sd - X)$$

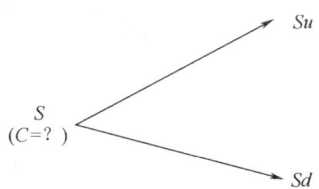

现在我们定义标的资产价格的变化,假定 u 表示标的资产价格上升,d 表示标的资产价格下降:

$$u = Su/S$$
$$d = Sd/S$$

构造一个无风险对冲组合,这个投资组合由标的资产和一份卖出看涨期权组成。t 时刻买入 n 份的标的资产,n 也被称为套保比例。该投资组合的价值为 A,则 $A = nS - C$。一段时间 T 时刻时,该投资组合的价值为 Au 或者 Ad:

$$Au = nSu - Cu$$
$$Ad = nSd - Cd$$

由于该组合为无风险对冲组合,所以无论标的资产价格如何变动,组合的价值都是不变的,因此 $Au = Ad$,也就是说,$nSu - Cu = nSd - Cd$,从而可以得到:

$$n = (Cu - Cd)/(Su - Sd)$$

前面我们已经假定该组合为无风险对冲组合,也就是说该组合的价值是按照无风险利率增仓的,因此,

$$Au = Ad = A(1 + r) = nSu - Cu$$

将 n 代入上面的公式,即可得到看涨期权的价格:

$$C = S(Cu - Cd)/(Su - Sd) - [Su(Cu - Cd)/(Su - Sd) - Cu]/(1 + r)$$

同理,也可以得到一阶段看跌期权的价格。

【例 7-4-1】 假定某股票,现在价值 50 美元,股票价格可能上涨的幅度为 25%,可能下跌的幅度为 20%,看涨期权的执行价格为 52 美元,无风险利率为 5%,那么,股票价格上涨时,此时 $Su = 50 \times (1 + 25\%) = 62.5$ 美元,对应的看涨期权价格 $Cu = 62.5 - 52 = 10.5$ 美元;股票价格下跌时,此时 $Sd = 50 \times (1 - 20\%) = 40$ 美元,对应的期权价格 $Cd = 0$,则

$$n = (Cu - Cd)/(Su - Sd) = (10.5 - 0)/(62.5 - 40) = 0.47$$

由于组合的价值是按照无风险利率增长的,那么

$$(nS - C)(1 + r) = nSu - Cu$$
$$(0.47 \times 50 - C) \times (1 + 5\%) = 0.47 \times 62.5 - 10.5$$

即得出期权价格:

$$C = 5.5 \text{ 美元}$$

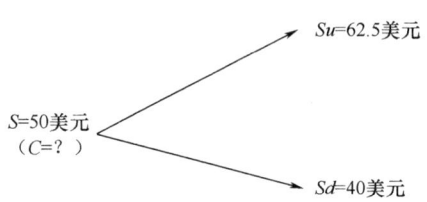

(二)两阶段的二叉树模型

在一阶段的二叉树模型中,资产价格的变化只有两种结果,但实际上标的资产价格是连续(接近连续)的随机变量,不可能只有两种结果,因此可以考虑根据时间变化分多个阶段处理。下面我们展示两阶段的二叉树模型,以看涨期权为例。

如果从定价日 t 至到期日 T 的时间区间 $T - t$,划分为两个阶段,在每个阶段,仍然假设标的资产的价格只可能取两种结果:上涨和下跌,且上涨和下跌的幅度相等,则第二阶段结束时,标的资产价格的取值为三个,即 Sud 与 Sdu 相等。采用倒推定价法,首先得到第二阶段节点的标的资产价格,并得出对应的期权价格。然后,采取与一阶段二叉树定价模型相同的方法,倒推出第一阶段节点的期权价格,并计算出对应的标的资产的价格。最后,由第一阶段节点的标的资产和

期权价格,倒推出当前时刻期权的价格。

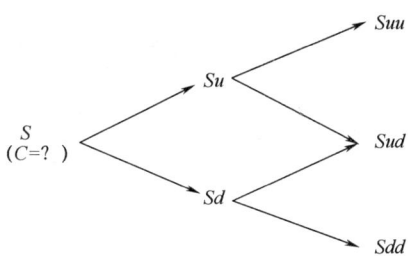

观察第一阶段的结束端节点价格为 Su 时,一段时间后价格可能涨至 Suu,也可能是 Sud,其对应的期权价格分别是 Cuu 和 Cud,那么根据一阶段二叉树定价模型,可以计算出价格为 Su 时所对应的期权价格 Cu:

$$Cu = Su(Cuu - Cud)/(Suu - Sud) - [Suu(Cuu - Cud)/(Suu - Sud) - Cuu]/(1 + r)$$

同理,可以计算出价格为 Sd 时所对应的期权价格 Cd。

最后,根据已知的标的资产价格 Su 对应的期权价格 Cu 和 Sd 所对应的 Cd,来计算当前的期权价格 C,方法与一阶段二叉树定价相同。

【例 7 - 4 - 2】 假定标的物为不支付红利的股票看涨期权,股票现在价值为 50 美元。看涨期权的行权价格为 50 美元,无风险利率为 3.44%。假定两阶段模型中股票价格上涨 11.8% 或者下跌 10.56%,那么两阶段后最高上涨 $1.118 \times 1.118 = 1.25$,或者下跌 $0.894\,4 \times 0.894\,4 = 0.8$,那么

$$Suu = 50 \times 1.118 \times 1.118 = 62.5 (美元)$$
$$Sud = 50 \times 1.118 \times 0.894\,4 = 50 (美元)$$
$$Sdd = 50 \times 0.894\,4 \times 0.894\,4 = 40 (美元)$$

到期时对应的期权价格分别是:

$$Cuu = \text{Max}(0, Suu - X) = 62.5 - 50 = 12.5 (美元)$$
$$Cud = \text{Max}(0, Sud - X) = 0$$
$$Cdd = \text{Max}(0, Sdd - X) = 0$$

可计算出一阶段后期权的价值:

$$Cu = Su(Cuu - Cud)/(Suu - Sud) - [Suu(Cuu - Cud)/(Suu - Sud) - Cuu]/(1 + r) = 7.57 (美元)$$
$$Cd = 0$$

即第一阶段节点价格为 Su 时对应的看涨期权价格 Cu 为 7.57 美元,价格为 Sd 时对应的期权价格 Cd 为 0。其中:

$$Su = 50 \times 1.118 = 55.9 (美元)$$
$$Sd = 50 \times 0.894\,4 = 44.72 (美元)$$

根据一阶段二叉树定价模型,计算出期权价格:

$$C = S(Cu - Cd)/(Su - Sd) - [Su(Cu - Cd)/(Su - Sd) - Cu]/(1 + r) = 4.58 (美元)$$

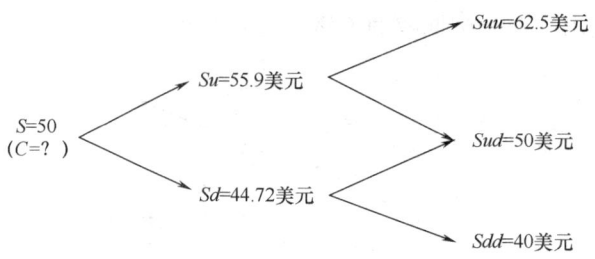

当然,除了一阶段和两阶段二叉树模型,实际过程中还会衍生出 n 阶段二叉树,基本原理相同,这里不再赘述。

二、布莱克—斯科尔斯期权定价模型

布莱克—斯科尔斯期权定价模型,简称 B-S 模型,首先由费雪·布莱克(Fischer Black)和迈伦·斯科尔斯(Myron Scholes)于 1972 年提出。1973 年 5 月他们在《政治经济杂志》(Journal of Political Economy)上发表了《期权与公司负债的定价》一文,推导出无红利支付股票的任何衍生产品必须满足的微分方程,并成功得出欧式看涨期权和看跌期权的精确公式,使期权和其他衍生产品的定价理论获得了突破性进展,从而成为期权定价的经典模型。他们研究的创新之处在于将套利用于解决期权的定价问题,引进了风险中性定价,并推导出了布莱克—斯科尔斯期权定价模型。

任何一个模型都是基于一定的市场假设的,B-S 模型的基本假设有以下几点:

第一,无风险利率 r 是已知的,为一个常数,不随时间的变化而改变;

第二,标的证券为股票,正股价格 S 的变化符合随机漫步,但这种随机漫步能够使股票的回报率成对数正态分布;

第三,标的股票不分红;

第四,期权为欧式期权,即到期日才能行权;

第五,整个交易过程中,不存在交易费用,没有印花税;

第六,对卖空没有如保证金等任何限制,投资者可自由使用卖空所得资金。

在以上假设的基础上,B-S 模型给出以下公式:

$$C = SN(d_1) - X\exp(-rT)N(d_2)$$
$$P = X\exp(-rT)N(-d_2) - SN(-d_1)$$

式中:$d_1 = [\ln(S/X) + (r + \sigma^2/2)T]/(\sigma\sqrt{T})$;$d_2 = d_1 - \sigma \cdot \sqrt{T}$;$N(d_1)$,$N(d_2)$ 是正态分布变量的累积概率分布函数。

在此,还有两点应当说明:

一是该模型中无风险利率必须是连续复利形式。一个简单的或不连续的无风险利率(设为 r_0)一般是一年计息一次,而 r 要求为连续复利利率。r_0 必须转化为 r 方能代入上述出式进行计算。两者的换算关系为:$r = \ln(1 + r_0)$ 或 $r_0 = \exp(r) - 1$ 例如,$r_0 = 0.06$,则 $r = \ln(1 + 0.06) = 0.0583$,即 100 以 5.83% 的连续复利投资,第 2 年将获 106,该结果与直接用 $r_0 = 0.06$ 计算的答案一致。二是期权有效期 T 的相对数表示,即期权有效天数与一年 365 天的比值。如果期权有效期为 100 天,则 $T = 100/365 = 0.274$。

【例 7-4-3】 假设某不支付红利的股票的市价为 50 元,无风险利率为 12%,该股票的年波动率为 10%,该股票看涨期权的执行价格为 50 元,那么期限为 1 年期的欧式看涨期权的价格计算如下:

$$S = 50, X = 50, r = 0.12, \sigma = 0.1, T = 1$$
$$d_1 = [\ln(S/X) + (r + \sigma^2/2)T]/(\sigma\sqrt{T}) = 1.25$$
$$d_2 = d_1 - \sigma \cdot \sqrt{T} = 1.15$$
$$N(d_1) = N(1.25) = 0.8944$$
$$N(d_2) = N(1.15) = 0.8749$$
$$C = 50 \times 0.8944 - 50 \times 0.8749 \exp(-0.12) = 5.92$$
$$P = 50 \times (1 - 0.8749) \exp(-0.12) - 50 \times (1 - 0.8944) = 0.27$$

因此理论上该看涨期权的合理价格是 5.92。如果该期权市场实际价格是 5.75,那么这意味着该期权有所低估。在没有交易成本的条件下,购买该看涨期权有利可图。

1973 年 B-S 模型发表后,芝加哥期权交易所的交易商们马上意识到它的重要性,很快将 B-S 模型程序化输入计算机,应用于刚刚营业的芝加哥期权交易所。该公式的应用随着计算机、通信技术的进步而扩展。到今天,该模型以及它的一些变形已被期权交易商、投资银行、金融管理者、保险人等广泛使用。衍生工具的扩展使国际金融市场更富有效率,但也促使全球市场更加易变。

第五节 期权平价公式

期权中最重要的无风险套利价格关系式是看涨—看跌期权平价公式。该公式产生于同时买卖看涨期权、看跌期权和标的资产的背景下。欧式看涨—看跌期权平价公式为:

$$C + Xe^{-rT} = P + S$$

式中:C, P 分别为欧式看涨期权和看跌期权的价格;S 为标的资产的价格;K, T 分别为欧式期权的执行价格和距离到期日的时间;r 为无风险利率。

上述平价关系式说明,欧式看涨期权的价值可根据与其相同的执行价格和到期日的欧式看跌期权的价值推导出来,反之亦然。

下面我们运用无风险套利原理来推导看涨期权和看跌期权之间的平价关系。首先构造两个组合：

组合 1：一份欧式看涨期权加上金额为 Xe^{-rT} 的现金；

组合 2：一份有效期和执行价格与看涨期权相同的欧式看跌期权加上一单位标的资产。

组合 1 中，现金按照无风险利率进行投资，则在期权到期日，组合的价值为：$\text{Max}(S_T - X, 0) + X$；组合 2 在期权到期日的价值为：$\text{Max}(X - S_T, 0) + S_T$，实际上，在期权到期时，这两个组合的价值均为 $\text{Max}(S_T, X)$。由于欧式期权不能提前执行，因此可以判断这两个组合在初始时刻必须具有相等的价值，即：

$$C + Xe^{-rT} = P + S$$

如果上式不成立，则存在无风险套利机会。如果 $C + Xe^{-rT} > P + S$，投资者可以买进组合 2，并卖出组合 1，那么初始时刻 $(C + Xe^{-rT}) - (P + S) > 0$。由于期权到期日时，两个组合的价值相等，因此投资者可在初始时刻无风险获得 $(C + Xe^{-rT}) - (P + S)$ 的利润。反过来亦如此。套利活动的进行最终使得看涨—看跌期权平价公式成立。

【例 7-5-1】 假设股票价格 31 美元，无风险利率为 10%，3 个月期执行价格为 30 美元的欧式看涨期权价格为 3 美元，3 个月期执行价格为 30 美元的欧式看跌期权价格为 1 美元。通过计算得出：

$$C + Xe^{-rT} = 3 + 30e^{-0.1 \times 0.25} = 32.26 (美元)$$
$$P + S = 1 + 31 = 32 (美元)$$

如果在初始时刻，卖出看涨期权、买入看跌期权和股票，则初始投资为：

$$31 + 1 - 3 = 29 (美元)$$

若在初始时刻以无风险利率借入资金，3 个月后需要偿付的金额为：

$$29e^{0.1 \times 0.25} = 29.73 (美元)$$

到期日时，无论执行看涨期权还是看跌期权，都会使股票以 30 美元的价格出售，此时可获利：

$$30 - 29.73 = 0.27 (美元)$$

因此，投资者可以获得 0.27 美元的无风险套利。

如果考虑另外一种情况，假设 3 个月期执行价格为 30 美元的欧式看涨期权价格为 3 美元，3 个月期执行价格为 30 美元的欧式看跌期权价格为 2.25 美元，通过计算可以得出：

$$C + Xe^{-rT} = 3 + 30e^{-0.1 \times 0.25} = 32.26 (美元)$$
$$P + S = 2.25 + 31 = 33.25 (美元)$$

如果在初始时刻，买入看涨期权、卖出看跌期权、借入股票并卖出，则这一策略的初始收益为：

$$31 + 2.25 - 3 = 30.25(美元)$$

初始时刻将收益以无风险利率投资,3 个月后总金额为:

$$30.25e^{0.1 \times 0.25} = 31.02(美元)$$

期权到期时,无论执行看涨期权还是看跌期权,都会以 30 美元购买股票,之后偿还该股票,此时可获利:

$$31.02 - 30 = 1.02(美元)$$

第六节 期权风险指标

期权价格受多种因素影响,在对期权价格的影响因素进行定性分析的基础上,通过期权风险指标参数,在假定其他影响因素不变的情况下,可以量化单一因素对期权价格的动态影响。期权的风险评价指标通常用希腊字母来表示,包括:delta,gamma,theta,vega,rho,等等。对于期权交易者来说,了解这些指标,更容易掌握期权价格的变动,有助于衡量和管理部位风险。

一、delta

delta,也可以表示为 Δ 或 δ,是指标的物价格变动所引起期权价格的变化幅度。用公式表示:

$$delta = 期权价格变化/期权标的物价格变化$$

对于看涨期权来说,标的物价格上涨(下跌),期权价格随之上涨(下跌),二者始终保持同向变化。因此看涨期权的 delta 为正数。而看跌期权价格的变化与标的物价格相反,因此,看跌期权的 delta 为负数。

期权的 delta 值衡量的是期权对期权标的物价格变动所面临的风险程度的指标,其值介于 -1 到 1 之间。对于看涨期权,delta 的变动范围为 0 到 1,对于看跌期权,delta 变动范围为 -1 到 0,标的物的 delta 为 1。

比如某白糖期货看涨期权的 delta 为 0.4,如果白糖期货价格上涨 5%,那么期权价格则上涨 $0.4 \times 5\% = 2\%$。

风险指标的正负号均是从买入期权的角度来考虑的。如果是卖出期权,则 delta 的正负号与买入期权刚好相反。因此,一定要注意期权的指标与部位的指标之区别。

二、gamma

gamma 也即 γ,反映标的物价格对 delta 的影响程度,为 delta 变化量与标的物价格变化量之比,其公式为:

$$gamma = delta 的变化/期权标的物价格变化$$

由此可见,gamma 是衡量 delta 相对标的物价格变动的敏感性指标。如某一期权的 delta 为 0.6,gamma 值为 0.05,则表示标的物价格上升 1 元,所引起 delta 增加量为 0.05,delta 将从 0.6 增加到 0.65。

与 delta 不同,无论看涨期权或是看跌期权的 gamma 值均为正值:标的物价格上涨,看涨期权的 delta 值由 0 向 1 移动,看跌期权的 delta 值从 -1 向 0 移动,即期权的 delta 值从小到大移动,gamma 值为正。标的物价格下跌,看涨期权的 delta 值由 1 向 0 移动,看跌期权的 delta 值从 0 向 -1 移动,即期权的 delta 值从大到小移动,gamma 值为正。

对于期权部位来说,无论是看涨期权或看跌期权,只要是买入期权,部位的 gamma 值为正,如果是卖出期权,则部位 gamma 值为负。

期权交易者必须注意期权 gamma 值的变化对部位风险状况的影响。当标的资产价格变化一个单位时,新的 delta 值便等于原来的 delta 值加上或减去 gamma 值。因此 gamma 值越大,delta 值变化越快。

三、theta

theta 也即 θ,是用来测量时间变化对期权理论价值的影响,表示时间每经过一天,期权价值会损失多少。其公式为:

$$theta = 期权价格变化/到期时间变化$$

在其他因素不变的情况下,不论是看涨期权还是看跌期权,到期时间越长,期权的价值越高;随着时间的经过,期权价值则不断下降。时间只能向一个方向变动,即越来越少。因此,期权多头的 theta 为负值,即到期期限减少,期权的价值也相应减少;期权空头的 theta 为正值,即对期权卖方来说,表示每天都在坐享时间价值。

四、vega

vega 也即 v,是用来衡量标的物价格的波动率的变化对期权价值的影响。其公式为:

$$vega = 期权价格变化/波动率的变化$$

如果某期权的 vega 为 0.15,若价格波动率上升(下降)1%,期权的价值将上升(下降)0.15。若标的物价格波动率为 20%,期权理论价值为 3.25;当波动率上升为 22%,期权理论价值为 3.55(3.25 + 2 × 0.15);当波动率下降为 18%,期权理论价值为 2.95(3.25 - 2 × 0.15)。当价格波动率增加或减少时,期权的价值都会增加或减少,因此,看涨期权与看跌期权的 vega 都是正数。期权多头部位的 vega 都是正数,期权空头的 vega 都是负数。

如果投资者的部位 vega 值为正数,其将会从价格波动率的上涨中获利;反之,则会希望价格波动率下降。

五、rho

rho 也即 ρ,是用来衡量利率的变化对期权价值的影响。其公式为:

$$rho = 期权价格变化/利率变化$$

在期权定价理论中,期权的价值也会受到利率变动的影响。比如,当利率上升时,看涨期权价格上升,看跌期权价格下跌,相应的,看涨期权的 rho 为正值,看跌期权的 rho 为负值。

第8章 技术分析与运用

第一节 技术分析介绍

一、证券投资技术分析概要

基本因素分析和技术因素分析共同构成对股票等证券投资的完整分析,但二者分析的角度、方法和作用等都不相同。基本分析主要分析股票的内在投资价值,着重于对一般经济情况及公司财务等因素的分析。基本分析通过对经济形势、行业形势和公司形势的分析,引导投资者正确地选择投资对象。它属于长期性质的分析。技术分析则主要是分析股价的运动规律,是根据实证经验和利用图表来描绘过去个别股票或整个市场的股价指数,从中寻找具有意义的行为模式,据此预测股价的未来走势。技术分析通过对股价的波动形式、成交数量和投资者心理的分析,帮助投资者选择适当的投资机会和投资方式。它属于短期性质的分析。

规范地讲,所谓技术分析,是以预测股价的变动趋势和运行目标为目的,借助一些定量的技术指标和图表形态对市场行为进行的所有研究过程的总称。在所有技术分析方法中,价格、成交量以及由量价关系所反映出的买卖意向是最为重要的三大变量,这三大变量也被称为技术分析的三要素。概括地讲,技术分析就是指通过技术手段,从股票价格的过去表现来推断未来变化的趋势。由于技术分析是利用图表、数学运算及周期等分析方法去研究市场变动,预测价格走势,也由于它只关心市场,不关心影响市场的基本因素,所以,这就使其在应用上有一定的局限性,并非是投资选择的灵丹妙药。一般来说,技术分析只用于短期投资分析,而不适宜用于长期投资分析。因为它所关心的只是市场上证券价格的波动情况和如何获得投资的短期收益,根本不涉及或很少涉及对单个证券市场以外因素的分析。技术分析只可以帮助投资者选择适当的投资时机,而且它显示的机会并非全是有效的,而是经常会出现一些错误的信号。特别是在人为因素对市场干扰较大的情况下,技术分析的有效性更是会大打折扣。

技术分析建立在一系列假设前提下。其中主要有这样一些假设:第一,历史会不断重演。面对同样的情况,不同时期的投资者会有类似的反应。这里所谓的"重演"有两层含义：①相同特征的重复出现才能反映出事物运动的规律性，技术分析理论和分析方法的目的正是在于揭示这些反映股价运行规律性的东西，所有的技术分析方法也正是基于这一前提才提出的。②从方法论上看，该前提也指出了技术分析的基本方法——回顾与总结历史，股票投资的许多实践技法也正是在这一理论前提的指导下总结出来的。第二，价格运动具有趋势性。影响价格的最直接的因素——市场供求，是由各种合理与不合理、理性与非理性的诸多因素所决定的，如果忽略股价微小的波动，则其变化在一段时期内会显示出特定的走势，即价位循一定方向推进。这一假设实际上是借用了牛顿力学第一定律——"在没有任何外力的影响下，物体会遵循一定方向恒速前进"，价位就如同有形物体一样，也会沿着一定方向前进，直到受到外来因素的影响。第三，市场行为反映一切。股票市价纯粹取决于市场上的供求因素，所有影响供求关系的因素都反映在股价变化上，走势的改变只基于供求的变化，供求变化迟早会在图表上反映出来。所以又有人称此假设为"价格反映市场一切"，认为这是技术分析的根本点，不充分了解这一点，其他也就无从谈起。根据这一假设，技术分析者并不需要关注价位为何变动，他们只需关心价位会怎样变动，即要知其然而不需知其所以然。因为所有影响价位的因素都会反映在价位波动上，研究价位才是最重要的。

上述技术分析的三大假设前提条件，实际上正是技术分析的理论基础，是对股价走势的客观观察，经归纳、演绎推理而总结出来的。"历史会不断重演"，体现了市场参与者的心理反应。影响力最大的心理因素就是对收益的期盼和对损失的担心。由于人的特性不易变更，所以由相同因素引发的情况必会重演。即从长期看，图表上的行为模式趋于循环发生，投资者可以借此预测股价的未来走向。"价格运动具有趋势性"，价格朝趋势方向运动是通道理论与趋势分析的理论基础。其基本含义是：一旦价格沿某一方向运行，则在惯性作用下，该趋势将持续下去，直至有足以根本改变供求关系的外因出现，该趋势才会改变。技术分析的任务，也正是总结和发现这些足以改变股价运行趋势的外在因素的标志。"市场行为反映一切"的基本含义是：股价走势是影响供求关系的众多因素共同作用的结果。技术分析理论或分析方法要解决的问题是如何通过股价走势的研究，发现供求关系逆转时在量、价及图表上出现的信号，而不必对影响股价关系的某一因素进行个别研究。

一般认为，技术分析的作用在于对大盘或个股的未来走向目标作出预测。其实，技术分析的功能远不止于此。概括地讲，技术分析的用途主要有如下几条：其一，预测股价的未来走向及目标。这是技术分析的根本目的所在。买卖抉择、投资计划的拟定、投资组合的设计均需以对股价走势客观正确的研判为前提。其二,把握适当的买卖时机。在正确预测股价未来走向的前提下,通过技术指标分析、图表形态分析及成交量分析,可以尽量做到低进高出,扩大赢利。运用技术分析,把握适当的进出机会,既可使原预测失误,也可以减少亏损。其三,指导拟定投资计划。行情发展的不同阶段,筹码与资金的比例不同。顶部区域以持币为主,底部区域以持股为主,而在行情发展过程中则应该逐渐减少持筹比例。技术分析是判断行情发展阶段最有效的方法,据此可以拟定投资计划。其四,分析股价变动的主成因。虽然我们承认股价走势反映一切,但每次走势大的波动或某种趋势的形成,均由某个或某几个主要成因促成。借助技术分析而进行的股价走势与相关因素的对应分析,可帮助查明主要成因。

二、期货市场投资分析方法

期货市场分析有两种方法:一种是基本因素分析(Fundamental Analysis),另一种是技术因素分析(Technical Analysis)。基本因素分析侧重于研究影响期货市场的供求因素,而技术因素分析只研究市场行为——价格、交易量和空盘量。一些交易者只运用这两种方法中的一种进行预测,然而更多的交易者则利用两者的有机结合来预测价格动态。

(一) 基本因素分析

理论上,商品价格是由供求力量对比决定的,而基本因素分析(简称基本分析)就是利用价格的供求变化规律,通过分析那些影响商品供求状况的经济因素来预测价格趋势和制定可获利的交易计划、战略。基本因素分析的通常做法是,通过供求分析确定商品的内在价值,若市价大于内在价值,则说明商品定价太高,价格将会下降;若市价小于内在价值,则说明商品定价太低,价格将会上升。

影响期货市场供求关系进而影响期货价格的经济因素,就农作物而言,主要包括:①结转库存。结转库存是基本因素分析方法在研究商品价格趋势时的重要指标之一(尤其农产品)。结转库存是指在某一销售年度末所剩余的农产品数量。结转库存量影响某商品的近期或远期价格,显示出供应量的紧张程度。供应短缺导致价格上涨,反之则促使价格滑落。②产量。单位播种面积的谷物收割数量直接影响到市场中买主的购买意向及行动,而这种意向又对价格水平起决定作用。③产情报告。很多政府部门和私人机构都定期公布有关农产品的产情报告,这些产情报告具体反映出农产品供应量的变化,对价格有即时和长远的影响。④气候。气候是市场人士最难对付的一项变数,但它却又是影响商品期货价格的主要因素。农产品在播种、生产、收割期对气候有特定的要求,气候异乎寻常的突变对农作物的收成以至供应量有着决定性的影响。⑤经济状况。

经济处于上升期人们比较富裕,对较昂贵商品的消费支出就会增加,导致该商品价格上升。除了以上五个方面外,运输条件、汇率、利率及经济政策等都会对期货的价格产生一定的影响。

(二)技术因素分析

技术因素分析(简称技术分析)与基本因素分析不同,它不是根据商品供应量和需求量及其背后种种因素的变化预测价格走势,而是根据价格本身的变化来预测价格走势。技术分析的基本观点是:所有实际的供求量及其背后起作用的种种力量和市场上每个人对未来的希望、预计、担心、恐惧等,都集中反映在价格、交易量和空盘量上,使它们成为预测价格走势的最重要指标。技术分析很重视价格图表的制作和对图表、交易量及空盘量的分析,另外,通过构造各类模型建立自动交易系统也是很重要的内容。

1. 技术分析的常用图

技术分析的理论基础,是认为商品价格的波动有迹可循。技术分析方法的最重要之点是将历史价格用图的形式表现出来,记录商品历史价格的图是技术分析的灵魂。图一般以纵坐标表示价格,以横坐标表示时间。技术分析的常用图主要有:

(1)点线图。点线图是最简单的图形,仅是将每天的价格(一般为收盘价)连接起来,用来表示一种商品大致上的走势。

(2)K线图。K线图又称蜡烛线或阴阳线、酒井线。据说起源于日本的德川幕府时代,大阪米市商人用以记录一天(或一周、一个月)当中行情价格波动的变化。其构造分为上影线、下影线与中间实体部分,分别用来表示一天(或一周、一个月)中的开盘价、最高价、最低价及收盘价。若收盘价较开盘价高,其中间实体部分以白色方格表示,或者可用红色来标示,表示当天趋势向上,"收红盘",为阳线。若开盘价高于收盘价,其中间实体部分则以黑色标示,表示当天趋势向下,"收黑盘",为阴线。上影线的最高点与下影线的最低点,分别表示当天行情所到达的最高价与最低价。

(3)条形图。条形图又称柱状图,是欧美人士的主要绘图方式,其构造较K线图简单。条形图的直线部分,表示当天(或当周)行情的最高价与最低价间的波动幅度。左侧横线代表开盘价,右侧横线则代表收盘价。在习惯用法上常常省略左侧横线,仅将最高价、最低价、收盘价表示于图形上。通常,开盘价只对当天行情走势有指示意义,对于图形的长期趋势则不具备任何指示意义。

(4)点数图。点数图又称○×图。与其他图形一样,点数图是依据价位的变化来绘制图形的,只不过条形图的绘制是每日各画一条线,较容易看出一个固定时段的价位变化,而点数图则完全以涨跌方向的变化来制作,每涨一格画一个×,每下跌一格画一个〇,充分表现股价或商品价格"涨者恒涨、跌者恒跌"的特性,也较能表现图形上的变化。点数图和条形图的最大分别在于,点数图的横坐标不能清楚地将时间表示出来,而是依据价格的上下波动连续地将〇和×衔接起来。

(5)市场轮廓图。市场轮廓图是较新的一种图表,用英文字母顺序代表每一段时间(通常是半小时和一小时)内该商品曾出现过的价格,将之积累起来,形成一个钟形的图案,表示出该商品当天的价值区。

比较上述图形可以看出:K线图所表达的含义较为细腻敏感。与条形图相比,K线图似乎较易于掌握短期内价格的波动,也易于判断多空双方(买方与卖方)的强弱状态,从而作为进出场交易的参考。条形图则偏重于趋势面的研究,而且在图形上的绘制非常简便迅速。

事实上,条形图与K线图两者之间并不存有很大的差异,重要的是投资者本身对个别商品价格波动的感受力。大致上来说,当天的开盘价开在哪里,是买卖双方的预期心理所致,也可以说,开盘价是多空双方的楚河汉界,双方在此角力。然而原始边界在争战中,仅是一种象征性的符号。败退者以收复失地为目的,胜利者则步步进逼。此时开盘价已不重要,重要的是双方的胜负结局及战果。开盘价具有意义的情况在于跳空,跳空意味着买卖双方有一方极力守着最后防线,也意味着一连串的溃败开始。开盘价具有意义的第二个情况,在于买卖某一方长驱直入敌阵之后,后劲不足返回开盘价,即上下影线过长。这种情况代表盛极而衰,一个变盘的开始。这种情况在综合股票价格指数的表现上尤为明显。根据前述原则可以发现,剔除并非绝对重要的开盘价,K线图与条形图在评判多空双方力量方面并没有明显差异。每一个条形图或K线图所显现的多空战果是类似的。

投资者不一定要拘泥于图形,最重要的还是对大势的研判。每一种商品均有其特性,投资者必须审慎地研究。深圳股市中经常出现一次反应到底的情况:以一般K线理论而言,长红(有人戏称冲天炮)之后,次日理应再涨,但深指却常常在大涨的次日,开始连续数日的回跌。这种反K线理论现象在国内期市中偶尔也能见到。至于点数图,它与条形图和K线图又不一样,它用×和〇表示商品价格涨跌,反映着一段时间内的累积涨跌幅度,亦即用简单的符号表示在市场多空激斗的过程里,多头或空头表现一口气力量的程度,进而观察与研判未来价格变动的方向。点数图有三种最基本的功能:一是表现多空间孰强孰弱的情形与变化;二是显示何处是抵抗区域;三是观察中长期大势与个别商品价格变动的方向。因此,点数图也能给投资者提供买进与卖出时机,以及显示何处有支撑或有阻力。

2. 技术分析的其他工具

技术分析的工具可以说是多得不胜枚举。除了上述的图表之外，常用的技术分析工具还有形态分析、循环理论、逐势分析模式以及振荡指标等。

形态分析的理论基础是道氏理论，使用方法是直接从历史价格图表上去分辨出商品价格的趋势。使用者以"历史会重演"作假设，从图表上找出价格波动所形成的一些"形态"，利用这些特定的形态对后市作出预测。例如，形态分析认为，如果图表中出现"头肩顶"时，则表示一个上升的趋势已经结束，价格走向将由上升转为下降。

循环理论认为，商品的价格是按一定的周期有规律地波动的，每一种商品价格波动的周期性都是有差异的，分析者根据每一种商品价格的低点与低点间的时间间距去决定这种商品的循环周期从而预测下一个循环低点出现的时间，及时作出正确的买卖决策。与循环时间理论类似的分析理论还有靴斯通道和广为人知的艾略特波浪理论。

逐势分析模式的主要代表是移动平均线。移动平均线利用简单的数字平均法将商品价格的运动趋势表示出来，并以此作出买卖决定。

振荡指标是近年发展得最快的技术分析工具，这与电子计算机的广泛运用有很大的关系。振荡指标是使用一些数学公式将某些天（如 10 天、20 天）的收盘价进行比较，从而发现该商品在当前价位水平是否出现超买（过度买入）、超卖（过度卖出）的情况或显示出该商品价格的目前趋势和强度。比较有代表性的振荡指标有相对强弱指数和动向指标等。

需要说明的是，由于技术分析是利用客观的数据作出主观判断，所以无论选用何种技术分析工具，具体应用时都还需要个人经验和判断力的配合。

三、对技术分析的理解

基本分析着重于考察导致价格涨跌的本质原因，对影响价格的因素做基础详尽的分析。技术分析则主要研究市场的行为，对于已经反映出来的过去的结果进行分析，基于历史规律对价格走势作出判断，而对于价格波动的原因并不关心。虽然基本分析和技术分析对判断未来走势的方法、理念和依据方面有很大的区别，但其根本目的都是为了预测价格变动的方向。

(一) 技术分析的优缺点

1. 技术分析的优点

与基本面分析相比，技术分析具有明显的优势，主要体现在：

(1) 技术分析具有高度的灵活性。技术分析方法在任何投机领域都是相同的,只要正确掌握其使用方法,就可以随心所欲的同时跟踪多个市场。而基本分析由于收集信息的复杂性往往顾此失彼,因而大多数使用基本面分析的投资者只能专注于某一领域或几个领域。

(2)技术分析具有客观性。基本面分析的材料和数据虽然是客观的,但预测者在进行价格走势分析时往往带有个人的感情色彩,例如做了多头就会考虑一些利多的因素,甚至把一些不利因素也当作有利因素。而技术分析则不同,不管盘面出现的是买入信号还是卖出信号,都是客观的,不以交易者的意志为转移。

(3)技术分析可操作性较强。影响市场的任何因素归根结底最终都要通过价格反映在盘面走势中,所以投资者只需要研究盘面走势就基本上可以把握住市场的脉搏,而基本分析在这方面表现得较为逊色。

(4)技术分析使用范围广。技术分析可以灵活运用于不同的时间尺度下,无论是中长期走势分析还是当天内的价格变化,技术分析都可以轻而易举的解决,而基本分析在研究价格中长期走势时使用较多。技术分析可适用于期货任何一个品种,也可以适用于股票、外汇等,而基本分析只能试用于特定的期货品种或股票。

(5)技术分析能够给出明确的买卖信号。技术分析对市场的反应较为直接,分析的结果也更接近实际市场的局部现象。通过技术分析可以找到较为准确的进出场位置,而基本分析无论多么完美,在实际的交易过程中也只能让位于技术分析。

2. 技术分析的缺点

技术分析在具有先天优势的同时,也有其固有的缺点:

(1)技术分析对于长期走势的判断准确率较低。技术分析法的本质是一种经验,是根据过去已总结的模式判断未来价格的变化趋势。这种依赖于经验的方法使得技术分析只对市场短期走势的预判较为有益,而对于决定市场长期走势的本质因素并未作出分析。所以说,单纯运用技术分析法来准确预测长期价格走势较为困难。

(2)技术分析发出的买卖信号通常具有时滞性。由于技术分析对于进出场点的判断需要等待市场发出明确的信号之后才能作出判断,而买、卖信号的出现与最高价或最低价之间往往有段距离,甚至会出现反向走势。技术分析所判断的信号时滞性往往导致投资者错过了最佳的进出场点,甚至可能作出错误的决策。

(3)尽管技术分析发出的信号是客观的,但不同的技术分析者对同一信号、同一指标会作出不同的解释和预测,并且各种不同的技术指标可能发生相互矛盾的信号,从而使得对市场走势的预测变得更复杂、更加不确定。

(4)技术分析的指标或者方法都有局限性,"陷阱"随时都有可能出现,并且技术分析的有效性并不稳定。虽然具体技术分析方法的表述和使用都比较清晰、明确,而且理解也不难,但依此交易并不一定能取得很好的效果。单纯依据传统使用方法,错误概率依然很高,因为在同一位置市场投资者经常达成共识,这种共识一旦被利用,就会造成指标"钝化"或者失灵,而导致绝大多数投资者亏损。

一般来说,选择技术分析相对于基本面分析有更多的便利,也更容易掌握和运用。但是,技术分析存在优势,也有自身的不足,这就要求投资者在技术指标没有发出信号时尽量不要交易,虽然仍会有很多错误,但是根据技术指标设置止损,可以保证每次交易单位头寸所承受的亏损幅度较小,同时有效规避了随机波动带给投资者不必要的心理波动和不容易控制的亏损幅度。

(二)技术分析应用中应注意的问题

在价、量的历史资料基础上进行的统计分析、绘制图表是技术分析的主要手段。技术分析可以帮助制定交易计划,但交易计划的严格执行更为重要;技术分析要综合研判,弄清楚当前的市场状态,选用合适的技术分析指标;技术分析的中心思想是机会提示和风险管理,保护资金安全是第一任务;复杂的技术分析工具并不就是优越的,简明适用就好。具体的,在应用时应该注意以下问题:

1. 技术分析应该与基本面分析相结合

对于证券、期货来说,影响价格的根本因素是宏观经济、行业供求关系、公司盈利情况等,而基本面分析恰恰是从这个角度入手分析的,技术分析试图以历史预知未来,而历史通常不是简单重演的,当下的环境比以往可能发生了彻底的变化,因此,技术分析应该与基本面分析结合起来使用。

2. 注意多种技术分析方法的综合研判,切忌片面使用某一种技术分析

投资者应全面考虑各种技术分析方法对未来的预测,综合这些方法得到的结果,最终得出一个合理的多空双方力量对比的描述。实践证明,单独使用一种技术分析方法有相当大的局限性和盲目性。如果应用多种技术分析方法后得到同一结论,那么依据这一结论出错的机会就很小,而仅依靠一种方法得到的结论出错的可能性就很大。为了减少失误,应尽量多掌握一些技术分析方法。

3. 将现有技术分析方法与具体的股票等结合起来

同一种技术分析方法应用于不同股票的价格分析中时,由于各个股票本身的基本面变化特征引起的各种形态并不相同,所以,有必要分析同种方法应用到不同股票中去的特征,并加以扩展应用。并且,随着时间的推移,有些分析方法或指标可能失效,这就要求我们不断地对分析方法进行修正。

第二节 道氏理论与波浪理论

一、道氏理论

道氏股价波动理论简称道氏理论,是一种最古老、最著名的股价分析理论。它是由美国著名的股票分析专家查尔斯·道创立其基本原理,由纳尔逊、汉密尔顿等后人整理、补充和发展而形成的。

(一) 股价变动的三种趋势

道氏理论认为,股市在任何时候都可以用三种趋势来概括,即长期趋势、中期趋势和短期趋势。

长期趋势又称主要趋势、原始移动,一般指持续一年或多年的市场变化趋势,其间或为长期上涨的多头市场(bull market),或为长期下跌的空头市场(bear market)。多头市场每一上升波浪的平均水准高于前一波浪的平均水准,空头市场每一中期趋势反弹上升的高度低于前一水准。多头市场平均持续期间比空头市场长,牛市最长期约经 3~4 年结束,最短需 15 个月;熊市最长期为 2 年,最短为 1 年。

中期趋势又称次要趋势、次级运动,它发生在主要趋势过程之中,是长期趋势中的反动作用,亦即中间性的离心变化,其变化导致上升的多头市场股价回落(即在上涨的主要趋势中出现中期回档下跌),下跌的空头市场股价回升(即在下跌的主要趋势中出现中期反弹上升)。通常情况下,一次主要趋势总会出现两到三次中期趋势,每次中期趋势历时几周到几个月不等,股价波动幅度至少可达先前上升或下跌幅度的 1/3,有时可达 2/3。中期趋势是对以往市场行为的一种修正,经常出现在过分购入和过度抛售之后,它属于一种正常的市场自我调整。

短期趋势又称日常波动,一般指短则数小时、长则数天的波动。短期趋势因时间持续太短,因此它除了对一些投机者从事买卖活动有意义外,对投资者意义不大;而且因为日常波动的随机性很大,所以易对投资者产生误导,也容易受到人为的操纵。中期和长期趋势则一般不易被任何人为的力量所控制。短期趋势、中期趋势、长期趋势三者之间相互联系并产生互相推移转变,就形成了股市复杂多变的运动形式。

道氏理论的重大价值之一,就在于它为我们理清纷繁复杂的股票市场的运动脉络及把握其运动趋势,提供了重要的思路。道氏理论把市场的推移转变比喻成"犹如海水的涨落:长期趋势好似潮汐;中期趋势如同波浪;短期趋势则像波纹或微波"。这种比喻将股市短、中、长期趋势间的关系刻画得淋漓尽致：海潮有潮起潮落，海浪寄于海潮之中，虽排空大浪也不能抗逆海潮；微波寄于海浪之中，几股微波连在一起就可形成海浪。近观大海波澜壮阔，远眺汪洋潮起又潮落；投身股海之中，感受到的是惊心动魄，远离股市之外，听闻的是牛喜与熊叹。在股票市场的三种趋势中，主要趋势最为重要，它是投资者唯一关心和考虑的，其目的是尽可能地在多头市场上买入股票，而在空头市场形成之前及时地卖出股票；次级趋势可以协助预测主要趋势的产生，它为投机者所感兴趣，目的是想从股价的短期波动中获利；日常趋势因受人为因素影响太大，所以它对市场分析最不重要，但它却是分析者画出主要趋势和次级趋势的基础。既然股市运作实践中"顺势操作"的思维模式决定了辨别"牛""熊"之重要，因此了解多头市场与空头市场的三阶段划分也就非常必要。

多头市场的三阶段通常为：第一阶段，有远见的投资者已经认识到经济即将复苏，市场将有转变，故而愿意买进由悲观的投资者抛售的股票或对持有的股票不再盲目斩仓，这就会使股价从很低的水准开始缓升。其间，上市公司经营业绩尚不理想，财务状况未有好转，投资者徘徊于股市门外不知是进还是退，股票交易不甚活跃，但交易量有慢慢增加的趋势。第二阶段，经济已经复苏，公司业绩有显著好转，股票交易趋于旺盛，股票的价格有较大的涨升。第三阶段，经济全面复苏，股市一片沸腾。攒动的人头把投资者的情绪引向冲动，新股票趁此大量发行，一些冷门股、三线绩劣股也开始升腾，而绩优股此时的表现则相对平淡，显示多头市场已是"高处不胜寒"，尾声临近。

空头市场的三阶段通常为：第一阶段，多头市场股价的过度膨胀，使理智的投资者已经敏感地嗅出了"熊"来的气息，上市公司的业绩亦随经济景气的逝去而转坏，清醒的出市者此时与狂热的入市者相比虽是寥寥，股价也还会有一定的涨升，但成交量却明显地在萎缩，量价的背离昭示股市严冬的悄悄来临。第二阶段，经济形势的变动已清楚显现，熊市的共识使投资者的恐慌心理加剧，众多的抛盘与稀有的买盘严重失衡，股价直线暴跌，其间虽会有次级反弹出现，但跌势仍难以遏制。第三阶段，经济已处于严重萧条之中，股市是"门前冷落车马稀"，这时，整个股市虽仍处于下跌状态，但也主要是一些投机股股价的下跌，投资股的持有者稍有点理智就不会在如此低的价位"割肉"。股市暴跌不再，黎明即将到来。

（二）道氏理论中的互证

长期趋势与中期趋势的形成，一般通过道·琼斯工业股价平均数和运输业股价平均数变动的互证来确定。所谓互证，也就是两种股价平均数发生某种相联系的变动。当两种股价平均数朝同一方向变动时，一种平均数被另一种平均数证明,则次级运动和主要趋势便会产生。假定变动是反方向的,则没有发生互证,也就不能说明次级运动和主要趋势的形成。也就是说,道氏理论是借助于两种平均数来预测和判断股价的趋势,只有当两种平均数的变动出现互证时,主要趋势和次级运动才能被肯定。

道·琼斯股票价格平均指数采样股票65种:30种工业股票;20种交通运输业股票;15种公用事业股票。互证方法运用的仅是其中的工业股价平均数和交通运输业股价平均数。这主要是由于:工业股票是一些大工业公司发行的,它们的订货、生产量等,反映了整个经济发展的趋势,而股价的变动最终受限于这些企业的预期收益。交通运输的业务量代表着全国的商品流通规模,该部门股票的价格变动反映着它的业务状况及未来的预期收益,因而也具有代表意义。

互证的常见情况有两种:一是当两条平均数曲线在上下不超过5%的狭窄范围内波动一段时间后,突然突破盘旋的范围一同爬高或一同下滑,这可以用来判断次要运动;二是两条平均数曲线同时出现高于以前的新高峰或低于以前的新谷底,这可以用来判断主要趋势进入了牛市或熊市。对于这两种情况的运用,都特别强调时间的一致性。例如,在同一时期内,运输股股价平均数出现的新高峰高于以前的任何旧高峰,而工业股股价平均数达到的高峰却比以前的低,等到工业股出现新的高峰时,运输股又低于以前的旧高峰,这种情况也表明互证没有发生,因而无法预测主要趋势的变动。另外,上下波动幅度不超过5%是一个人为的限定,主要用于强调"盘旋"这样一种状态,其持续的时间一般在两周左右。这种窄幅波动意味着多、空双方的较量,供求大体均衡。一旦盘旋后两种平均数同时上升或下降,就意味着牛市回档或熊市反弹的次级运动的形成。

(三)道氏理论的不足及运用该理论的操作策略

道氏理论的不足体现在如下几个方面:一是预测股价存在着迟钝性。道氏理论主要是用于预测股价行情的趋势,但它说明的只是牛市或熊市"已经出现",或还在继续,常常是股市已经变化后它才指出股市已经转向,因此在时间上落后于股价趋势变动的时间。这种迟钝的反应可能使投资者遭受损失。二是互证的不确定性。在第二种互证情况下,新高峰比旧高峰应当高出的幅度是多少,新谷底低于旧谷底的幅度又是多少,道氏理论都不能明确地说明,因此实际运用它来判断趋势是困难的。而且,很有可能股价在一段较长的时期内不出现互证,这样,道氏理论就无法判断股价的趋势。三是对短期投资者没有用处。道氏理论虽能说明股价的长期趋势,对中期趋势也可以作出一定的指示,但对短期波动的预测则无能为力,因而对从事几周或几个月投资的短期投资者缺乏指导意义。

道氏理论的固有特性,提示人们在投资股票时,应学会理清股市运动的脉络,把握股市的中长期运动趋势,忽略难以把握的短期趋势或日常波动。这是因为,股市的中长期趋势与客观经济形势紧密相关,而且一次大的趋势一旦形成,不可能在突然之间发生反转,在反转之前总要经过一段时间的反复整理才会出现一些征兆。所以,对股市的中长期趋势,结合经济运动规律、政策面及市场情况,相对较好把握;而对短期趋势,由于人为操纵因素或受突发事件及短期内供求关系的影响,表现比较复杂,规律难以把握。

在现实的股票买卖中,人们往往逆道氏理论特性而动,即自觉不自觉地把自己定位于炒手,一天到晚时刻盯着股价,为一时一刻的涨跌而殚精竭虑,结果只能是"只见树木,不见森林",很容易作茧自缚,越做越感觉到行情复杂、难懂,而且往往会因小失大,心态越做越浮躁。现在,市场越来越大,个股千差万别,牛市中有熊股,熊市中有牛股。但在多头市场中,毕竟上涨的股票多,从而使获利的空间加大,每次回档都可能是进货的良机。相反,在空头市场中,下跌的股票较多,若为些许机会而逆市操作,风险很大,动辄就会被套牢。所以,作为一个理性的投资者,在任何市道中都要有一种"一览众山小"的"出市"心态,不必太看重股票每天的涨跌,重要的是及时了解经济形势及基本面和政策面的变化,理清股市运动的脉络,把握股市的中长期趋势,并始终遵循低市盈率、高成长性、规范运作的选股原则。如果一时找不到理想的投资目标,宁可耐心地等待下一次多头市场大机会的到来,且不可为蝇头小利而在空头市场中轻举妄动。

从我国股市的实际情况来看,道氏理论所描述的主要趋势和次级运动形态,已由事实上的长期上涨与长期下跌趋势的交替出现所印证。不过,道氏理论的互证目前尚难运用于我国股市的趋势判断。这是因为,我国上市公司在国民经济各部门中并不都具有代表性,它们的生产经营及其变动尚不能反映整个国民经济的变动趋势,由此决定了目前我国股市中的分类指数,尚难以作为互证材料加以运用。

(四) 支撑与阻碍的辩证运用

由于道氏理论存在着前文所述的不足,所以用道氏理论分析股市已不像过去那么流行,但道氏理论的基本原理仍然指导着某些股票投资的实际操作。例如,在趋势分析中对"支撑区"和"阻碍区"的分析就是基于道氏理论。道氏理论认为,股价走势具有一种惯性,或曰"势头",即股价一旦沿着一定的方向移动时,这种股价运动的势头往往会使股价沿着同一方向继续移动。但支撑和阻力有可能改变这种势头,或曰使惯性终止。所谓支撑区,是指股价的前一个谷底。技术分析者认为,在股价谷底没有买进股票而失去机会的投资者,会在股价下一次达到这个谷底时买进股票,从而对股价起支持作用,使之不低于原来的价格谷底。如果股价真的低于前一个谷底,那么这个支撑区就会被冲破,股价将继续下跌,形成看跌市场。所谓阻碍区就是股价的前一个高峰。技术分析者认为,在价格高峰时没有出售股票而失去机会的投资者,会在价格下次达到这个高峰时出售股票,从而阻碍了股价超过原来的高峰;如果股价真的超过这个价格高峰,那么这个阻碍区就将被突破,价格将在看涨势头的推动下继续上移,形成看涨市场。因此,技术分析者建议投资者在股价高于前一个高峰时购买,而在股价低于前一个谷底时出售。

对于大盘或个股的阻力区和支撑区,许多投资者喜欢根据技术指标和成交量来作预测。然而,很多时候股市似乎并不理会技术分析者的预测,或者毫不回头地直冲云霄,或者如自由落体一样毫无支撑。因此,反对技术分析者认为,阻力区和支撑区的说法是无稽之谈。将技术上的阻力区和支撑区完全否定显然失之偏颇。因为若在走势图上作趋势线,便会发现许多阻碍区和支撑区还是有效的,技术分析者的预测也有不少时候能够应验。那么,为什么阻力区和支撑区的分析有时会失准呢?要回答这一问题,就须正确认识阻力区和支撑区。

从技术分析的角度来看,确定阻力和支撑的方法主要有趋势线、均线、X线、黄金分割和CDP等,而分析中长期技术阻力和支撑主要运用了成交密集区的原理。在下跌的空头市场中,如果大市在某一区域堆积了大的成交量,然后向下突破,那么在该区域吸纳的筹码便成为套牢盘。当大市反弹,重新接近该区域时,原来的套牢筹码便有了解套的要求,纷纷沽出,对大市上行构成阻力;当大市上行时,如果在某区域大量成交,然后向上突破,那么在该区域抛出筹码的人便被轧空,失去了一段行情。当行情回档,接近原成交密集区时,便会遇到回补,使该区域成为支撑区。但是,上述关于阻力区和支撑区的分析有一个重要的前提,即大市没有改变原有的趋势,反弹或回档只是对原先走向的调整。一旦大市空翻多或多翻空,原来的成交密集区作为阻力或支撑的作用便大大削弱。因为敏锐的市场人士,尤其是主力机构已经觉察到市场发生了变化,原来在支撑区吸纳或在阻力区沽售的操作方式已不再适用,因此往往会转而用拉抬或打压的手法使大市轻而易举地突破原来的阻力或支撑。所以,"牛市无阻力,熊市无支撑"的特征在大市急转后尤为突出,反过来人们也能以这一特征来判断大市究竟有没有反转。因此,投资者若遇到大市回跌,不要急于抢进,应认真观察一下原来的支撑区是否有效,若被轻易击破,则说明大市趋于弱势,应及时调整操作策略。反之,若大市筑底后,上升强劲,也不宜轻易将手中股票出尽,因为原来的阻力区可能已不再是大市上升的障碍。

二、波浪理论

(一)波浪的形态

波浪理论(Wave Principle)是技术分析大师艾略特(R. N. Elliott)于1939年创立的技术分析工具,也是现今运用最多且最难掌握的技术分析工具。

将波浪理论与道氏理论相比较可以发现,艾略特受查尔斯·道的影响非常之大。道氏认为在一个上升的多头市场中,可分为三个上涨的阶段。艾略特则将其与自然界的潮汐循环相比拟,认为市场行情的波动如同大自然中的潮汐,具有相当程度的规律性,即市场行情的波动一浪跟着一浪,周而复始。因此,投资者可以根据这些规律性的波动,来预测价格的未来走势,从而选择恰当的买卖时机。

依据波浪理论的论点,价格的波动从"牛市"到"熊市"的完整周期,包括了5个上升波浪与3个下跌波浪,如图8-2-1所示。每一个上升的波浪,称之为"推动浪(Impulse Wave)",如图8-2-1中的第1,3,5波浪。每一个下跌波浪,是前一个上升波浪的"调整浪(Collective wave)",如图8-2-1中的第2,4浪。第2浪为第1浪的调整浪,第4浪为第3浪的调整浪。在整个大循环中,第1浪至第5浪是一个"大推动浪",a,b,c三浪则为"大调整浪"。

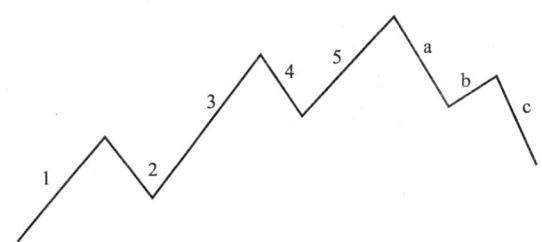

图8-2-1 艾略特"八浪循环"基本形态

在每一对上升的"推动浪"与下跌的"调整浪"组合中,浪中有小浪,也同样以8个波浪来完成较小的价格波动周期。艾略特将波浪循环的级数一共划分为九等,并从大到小依次称为巨型循环、超级循环、循环、长期循环、中期循环、短期循环、细型循环、微型循环和超微型循环。

(二)波浪的特性

创立了波浪理论的艾略特,并没有将各个波浪的特性加以详细说明。最初将不同波浪的个别特性加以详细解说的,是罗伯特·派瑞特的《艾略特波浪理论》一书(于1978年与Alfred John Frost合著出版)。该书对每一波浪的特性阐

明如下:

(1)第1浪。几乎半数以上的第1浪属于打底形态。其后的第2浪调整幅度通常很大。由于此段行情的上升,出现在空头市场跌势的反弹,缺乏买力的气氛,包括空头的卖压,经常使之回档颇深。另外半数的第1浪,出现在长期盘整底部完成之后,这类第1浪,升幅较为可观。

(2)第2浪。这一浪下跌的调整幅度相当大,可能调整第1浪的38.2%或61.8%,也可能吃掉第1浪升幅的100%,令市场人士误以为熊市尚未结束。当行情跌至接近底部(第1浪起涨点)时,惜售心理开始出现,成交量逐渐缩小,第2浪的调整才结束,而出现传统图表中的转向形态,例如头肩底、双底等。

(3)第3浪。第3浪的涨势是最大、最有爆发力的,裂口性上升在第3浪中是常见的现象。该段行情持续的时间与行情幅度,经常是最长的。此时市场内投资者信心恢复,成交量大幅度上升,这也可作为第3浪的另一可靠依据。尤其在突破第1浪的高点时,是为道氏理论所谓的买进信号。这段行情的走势非常激烈,一些图形上的关卡非常轻易地被突破,甚至产生跳空,出现狂飙的局面。由于涨势过于激烈,第3浪经常出现"延长波浪"的情况。数浪的第一个规则就是,第3浪必须长于第1浪和第5浪。第3浪通常是第1浪的1.618倍,也可能攀上2.618倍或其他奇异数字倍数。当确认了行情是第3浪后,任何买卖都应顺势而为,逢低买入,而不应逆市沽空。

(4)第4浪。第4浪通常以较复杂的形态出现,也经常出现倾斜三角形的走势。此浪的最低点常高于第1浪的高点。其终点有下列四种可能性:①调整第3浪的38.2%;②回吐至次一级的第4浪范围之内,亦即第3浪中的第Ⅳ浪;③如果以平坦型或"之"字形出现,c浪与a浪的长度将会相同;④可能与第2浪的长度相同。数浪的另一个规则就是,第4浪的底不能低于第1浪的顶。第4浪接近尾声时,动力指标通常会出现极度抛售的情况。当一组5个波浪上升市道完成之后,根据第4浪的特性,该组5个波浪的第4浪,通常构成下一次调整市道可能见底的目标。

(5)第5浪。在股票市场中,第5浪的涨势通常小于第3浪,且经常有失败的情况,即涨幅不见得会很大,但在商品期货市场,则出现相反的情况,第5浪经常是最长的波浪,且常常出现"延长波浪"。在第5浪中,二、三线股通常是市场内的主导力量,其涨幅常大于一线股。第5浪的上升目标,通常可以透过下列两个途径作出准确的预测:①如果第3浪属于延长浪,则第5浪的长度将会与第1浪的长度相同;②第5浪与第1浪到第3浪的长度,可能以奇异数字比率61.8%互相维系。第5浪应该可以再划分为低一级的5个波浪。以上升力度分析,第5

浪通常远不如第 3 浪,成交量也一样。因此,在动力指标的走势图上,第 5 浪的价位上升,而相对动力减弱,自然构成背离现象。由于第 5 浪的力度有减弱的倾向,有时会形成斜线三角形形态,或称为上升楔形的消耗性走势。上升楔形完成之后,市势预期会急转直下,以很快的速度调整到上升楔形开始的地方。至于市场心理,普遍会出现一面倒的乐观情绪,与上升力度减弱及成交量下降配合分析,构成另一种背离现象。另外值得注意的地方就是,第 5 浪有时会出现失败形态,即顶点不能升越第 3 浪的浪顶。不过,此类形态较为罕见,辨别的重点在于数出第 5 浪中完整的 5 个波浪。

(6) 第 a 浪。a 浪是三个调整浪的第一个波浪。a 浪中市场内投资者大多数认为行情尚未逆转,此时仅为一个暂时回抽调整的现象。实际上,a 浪的回档下跌,在第 5 浪通常已有警示信号,如量价背离或技术指标上的背离。a 浪多数可以再分割为低一级的五个波浪,反映整个调整市势会以之字形波浪运行。在这种情况下,根据顺流 5 个浪的基本原则,主流趋势将会依照 a 浪的方向行走,而 b 浪的回吐将为 a 浪的 38.2%,50% 或 61.8%。不论是"之"字形还是平坦形的调整市势,b 浪永远以 3 个浪的组合出现。b 浪不可能再划分为低一级的 5 个波浪。如果 a 浪以 3 个波浪的组合运行,b 浪可能以不规则的形态稍微超越 a 浪的起点。在此类形态中,b 浪可能是 a 浪的 1.236 或 1.382 倍。

(7) 第 b 浪。b 浪通常成交量不大,一般而言是多头的逃命线。然而,其上升的形态,很容易使投资者误认为是另一波段的涨势,从而形成"多头陷阱"。

(8) 第 c 浪。c 浪是调整波浪的终点,通常跌势强烈,具有第 3 浪类似的特性,跌度大,时间持续较久。c 浪应该可以再划分为低一级的 5 个波浪,因此,c 浪也是顺流 5 个浪、逆流 3 个浪的反叛。c 浪的 5 个波浪代表整个调整市势走完,市势将会回头上升。在平坦形的调整浪之内,c 浪多数会低于 a 浪。常见的奇异数字比率是 1,即 a 浪与 c 浪的长度相同。如果整个调整市势以不规则调整浪形态出现,c 浪必会跌破 a 浪的底。在这种情况下,c 浪的长度通常是 a 浪的 1.618 倍。另一方面,a、b、c 浪以"之"字形运行时,a 浪与 c 浪的长度将会倾向于一致。换言之,c 浪的低点自然会低于 a 浪浪底。

(三) 推动浪的形态

在正常情形下,"推动浪"的上升形态是以五波浪的序列存在的。在特殊情形中,有所谓的"延伸波浪(Extensions)"发生,即在第 1,3,5 浪中的任一波段发生的较次一级的 5 波段。图 8-2-2 即为延伸波浪分别在第 1,3,5 浪中出现的情形;偶尔也会出现难于观察的延伸波浪,以 5 段波浪形式上升(或下降)的状况(如图 8-2-2 中的最后一个形态)。

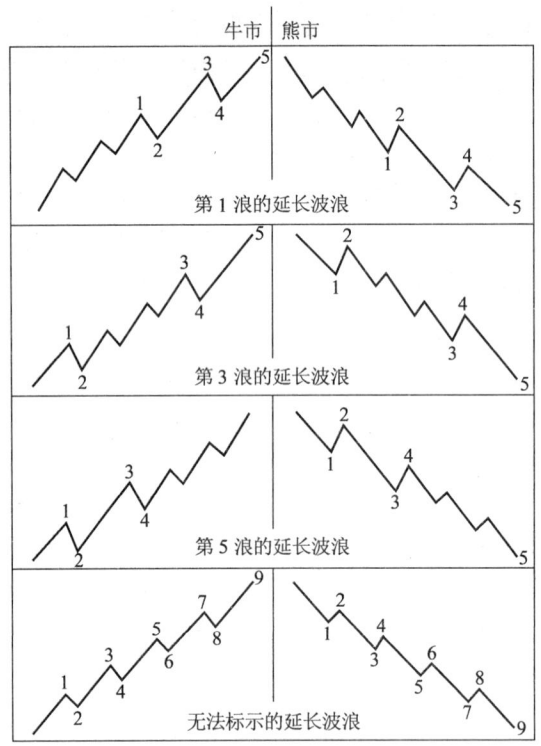

图 8-2-2　延伸波浪的形态

"延伸波浪"的存在,有助于人们对未来波段走势的预测分析。由于在经验法则中,延伸波浪仅出现在第 1,3,5 推动浪中的某一波段,因此,假如第 1 浪与第 3 浪的涨幅相等,则第 5 浪出现延伸波浪的可能性就会增大,尤其是在第 5 浪中的成交量高于第 3 浪中的成交量时,延伸波浪更会出现;同样,若延伸波浪出现于第 3 浪,则第 5 浪的涨幅约与第 1 浪相等。

延伸波浪有可能再衍生次一级的延伸波浪。在图 8-2-3 的例子当中,延伸波浪发生在第 5 推动浪中,而在延伸波浪的第 5 浪中又发生次一级的延伸波浪。但这种延伸波浪中的延伸波浪,较常出现在第 3 推动浪中,如图 8-2-4 所示。

如果在第 5 浪中发生延伸波浪的现象,那么,在接下来的调整浪中的下跌 3 浪,将会跌至延伸波浪的起涨点,并且随后跟着反弹,创下整个循环期的新高价。即第 5 浪的延伸波浪通常跟随"二次回档"的调整,一次回档回跌至延伸波浪的起涨点,另一次回档则反弹回升至创新高价的高点。

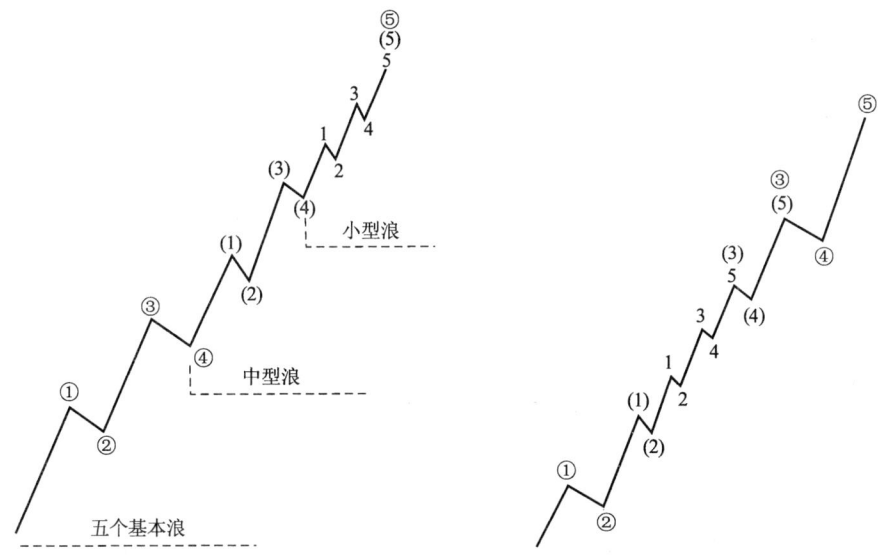

图8-2-3 延伸波浪,衍生次一级延伸波浪　　图8-2-4 延伸波浪中的延伸波浪

"二次回档"的形态又可分为两种:一是当这个"价格波动周期"属于较大周期中的第(1)浪或第(3)浪时,第一次回档回跌至延伸波浪的起涨点,即为大周期中的第(2)或第(4)浪低点;第二次回档则反弹回升形成第(3)浪或第(5)浪高点,如图8-2-5所示。二是当其整个周期属于较大周期的第(5)浪时,第一次回档回跌至延伸波浪的起涨点,它是调整浪a浪的低点;第二次回档则反弹创新高价,它是b浪的高点,c浪会以5浪下跌形态出现,如图8-2-6所示。

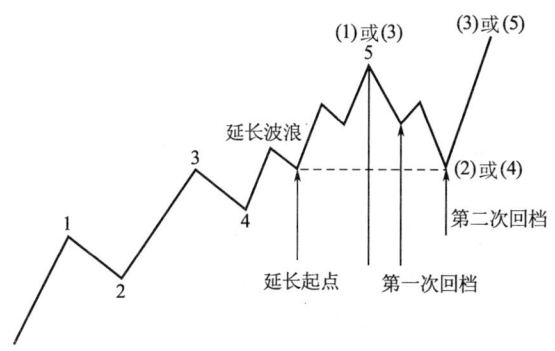

图8-2-5 第一种二次回档

还有一种倾斜三角形的形态,一般发生在第5浪中,通常处于一段既长又快的飙涨之后,为第5浪的特殊形态。倾斜三角形由两条收敛缩小的支撑线与

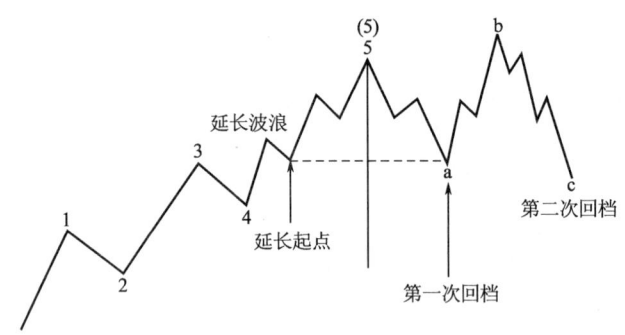

图 8-2-6　第二种二次回档

压力线形成,第 1 小浪至第 5 小浪都包含在两线之内,如图 8-2-7 和图 8-2-8 所示。此外,"倾斜三角形"可以存在两种特例。第一是第 1 小浪至第 5 小浪均可再细分次一级浪,有别于延长波浪只出现于第 1,3,5 浪中其中之一浪的原则。第二是第 4 小浪可以低于第 1 小浪高点。

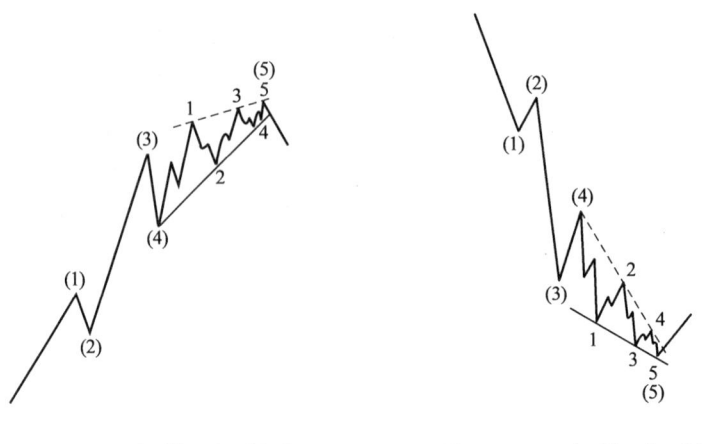

图 8-2-7　倾斜三角形(a)　　　　图 8-2-8　倾斜三角形(b)

失败形态经常在第 5 浪中出现。失败形态指第 5 浪的上升未能抵达第 3 浪的高点,或第 5 浪的下降未能低于第 3 浪的低点,形成所谓"双头形"或"双底形",如图 8-2-9、图 8-2-10 所示。

(四) 调整浪的形态

"调整浪"的级数与浪数辨别,通常较"推动浪"困难、复杂。因而许多波浪理论的分析者,常常无法及时地辨别出此时的行情到底属于何种级数与浪数,往往要到事后才恍然得以确认。

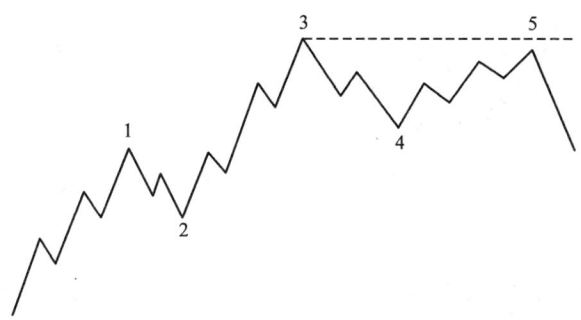

图 8-2-9　第 5 浪的失败形态(牛市的失败形态)

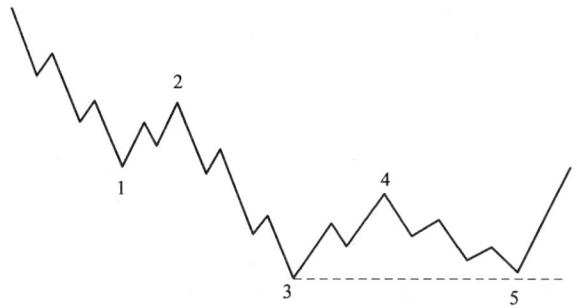

图 8-2-10　第 5 浪的失败形态(熊市的失败形态)

针对这种难题,波浪理论有一个最重要的原则,可以协助分析者用来辨认调整浪的形态,即"调整浪数绝不会是 5 浪"的原则。

"调整浪"一般可分为四种形态:①曲折型。以 5-3-5 形态的 3 浪完成调整,包括"双重曲折型"。②平实型。以 3-3-5 形态的 3 浪完成调整,包括"不规则平实型"与"顺势调整型"。③三角形。以 3-3-3-3-3 形态完成调整,包括上升、下跌、收敛与扩张三角形 4 种形式。④双重 3 浪与三重 3 浪。现就这四种形态分别说明如下:

(1)曲折型。曲折型在一个多头市场中,是个简单的三浪下跌调整形态,可细分为 5-3-5 形态的波段,b 浪高点低于 a 浪的起跌点,如图 8-2-11 所示;而曲折型在一个空头市场中时,a-b-c 的形态则以相反方向向上调整,如图 8-2-12 所示。通常,在较大的波动周期,会出现"双重曲折型",如图 8-2-13 所示。

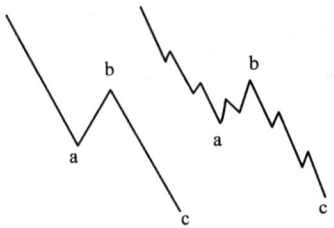 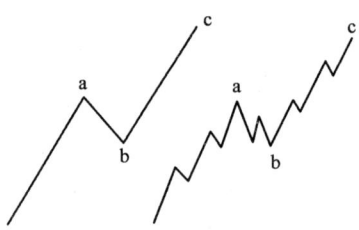

图 8-2-11　曲折型调整浪(a)　　　图 8-2-12　曲折型调整浪(c)

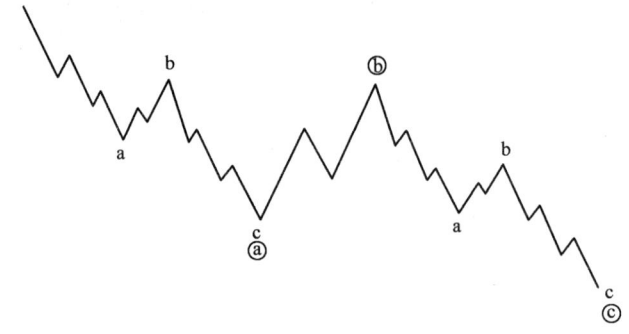

图 8-2-13　双重曲折型

(2)平实型。平实型与曲折型的不同之处仅在于较小级数的划分。平实型是以 3-3-5 的形态完成调整浪,如图 8-2-14 和图 8-2-15 所示。在平实型中,a 浪的跌势较弱,以 3 段浪完成 a 浪,并不像在曲折型中 a 浪是以 5 浪完成的。

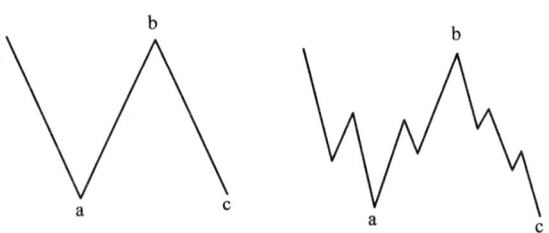

图 8-2-14　平实型调整浪之一

"平实型"的种类又可细分为三种:①普通平实型。此种形态 b 浪的高点约在 a 浪的起跌点附近,如图 8-2-14 和图 8-2-15 所示。c 浪低点与 a 浪低点相同。②不规则平实型。此种形态 b 浪的高点超过 a 浪的起跌点,c 浪低点则

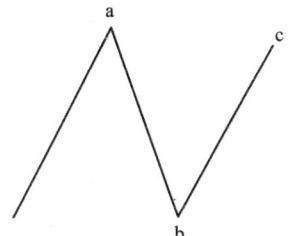
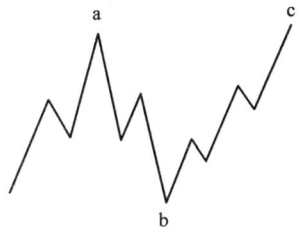

图 8-2-15　平实型调整浪之二

将跌破 a 浪的最低点,如图 8-2-16 和图 8-2-17 所示。在另一种情形下,即 b 浪高点若不能高于 a 浪起跌点,则 c 浪的跌幅低点不低于 a 浪低点,如图 8-2-18 和图 8-2-19 所示。③顺势调整型。顺势调整型通常是指在一个明显的多头涨势中,顺势以 a-b-c 的向上倾斜形态来完成调整浪。在这种形态中,c 浪的最低点比 a 浪的起跌点还要高,图 8-2-20 中的第(2)浪即为"顺势调整浪"。在图 8-2-20 中,有一个相当重要的原则,即 b 浪是以 3 浪形式上升的。若是 5 浪,则形成"推动浪",应划归为第(3)浪,这符合"调整浪绝不会是第 5 浪"的原则。

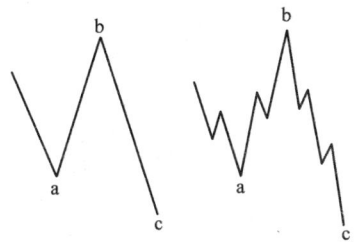

图 8-2-16　不规则平实型之一(牛市)　　图 8-2-17　不规则平实型之一(熊市)

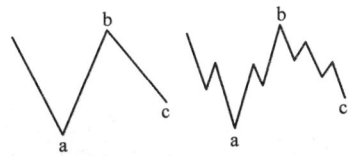
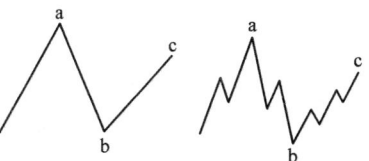

图 8-2-18　不规则平实型之二(牛市)　　图 8-2-19　不规则平实型之二(熊市)

(3)三角形。三角形的调整形态仅出现在一段行情中的最后回档,即第 4 浪中。在这种状况下,多空双方势均力敌,来回拉锯形成牛皮盘档,成交量较低。

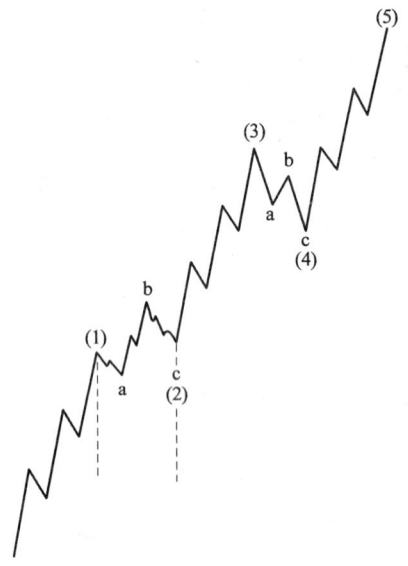

图 8-2-20 顺势调整浪

通常以 3-3-3-3-3 共 15 个小浪来完成调整。其形态可分为 4 种,如图 8-2-21 所示。

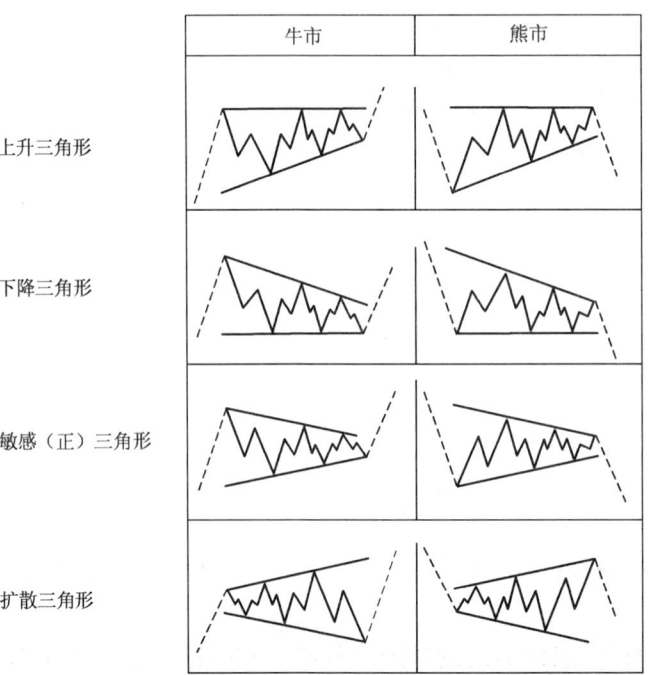

图 8-2-21 三角形调整形态

(4)双重3浪与三重3浪。所谓"3浪"是指"曲折型3浪"或是"平实型3浪"的调整,而"双重3浪"或"三重3浪"即以双重或三重的形式,出现"曲折型"或"平实型"。图8-2-22即为"双重3浪"的示例,图8-2-23即为"三重3浪"的示例。图8-2-22与图8-2-23中,每一重3浪之间,夹杂着一段上升3浪"x"。通常这种走势的出现,意味着行情走势的不明显。"调整3浪"一再重复,多空双方蓄势待发,以等待有利于自己的基本分析消息。这种走势突破之后,行情会有一段强而有力的走势。

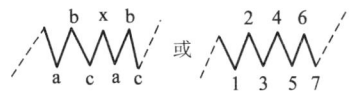

图8-2-22 双重3浪

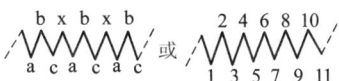

图8-2-23 三重3浪

(五)一些基本原则

(1)交替原则。它是指"调整浪"的形态以"单式"与"复式"交替的方式出现。假若第2浪是"单式"调整浪,那么第4浪便会是复式调整浪;如若第2浪为"复式",则第4浪便为"单式",如图8-2-24所示。

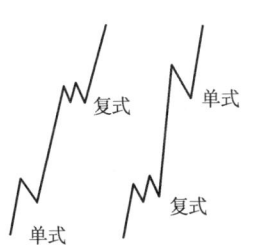 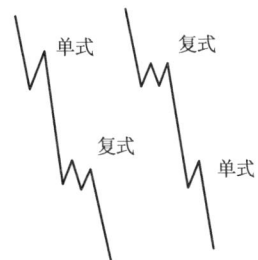

图8-2-24 "调整浪"形态

在其他的情况下,在一个较大级的调整浪中,若出现"平实型"a-b-c完成大A浪时,接下来有可能以"曲折型"a-b-c来完成大B浪;反之亦然,如图8-2-25和图8-2-26所示。

如若在较大级数中的A浪是以"单式"完成的,那么在B浪中极可能出现"复式",如图8-2-27和图8-2-28所示。

(2)调整浪形态对后市行情的影响。行情趋势(涨势)的强弱,可经由调整浪的盘整形式来加以预测估计,如图8-2-29所示。

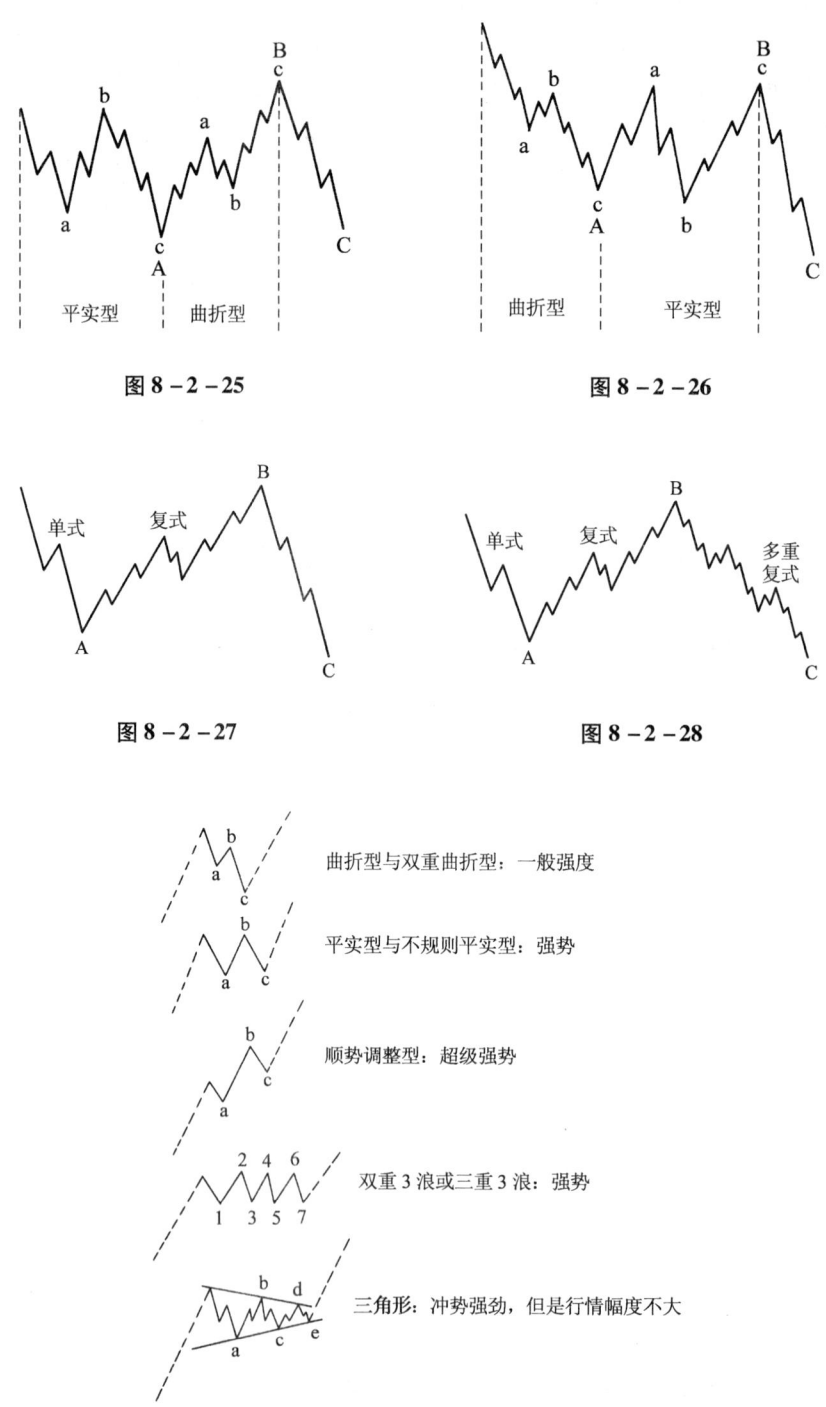

图 8-2-29 利用调整浪的形态预测后市涨势强度

(3)调整浪的计数。依据艾略特的"自然法则",第4浪的低点不能低于第1浪的高点;第3浪的波幅经常是最长的,而且绝不是最短的一个推动浪。依此可以正确地辨认浪数,如图8-2-30、图8-2-31、图8-2-32所示。

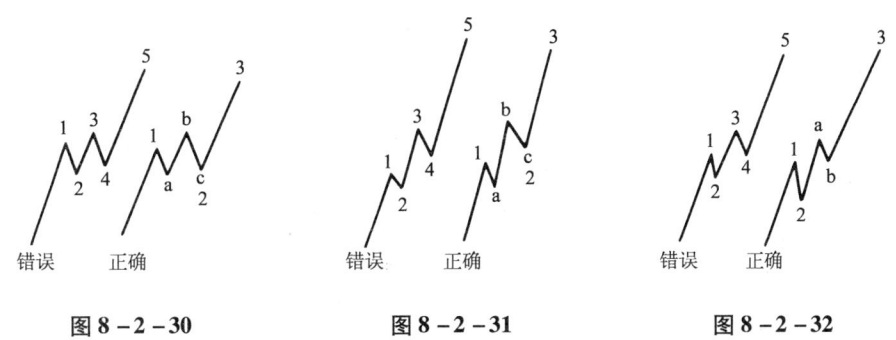

图8-2-30　　　　　图8-2-31　　　　　图8-2-32

(4)波浪幅度相等原则。在第1,3,5三个推动浪中,最多只有一个浪会出现延长波浪,而其他两个推动浪则约略相等,仍会以0.618的黄金比率出现对等的关系。

(5)轨道趋势。艾略特认为"波浪理论的走势,应该在两条平行的轨道之内",如图8-2-33与图8-2-34所示。

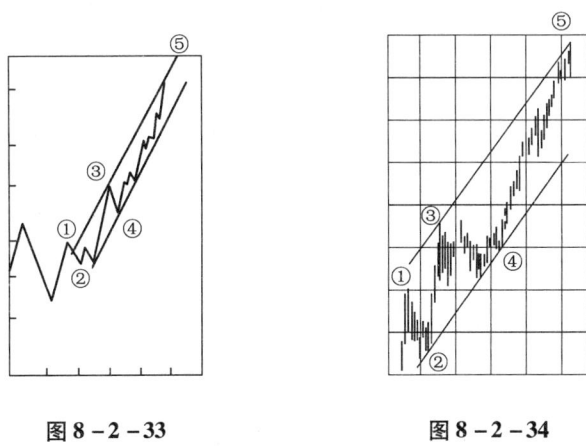

图8-2-33　　　　　图8-2-34

艾略特建议,较长期的图表绘制,应使用"半对数图表",用以表示价格涨升的倾向,以免在特别的高价圈中出现失真的图形趋势。"轨道"的绘制须在第1浪完成之后,即有了第1浪的起涨点"0",与第1浪的最高点"1";然后根据第1浪的涨幅(0~1)乘以0.618得到"2"的假设位置。

在有了"0,1,2"等3个点之后,由"0"到"2"画一条延长直线;另一条平行线则经过"1"点画出。如此即得到一个"轨道趋势",如图 8-2-35 所示。

假若第 2 浪的低点,无法接触到前面假设的支撑线时,便要将之修改,如图 8-2-36 所示。

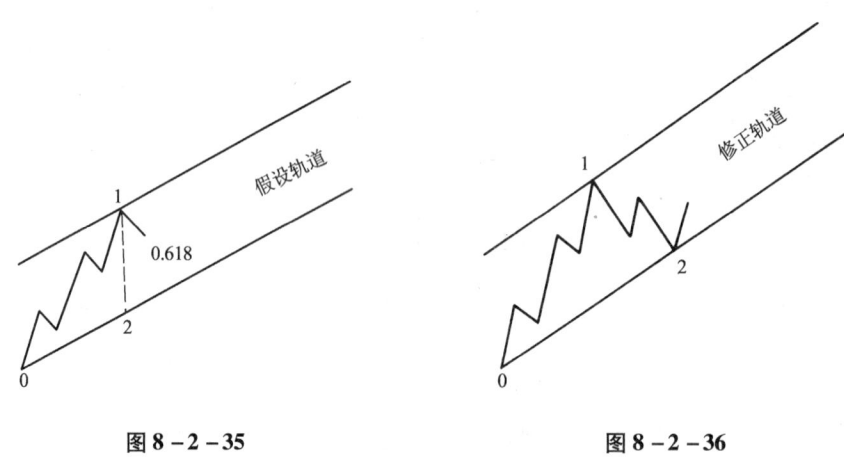

图 8-2-35　　　　　　　　　图 8-2-36

当第 3 浪开始发动,若又不能接触或者超过上面的平行线时,仍然要加以修改,如图 8-2-37 所示。

同样,第 4 浪的下跌调整,若是有所误差,也需要重新修改,如图 8-2-38 所示。当依据"2","4"两点与"3"的平行轨道画出之后,即为最后正确的轨道。

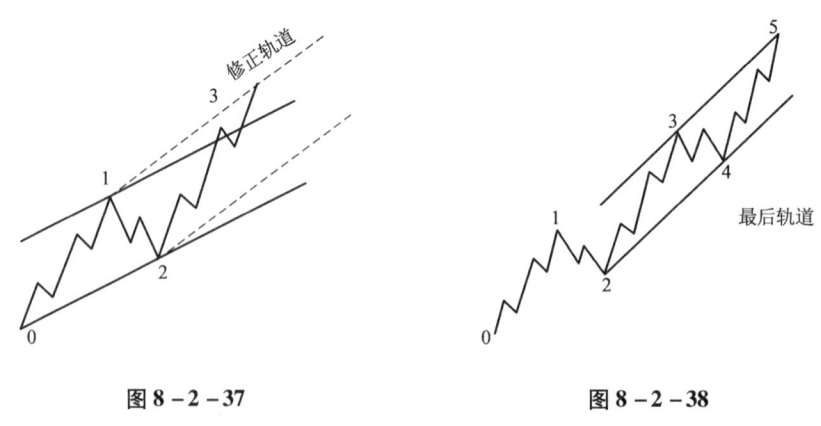

图 8-2-37　　　　　　　　　图 8-2-38

图 8-2-38 中上面一条平行线的决定,有时需要靠个人的经验。在许多的情况下,由"1"所绘制的平行线,其效果与意义大于经过"3"所绘制的平行线。

(六)费波纳兹级数(黄金律)

"黄金律"在美学或自然界中是一个相当重要的比例数字,例如,金字塔的建造、书本纸张的长宽比例,均运用到"黄金律"的比例数字。然而"黄金律"的原理直至公元13世纪,经由费波纳兹级数才得以证明。

所谓费波纳兹级数,有人称之为"奇异数字",是由如下一数字序列所组成:1,1,2,3,5,8,13,21,34,55,89,144,…这些序列数字,具有以下特性:

第一,每两个连续的数字相加,即等于其后的第3个数字。

第二,任何一个数字在比例上相当于后面一个数字的0.618倍(除了前面4个数字外)。

第三,任何一个数字为前一个数字的1.618倍。

第四,任何一个数字为其前第2个数字的2.618倍。

第五,任何一个数字为其后第二个数字的0.382倍。从以上提到的四个主要的比例数字,可以演算出以下的比例关系:$2.618 - 1.618 = 1$;$1.618 - 0.618 = 1$;$1 - 0.618 = 0.382$;$2.618 \times 0.382 = 1$;$2.618 \times 0.618 = 1.618$;$1.618 \times 0.618 = 1$;$0.618 \times 0.618 = 0.382$;$1.618 \times 1.618 = 2.618$。

1. 费波纳兹级数在波浪理论上的应用

艾略特在波浪理论中,一再地强调"自然法则"。研究波浪的数目可以发现,其与费波纳兹级数相当吻合:每一波动周期以8浪完成——5浪上升,3浪下跌,较大波动周期有89浪,更大的有144浪,这些数字均出现在费波纳兹级数中。

此外,艾略特将1921年到1942年美国股市与费波纳兹级数相符合的重要转折点分析如下:

1921年至1929年	8年
1921年7月至1928年11月	89个月
1929年9月至1932年7月	34个月
1932年7月至1933年7月	13个月
1933年7月至1934年7月	13个月
1934年7月至1937年7月	34个月
1932年7月至1937年7月	5年(55个月)
1937年3月至1938年3月	13个月
1937年3月至1942年4月	5年(55个月)
1929年至1942年	13年

理查·罗素在1973年的"道氏理论通讯"中又增补了部分时间周期上的实例:

1907年崩溃点至1962年崩溃低点	55年

1949 年主要底部至 1962 年崩溃低点　　　　13 年
1921 年萧条低点至 1942 年萧条低点　　　　21 年
1960 年 1 月顶点至 1962 年 10 月底部　　　34 个月

韦特·华德(Walter E. White)在其 1968 年的著作中预测,1970 年将出现重要的浪底低点。其理由如下:

1949 + 21 = 1970
1957 + 13 = 1970
1962 + 8 = 1970
1965 + 5 = 1970

事实果真于 1970 年 5 月出现反转低点。

若以 1928 年及 1929 年的两个顶点为标准,则又可以费波纳兹级数计算出一些重要的年史:

1929 + 3 = 1932 熊市底部
1929 + 5 = 1934 调整底部
1929 + 8 = 1937 牛市顶部
1929 + 13 = 1942 熊市底部
1928 + 21 = 1949 熊市底部
1928 + 34 = 1962 崩溃底部
1928 + 55 = 1983 大循环期顶部

而类似的方法又可以用 1965 年与 1966 年的循环周期顶点来计算未来走势:

1965 + 1 = 1966 顶点
1965 + 2 = 1967 回档低点
1965 + 3 = 1968 次级顶点
1965 + 5 = 1970 崩溃低点
1966 + 8 = 1974 熊市底部
1966 + 13 = 1979 9.2 年及 4.5 年的周期低点
1966 + 21 = 1987 大循环期低点

2."黄金律"在波浪理论上的应用

在波浪理论中,每一波浪之间的比例,包括波动幅度与时间长度的比较,均符合"黄金律"的比例。对于技术分析者,这是一个相当重要的依据。

除了上文提到的"波浪幅度相等原则"外,黄金律的比例分析,有下列经常出现的原则:①第 5 浪的波动幅度,为第 1 浪起涨点至第 3 浪最高点间幅度的某一"黄金律"比例数字,包括 0.382,0.618,0.5,1 与 1.618 等类似比例。②在调整浪中,c 浪与 a 浪间的比例也符合"黄金律"的比例数字。通常 c 浪长度为 a 浪的 1.618 倍。在某些情况下,c 浪的底部低点经常低于 a 点之下 a 浪长度的 0.618 倍。③在倾斜三角形中的震荡走势,每一浪长度为前一浪的 0.618 倍。

(七)波浪理论基本纲要归纳

第一,一个完整的价格波动周期,包括8浪,其中5浪上升,3浪下降。

第二,划分为5浪的上升趋势,仅为一个较大周期趋势的部分阶段。

第三,调整浪划分为3浪。

第四,两种简单的调整浪形态为"曲折型"5-3-5与"平实型"3-3-5。

第五,三角形通常在第4浪出现,即在最后一浪之前出现,也可能在b浪的调整浪出现。

第六,可结合组成更大周期的波浪,亦可细分为更小的次级浪。

第七,通常一个推动浪出现延长波浪,其他两个推动浪的幅度与时间则相等(对等原则)。

第八,费波纳兹级数为波浪理论的数学基础。

第九,波浪的数目与费波纳兹级数相符合。

第十,"黄金律"的比例数字为行情回档的幅度测量。

第十一,"交替原则"可以警告投资人行情并非一成不变。

第十二,熊市中,调整底部不会低于第4浪低点。

第十三,第4浪低点不会低于第1浪高点(在期货市场则不一定)。

第十四,波浪理论依其重要顺序,着重形态、比例与时间。

第十五,波浪理论主要使用于综合平均指数,对于个别股票功能未必显著。

第十六,波浪理论适用于投资人大量参与的商品期货。

第三节 基本形态

从技术分析图表上很容易看出,通常股票与期货或其他投资商品的价格大多是沿着一定的趋势在变动,并非毫无规则地上下变化。这些趋势可能上升、下跌或是横向发展,经历的时间可能很短,也可能很长。从这些"似是无常却有常"的变化中,便可归纳和整理出一些形态和理论。由这些比较规范的图形,便可研判市场的进出时机,并预测可能的涨跌幅度。这些图形从前出现过,由此而带来过什么结果,如今又出现了此种图形,同样,一般也可能会产生类似的结果。

不过,在看技术分析图表方面,可能会因人而异。对市场走向的判断方面,有时会引起争议。判断是否正确,取决于投资者的经验丰富程度。

图形分析始于近百年前,查尔斯·道(Charles Dow)出版了一本专门讨论图形研判技巧的论著之后,技术分析才真正开始有充实的内容。

一、趋势线和趋势轨道

趋势线是图形分析最基本的技巧。趋势线是在图形上每一个波浪顶部最高点间,或每一谷底最低点间的直切线。在上升市道里,将两个低点相连的连线,称为"上升趋势线"。在下降市道里,将两个高点相连的连线,称为"下降趋势线"。如果一条趋势线在时间上涵盖数月之久,可称之为"主要趋势线"或"长期趋势线"。较短时间的趋势线则可称其为"次要趋势线"或"短期趋势线"。

趋势线在性质上又可分为"支撑线"和"阻力线"。支撑线是图形上每一谷底最低点间的直切线。也就是说价格在此线附近时,投资者具有相当高的买进意愿。阻力线则是图形上每一波浪顶部最高点间的直切线。也就是说价格在此线附近投资者具有相当高的卖出意愿。如果趋势线向上爬升,则称为"牛市"、"多头市场";反之,则称为"熊市"、"空头市场"。

在两条平行的阻力线与支撑线之间所形成的范围,可称之为"趋势轨道",也可分为"上升轨道"(上升趋势)与"下降轨道"(下降趋势)。几乎所有的图形分析与注释,均离不开上述这些趋势线的概念与原则。

一个有经验的股票或商品期货的交易者,会全心全意地注意趋势线的导向,然后根据买卖信号原则来进行交易。当价位在图形上触及趋势线附近时,就是投资者进行交易的一个良好时机与信号。当价位向下跌破支撑线时卖出做空。同样,当价位向上突破压力线,即应结束做空,反向做多买进。这个买卖交易原则,可以应用到其他各种图形上。

当压力线与支撑线是一种水平的价位线时,这个价位线常常被称之为"关卡价",较常发生在整数价位,如百元价位或千点大关。通常位于关卡的阻力线被突破之后,即为买进信号,此时阻力线反成为支撑线。支撑线跌破之后,即为卖出信号,此时支撑线反成为阻力线。

趋势线和趋势轨道表明,当价格向其固定方向移动时,它非常有可能沿着这条线继续移动。以下是关于趋势线和趋势轨道的各种技术性意义:①当上升趋势线(或轨道)跌破时,为出货信号。在没有跌破前,上升趋势线就是每一次回落的支持。②当下降趋势线(或轨道)穿破时,为入货信号。在没升破之前,下降趋势线就是每一次回升的阻力。③一种股票或商品价格随着固定的趋势移动时间越久,该趋势越可靠。因此,周线图和月线图的趋势线较日线图更值得信赖,太短时间所形成的趋势线的分析意义不大。④在形成上升趋势线的过程中,短期上升底部越多,这条线的技术性意义也就越大。例如,行情第三次回落到趋势线上,在那里获得支持,形成第三个短期低点后又复上升,其后又第四次在趋势线上再获支持上升,那么这条趋势线的技术性意义越来越大,日后出现信号可靠性也越来越高。下降趋势线形成的过程,原理也一样。⑤平缓的趋势线,技术性分析意义较大,太陡峭的趋势线不能持久,分析意义也不大。⑥当价格升破轨道上限阻力时,显示行情上进入"消耗性上升"阶段;反之,当价格跌破下线轨道下限支撑时,即是说行情已进入"恐慌性下跌"阶段。理论上,这些情形都不可能持久。

关于趋势线和趋势轨道,下列事项值得注意:第一,上升趋势线是连接各波动的低点,不是各波动的高点;下降趋势线是连接各波动的高点,不是各波动的低点。第二,形成趋势轨道的一对线必须平行伸延出去。第三,当价格突破趋势线时,突破的可信度可根据以下进行判断:如果在一天的交易时间里突破了趋势线,但其收市价并没有超出趋势线的外面,这并不算是突破,可以将其忽略,而这条趋势线仍然有用。如果收市价突破了趋势线,必须要超越3%才可信赖。当价格上升突破下降趋势线的阻力时,需要有大量成交增加的配合;但向下跌破上升趋势线支持时则不必如此。若突破趋势线时出现裂口,这种突破将会是强而有力的。第四,有经验的技术分析者经常在图表上画出各条不同的试验性趋势线,当证明某趋势线毫无意义时,就会将其去掉,只保留具有分析意义的趋势线。此外,分析者还应不断地修正原来的趋势线。例如,当价格跌破上升趋势线后又迅即回升到这条趋势线上方,分析者就应该从第一个低点和最新形成的低点重新画出一条线,或是从第二个低点和新低点修订出更有效的趋势线。

二、反转形态典例分析

(一)单日转势和两日转势

1. 形态特征

当一种股票或商品价格持续上升一段时间,在某个交易日中突然不寻常地被推高,但马上又遭受到强大的抛售压力,把当日所有的升幅都完全跌去时,可能还会多跌一部分,并以全日最低价(或接近全日最低价)收市。这个交易日就叫做顶部单日转势,如图8-3-1(a)所示。反过来说,假如行情持续下跌,一直跌到某交易日而突然掉头回升,把当日跌去的价位完全升回,这个交易日就叫做底部单日转势,如图8-3-1(b)所示。

"两日转势"是"单日转势"形态的变形。在上升过程中,某交易日行情大幅上升,并以全日的最高价收市;可是次日开盘价以昨日的收市价开出后,全日价格不断下跌,把昨日的升幅完全跌去,而且可能是以昨日的最低价收市。这种走势我们就称之为"顶部两日转势(two-day reversal top)",如图8-3-2(a)所

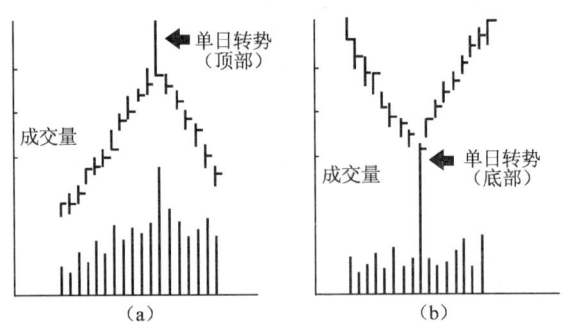

图 8-3-1

示。同样地在下跌时,某个交易日里行情突然大幅滑落,但接着的一个交易日便完全收复失地,并以当日最高价收市,这就是"底部两日转势",如图 8-3-2(b)所示。

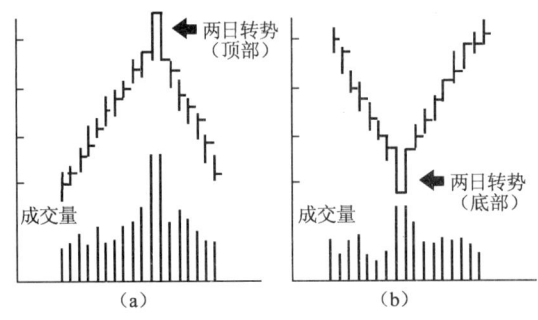

图 8-3-2

2. 分析意义

下面以"底部单日转势"为例,来解释此现象出现的成因。

在下跌阶段中,由于行情不断下跌,越来越多的投资者没法承担更大的损失,于是止蚀沽出。他们的沽售令行情进一步走低,更低的价格使他们更急于沽出,因此使得当日价位急速下跌。当他们沽售完毕之后,抛售压力突告消失,其他投资者因为新低价的引诱而尝试买入,马上就获得利润,于是有更多的投资者加入买入的行列。由于较早时沽盘已全被消化,因此买盘很快便推动价格上升,把当天跌去的价位全都升回。这种现象告诉我们以下几点信息:

(1)当"顶部单日转势"出现,大市暂时见顶;或是当"底部单日转势"出现,大市暂时见底。

(2)"顶部单日转势"通常在消耗性上升的后期出现,"底部单日转势"则是在恐慌性抛售的末段出现。

(3)临收市15分钟,交投突然大增,价格迅速朝反方向移动。

(4)"两日转势"的成交量和价位两天的波幅同样巨大。"顶部两日转势"第二个交易日把前交易日的升幅完全跌去,而"底部两日转势"则完全升回前交易日的跌幅。

(5)这并非是长期趋势逆转的信号,通常在"整理形态)"的顶部出现,但也可能在长期趋势的顶点或底点出现。

(6)可能会出现消耗性裂口。

3. 注意事项

(1)"单日转势"当天,成交量突然大增,而价位的波动幅度很大,两者比平时都明显增大。如果成交量不高或全日价格波幅不大,形态就不能确认。

(2)当日行情一两个小时内的波动可能较平时三四个交易日的波幅更大。"顶部单日转势"时,开市价较上个交易日高出多个价位,但很快形势便逆转过来,价格迅速向反方向移动,最后这一天的收市价和上个交易日相比几乎没有变化。"底部单日转势"的情形则完全相反。

(二)恐慌性抛售和消耗性上升

1. 形态特征

(1)恐慌性抛售。行情在下跌的过程中,跌势越来越急,价格几乎以垂直的态势下跌,图表上形成十分陡峭的下降趋势线或弧形下降趋势线。下跌初期,价格跌幅稳定而缓慢,然后才达到恐慌的阶段。当最后出现歇斯底里的抛售时,跌势便告一段落。通常,随之而来的是一次急速的技术性反弹。

(2)消耗性上升。与恐慌性抛售的情形恰恰相反,行情在上升时越升越急,最后几乎是直线上升,形成极陡峭的上升趋势线或弧形上升趋势线,接着出现的是一次急速的技术性回落。

2. 分析意义

恐慌性抛售又称之为"摆脱性抛售",通常发生在熊市中。以期货投资为例(下同),由于市场累积了太多持仓的投资者,一段时间的下跌使得他们要补交更多的保证金,当部分人没能力缴付时,经纪人唯有代之在市场上出售。该做法使得行情进一步挫跌。已补交的可能要再次缴付新的保证金,于是出现更多的斩仓,情形就像"跌骨牌"的效应一样,行情越跌越大,越跌越急。另外,行情不断的下跌也使其他投资者失去信心而加入沽售的行列,于是加速了跌势。当斩仓盘在市场上抛售完毕,行情也就马上回升。一般来说,恐慌性抛售会在跌市出现相当一段日子后才会出现,当出现时,即表示跌市即将暂告一段落。紧接着恐慌性抛售而出现的技术性反弹通常将强而有力,反弹幅度会在10%以上。抛售的末段,可能出现许多裂口,抛售大多以"单日转势"或"V形走势"结束。

消耗性上升通常发生在牛市里,价格受到某些有利因素的刺激,越来越多的人加入买进的行列。由于行情持续不断上升,使得准备买入者更加急不可待地追入,于是价格升势转急。升势越急便引来越多的跟风者追入,价格便如箭脱弦般飙升。当这股购买力完全消耗殆尽时,行情便会从高峰掉下来。一般来说,消耗性上升在持续上升相当一段时间后才会出现,当出现时,即表示升势快要结束。此现象表示市场已进入不理智状态,通常上升会维持一段较短的时间。紧接着消耗性上升出现的是一次急速的技术性回落调整。上升的末期可能出现许多裂口,而且多以"单日转势"或"倒转V形"结束。

3.注意事项

(1)行情越跌成交越多。"恐慌日"的特征是幅度波动激烈且有不寻常的成交量。若成交量不大,形态也值得重视。

(2)恐慌性抛售的最低点并不是该次跌势的底部,行情于反弹后可能仍会再跌。

(3)消耗性上升通常是整个上升市道的顶点,至少也是暂时性顶点所在。

(4)价格在消耗性上升时,每天高低价的波幅很大,市场情绪显得激动和不理智。

(三)V形走势和伸延V形走势

1.形态特征

一个完美的"V形"走势由三部分组成。第一部分是下跌阶段:通常V形的左方跌势十分陡峭,而且持续较短一段时间。第二部分是转势点:V形的底部十分尖锐,一般来说形成这转势点的时间仅两三个交易日,而且在这低点,成交明显增多。有时候这转势点就在"恐慌交易日"中出现。第三部分是回升阶段:接着价格从低点回升,成交量也随之而增加。很奇怪,一个完美的V形走势上升阶段和下跌阶段十分对称,如图8-3-3(a)所示。

"伸延V形"走势是"V形走势"的变形。在形成V形走势期间,其中上升(或是下跌)阶段呈现变异,价格有一部分出现横向发展的成交区域,其后打破这一徘徊区,继续完成整个形态,如图8-3-4(a)所示。

"倒转V形"(或称之为"V形顶")和"倒转伸延V形"(或称为"伸延V形顶")的形态特征如图8-3-3(b)和图8-3-4(b)所示,与V形走势刚好相反。

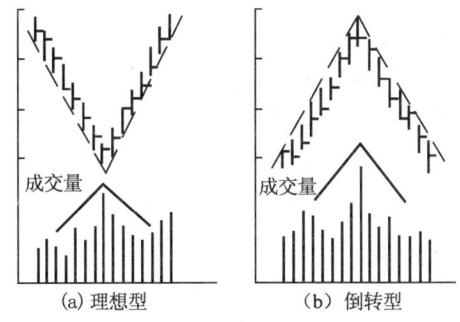

图 8-3-3 V 形走势

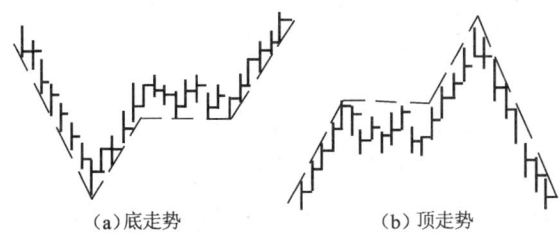

图 8-3-4 伸延 V 形走势

2. 分析意义

由于市场中卖方的力量很大(但沽售却很有秩序),使得价格稳定而又持续地跌落。不过当这股沽售力量消失之后,买方的力量完全控制整个市场,使得价格出现戏剧性的回升,几乎以下跌时同样的速度收复所有失地。因此,在图表上价格的走势,形成一个像 V 字形般的移动轨迹。"倒转 V 形"的情形则刚好相反:市场看好的情绪使得行情节节攀升,可是突如其来的一个因素扭转了整个趋势,行情以上升时同样的速度下跌。通常,此形态是由一些消息灵通的投资者所不能预见的因素造成的。

"V 形走势"是最难分析和预测的形态,当它出现时,显示过去的趋势已逆转过来。

"伸延 V 形走势"在上升(或下跌)阶段,其中一部分出现盘整的区域,这是因为形成这走势期间,部分人士对形态没有信心,当这股力量被消化之后,又再继续完成整个形态。在出现"伸延 V 形走势"的徘徊区时,可以在徘徊区的低点买进,等待整个形态的完成。"伸延 V 形"与"V 形走势"具有同样的预测能力。

3. 注意事项

(1)"V形走势"很少在图表上出现。

(2)无论是"倒转V形"抑或是"V形走势",成交量在转势点明显增加,形成整个形态的成交量,像是一个倒转的V字形状。

(3)在突破"伸延V形"徘徊区顶部时,必须要有成交量增加的配合,但在跌破"倒转伸延V形"的徘徊区底部时,则不必要成交量增加。

(四)双重顶和双重底

1. 形态特征

市场行情上升到某水平(成交也随之而上升)后开始回落,成交量减少,接着再次上升,成交量再随之而增加,但不能达到上一个高峰的成交纪录,而价格上升到上次的同一顶点时又一次受阻而回落,价格的移动轨迹就像英文字母的"M"。因此,也有人称之为"M形走势"或"双头形"走势(double heads),如图8-3-5所示。

市场行情持续下跌到某一水平然后出现技术性反弹,但回升的幅度不大,时间也不长,又再下跌。当跌至上次低点时却获得了支持,再一次回升,其移动的轨迹就像英文字母的"W"。成交量方面,通常第二个底部十分沉闷,成交量少,该段时间每个交易日的成交数量都差不多。双重底也有人称做"W底走势",如图8-3-6所示。

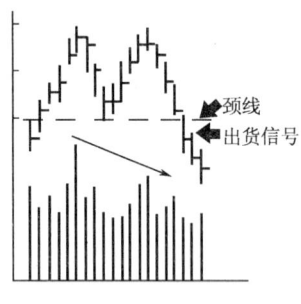 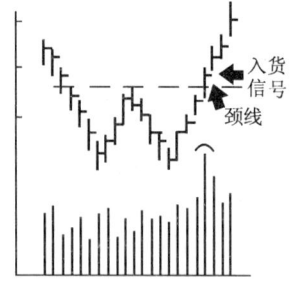

图8-3-5 双头形走势　　　图8-3-6 双底形走势

无论是"双头"抑或是"双底",都必须突破颈线("双头"之颈线就是第一次从高峰回落的最低水平;而"双底"之颈线就是第一次从低点反弹之最高水平),形态才正式完成。

2. 分析意义

行情持续地上升为市场一批投资者带来了满意的利润,于是他们在市场上沽售,这一股沽售力量令上升的行情转为下跌。当价格落到某水平,吸引了短期投资者的兴趣,另外较早前沽出获利的也可能在这个水平补仓或再次买入,于是行情开始回复上升。但与此同时,信心不足的投资者会因这次的下跌而觉得错过了一次在高价出货的好机会,所以当行情回升到上次的高点时,这些在第一次的高点错失出货机会的人马上在市场抛出,加上在低水平获利平仓的投资者也同样在这水平再度卖出,强大的沽售压力使得行情再次下跌。由于两次高点都受阻而回,令投资者感到行情没法再继续上升(至少短期如此)。假如越来越多的投资者沽出,使得价格跌破上次回落的低点(即"颈线"),于是整个"双头"形态便告形成。"双底"走势的情形则完全相反:行情持续的下跌使得持货的投资者觉得现价太低而惜售,而另一些投资者则因为新低价的吸引尝试买入,于是行情呈现回升,当上升至某水平时,较早前短线投机买入者获利回吐,那些在跌势中持仓的也趁回升时沽出,因此又再一次下挫。但对后市充满信心的投资者觉得他们错过了上次低点买入的良机,所以这次回落到上次低点时便立即跟进,当越来越多的投资者买入时,求多供少的力量便推动价格扬升,而且还可能突破上次回升的高点(即"颈线"),扭转了过去下跌的趋势。

"双头"或"双底"形态告诉我们以下几点市场信息:

(1)这是一个"转向形态"。当出现"双头"时,即表示行情的升势已经终结,并在可预见的一段时间里转为下跌。当出现"双底"时,即表示跌势告一段落,在未来的一段时间里转为上升。

(2)通常这些形态出现在长期性趋势的顶部或底部,所以当"双头"形成时,我们可以肯定双头的最高点就是顶点,而"双底"的最低点就是底部了。

(3)当"双头"的颈线跌破,就是一个可靠的出货信号;而"双底"的颈线冲破,则是一个入货的信号。

(4)"双头"最少跌幅的量度方法,是由颈线开始计起,至少会再下跌到从双头最高点至颈线之间的差价距离。"双底"最少升幅的量度方法也是一样,价格在突破颈线后至少会升到从双底最低点至颈线之间的差价距离。

3. 注意事项

(1)"双头"的两个高点并不一定在同一水平,二者相差少于3%是可接受的。通常来说,第二个头可能较第一个头高出一些。原因是看好的力量企图推动价格继续再升,可是却没法使价格上升超过3%的差价。

(2)一般"双底"的第二个底点都较第一个底点稍高。原因是先知先觉的投资者在第二次回落时已开始买入,令价格没法再次跌回上次的低点。

(3)形成第一个头部(或底部),其回落的低点约是最高点的10%~20%(底部回升的幅度也类似)。

(4)两个高点(两个低点)形成的时间超过一个月。

(5)"双头"的两个高峰都有明显的高成交量,这两个高峰的成交量同样尖锐和突出,但第二个头部的成交量较第一个头部显著为少,反映出市场的购买力量已在转弱。"双底"第二个底部成交量十分低沉,但在突破颈线时,必须得到成交量激增的配合方可确认。"双头"跌破颈线时,不需成交量的增加也应该信赖。

(6)通常突破"颈线"后,会出现短暂的反方向移动,即所谓的"后抽"。"双底"只要后抽不低于颈线("双头"的后抽则不能高于颈线),形态依然有效。

(7)一般来说,"双头"或"双底"的升跌幅都较量度出来的"最少升/跌幅"为大。

(五)三重顶和三重底

1. 形态特征

真正的"三重顶"形态和"双重顶"十分类似,或可说是"双重顶"的变形形态。"三重顶"各顶部相隔很远、很深。成交量方面,第二次上升的成交量较第一次为少,第三顶的成交量较前二次更少。"三重底"其实就是倒转的"三重顶",其特性和"双重底"一样,如图8-3-7所示。

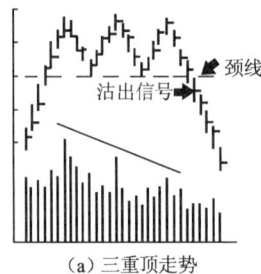
(a)三重顶走势

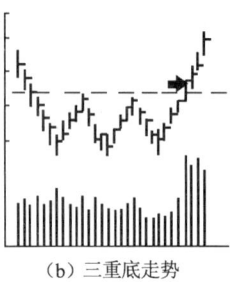
(b)三重底走势

图8-3-7

2. 分析意义

当行情第二次从高峰回落,在跌到上次的回落低点时,由于看好一方的力量还没法消耗殆尽,市场部分仍看好后市的投资者继续在这水平跟进,于是推动价格第三次回升,形成了"三重顶"。至于"三重底"的成因也是一样,看淡的力量压抑价格,再一次回落到上次的底点,形成三个底部。三重顶和底的分析意义和双重顶和底的意义一样。

3. 注意事项

(1)三重顶和底的走势很容易与"长方形"形态混淆起来,有时将之归列为"长方形"可能更加恰当。因此,我们把那些头部不明显的较为平缓的"头肩式"形态,称为"三重顶(或底)"。

(2)当"三重底"颈线突破时,成交必须大量增加。但"三重顶"跌破颈线时,则不需成交增加的配合。

(3)三重顶和底必须突破颈线,形态才可以确认成立。

(六)潜伏底

1. 形态特征

市场价格在一个极狭窄的范围内向外移动,每日价格的高低波幅极小,而成交量也十分稀疏,图表上形成一条像横线一样的形状。因此,该形态又称之为线形底。经过一段时间的潜伏静止后,价位和成交量同时摆脱了沉寂不动的闷局,行情大幅向上攀升,成交也转趋旺盛,如图 8-3-8 所示。

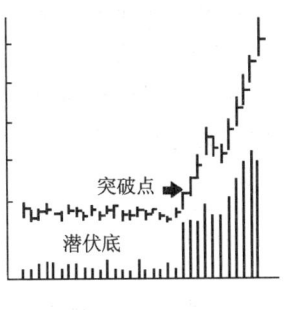

图 8-3-8　潜伏底走势

2. 分析意义

通常来说,"潜伏底"大多在一些平时交投很少的股票或商品的图表中出现,于是价格就在一个狭窄的区域里一天天地移动,既没有上升的趋势,也没有下跌的迹象,表现令人感到沉闷,就像是处于冬眠时的蛇一样,潜伏不动。最后,突然出现不寻常的大量成交,原因可能是受到某些突如其来的消息的刺激,脱离潜伏底,大幅向上拉升。在这潜伏底中,先知先觉的投资者在潜伏底形成期间不断地做收集性买入,当形态突破后,未来的上升趋势将会强而有力,而且价格的升幅甚大。所以,当潜伏底向上突破时,值得投资者马上跟进,跟进这些股票或商品利润将十分可观,而风险却很低。

3. 注意事项

(1)通常潜伏底在交投不活跃股票或期货商品中出现。

(2)投资者必须在长期性底部出现明显的突破时方可跟进。

(3)突破时的特征是成交量激增,每日的价格高低波幅增大。

(4)在突破后的上升途中,必须继续维持高成交量。

(5)在周线图和月线图中,该形态依然适用,而且和日线图具有同样的分析意义,不过成交量的变化则较难辨别出来。

(七)碟形头部与碟形底

1. 形态特征

行情经过一段时间的上升后,升势虽然持续,但速度已放缓下去,上升的轨迹出现了新的改变。价格虽然不断地创出新高,但较上个高点高不了多少便即回落,可是稍作回落后却又迅速弹升。开始时,每一个新高点都较前一个为高,到了后来,每一个回升的高点都略低于上一个。如果把这区域每一个短期高点连接起来,便可画出一个如倒放的碟形形状,这就是"碟形头部",有时候我们也称这些形态为"圆形顶"或"碗形顶"。成交量方面,没有较明显的特征。有时在顶点成交量会逐渐减少,像一个碟形头部一样的形状,如图8-3-9所示。

与"碟形头部"走势刚好相反,行情回落到低水平时渐渐稳定下来,这时候成交量很少,投资者不会不计价抢高,只有耐性地限价收集。于是价格形成一个碟形的底部,我们也称之为"圆形底"。成交量方面,初时缓慢地减少到一个水平,然后又逐渐增加。在整个碟形底中,成交量也像一个碟状,如图8-3-10所示。

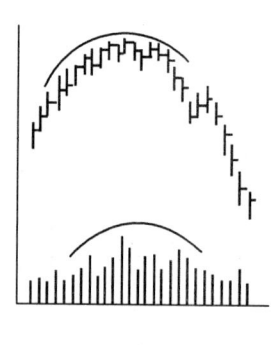
图8-3-9 圆形顶走势

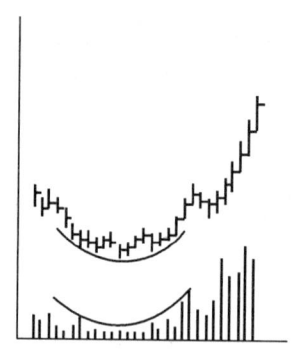
图8-3-10 碟形底走势

2. 分析意义

(1)碟形头部。经过了一段买方力量强于卖方力量的上升时期后,买方趋弱或只继续维持原来的购买力量,这时候卖方力量的增强,虽然不可以把整个形势扭转过来(转升为跌),但已把先前的涨势缓和下来。卖方的力量继续相对地增加,最后买卖力量达至均衡,此时,价格会保持没有涨落的静止状态。假如这趋势继续进行,卖方力量不断增强,已开始压过买方,那么价格会出现回落。开始时双方的力量很稳定地改变,因此价格慢慢下跌,跌势并不显著。但到后期买卖力量相差越来越大,当卖方已完全控制市场时,跌势便告转急。该形态向我们显示:①这是一个"转向形态",暗示一次大跌市即将来临,未来下跌之势将转急和转大。②先知先觉或知内情的投资者形成"圆形顶"时离市或做空,但"圆形顶"完全形成后,那些尚未来得及撤离的也该马上沽出。

(2)碟形底。碟形底的分析意义大致和潜伏底相同,整个碟形底显示的是供求力量从供多求少转为求多供少的变化。开始时卖方的压力不断减轻,于是成交量持续下降,但买入的力量仍畏缩不前,这时候价格虽是下跌,然而幅度缓慢且较小,其趋势曲线渐渐接近水平。在底部时买卖力量达至均衡状态,因此,仅有极小的成交量。然后需求开始增加,价格随即上升,最后买方完全控制市场、价格大幅上扬,出现突破性的上升局面。该形态显示:①这是一个"转向形态",一次巨大的升市即将来临。②投资者可以在"碟形底"升势转急之初追入。

3. 注意事项

(1)有时当碟形头部形成时,行情并不马上下跌,只反复横向发展形成徘徊区域。这一徘徊区域称做"碟柄"。一般来说,这"碟柄"很快便会突破,继续朝着预期中的下跌趋势发展。

(2)"碟形底"通常以一个长的平底的形态出现在低价水平,一般来说需要较长时间才能完成。

(3)在形成"碟形底"后,价格可能会反复徘徊形成一个平台(或称之为"碟柄"),这时候成交已逐渐增多。在价格突破平台时,成交必须显著增大。

(4)假如"碟形底"出现时,成交量并不是随着价格作弧形的增加,该形态不宜信赖,应该等待进一步的变化再作决定。

(八)头肩顶和复合头肩顶

1. 形态特征

"头肩式"走势是形态分析中最重要的一种分析形态。一个完美的"头肩顶"走势,可以划分为以下不同的部分:

(1)左肩部分。持续一段上升的时间,过去在任何时间买进的人都有利可图,于是开始获利沽出,令价格出现短期性的回落。在这段时间,成交量很大,不过当回落时,成交较上升到其顶点时有显著的减少。

(2)头部。经过短暂的回落后,那些错过上次升势的人在这次的调整期间买进,于是推动价格回升,成交也随之增加。不过,成交量的最高点较之于左肩部分,明显减退。价格升破上次的高点,那些对前景没有信心和错过了上次高点获利回吐的人,又是在回落低点买进,而作短线投机的人纷纷沽出,于是又迫使行情再一次回落,成交量在这回落期间也同样减少。

(3)右肩部分。恰好行情下跌到接近上次的回落低点又再获得支持回升,那些后知后觉者错过了上两次上升机会的投资者在这次回升中跟进。可是,市场投资的情绪明显减弱,成交较左肩和头部大大减少,没法抵达头部高点便告回落,于是形成右肩部分。如果把两次短期回落的低点用直线连接起来,便可以画出形态的颈线,只要颈线支持跌破,形态便告正式形成。简单来说,"头肩顶"的形状呈现三个明显的高峰,其中位于中间的一个高峰较其他两个高峰的高点略高。至于成交量方面,则出现"梯级型"的下降,如图8-3-11所示。

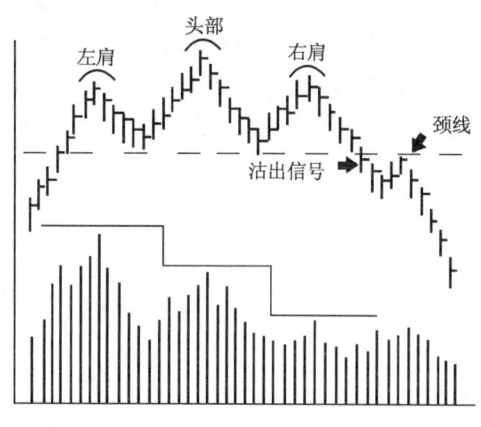

图8-3-11 头肩顶型态

2.分析意义

"头肩顶"是一个不容易忽视的技术性走势,从该形态可以观察到多空双方的激烈竞争情况。行情升后下跌,再上升再跌,买方的力量最后完全释放,卖方完全控制市场。初时,看好的力量不断推动价格上升,市场投资情绪高涨,出现大量成交。经过一次短期的回落调整后,价格虽然继续上升,而且攀越过上次的高点,表面看来市场依然健康和乐观,但成交已大不如以前,反映出买方的力量在减弱中。第三次的上升,无力升越上次的高点,而成交量进一步下降时,差不多可以肯定过去看好的乐观情绪已完全扭转过来。未来的市场将是疲弱无力,一次大幅度的下跌即将来临。该形态显示:

(1)这是一个长期性趋势的"转向形态",通常在牛市尽头出现。

(2)当最近的一个高点的成交量较前一个高点为低时,就暗示了"头肩顶"出现的可能性。当第三次回升价格没法升抵上次的高点,成交继续下降时,有经验的投资者就会把握机会沽出。

(3)当"头肩顶"颈线击破时,就是一个真正的"沽出信号",虽然价格和最高点比较,已回落了相当的幅度,但跌势只是刚刚开始,未出货的投资者继续沽出。

(4)当颈线跌破后,可根据该形态的"至少跌幅"量度方法预测价格会跌至哪一水平。方法是:从头部的最高点画一条垂直线到颈线,然后在完成右肩突破颈线的一点开始,向下量出同样的长度,由此量出的价格就是将会下跌的最小幅度。

3.注意事项

(1)一般来说左肩和右肩的高点大致相等,部分"头肩顶"的右肩较左肩为低。但如果右肩的高点较头部还要高,形态便不能成立。

(2)如果其颈线向下倾斜,显示市场非常疲乏无力。

(3)成交量方面,左肩最大,头部次之,而右肩最少。不过,根据有关统计,大约有1/3的"头肩顶"左肩成交量较头部为多,1/3的成交量大致相等,其余的1/3是头部的成交量大于左肩的成交量。

(4)当颈线跌破时,成交不必增加也该确认此形态。倘若成交在跌破时激增,显示市场的抛售力量十分庞大,会在成交量增加的情况下加速下跌。

(5)在跌破颈线后可能会出现暂时性的回升"后抽",此情形通常会在低成交量的跌破时出现。不过,暂时回升应该不超越颈线水平。

(6)"头肩顶"是一个杀伤力十分强大的形态,通常其跌幅大于量度出来的"最少跌幅"。

(7)假如价格最后在颈线水平回升,而且高于头部,或是价格于跌破颈线后回升高于颈线,这可能是一个失败的"头肩顶",不宜信赖。

(九)头肩底

1. 形态特征

"头肩底"与"头肩顶"的形状一样,只是整个形态倒转过来而已,不过成交量方面,则有不同的地方:形成左肩部分时,在下跌的过程中成交量显著地增加,在左肩最低点回升时,则有减少倾向,接着又再下跌,且跌破上次的最低点,成交量再次随着价格下跌而增加,较左肩反弹阶段时的交投为多。从头部最低点回升时,成交量有可能增加。整个头部的成交量较左肩为多。当行情回升到上次的反弹高点时,出现第三次的回落,这时的成交量很明显少于左肩和头部,在跌至左肩的水平时,跌势便稳定下来。最后,正式策动一次升势,且伴随成交大幅增加,当其颈线阻力冲破时,成交更显著上升,整个形态便告成立。该形态又称做"倒转头肩式"走势,如图8-3-12所示。

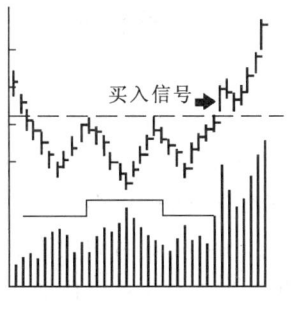

图8-3-12

2. 分析意义

"头肩底"的分析意义和"头肩顶"没有差别,它显示过去的长期性趋势已扭转过来。行情一次再一次地下跌,第二次的低点(头部)虽然较先前的一个低点为低,但很快地掉头弹升。接下来的一次下跌未跌破上次的低点水平已获得支持而回升,反映出看好的力量正逐步改变市场过去向淡的形势。当两次反弹的高点阻力(颈线)打破后,显示看好的一方已完全把对方击倒,买方代替卖方完全控制了整个市场。"头肩底"的指示信号如下：

(1)这是一个"转向形态"，通常在熊市的底部出现。

(2)当"头肩底"颈线突破时，就是一个真正的"买入信号"，虽然价格和最低点比较已上升一段幅度，但升势只是刚刚开始，尚未买入的投资者应该继续追入。

(3)其"最少幅度"的量度方法是从头部的最低点画一条垂直线相交于颈线，然后，在右肩突破颈线的一点开始，向上量度出同样的高度，所量出的价格就是将会上升的最小幅度。

3. 注意事项

(1)"头肩顶"和"头肩底"的形状差不多，主要的区别在于成交量方面。

(2)当颈线阻力突破时，必须要有成交量激增的配合，否则这可能是一个错误的突破。不过，如果在突破后成交逐渐增加，形态也可确认。

(3)一般来说，头肩底型较为平坦，因此需要较长时间完成。

(4)在突破颈线后可能会出现暂时性的回跌，但回跌不应低于颈线。如果回跌低于颈线，又或是在颈线水平回落，没法突破颈线阻力，而且还跌低于头部，这可能是一个失败的"头肩底"形态。

(5)"头肩底"是极具预测威力的形态之一，一旦获得确认，升幅大多会多于其"最少升幅"。

(十)复合头肩形态

1. 形态特征

"复合头肩形态"是头肩式(头肩顶和头肩底)的变形，其走势形状和"头肩式"十分相似，只是肩部、头部或两者同时出现多于一次。任何类型的复合头肩组合都有可能在"头肩顶"或"头肩底"出现，大致来说可划分为以下几大类：

(1)一头双右肩式形态。在形成第一个右肩时，行情并不马上跌破颈线，反而掉头回升，不过回升却止于右肩高点之下，最后行情继续沿着原来的趋势向下，如图8-3-13(a)所示。

(2)一头多肩式形态。一般的头肩式都有对称的倾向，因此当两个左肩形成后，很有可能也会形成两个右肩。除了成交量之外，图形的左半部和右半部几乎完全相等，如图8-3-13(b)所示。

(3)多头多肩式形态。在形成头部期间，价格一再回升，而且回升至上次同样的高点水平才向下回落，形成明显的两个头部，或许我们可称做"两头两肩式"走势。有一点必须留意：成交量在第二个头往往会较第一个减少，如图8-3-13(c)所示。

(4)多重头肩式形态。在一个巨大的头肩式走势中，其头部是以另一个小头肩式形态组成,整个形态一共包含两个大小不同的头肩形状。这种混合形态在走势图中极少出现,如图8-3-13(d)所示。

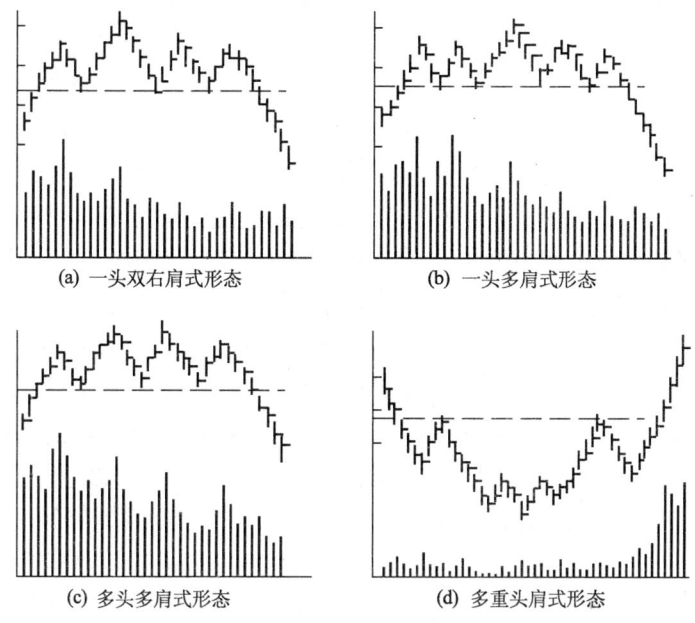

(a) 一头双右肩式形态　　(b) 一头多肩式形态

(c) 多头多肩式形态　　(d) 多重头肩式形态

图8-3-13

2. 分析意义

"复合头肩形态"的分析意义和普通的头肩式形态一样,当在底部出现时,即表示一次较长期的升市即将来临;假如在顶部出现,显示市场将转趋下跌。许多人都高估复合头肩形态的预期上升(或下跌)威力,其实复合头肩形态的力量往往较普通的头肩形态为弱。在中期性趋势中出现时,复合头肩形态完成其"最少升幅(或跌幅)"便不再继续下去,而普通头肩形态的上升(或下跌),往往是较其量度出来的最少幅度为大。不过,在长期性趋势(牛市或熊市)的尽头出现时,复合头肩形态具有和普通形态相同的意义。

3. 注意事项

(1) "复合头肩形态"的"最少升幅/跌幅"量度方法和普通的头肩形态的量度方法一样。

(2) "复合头肩形态"的颈线很难画出来,因为每一个肩和头的回落部分("复合头肩底"则是回升部分)并不会全都落在同一条线上。因此,应该以最明显的两个短期低点("复合头肩底"则是短期反弹高点)连接成颈线,又或是以回落(或反弹)到其价位次数最多的水平连接成颈线。

(3)"复合头肩形态"有时会失败或出现变异,所以必须十分小心,在未完全形成右肩时切忌冒险"偷步"。

(十一)扩散三角形或喇叭形

1. 形态特征

行情总是不断地上升和下跌,其波动有时很有规则且很有秩序,但有时却显得冲动和不理智,"扩散三角"显示市场的不理智性和投资者情绪的激动现象。行情经过一段时间的上升后下跌,然后再上升再下跌,上升的高点较上次为高,下跌的低点也较上次的低点为低。整个形态以窄幅的波动开始,然后向上下两方扩大,如果把上下的高点和低点分别连接起来,就可以画出一个镜中反照的三角形状,这便是"扩散三角"。"扩散三角"形状也像一个喇叭,因此也称之为"喇叭形"。成交量方面,"扩散三角"在整个形态形成的过程中,保持着不规则的高成交量,如图8-3-14(a)所示。"扩散三角"又可细分为三种不同的形态,如图8-3-14(b)、图8-3-14(c)、图8-3-14(d)所示:一是扩散的对称三角,即"喇叭形"走势。二是扩散的上升三角,形态的顶部成一水平线。三是扩散的下降三角,形态的底部成一水平线。

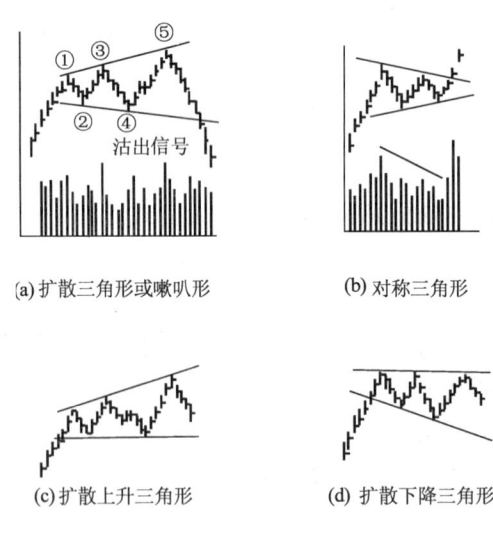

图 8-3-14

2. 分析意义

整个形态由投资者的投资情绪所造成,通常在长期性上升的最后阶段出现,这是一个缺乏理性和失去控制的市场,投资者被市场炽烈的投机气氛或谣言所感染,当行情上升时便疯狂追涨,但他们对市场的前景却一无所知,或是没有信心,所以,当行情下跌时又盲目地加入抛售行列。他们冲动和杂乱无章的行动,令行情不正常地大涨大跌,形成上升时高点较上次为高,下跌的低点则较上次为低。至于不规则而巨额的成交,正反映出投资者激动的买卖情绪。该形态显示:

(1)大跌市来临前的先兆。该形态大多在大跌市来临前出现,因此"喇叭形"可以说是一个下跌形态,暗示升市将到尽头,可是形态却没有明确指出跌市出现的时间。

(2)当"扩散三角"下限跌破时,形态便可确定,投资者该沽出了。

(3)扩散的上升三角和下降三角的形态,所含的分析意义也是一样的,暗示未来市道将会下跌。

3. 注意事项

(1)一个理想的"扩散三角"应有三个高点,两个低点。这三个高点一个比一个高,中间的两个低点则一个较一个低。当行情从第三个高点回跌,其回落的低点较前一个低点为低时,就可以假设该形态成立了。与"头肩顶"一样,"扩散三角形"属于"五点转向"形态。因此,一个平缓的"扩散三角"也可看做是一个有较高右肩和下倾颈线的"头肩式"走势。

(2)该形态并没有"最少跌幅"的量度公式估计未来跌势,但一般来说,跌幅都很大。

(3)该形态也有可能会向上突破顶部的阻力,尤其是"扩散的上升三角形",其顶部是由两个同一水平的高点连成,表示卖方在这水平看淡后市而沽出。但如果行情以高成交量向上突破(收市价超越阻力水平的3%),那么该形态最初预期的分析意义就要修正,它显示前面上升的趋势仍会持续,未来的升幅将十分可观。此情形的出现并非是无迹可寻。当价格在形态内第三次下跌时,成交量渐渐减少,而不是像以往的不规则高成交状态,或是价格在第四次下跌时,在上次低点之上已获得支持回升,那么形态就有向上突破的可能,因为整个形态已从"扩散三角"改变为"整理的头肩底"形态。

(4)当"喇叭形"向上行突破时,理论上是一次消耗性上升的开始,显示市场激动的投资情绪进一步扩大,投资者已完全失去理性的控制,疯狂地不计价追入。当购买力消耗完毕后,行情便大幅跌下来。

(5)"扩散三角"绝少在跌市的底部出现,原因是行情经过一段时间的下跌之后,投资者意向薄弱。"扩散三角"是由投资者行动和不理性的情绪造成,在低沉的市场气氛中,难以形成该形态。

(十二)菱形或钻石形态

1. 形态特征

"菱形"走势一般又称之为"钻石型"走势,可以说是"扩散三角形"的变形或是伸延走势。"菱形"走势的左半部发展和"扩散三角"一样,第二个上升高点较前一个为高,回落的低点也较前一个为低。但当第三次回升时,高点却不能升越第二个高点水平,接着的下跌回落低点却又较上一个为高。行情的波动从不断地向外扩散转为向内收窄,其右半部的变化其实就是一个"对称三角"形态。把"扩散三角"和"对称三角"结合起来,就是"菱形"走势。由于该形态又像一颗钻石,所以又得名"钻石型",如图8-3-15所示。成交量的变化前半部和"扩散三角"一样,具有比较高和不规则的成分,但当发展到后半部时,交投会呈现减少的趋势。

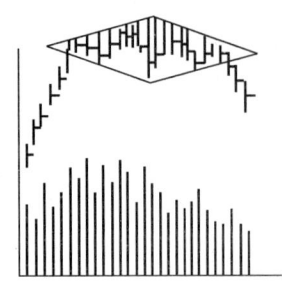

图8-3-15 菱形走势

2. 分析意义

当价格越升越高之际,投资者显得冲动和失去理智,因此价格波动增大,成交量也大量增加(其情形与"扩散三角"一样),但很快投资情绪渐渐冷静下来,成交量减少,价格波幅收窄,市场从高涨的投资意欲转为观望,投资者等待市场进一步的变化再作新的投资决定。整个形态形成的过程中,投资情绪从激动热烈转为猜疑彷徨。当价格往下跌时,就显示出市场情绪进一步转为悲观了。该形态具有以下几点指示信号:

(1)这是一个"转向形态",通常在升市的顶部出现。

(2)当"菱形"右下方支持跌破后,就是一个"沽出信号"。但如果行情向上突破右方阻力且成交量激增时,就是一个"买入信号"。不过,虽然该形态十之八九象征着下跌意义,但往上突破的可能性依然存在。

(3)其"最少跌幅"的量度方法是从向下跌破"菱形"右下线开始,量度出形态内最高点和最低点的垂直距离,这距离就是未来将会下跌的最少幅度。

3. 注意事项

(1)该形态极少在跌市的底部出现,因为跌市中投资意向不强,没法形成"菱形"的左半部,所以形态不可能出现。

(2)但"菱形"走势可能会在跌市或升市的中途出现,这时候,此形态扮演的是"整理形态"的角色。所以,投资者在图表上看到这种图形时,必须要待行情明显突破形态确立后才可付诸买卖行动。

(3)一般来说,形态跌破后的跌幅,往往较"最少跌幅"为大。

(4)该形态较容易产生错误突破信号,因此必须出现3%的突破(以收市价为准)方能确认。

(5)一般图表出现的"菱形"形态,未必和理论所说的左右两部分完全相等,投资者应谨慎判断。

三、整理形态典例分析

三角形形态是图表中最常见的一种形态,如果能够充分掌握,对投资决策会有很大的帮助。三角形共可分为扩散三角、对称三角、上升三角、下降三角四种不同的形态。由于扩散三角属于转向形态,而其他的三种三角形走势属整理形态,所以我们把扩散三角形态和其他的三角形态分开讨论。

(一) 对称三角形

1. 形态特征

价格在特定范围内波动,出现了徘徊争执的局面,每一次短期回升的高点都较上次为低,但与此同时,新的短期回落,其低点都较上次为高,而成交量在这期间呈现下降的倾向。如果把这些短期高点和低点分别以直线连接起来,就可以画出一个上下相称的三角形状,而这两条线最终会相交于一点。"对称三角形"也称为"敏感三角",如图8-3-16所示。

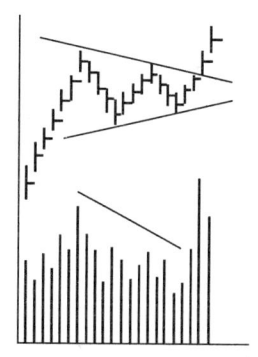

图8-3-16 对称三角形

2. 分析意义

"对称三角形"是因为买卖双方的力量在该段价格区域内势均力敌,暂时达到平衡状态所形成。从第一个短期性高点回落,很快便被买方所消化,推动价格回升,但购买的力量对后市没有太大的信心,或是对前景感到有点疑虑,因此未能回升到上次高点已告掉头,再一次下跌。在下跌的阶段中,那些沽售的投资者不愿以太低价贱售或对前景仍存有希望,所以回落的压力不强,未低到上次的低点便已告回升,买卖双方的观望性争持令行情的上下波动日渐缩窄,形成了此形态。成交量在对称三角形成的过程中不断减少,正反映出多空力量对后市犹豫不决的观望态度,令市场暂时沉寂下来。该形态所显示的信息是:

(1) 一般情形之下,是属于"整理形态",即经过"对称三角"的徘徊调整后,会继续原来的趋势移动。在一上升抑或是下跌的过程中,都有可能出现这种形态。该形态也可说是一个"不明朗形态",反映出投资者对后市感到迷惘,没法作出买卖决策。

(2) 行情必须往其中一方明显突破后,才可以采取相应的买卖行动。如果往上冲破阻力(必须得到大量成交增加的配合),就是一个短期买入信号;反之若是往下跌破(在低成交量之下跌破),便是一个短期沽出信号。

(3)"对称三角"的"最少升幅"量度方法是往上突破时,从形态的第一个上升高点开始画一条和底部平行的直线,可以预期至少会上升到这条线才会遇上阻力。至于上升的速度,将会以形态开始之前同样的角度上升。因此,从这量度方法可以估计到"最少升幅"的价格水平和所需的完成时间。形态的"最少跌幅"的量度方法也是一样。

3. 注意事项

一个"对称三角"的形成,必须要有明显的两个短期高点和短期低点出现。

(1)在"对称三角"形态完成之前,应该不断按照市场最新的变化把形态加以修订。例如,行情从三个低点回升,虽然轻微突破从高点连成的阻力线,但缺乏成交量的认同,又告回落形态。分析者这时候就该放弃原有的连线,通过第一和第三个短期高点,重新修订出新的"对称三角形"。

(2)越接近三角形的尖端,未来突破的冲击力也就越小。在整个形态的1/2~3/4突破,所呈现的指示信号最为准确。如果价格在"对称三角形"内移动,超过了3/4反复走到形态的尖端才告突破,所呈现的买卖信号无大意义,不宜相信。

(3)"对称三角形"的突破,必须以收市价突破形态的3%方可确认。

(4)如果向上突破形态,一定要有成交量增加的配合,否则就不能信赖。如果是往下跌破,就必须要有低成交量才可确认。有一点必须特别强调,假如"对称三角"向下跌破时有极大的成交量,可能是一个错误的跌破信号,行情于跌破后并不会如理论上认为的那样产生回落。倘若在三角形的尖端跌破,且有高成交的伴随,该形态尤为准确,仅下跌一两个交易日后便会迅速回升,开始一次真正的升市。

(5)虽然"对称三角形"大部分是属于"整理形态",不过也有可能在升市的顶部或跌市的底部中出现。根据统计,"对称三角形"中大约3/4属"整理形态",而余下的1/4则属"转势形态"。

(6)"对称三角形"突破后,可能会出现短暂的反方向移动(后抽),上升的后抽止于高点相连而成的形态线,下跌的后抽则受阻于低点相连的形态之下。倘若价格的后抽大于上述所说的位置,形态的突破可能有误。

(二)上升三角形

1. 形态特征

在某价格水平呈现出相当强大的卖压,价格从低点回升到这个水平便告回落,但市场的购买力十分强劲,价格未回至上次低点即告弹升,此情形持续令价格随着一条阻力水平线波动日渐收窄。若把每一个短期波动高点连接起来,便可画出一条水平阻力线,而每一个短期波动低点则可相连出另一条向上倾斜的线,这就是"上升三角形"。"上升三角形"的成交量和"对称三角形"相似,在形态形成的过程中不断减少。通常在"上升三角形"中,上升部分的成交较大,而下跌部分的成交则较少,如图8-3-17所示。

2．分析意义

"上升三角形"形成的理论基础,是买卖双方在该范围内的角力现象,并反映出卖方的力量已稍占了上风。看空的一方在其特定的价格水平不断沽售,他们并不急于出货,但却又不看好未来市道,于是价格每升到他们心中认为理想的沽售水平便即沽

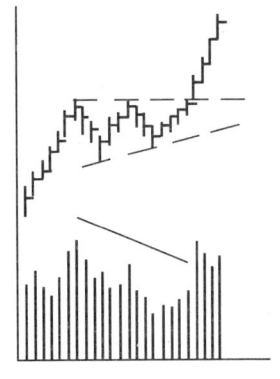

图8-3-17　上升三角形

出,这可能是一种很有计划的市场行为,是那些手持重仓的投资者在预先决定的价位作有计划的沽售。他们在同一价格的沽售形成了一条水平的供给线。不过,市场的购买力量很强,他们不待价格回落到上次的低点,便急不可待地跟进,因此形成一条向上方倾斜的需求线。另外,也可以解释为部分人士有意把价格暂时压低,以达到进一步大量吸纳之目的。"上升三角形"所显示的信号是:

(1)这是属于"整理形态",大部分的"上升三角"都在上升的过程中出现,且暗示有向上突破的倾向。

(2)在向上突破"上升三角"顶部水平的供给阻力时(并有成交激增的配合),就是一个短期买入信号。

(3)其"最少升幅"的量度方法和"对称三角"相同,从第一个短期回升高点开始,画出一条和底部平行的线,突破形态后,将会以形态开始前的速度上升到这条线,甚至是超越它。

3．注意事项

(1)形态在形成期间,可能会出现轻微的错误变动,稍微跌破形态之后又重新回到形态之内,这时候技术性分析者须根据第三或第四个短期性低点重新修订"上升三角"形态。有时候,形态可能会出现变异,形成另外一些形态。

(2)虽然"上升三角"暗示往上突破的机会较多,但也有往下跌的可能存在,所以投资者一般应在形态明显突破后才采取相应的买卖决策。倘若往下产生大于3%(按收市价计算)的跌幅,投资者宜暂时沽出。

(3)"上升三角"向上突破阻力,如果没有成交激增的支持,信号可能出错,投资者应放弃这种指示信号,继续观望市势进一步的发展。倘若该形态往下突破,则不必考虑成交量是否增加。

(4)"上升三角形"越早突破,错误就会越少发生。假如价格反复走到形态的尖端后跌出形态之外,则突破的信号便不足为信。

(三)下降三角形

1. 形态特征

"下降三角形"的形状和"上升三角形"恰好相反,在某特定的水平出现稳定的购买力,因此每当回落至该水平便告回升,形成一条水平的需求线。可是市场的沽售力量却不断加强,每一次波动的高点都较前次为低,于是形成一条下倾的供给线,成交量在完成整个形态的过程中,一直是十分低沉的,如图8-3-18所示。

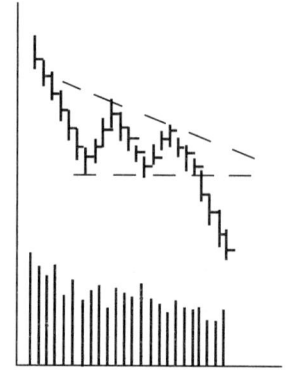

图8-3-18 下降三角形

2. 分析意义

虽然"下降三角形"的形成,同样是多空双方在某价格区域内的角力表现,然而多空力量的分布却与"上升三角形"所显示的情形完全相反。看空的一方不断地增加沽售压力,价格还没回升到上次高点便再沽售,而看多的一方坚守着某一价格防线,令行情每回落到该水平便获得支持。此外,该形态的形成也可能是有人在托价出货,直到货源沽清为止。"下降三角形"所显示的信号是:

(1)这是个"整理形态",通常出现在下跌的过程中,而且具有往下跌破的倾向。

(2)当购买的实力消耗殆尽时,沽售的力量把水平的需求线支持力击破,就是一个短期沽出信号。

(3)其"最少跌幅"的量度方法和"上升三角形"相同。

3. 注意事项

(1)虽然该形态反映出卖方的力量占优势(供给线向下倾斜),形态往下跌破的机会较高。但在过去的图表中显示,也有向上突破的可能存在。因此,投资者宜在形态明显突破后方可采取行动。

(2)如果"下降三角"往下跌破,不必伴随有大的成交量来说明,一般在跌破后数天,成交会呈现增加的趋势。但如果形态往上冲破阻力,就必须有成交明显增加来配合了。

(3)在向下跌破后,有时可能会出现假性回升,回升将会受阻于"下降三角"的底线水平之下。

(4)和其他三角形形态没有分别,"下降三角"越早突破,出错的机会越低。

(四)上升楔形和下降楔形

1. 形态特征

行情经过一段时间的大幅度下跌之后,出现强烈的技术性反弹,当价格弹升到一个相当的水平时,又再掉头回落。不过这次的下跌较为轻微和缓和,可以说是技术性反弹过程中的回落调整。行情在未跌至上次低点时已得到支持而回升,而且穿越上次高点,形成一浪高于一浪的趋势。第二次的上升止于另一高点水平之下,再度回落。如果把两个短期低点连成一条直线,另外又把两个短期波动高点连成另一条直线,便可画出两条直线同时向上倾斜的三角形状。下面由各低点连成的直线较上面的一条陡峭,因此这两条线最终会相交于一点,这就是"上升楔形"。市场的交投在形成楔形的过程中,将不断地减少,如图8-3-19(a)所示。

"下降楔形"的形状刚好和"上升楔形"倒转过来。价格从高点①回落,跌至低点②回升,但未抵上次高峰又再下挫,形成新的高点③,接着的回落跌破上次低点,但很快地便再一次上升。如果把①和③的短期高点,②和④的短期低点分别以直线连接起来,便可画出两条同时下倾的线所形成的形态,这就是"下降楔形"。成交量的变化,在下降楔形中也同样有减少的趋势。而且,越接近楔形的尖端,成交越少,如图8-3-19(b)所示。

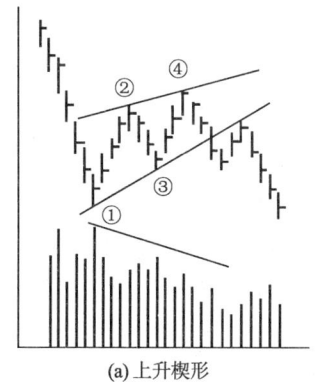 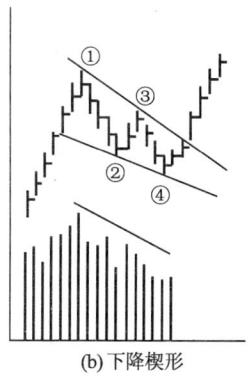

(a)上升楔形　　　　　　　(b)下降楔形

图 8-3-19

2. 分析意义

(1)上升楔形。许多投资者对"上升楔形"都有错误的见解,他们认为既然"上升三角"只有一条上倾的线(底线),已意味着上升的倾向。"上升楔形"两条线同时往上倾斜,其蕴藏上升的力量应该更大。然而,实际的情形却是相反,"上升三角"的顶部供给线显示卖方在一定的价位才沽出,当卖方力量完全被买方所消化,行情便会在沽售压力顿失的情况下弹升。但"上升楔形"所显示的需求变化却是不同,上面上倾的供给线虽然显示市场没有太大的沽售压力,可是每一个新的短期上升波浪都较上一个为弱,这是投资者对后市缺乏信心的表现,市场对大市兴趣渐渐淡下来,成交量逐渐地下降正反映出该现象。因此,从该形态中可知道以下几点信息:①这是一个"整理形态",常在大跌市(熊市)的回升阶段中出现。"上升楔形"的形成显示跌市还没有见底,这只不过是一次跌后的技术性反弹而已。②当其下限支持跌破后,就是一个"沽出信号"。③该形态虽然没有"最少跌幅"的公式量度,但一般来说,至少会把"上升楔形"所有的升幅都完全跌去,而且还跌得更多。因为这是在跌市的过程中出现,跌市的低点还没有出现过。

(2)下降楔形。下降楔形除了形状是"上升楔形"的倒转之外,其分析的意义也和"上升楔形"刚刚相反。经过一段时间上升后,出现了获利回吐,虽然下降楔形的需求线(底线)往下倾斜,似乎是说市场的承接力量不强,但新的回落浪较上一个波幅小,将之解释作沽售力量正在减弱可能更加恰当,加上成交量在这阶段中的减少,这解释更显得有意义。因此,下降楔形具有以下几点指示信息:①这也是个"整理形态",通常在中、长期升市的回落调整阶段中出现。"下降楔形"的出现表明升市尚未见顶,这仅是上升后的正常调整现象。②一般来说,形态大多是向下突破,当其下限阻力突破时,就是一个"卖出信号"。③该形态和"上升楔形"一样,虽没有公式量度"最小跌幅",但普遍认为,至少会降至"上升楔形"的第一个低点水平。此外,这是升市的一个调整阶段,所以再往上升越楔形的高点是很常见的情形。

3. 注意事项

(1)图表上出现了四个短期性波动的高点,就可以假设"上升楔形"的形成。由于"上升楔形"和"上升通道"很容易互相混淆("上升通道"的一对线必须平行伸延出去),所以,在升市中应该放弃在图表中寻找该形态。原因是升市中可能剔除第二个短期性高点,利用第一和第三个高点,画出(或修订出)一条上升通道。

(2)倘若在形成"上升楔形"过程中,成交量不跌反升,形态可能有误,必须小心。

(3)虽然跌市中出现的"上升楔形"大部分都是往下跌破占多,但相反的若是往上升破,而且成交也有明显的增加,形态可能会出现变异,发展成一条上升通道,这时候我们应该改变原来偏淡的看法,市道可能会沿着新的上升通道,开始一次新的升市了。

(4)一般来说,楔形需要三个星期以上的时间完成。

(5)"上升楔形"上下两条线收敛于一点,在形态内移动只可以作有限度的上升,最终会告跌破;而理想的跌破点,是由第一个低点开始直至上升楔形尖端这段距离的2/3处,有时候,可能会一直移动到楔形的尖端,出了尖端后稍作上升,然后才大幅下跌。

(6)当"下降楔形"往上突破时,应该要有成交量增加的配合,信号才可靠。

(7)"下降楔形"和"上升楔形"有一点明显不同之处,"上升楔形"在跌破下限支持后经常会出现急跌。但"下降楔形"往上突破阻力后,可能会横向发展,形成徘徊状态或碟状,成交仍然十分低迷,然后才慢慢开始上升,这时候成交量也随之而增加。若出现此情形,可待行情打破徘徊闷局后再考虑跟进。

(8)楔形(无论"上升楔形"或是"下降楔形")上下两条线必须明显地收敛于一点,如果形态太过宽松,形成的可能性就该怀疑。

(9)倘若"下降楔形"不升反跌,跌破下限支持,形态可能改变为一条下降通道,这时候对后市的看法就应该随着市势的变化而进行修正了。

(10)由于绘图纸张有两种,一种是方格纸,另一种是半对数纸,两者绘画出来的图形在"下降楔形"形态上会有些出入。方格纸由于保持着相同的比例,行情从高价跌至低价时,以价格计算,其价格跌幅会越来越小(但下跌的百分比可能相等),因此容易形成"下降楔形"的形状,不过这"下降楔形"是不会太准确的。半对数图是以价格变动的百分比计算,这里所说的"下降楔形"就是半对数图中出现的形态。

(五)长方形走势

1. 形态特征

价格在一定范围之内出现涨跌争执局面。当价格上升到较高水平时遇上阻力,掉头回落,但很快地便获得支持而回升,可是回升到上次同一高点时再一次受阻,而挫落到上次低点时则再得到支持。行情便在这短期高点和低点之间涨涨跌跌。如果把这些短期高点和低点分别以直线连接起来,便可以绘出一条通道,这通道既非上倾,也非下降,而是平行发展。这就是"长方形"形态,也有分析者称之为"箱形"走势,如图8-3-20所示。

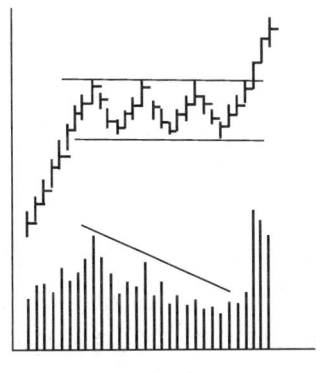

图8-3-20 长方形走势

2. 分析意义

该形态说明多空双方的力量在该范围之间完全达至均衡状态,在这段时间谁也占不了谁的便宜。看好的一方认为其价位是很理想的买入点,于是价位每回落到上一次低点即买入,形成了一条水平的需求线。与此同时,另一批看淡的投资者对后市没有信心,认为价格难以升越其水平,于是当价格回升至上一次高点,便即沽售,形成一条平行的供给线。从另一个角度分析,长方形也可能是投资者因后市发展不明朗,投资态度变得迷惘和不知所措而造成的。所以,当价格回升时,一批对后市缺乏信心的投资者退出;而当行情回落时,一批憧憬着未来前景的投资者加仓。由于双方实力相当,于是价格就来回在这一段区域内波动。该形态显示:

(1)一般来说,这是属于"整理形态",当市道进入"牛皮上升"阶段时,便有可能形成此形态。其未来的趋势和形成形态前的趋势相同。

(2)在升市或跌市的过程里,都有出现该形态的可能。

(3)当向上突破上限阻力时,就是一个"买入信号";反之,若往下跌破时,则是一个"沽出信号"。

(4)其"最少升/跌幅"的量度方法是"长方形"内最高和最低价的距离,就是形态于突破后,至少可抵达的幅度。

3. 注意事项

(1)"长方形"形成的过程中,除非有突破性的消息扰乱,否则其成交量应该是不断地减少。如果在形态形成时,成交持续活跃,或有不规则的高成交出现,形态出现的可能性就值得怀疑。

(2)虽然这是"整理形态",但也有可能在升市的顶部或跌市的底部出现,所以投资者必须在形态明确地往其中一方突破后,才可采取相应的买卖策略。

(3)当价位突破"长方形"上限的水平时,必须有成交量激增的配合;但若跌破下限水平时,就不需高成交量的增加,也该信赖。

(4)"长方形"呈现突破后,价格经常出现后抽。这种情形发生在长方形的机会比在三角形中为多,其概率约为40%,通常会在突破后的三天至三星期内出现。

(5)向上突破长方形后的"假性回跌"(后抽),将在顶线水平之上。往下跌破后的"假性回升",将受阻于底线水平之下。

(6)在"长方形"形态中,出现"错误突破"的可能性较"三角形"为少。不过,该形态发生"太早突破"的机会却较三角形为多。这里,"错误突破"的意思是价位呈现突破后,出现和理论完全相反的变动,例如,往上突破后不升反跌,往下突破后不跌反升,这就是所谓的"走势陷阱"。"太早突破"是价位呈现突破后,很快地却又返回形态之内,但最后真正的突破信号和先前的突破方向一样,而且价格也作出如预期般的变动。

(7)一个高低波幅较大的长方形,较一个狭窄而长的长方形形态更具威力。

(六)旗形走势和楔形旗

1. 形态特征

顾名思义,"旗形"走势的形态就像一面挂在旗杆顶上的旗帜,其中又可分作"上升旗形"和"下降旗形"两种。该形态通常在急速而又大幅波动的市场中出现。行情在一段极短的时间内,作喷射性或十分陡峭的大幅飙升或下跌(形成"下降旗形"),这时成交也随之大量增加。接着行情遇上阻力或支撑,出现短暂性回落(或回升)。可是回落的幅度不大,价格便即弹升,成交量这时有明显减少,不过价格的回升却不能抵达上次的高点,成交量也没法增多。随后的一个下跌令价格再稍低于前一个低点,成交量进一步减少。经过一连串紧密的短期波动后,形成一个稍微与原来趋势呈相反方向倾斜的长方形,这就是"旗形"走势。这个形态形成的过程可简单地描述如下:经过陡峭的飙升后,接着形成一个紧密、狭窄和稍微向下倾斜的价格密集区域,如果把这密集区域的高点和低点分别连接起来,就可以画出两条平行而又下倾的直线,这就是"上升旗形",如图8-3-21(a)所示。"下降旗形"则刚好相反,当出现急速或垂直的下跌后,接着形成一个波动狭窄而又紧密、稍微上倾的价格密集区域,像是一条小上升通道,这就是"下降旗形"。在"旗形"形成过程中,成交量显著地递减,如图8-3-21(b)所示。

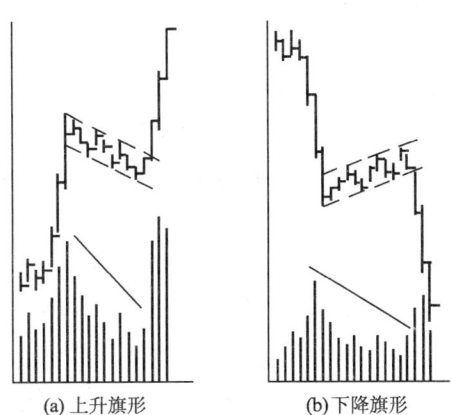

(a)上升旗形　　　　　　(b)下降旗形

图 8-3-21

"楔形旗"和"旗形"的形状十分相似,好像是一支旗杆上的悬旗,但这两面旗帜有明显的不同之处:"旗形"是一面四方形的旗,"楔形旗"则是一面三角形的旗。大市在急速的上升后呈现回吐压力,但稍作下跌后很快地便向上升,不过回升的力量很弱,未能升至上次高点又再下挫,而且还较上次低点稍低。价格就在几个价位升升跌跌,形成一个紧密的、短小的楔形。楔形的两条线同时往下倾斜,如图 8-3-22(a)所示。当价格急速下跌时形成的"楔形旗",楔形的两条线则是同时往上倾斜,成交量在形成"楔形旗"期间将会急剧减少,如图 8-3-22(b)所示。

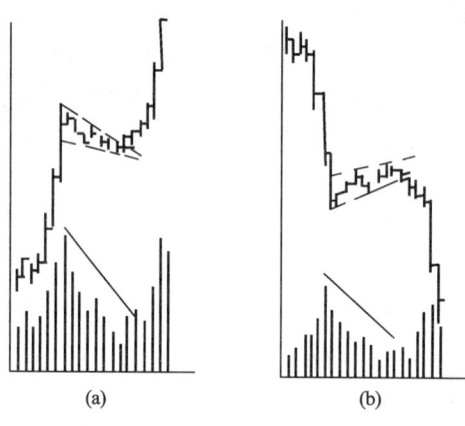

图 8-3-22　楔形旗

2. 分析意义

(1)旗形。行情突然大幅地上升引来强大的获利回吐压力,成交量也在急升中增至一个短期最高纪录,接着成交量见顶回落,价格也向下回落,不过大部分投资者对后市依然充满信心,所以回落的速度不快,幅度也十分轻微,成交量不断地减少,反映出市场的沽售力量在回落中不断地减轻。许多投资者对旗形形态都有一种误解,以为行情软弱无力,其实旗形形态可比喻为一次长途赛跑中的茶水站,让参赛健儿在这茶水站略作喘息后,再继续原来的路程。该形态显示:①这是一个"整理形态",形态完成后价格继续原来的趋势方向移动。也就是说,"上升旗形"将是向上突破,而"下降旗形"则是往下跌破。②"上升旗形"大部分在牛市第三期中出现,因此该形态暗示升市可能进入尾声阶段。③"下降旗形"大多在熊市第一期出现,该形态显示大市可能作垂直式的下跌,因此这阶段中形成的旗形十分细小,可能在三四个交易日内完成。如果在熊市第三期中出现,旗形形成的时间较长,而且跌破后只作有限度的下跌。④该形态可以量度出"最少升/跌幅"。其量度的方法是:突破旗形("上升旗形"和"下降旗形"相同)后最少升/跌幅度等于整支"旗杆"的长度(旗杆的长度是从形成旗杆的突破点开始,直到旗形的顶点为止)。⑤价格于突破形态后的移动速度和形成形态前的速度一样,也就是说突破旗形后市场将会出现急速的飙升或下跌。

(2) 楔形旗。"楔形旗"和"旗形"形态的分析意义完全相同,是行情经过大幅波动后,从活跃归于平淡的时刻,不过这段时间十分短暂,接着又再出现急剧的大幅波动。行情经过急速地上升(或下跌)后,出现正常的技术性调整,行情往原来趋势相反方向移动,但市场货源不多,抛售力量(下跌时则是购买力量)也不强,因此这段时间成交量很低,变动范围很小,在突破的前夕,价格更压迫至一个狭窄的范围之间,这时候成交量减至最小。在上升阶段中这现象反映出沽售的货源已枯竭,在下跌阶段中这现象则表示购买力已衰竭。因此,价格会在接近尖端时跳出形态之外,继续原来的趋势前进。该形态的指示信息和"旗形"大同小异,其中包括:①这是一个"整理形态",形态完成后行情将朝原来的趋势方向继续移动。②当"楔形旗"向上突破时,就是一个"买入信号",往下跌破时,则是一个"沽出信号"。③该形态的最少升/跌幅的量度方法和"旗形"走势一样,突破形态后的最少升/跌幅度等于整支"旗杆"的长度。

3. 注意事项

(1) 该形态必须在急速上升或下跌之后出现,成交量则必须在形成形态期间不断地显著减少。

(2) 当"上升旗形"往上突破时,必须要有成交量激增的配合。奇怪的是,过去的图例显示,当"下降旗形"向下跌破时,成交也是大量增加的。

(3) 形态必须在四个星期之内向预期中的方向突破。当形态超过三个星期尚未产生突破时,就该提高警觉,小心这是一个错误的形态估计。

(4) 假如形态形成期间,成交量并非减少,仍是维持不规则的高成交量,这可能是失败的旗形信号,形态将可能出现与理论相反的突破方向(即"上升旗形"往下突破,而"下降旗形"则是向上升突破)。换言之,高成交量的旗形形态暗示市况可能出现逆转,而不是个"整理形态"。因此,成交量的变化在旗形走势中十分重要,它是观察和判断形态真伪的唯一方法。

(5) 楔形旗形态必须在急速的上升或下跌之后出现,价格在某水平停顿下来所出现的调整波幅极为狭窄(即差价很小),而且其波动的次数较旗形为少(一般来说旗形的波动较宽)。

(6) 和"旗形"比较,成交量在楔形旗形态形成的过程中减少得较"旗形"更快更多,原因是价格的变动越来越小。如果成交量在这段时间依然很高,形态可能出错。

(7) 楔形旗形态必须在四个星期之内向预期的方向突破,突破点大多是三角形的尖端部分。

(8) 楔形旗的突破并非呈直线突破,突破后也非直线上升(或下跌),而是遵循着一条弧形趋势线抵达预期的目标幅度。至于成交量也并不激增,而是慢慢地增加。

(七) 头肩整理形态

1. 形态特征

前文讨论的"头肩式"是一个"转向形态",当它出现时,即表示过去的趋势已告一段落,未来大市将朝着相反的方向移动。不过,有时候"头肩形态"也可能是一个"整理形态"。它所给我们的启示是价格将再继续前面的方向移动,而并非扭转原来的趋势。由于头肩式既可能成为"转向形态"又可能成为"整理形态",所以如何把握就显得格外重要。以下是辨别"头肩式"属哪一种形态的方法:

(1)头肩转向形态。"头肩顶"在跌市中出现;"头肩底"在升市中出现。

(2)头肩整理形态。"头肩顶"在升市中出现,如图8-3-23(a)所示;"头肩底"在跌市中出现,如图8-3-23(b)所示。形状方面,"头肩整理形态"和"头肩形态"基本上一样,同样有一个突出的颈部,一个左肩与一个右肩,两肩高度大致相等;而颈线就是确认形态的主要标准。至于成交量,在形成"头肩整理形态"过程中,有不断递减的倾向。

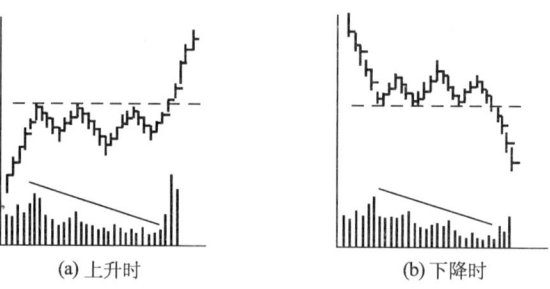

(a) 上升时　　　　　(b) 下降时

图 8-3-23　头肩整理形态

2. 分析意义

价格上升到某水平后出现获利回吐,价格调整后又复上升,但升至上次高点水平时再一次受到压力,而且还跌破过上次低点,幸而很快地出现第二次回升,可惜依然没法突破高点阻力水平而再次回落。不过这一次的回落,跌至左肩部分水平后,便不再下跌,接着回升穿越高点阻力水平,继续原来的上升趋势。"头肩底"是一个低价收集性买入的区域,而升市中出现的"头肩整理形态"(头肩底)则可说是一个中途收集性买入区域,是那些错过了第一次买入机会的人择机进行另一次买入。走势看起来似乎是多次到顶不破,上升阻力十分强大,其实是压价入货而已。至于"头肩顶"则是一个高价派发性沽售的区域,而跌市中出现的"头肩整理形态"(头肩顶),乍看在某水平(即颈线)似乎呈现强大支持,

其实只是另一次沽售机会,是部分大户正在托价出货。那些赶不及在跌市来临前沽出的投资者,正趁机脱身。该形态显示:

(1)虽然升市中出现的"头肩底"暗示后市有上升的倾向,跌市中出现的"头肩顶"暗示有下跌的倾向,然而稳健的投资者应待形态明显突破后才采取买卖策略。

(2)当"头肩整理形态"向上突破颈线时,就是一个买入信号;而往下跌破颈线时,则是一个沽出信号。

3. 注意事项

(1)虽然"头肩形态"有"最少升/跌幅"的量度方法,但在"头肩整理形态"中,这量度公式却不适用。换言之,该形态并没有"最少升/跌幅"的量度方法。

(2)"复合头肩整理形态",如一头多肩式、多头多肩式等很少在图表上被发现。

(3)当"头肩底整理形态"向上突破颈线阻力时,必须要有大量成交的配合,但"头肩顶整理形态"往下跌时则不必伴随有成交量的增加。

(八)扇形走势

1. 形态特征

前面曾经讨论过"碟形走势"(或"圆形底"),而"扇形走势"其实就是重复的碟形底,接连出现在一次漫长的上升过程中。成交量在回落形成底部时减少,回升时作弧形增加,碟形底重复地出现时,成交量也作出同样重复的变化,如图8-3-24所示。

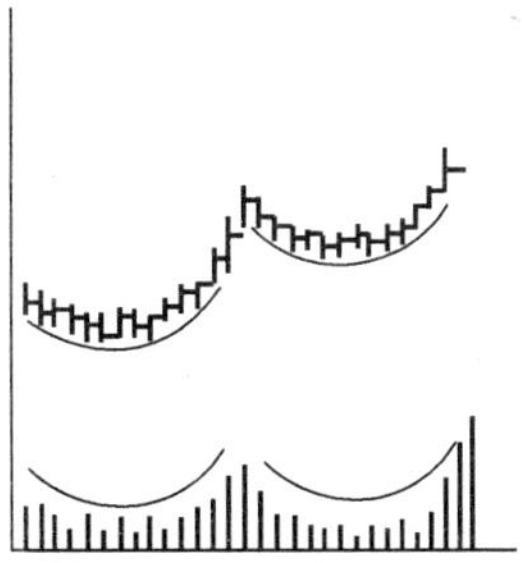

2. 分析意义

和"碟形"形态一样,扇形也预示着上升的行情,不过上升的步伐稳健而缓慢,并非是大幅抢升,

图8-3-24 扇形走势

每当升势转急时,便马上遭受回吐的压力,但回吐的压力不强,当成交量减少到一个低点时,另一次上升又开始。价格就是这样反复地移升上去。该形态显示:

(1)这是一个"上升形态",每一个碟形的底部都是一个理想的买入点。

(2)当扇形走势可以肯定时,波动的形式将会一直持续,直到图表上出现其他形态为止。

3. 注意事项

(1)"扇形走势"中的每一个碟形,其底部至碟形的最高点,差价在20% ~

30%。每一个碟形形成的时间需要 5~7 个星期,一般少于 3 个星期的情况很少。

(2)从成交量可见,大部分投资者都在价位上升时进入(因此成交量大增),但当价位回落时,他们却又畏缩不前(因此碟形底成交减少)。其实,当分析者在图表上发现该形态时,应该在成交量最低迷时跟进,因为"扇形走势"总是在升势开始急转时回落。

(九)扇形线理论

1. 形态特征

当行情经过一段时间的上升,价格大多数会在其区域之间涨落,形成一些形态。如果将开始上升的低点(中期性低点)和高位徘徊的各个低点分别以直线连接起来,便可以画出多于一条的上升趋势线,这些趋势线像一把扇子一般,很规则地移动,每一条趋势线之间形成的角度大致相等,这些趋势线就是所谓的"扇形线"。下跌时情形也是一样,若把中期性高点与低位徘徊时的各个短期性高点分别以直线连接起来,也可以画出一组像扇子般散开的下降趋势线,这也同样是"扇形线",如图 8-3-25 所示。

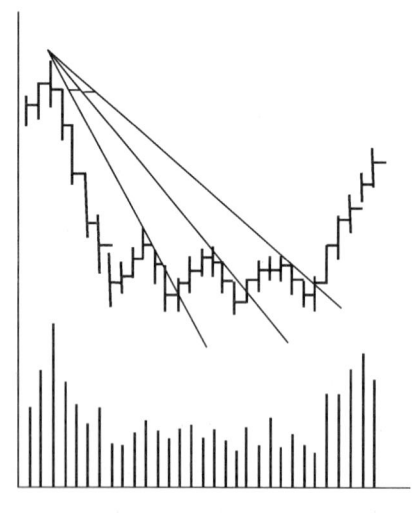

图 8-3-25 扇形线

2. 分析意义

大部分的"转向形态"都是在其范围之内反复对峙相当一段的时间,若辅以不同的趋势线,就可以更加清楚地估计到未来价格的变化,有助于进一步辨别形态的真伪和未来趋势。当突破一条维持多时、颇为陡峭的趋势线(上升或下降趋势线)时,出现一次急速的短期性变动,但价格尚不足以扭转原来的趋势,很快地又维持原来的方向运动(即下跌时虽突破了下降趋势线,但回升不久后又再继续回落;上升时情况则是相反),形成新的趋势线。当这新的趋势线突破,再经过急速的短期性变动后,又一次恢复原来的趋势,形成第三条趋势线。直到第三条趋势线也告突破,原来的趋势才真正逆转过来。"扇形线"的分析意义包括:

(1)这是中期(或长期)性趋势逆转的信号。

(2)在升市与跌市中都有可能出现。

3.注意事项

(1)当第二条扇形线形成时,便可预期第三条扇形线也将出现,这三条线之间的角度会十分匀称。因此,当第二条扇形线突破时,不宜采取任何买卖行动,宜等待第三条扇形线的突破再作买卖决策。

(2)三条扇形线之间的角度十分接近,因此当第二条形成时,可估计到第三条扇形线出现的位置,从而预测阻力(或支撑)价位。

(十)缺口

缺口在技术分析中占有十分重要的一环,从有图表开始,缺口就一直引起分析者的注意。不过,从缺口分析未来行情变化并不容易,而且有关缺口的理论,也经常引起分析者的争论。这并非是缺口理论出现错误,而是因为有些一知半解的人对缺口缺乏全面的认识,加上分辨缺口种类不易,因此在实际应用方面,意见经常出现分歧。

1.形态特征

当某一天某种商品或股票的最低价较上一个交易日的最高价还要高,又或是某一天的最高价比上一个交易日的最低价还要低时,明显地这两个交易日没有一点会在同一水平上重叠,即价格出现一段没有成交的真空区域,这区域就是"缺口",或称之为"裂口"。"缺口"的种类很多,大致来说可分为普通缺口、突破缺口、持续性缺口和消耗性缺口四种,如图8-3-26所示。当后来在缺口的位置成交时,这种市场行为称为"填补缺口"。

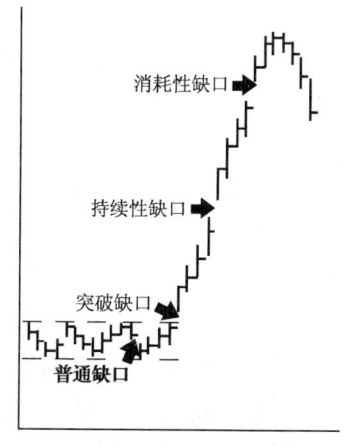

图8-3-26 缺口

不同缺口形态具有不同的特征:

(1)普通缺口。这类缺口通常在密集的交易区域中出现,因此许多需要较长时间形成的整理或转向形态,如三角形、长方形等都可能由这类缺口形成。

(2)突破缺口。当突破形态的主要支持线或阻力线时,极有可能是跳空上升(或下跌),这种类型的缺口就是"突破缺口"。形成这种缺口的原因是其水平的阻力经过长时间的对峙后,供给的力量完全被吸收,短暂时间缺乏货源,买进的投资者被迫要以更高价求货,或是其水平的支持经过一段时间的供给后,购买力量完全被消耗,沽出的须以更低价才能找到买家,因此便形成缺口。有时候,趋势线的突破或平均线的升破与跌破,都可能形成缺口,这也是"突破缺口"。

(3)持续性缺口。在上升或下跌途中出现的缺口,就可能是"持续性缺口"。这种缺口不会和"突破缺口"混淆,离开形态或密集交易区域后的急速上升或下跌,所出现的缺口大多是"持续性缺口"。这种缺口可帮助我们估计后市波动的幅度,因此也称之为"量度性缺口"。

(4)消耗性缺口。和"持续性缺口"一样,消耗性缺口是伴随快的、大幅的价格波动而出现的。在急速的上升或下跌中,价格的波动并非是渐渐出现阻力,而是越来越急,这时价格的跳升(或跳空下跌)可能发生,此缺口就是"消耗性缺口"。

2. 分析意义

(1)"普通缺口"并无特别的分析意义,一般在几个交易日内便会完全填补,它只能帮助投资者辨认清楚某种形态的形成。

(2)"突破缺口"的分析意义较大,经常在重要的转向形态(如头肩式)的突破时出现。此种缺口可协助投资者辨认突破信号的真伪。如果价格有一个很大的缺口跳高形态,可见这突破十分强而有力,很少有错误发生。另外,突破缺口的出现,未来的波动会较没有突破缺口的波动为强。换言之,一个形态伴随着突破缺口的突破后,随后的上升(或下跌)会更快更多,往往比量度的"最少升/跌幅"大。因此,两种不同股票或商品同时出现突破时,投资者应该选择买入有"突破缺口"出现的一只,而不是升幅较小的那一只。

(3)"持续性缺口"的技术分析意义最大,只要我们能够将之辨认出来,便可以从这缺口推测未来价格的进一步变化。这类缺口的出现表示后市将继续原来的趋势移动,而且还可以量度出未来的"最少升/跌幅"。其量度的方法是从突破点开始,到"持续性缺口"始点的垂直距离,就是未来价格将会达到的幅度。或者可以说,"价格未来所走的距离,跟过去已走的距离一样"。

(4)"消耗性缺口"的出现,表示价格的趋势将暂告一段落。如果在上升途中,即表示即将下跌;若在下跌趋势中出现,就表示即将回升。不过,消耗性缺口并非意味着市道出现转向,虽然意味有转向的可能。根据过去的图表统计,当消耗性缺口出现时,行情至少会出现短期的调整。所以,这种缺口很快便会填补,一般填补的时间约在2~5个交易日之内。

3. 注意事项

(1)许多分析者都有一种误解,认为缺口必会填补。因为缺口是一段没有成交的真空区域,反映出投资者当时的冲动行为,当投资情绪平静下来时,投资者反省过去的行为有些过分,于是缺口便告补回。这种论调在某种程度上是正确的,不过并非所有类型的缺口都会填补,其中"突破缺口"、"持续性缺口"未必会填补,也不会马上填补。只有"消耗性缺口"和"普通缺口"才可能在短期内补回,所以缺口填补与否对分析者观察后市的帮助不大。

(2)"普通缺口"大多数在"整理形态"中出现,在"转向形态"中则较少发生。因此当一些不明朗形态(如三角形、长方形)中出现缺口时,可以预期该形态是属于"整理形态"。

(3)"突破缺口"出现后会不会马上填补,可以从成交量的变化中观察出来。如果在突破缺口出现之前有大量成交,而缺口出现后成交相对减少,那么迅即填补缺口的机会只是各占一半。但假如缺口形成之后成交明显大量增加,价格在继续移动远离形态时,仍保持十分大量的成交,那么缺口短期填补的可能便会很低了。就算出现回抽,也会在缺口以外。

(4)行情在突破其区域时急速上升,成交量在初期最大,然后在上升中不断减少,当价格停止原来的趋势时,成交量又迅速增加,这是多空双方激烈对峙的结果,其中一方得到压倒性胜利之后,便形成了一个巨大的缺口,这时候成交量又开始减少了。这就是"持续性缺口"形成时的成交量变化情形。

(5)"消耗性缺口"通常是形成缺口的一天成交量最高(但也有可能在成交量最高的翌日出现),接着成交减少,显示市场购买力(或沽售力)已经消耗殆尽,于是价格很快便告回落(或回升)。

(6)"持续性缺口"的量度方法在方格纸和半对数图表中略有不同。方格纸在价格上升时会超过量度公式所预期的幅度,下跌时情形则较少,所以将"持续性缺口"的量度公式直接用于半对数图上较为准确。

(7)在上升或下跌的过程中,可出现多于一个的"持续性缺口"。

(8)在一次上升或下跌的过程里,缺口出现越多,显示其趋势越快接近终结。举例来说,当升市出现第三个缺口时,暗示升市快告终结;当第四个缺口出现时,短期下跌的可能性更大。

(9)"持续性缺口"与"消耗性缺口"很难分别出来,以下是两种可以参考的分辨方法:①"消耗性缺口"一般是较为"宽阔"的缺口。不过"宽阔"没有一定的定义,只有凭经验去决定。②一般来说,"消耗性缺口"之前,可能会出现至少一个"持续性缺口",所以,当急速的上升或下跌出现第一个缺口时,不妨假定是"持续性缺口",但随后的每一个缺口出现,我们必须越来越抱着怀疑的态度,尤其是缺口的宽度较前一个为大时,有可能就是"消耗性缺口"。

(十一)岛形转向

1. 形态特征

市场持续上升一段时间后,有一日忽然呈现缺口性上升,接着价格位于高水平徘徊相持,很快地价格又再缺口性下跌,两边的缺口大约在同一价格区域再发生,令高水平相持的区域在图表上看来就像是一个岛屿的形状,两边的缺口令这岛屿孤立处于海洋之上。有时候两边缺口所形成的"岛形",只由一个交易日造成。成交量在形成的"岛形转向"期间十分巨大,如图 8-3-27 所示。价格在下跌时形成的"岛形转向"形状也一样。

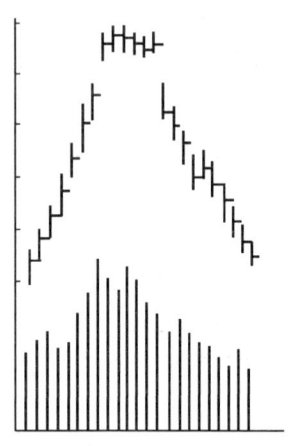

图 8-3-27 岛形转向

2. 分析意义

行情不断地上升,令原来想买入的投资者在预期的价位追入,持续的升势令投资者终于忍不住不计价抢入,于是形成一个"上升缺口"。可是价格却没有因为这样的跳升而继续向上,高水平明显呈现阻力,经过一段短时间的相持后,价格终于没法在高位获得支撑,从而出现缺口性下跌,价位不断地下跌。
该形态显示:

(1)"岛形"本身并非是转向形态,但这图形却经常在长期或中期性趋势的顶部或底部出现。

(2)这两个缺口在很短时间内先后出现,最短的时间可能只有一个交易日,在此情形下也可称做"单日转势",但这"岛形"形成的时间也可能长达数天乃至数个星期左右。

(3)形成"岛形"的两个缺口大多在同一段价格范围之内。

(4)"岛形"也可能在一些形态如"头肩式"、"三角形"或"长方形"等形态形成的过程中出现。

(5)"岛形转向"以"消耗性缺口"开始,"突破性缺口"结束。此情形是以缺口填补缺口,因此缺口已是被完全填补了。

第四节　常用线图

一、K线与条形图

(一)K线及其研判

1. 单一K线的指示意义

K线,是相当简便、精确且最为基本的一种技术分析线图。它以黑白(或绿红)实体来代表价格的升跌。当收盘价比开盘价低时,就将开盘价和收盘价之间涂黑(绿),并连接上最高价与最低价,此即称为"阴线",其所连接的最高价与最低价即称为"上影线"和"下影线"。当收盘价高于开盘价时,就将开盘价与收盘价之间留白(红),然后再接上最高价与最低价,此称为"阳线",代表行情上涨。

根据K线来判断价格走势需要积累经验,只要投资者用心,那么对于价格涨跌情形、涨跌幅度,或什么时候将达到天价、什么情况代表筑底完成等均可越来越有数,从而掌握适当的买卖时机。一般来说,经由K线的长短、阴阳线之别、影线的上下位置及长短,便可初步判定价格的走势。其中单一K线的典型判断示例如下:

(1)大阳线和大阴线(见图8-4-1)。大阳线又称长红线,表示开盘价为最低价,收盘价为最高价,低开高走,涨势很强,实体越长,买盘越强,是典型的坚挺线;大阴线又称长黑线,表示以最高价开盘,最低价收盘,高开低走,说明股价跌势很强,阴线长短显示卖压强劲程度,阴线越长,说明买盘势力越弱,股市看跌,是典型的疲软线。

(2)实体带下影线(见图8-4-2)。红色实体带下影线,亦称带尾阳线、收盘光头阳线。开市后股价先走低,后因买盘势力较强而持续涨至开盘价以上,并以当天最高价收盘,次日仍有继续上升的势头。黑色实体带下影线,亦称带尾阴线、开盘光头阴线。开盘后股价先跌,后来跌势获支撑,又涨到收盘价,但收市时仍未超过开盘价,这种情况若在长期下跌的市场中出现,将有弱升行情,若在多头市场回档过程中出现,将是回升的先兆。

(3)实体带上影线(见图8-4-3)。红色实体带上影线,亦称带帽阳线、开盘光头阳线。开盘后股价一路扬升,但在高位受到抛压,于收盘前开始有所回落,表明涨势遭到抵抗,市价可能下跌。此情况若在持续涨势后出现,将是进入小盘或下跌的先兆,若出现在下跌的反弹行情里,表明多头实力仍不足,将会继续下跌。这种先上涨后遇阻力下跌,但收盘价未跌破开盘价的情况,属上升抵抗型。黑色实体带上影线,亦称收盘光头阴线。开盘后虽有一段上升行情,但在卖压下又持续跌至收市,表明卖盘势力很强,股价看跌。

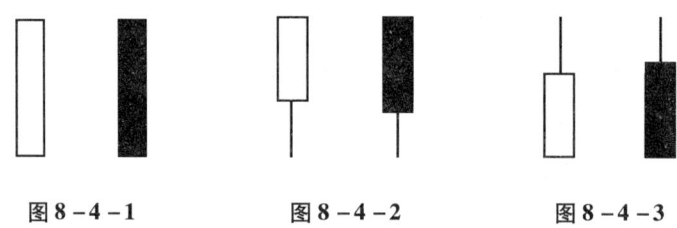

图 8-4-1　　　　　图 8-4-2　　　　　图 8-4-3

(4)陀螺线。陀螺线包括小阳线、小阴线、中阳线、中阴线(见图 8-4-4),它们都属于前途难测、扑朔迷离的暧昧线。其中,小阴线又称短黑线,属先涨后小跌型,表示股价将呈小幅盘软,后市可能有小跌;小阳线又称短红线,属欲涨乏力型,说明股市将出现小幅盘坚,即股价有小幅上涨;中阳线是一种反转信号,若当时处于空头市场,预示股价在大跌之后可能反弹,而若在多头市场或上升趋势中出现,则预示股价大涨之后可能下跌;中阴线同样是反转信号,若在股价持续大跌后出现,说明股价下档有人承接,后市可能反弹,若在大涨之后出现,则可能会出现下跌。总体上看,陀螺线对股价走势趋向显示不明朗,有待于静观后市。

(5)长上影疲软线(见图 8-4-5)。它是指上影线远比下影线长,且中间实体较短的情况,亦称上影阳阴线。上影阳线显示开盘后经过相当一段上升,然后回落,但高于开盘价收市,说明多头稍占上风,但市场上升的趋势已经减弱,股价欲振动,后市可能下跌;上影阴线表明股价先上涨在升至某一高度后因无力支撑而转至下跌,且以低于开市价收市,意味着行情并不乐观,空头略占上风。

(6)长下影坚挺线(见图 8-4-6)。它是指下影线比上影线长,且中间实体较短的情况,亦称下影阴阳线。下影阳线属先跌后上涨型,开市后股价一度大幅下跌,随后节节回升,且高于开盘价收市,若在多头市场出现,可能再上涨,若在空头市场出现,有可能反弹;下影阴线属欲跌不能型,若在股价持续下跌后出现,则可能反弹,若在股价持续上涨后出现,则可能持续上升。

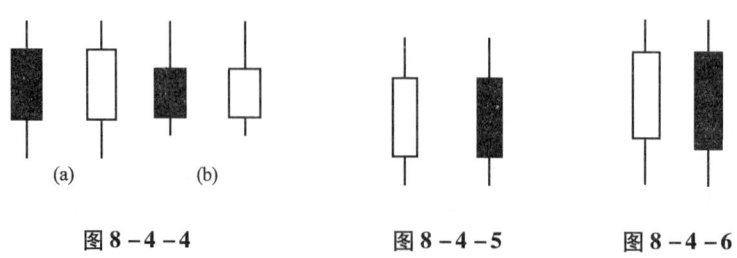

(a)　　　　(b)

图 8-4-4　　　　　图 8-4-5　　　　　图 8-4-6

(7)T字形与反T字形(见图8-4-7)。它又称暗示转换线,指买卖转换,上影线出现时卖,下影线出现时买。T字形又称蜻蜓状,上升转折线,显示开盘后股价先下跌,但下档支撑力很强,股价回升至开盘价时收盘,表明卖方力量虽强,但买方力量更大,暗示涨势的继续,或跌势中的弹升行情;反T字形又称塔状、下跌转折线,开市后股价先涨,后遇上档卖压,股价下跌至开盘价时收市,买方虽强,卖压更甚,暗示涨势将逆转下跌或跌势的继续。

(8)十字星(见图8-4-8)。此形态开、收盘价相同,上下影线均长,说明多空双方势均力敌,后市可能发生行情反转,属于转机形态,即高档行情回档或低档行情反弹,投资者应静观其变。

(9)四价合一型(见图8-4-9)。即开盘价、收盘价、最高价、最低价都是同一值,所以又叫四值同时线。此形态说明股价静止未动。这种形态在国外只有冷门股或交易很稀少时才偶尔出现,而我国股市在早期常有此形态出现。

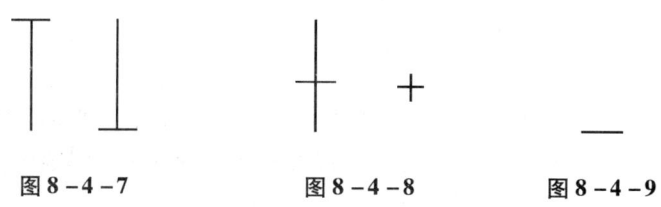

图8-4-7　　　　　图8-4-8　　　　　图8-4-9

一条K线的情形已如上述。但只靠一条K线的信息,无法掌握整体的流向与趋势,因此投资者必须了解两条以上K线的组合情形。在不胜枚举的组合当中,接下来我们只说明具有代表性的典型卖出组合与买入组合。

2. 典型卖出组合

(1)十字线。在高价区域出现十字线(开盘收盘等价线),并留下上下影线,其中上影线较长。此情形表示商品价格经过一段时日后,已涨得相当高,欲振乏力,开始要走下坡路,这是明显的卖出信号,如图8-4-10所示。

(2)覆盖线。行情连续数天扬升之后,隔日以高价开出,随后买盘不愿追高,大势持续滑落,收盘价跌至前一日阳线之内。这是超买之后所形成的卖压涌现,获利了结盘大量抛出之故,股价将下跌,如图8-4-11所示。

(3)孕育线(阳线缩在较长的阳线之内)。连续数天扬升之后,隔天出现一根小阳线,并完全孕育在前日之大阳线之中,表示上升乏力,是暴跌的前兆,如图8-4-12所示。

图 8-4-10 十字线　　图 8-4-11 覆盖线　　图 8-4-12 孕育线

(4) 孕育线(阴线缩在较长的阳线之内)。经过连日飙升后,当日的开收盘价完全孕育在前一日的大阳线之中,并出现一根阴线,这也代表上涨力量不足,是下跌的前兆。若隔天再拉出一条上影阴线,更可判断为是行情暴跌的征兆。如图 8-4-13 所示。

(5) 上吊阳线。于高档开盘,先前的买盘因获利了结而杀出,使得大势随之滑落,低档又逢有力承接,价格再度攀升,形成的下影线为实线的三倍以上。此形态看起来似乎买盘转强,然宜慎防主力拉高出货。空仓者不宜贸然介入,持仓者宜逢高抛售。如图 8-4-14 所示。

(6) 跳空。所谓跳空即两条 K 线之间不互相接触,中间有空格的意思。连续出现三根跳空阳线后,卖压必现,一般投资者在第二根跳空阳线出现后,即应先行获利了结,以防回调惨遭套牢。如图 8-4-15 所示。

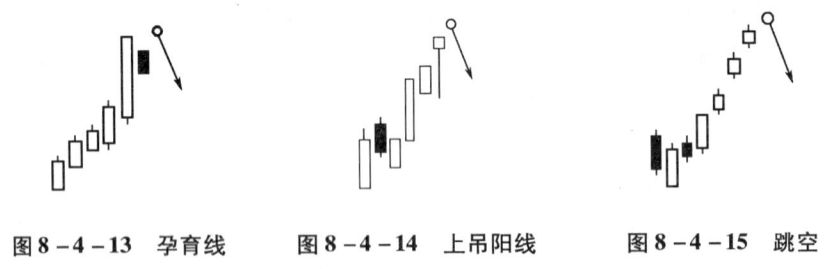

图 8-4-13 孕育线　　图 8-4-14 上吊阳线　　图 8-4-15 跳空

(7) 最后包容线。当行情持续数天涨势后出现一根阴线,隔天又开低走高拉出一根大阳线将前一日的阴线完全包住,这种现象看来似乎买盘增强,但只要隔日行情出现比大阳线的收盘价低,则投资者应该断然做空。若是隔日行情高于大阳线的收盘价,也很有可能成为"覆盖阴线",投资者应谨慎。如图 8-4-16 所示。

(8) 孕育十字线。即今日的十字线完全包含在前一日的大阳线之中的情形。此状态代表买盘力量减弱,行情即将回软转变成卖盘,价格下跌,如图 8-4-17 所示。

(9)反击顺沿线。此处所称的顺沿线是指自高档顺次而下出现的两根阴线。为了打击这两根阴线所出现的一大根阳线,看起来似乎买盘力量增强了,但投资者须留意这只不过是根"障眼线",主力正在拉高出货,也是投资者难得的逃命线,宜做空。如图8-4-18所示。

图8-4-16　最后包容线　　图8-4-17　孕育十字线　　图8-4-18　反击顺沿线

(10)尽头线。持续涨升的行情后出现一根没有超越前一日最高点的小阳线,此图形一旦出现,表示上涨力量即将不足,行情将回调盘整,投资者宜先行获利了结。这也是一种"障眼线",小阳线并没有超越前一日的最高点,证明欲涨乏力,行情看跌。如图8-4-19所示。

(11)跳空孕育十字线。当价格跳空上涨后拉出三根大阳线,随后又出现一条十字线,代表涨幅过大,买盘不愿追高,持仓者纷纷杀出,这也是放空者千载难逢的好机会,市场价格将暴跌。如图8-4-20所示。

(12)舍子线。行情跳空上涨形成一条十字线,隔日却又跳空拉出一根阴线,暗示行情即将暴跌。此时价格涨幅已经相当大,无力再往上冲,以致跳空而下,为卖出信号。在此情况下,成交量往往也会随之减少。如图8-4-21所示。

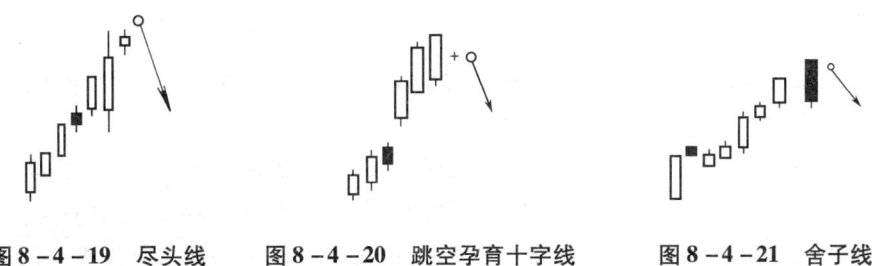

图8-4-19　尽头线　　图8-4-20　跳空孕育十字线　　图8-4-21　舍子线

(13)跳空下降。在连续多日阴线之后出现一根往上的阳线,此情形是回光返照之征兆,价格会继续下跌,宜把握时机做空,如图8-4-22所示。

(14)八段高峰获利了结。当价格爬上第八个新高价线时,即应获利了结,就算此时不脱手,也不可放至超过第十三个新高价线,如图8-4-23所示。

(15)三颗星。下跌行情中出现极线,这是平仓的好机会,价格将再往下探底,如图8-4-24所示。

图8-4-22 跳空下降　　图8-4-23 八段高峰获得了结　　图8-4-24 三颗星

(16)三段大阳线。行情持续下跌中出现一条大阳线,此大阳线将前三天的K线完全包容,是绝好的逃命线,投资者宜尽快平仓,价格将持续下跌,如图8-4-25所示。

(17)顺沿线。当行情上涨一个月以上后出现连续两条下降阴线,即可判定前些日的高价为天价,上涨已乏力,价格将往下降,如图8-4-26所示。

(18)暴跌三杰。当行情大涨出现三条连续阴线,即为卖出信号,这是暴跌的前兆,行情将呈现一个月以上的回调整理局面,如图8-4-27所示。

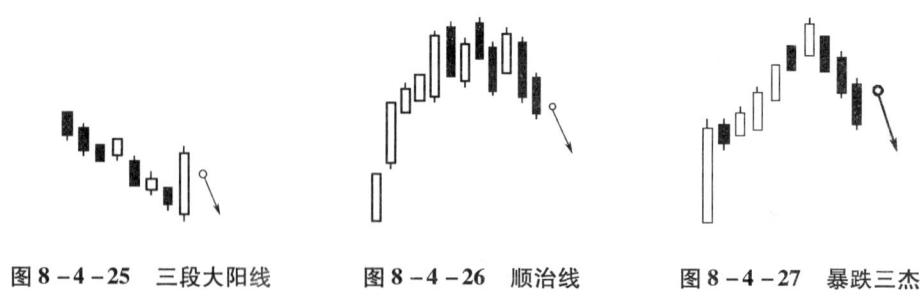

图8-4-25 三段大阳线　　图8-4-26 顺治线　　图8-4-27 暴跌三杰

(19)跳空下降二阴线。在下降的行情中又出现跳空下降的连续两条阴线,这是暴跌的前兆。通常在两条阴线出现之前,会有一小段反弹行情,但若反弹无力,连续出现阴线时,表示买盘将大崩盘,行情将继续往下探底。如图8-4-28所示。

(20)低档盘旋。通常整理时间在6~11日之间,若接下来出现跳空阴线,则为大跌的起步,也就是说前段的盘整只不过是中段的盘整罢了,行情将持续回档整理,如图8-4-29所示。

(21)下降覆盖。在高档震荡行情中,出现一条包容大阴线,隔日牵出一条下降阳线,接下来又出现覆盖线,则暗示行情已到达天价价位,此时为脱手线,如图 8-4-30 所示。

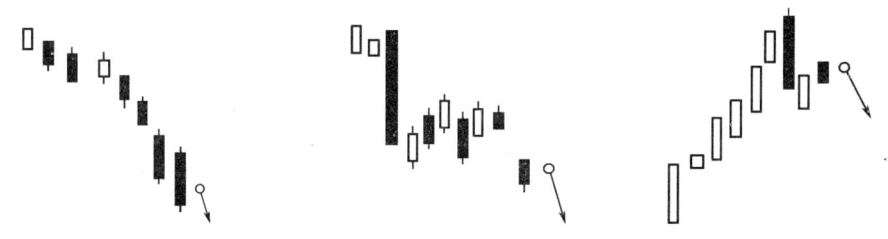

图 8-4-28　跳空下降二阴线　　图 8-4-29　低档盘旋　　图 8-4-30　下降覆盖

(22)下降插入线。持续下降阴线中,出现一条低开高走的阳线,为卖出时机,行情必将持续下跌,如图 8-4-31 所示。

(23)下降三法。在行情持续下跌中,出现一条大阴线,隔天起却又连现三根小阳线,这并不代表筑底完成,接下来若再出现一条大阴线,则为做空时机,价格必将持续往下探底,如图 8-4-32 所示。

(24)高档五条阴线。价格涨幅较高,线路图出现五条连续阴线,显示行情进入盘局,此时若成交量萎缩,更可确信行情不妙,如图 8-4-33 所示。

图 8-4-31　下降插入线　　图 8-4-32　下降三法　　图8-4-33　高档五条阴线

(25)弹头天价。在天价区并没有进行箱型整理,却呈现平稳的滑动,代表价格将回档整理,如图 8-4-34 所示。

(26)M 形信号。所谓 M 字形(或称倒 W 形)系指行情出现第一次天价后,开始回跌,当第二次向天价挑战时,却因大量卖盘涌现,无法突破第一次天价价位,在第一次天价价位附近形成第二次天价,然后下跌。这种形态类似英文字母"M",故称"M 字形"。这是明显的卖出信号,如图 8-4-35 所示。

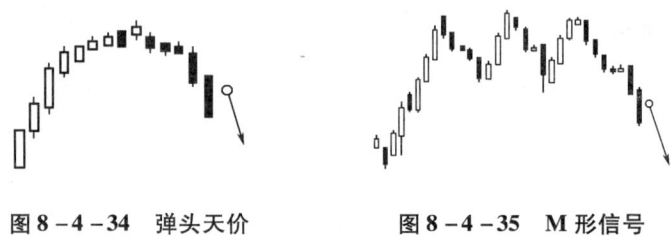

图 8-4-34　弹头天价　　　图 8-4-35　M 形信号

3. 典型买进组合

(1) 反弹线。在底价圈内，行情出现长长的下影线时，往往即为买进时机，出现买进信号之后，投资者即可买进，或为了安全起见，可等行情反弹回升之后再买进，若无重大利空出现，行情必定反弹，如图 8-4-36 所示。

(2) 二颗星。上涨行情中出现极线的情形即称为二颗星、三颗星，此时价格上涨若再配合成交量放大，即为可信度极高的买进时机，价格必再出现另一波涨升行情，如图 8-4-37 所示。

(3) 舍子线。在大跌行情中，跳空出现十字线，这暗示着大势筑底已经完成，为反弹之征兆，如图 8-4-38 所示。

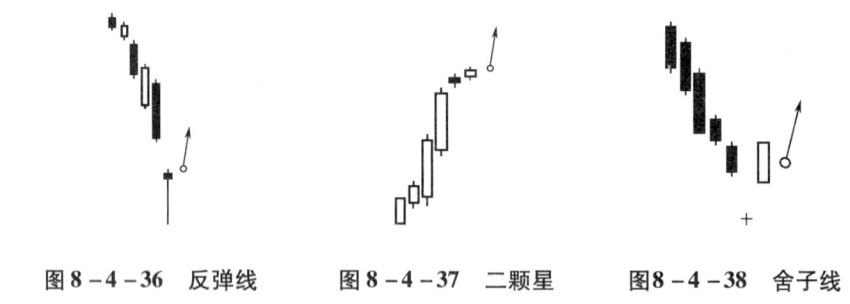

图 8-4-36　反弹线　　　图 8-4-37　二颗星　　　图 8-4-38　舍子线

(4) 跳空上扬。在上涨行情中，某日跳空拉出一条阳线后，即刻出现一条下降阴线，此为价格加速上涨的前兆，投资者无须惊慌做空，价格必将持续前一波涨势继续上升，如图 8-4-39 所示。

(5) 最后包容线。在连续的下跌行情中出现小阳线，隔日即刻出现包容的大阴线，即代表筑底完成，行情即将反弹。虽然图形看起来呈现弱势，但该杀出的均已出尽，行情必将反弹而上，如图 8-4-40 所示。

(6) 下档五条阳线。在底价圈内出现五条阳线，暗示逢低接手力量较强，底部形成，将反弹，如图 8-4-41 所示。

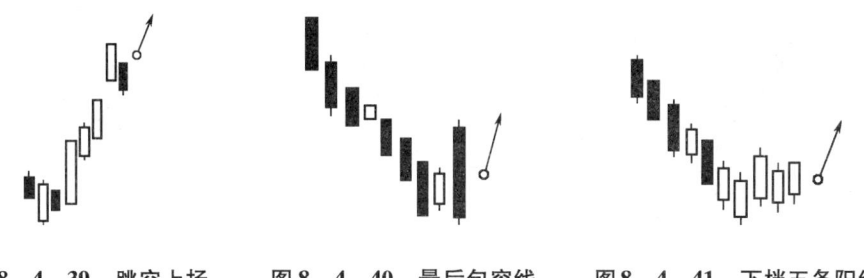

图8-4-39 跳空上扬　　图8-4-40 最后包容线　　图8-4-41 下档五条阳线

(7)下降阴线。在涨升的途中,出现三条连续下跌阴线,为逢低承接的大好时机。当第4天的阳线超越前一天的开盘价时,表示买盘强于卖盘,应立刻买进以期价格扬升,如图8-4-42所示。

(8)反弹阳线。确认行情已经跌得很深,某一天,行情出现阳线,即"反弹阳线"时,即为买进信号,若反弹阳线附带着长长的下影线,表示低档已有主力大量承接,行情将反弹而上,如图8-4-43所示。

(9)上档盘旋。行情随着强而有力的大阳线往上涨升,在高档将稍做整理,也就是等待大量换手,随着成交量的扩大,即可判断另一波涨势的出现。上档盘整期间约6~11日,若期间过长则表示上涨无力,如图8-4-44所示。

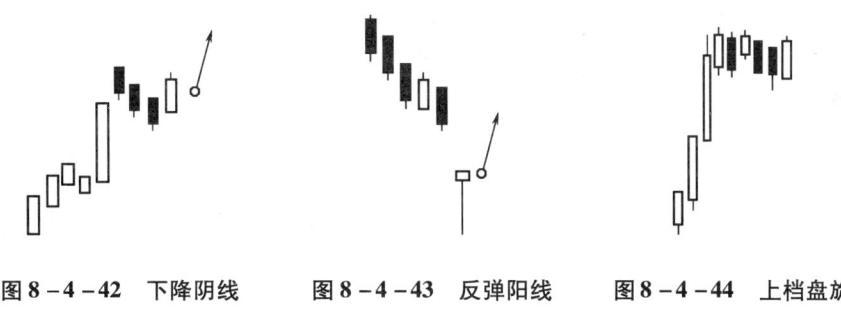

图8-4-42 下降阴线　　图8-4-43 反弹阳线　　图8-4-44 上档盘旋

(10)阴线孕育线。在下跌行情中,出现大阴线的次日行情呈现一条完全包容在大阴线内的小阴线,显示卖盘出尽,有转盘的迹象,将反弹,如图8-4-45所示。

(11)并排阳线。持续涨势中,某日跳空出现阳线,隔日又出现一条与其几乎并排的阳线,如果隔日开高盘,则可期待大行情的出现,如图8-4-46所示。

(12)超越覆盖线。行情上涨途中若是出现覆盖线,表示已达天价区,此后若是出现创新天价的阳线,代表行情有转为买盘的迹象,会继续上涨,如图8-4-47所示。

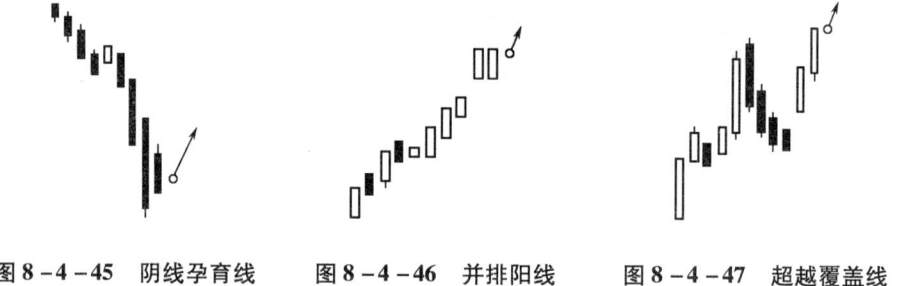

图8-4-45　阴线孕育线　　图8-4-46　并排阳线　　图8-4-47　超越覆盖线

(13) 上涨插入线。在行情震荡走高之际,出现覆盖阴线的隔日,拉出一条下降阳线,这是短期的回档,行情必上涨,如图8-4-48所示。

(14) 三条大阴线。在下跌行情中出现三条连续大阴线,是行情达到谷底的征兆,行情将转为买盘,价格上扬,如图8-4-49所示。

(15) 五条阴线后一条大阴线。当阴阳交错拉出五条阴线后,出现一条长长的大阴线,可判断"已到底部",如果隔日开高盘,即可视为反弹的开始,如图8-4-50所示。

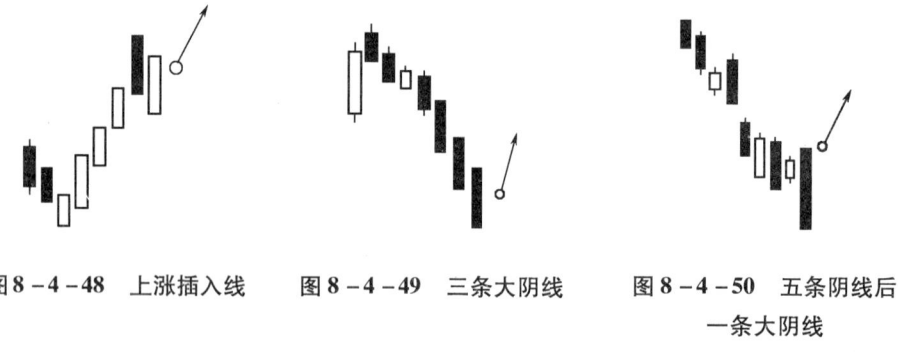

图8-4-48　上涨插入线　　图8-4-49　三条大阴线　　图8-4-50　五条阴线后一条大阴线

(16) 两条插入线。此图形暗示逢低接手力量强劲,行情因转盘而呈上升趋势,如图8-4-51所示。

(17) 上升三法。行情上涨中,大阳线之后出现三根连续小阴线,这是蓄势待发的征兆,价格将进一步上升,如图8-4-52所示。

(18) 连续下降三颗星。确认价格已跌深,于低档盘整跳空出现连续三条小阴线(极线),这是探底的前兆,如果第四天出现十字线,第五天出现大阳线,则可确认底部已筑成,价格将反转直上,如图8-4-53所示。

图 8-4-51　两条插入线　　图 8-4-52　上升三法　　图 8-4-53　连续下降三颗星

(19)三空阴线。当行情出现连续三条跳空下降阴线,则为强烈的买进信号,行情即将反弹,如图 8-4-54 所示。

(20)向上跳空阴线。此图形虽不代表大行情出现,但可持续七天左右的涨势,为买进时机,如图 8-4-55 所示。

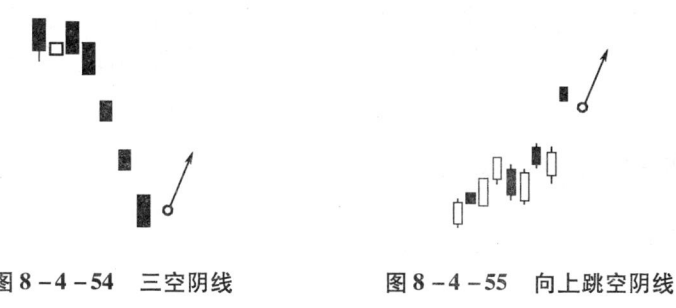

图 8-4-54　三空阴线　　　　图 8-4-55　向上跳空阴线

(二)条形图的运用

条形图又叫美式棒状图。它以纵轴表示股价变化,以横轴表示交易时间;用长条的顶部表示最高价,底部表示最低价,侧横线表示收盘价。如果用每天的最高、最低和收盘价绘制,就称为日线图;用每周或每月股价资料绘制,就称为周线图或月线图。条形图可以简单明了地反映出短期、中期或长期股市以及个别股票价格的大致走势。投资者通过对条形长短、收盘价高低以及条形之间关系的观察,可以判断股市的强弱并找到重要的买卖信号。

条形图的应用要点与 K 线图类似。下面仅介绍条形图最简单的应用情况。

1. 条形长短可以用来显示股市势力的强弱

如果条形每日上升,而且直线很长,说明股价上升势头很强;如果条形每日下降,而且直线很长,说明股价跌势很强。同理,直线很短,则表示涨或跌的势头较弱。

2. 收盘价这一侧横线在条形中的位置具有很重要的走势含义

收盘价在最高点,说明当日股价尚未涨完,第二天可能继续上涨;收盘价在低价点,说明当日股价跌到最低价收盘,第二天可能继续下跌;收盘价在条形中点,说明后市变化不定,有待观察;收盘价在条形中上部,说明当日底部支撑力很强,第二天上升可能性很大;收盘价在条形中下部,说明当日上部压力很强,第二天股价有下跌可能。

3. 条形重叠状况对股价走势有影响

(1)当天条形最高、最低和收盘价与前一天有很大部分重叠,说明股市能保持住已确立的走势方向。

(2)当天条形完全重叠在前一天条形的价位范围内,被称为内困日,它不能显示股市走势,投资者要看次日条形,才能确定走向。

(3)当天条形高低价范围完全超越前一天,被称为外扩日,结合收盘价位置不同,有时成为股价反转信号。

(4)条形最高价、最低价完全不重叠。如果这种情况在同一方向上出现,说明原来走势在增强;如果这种情况在相反方向上出现,说明股市走势即将发生变化。

二、移动平均线与均量线

(一)移动平均线

1. 在股市研判中的运用

移动平均线在实务中常被简称移均线或MA(moving average)。MA是一系列点的轨迹。将连续若干天的收盘指数(或收盘价)之和除以天数,就得到了最后一天的指数(或价格)的移动平均值。将移动平均值表示到以时间为横轴的平面直角坐标系中并连接成光滑的曲线,就得到了收盘指数(或收盘价)的MA。按时间的长短不同,MA有短、中、长期之分。借助于MA,投资者可以判断股市或某一股票的走势。

运用MA预测市场走势的理论基础是统计学中的平均数原理,即将一系列不规则的微小变化剔除,以便消除偶然变动,减弱季节和循环变动,在图上反映主要变动趋势。投资者运用MA,可以看出市场上股票平均成本,判断股价真正趋势,预测利润和风险。运用MA研判股市,有单一MA法和多重MA法。

(1)单一MA法。它是把一条MA与K线或其他代表市价的股价线相比较,根据两者的相对位置关系来判断买卖时机。美国著名的技术分析专家葛南维利用200天的MA和K线之间的关系,给出了判断买卖点的信号,这就是众所周知的葛南维八大法则。该法则指出了四个买进时机和四个卖出时机(如图8-4-

56 所示,A,B,C,D 为买入点,E,F,G,H 为卖出点)。

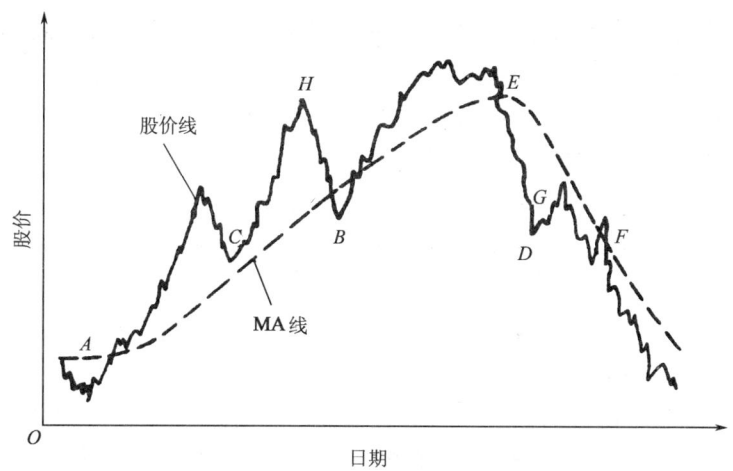

图 8-4-56 葛南维八大法则

第一,买进时机。A 点:MA 由下降转为水平,并且开始抬头向上时,股价线从 MA 的下方向上突破 MA。因为 A 点之前,股票市价低于成本,投资者处于虚亏状态;A 点过后,市价超过成本,投资者处于获利状态。A 点是投资者由虚亏转向盈利的转变点,所以是最佳买入点。

B 点:MA 在上升,股价跌至 MA 以下不远处获得支撑,重又回到 MA 以上。因为 MA 的变动较为缓慢,且能反映出股价的实际变动趋势,所以在 MA 保持稳定趋升时,短期股价的下跌不久就会回升。

C 点:股价线在 MA 上方连续上升一段后,突然下跌,但股价在快跌破仍处于上升的 MA 时,受到强力支撑再度上升,此点是加码买进信号。

D 点:股价跌破 MA,向下远离而去,当跌落至较远的位置时,是跑差价者的一个买入点。这是因为股价下跌过猛会造成短期卖出者回补现象的出现,从而带动股价出现短期的回升。

第二,卖出时机。E 点:MA 从上升逐渐走向下跌,而股价从 MA 上方往下跌破 MA,此一跌破点 E 点是投资者由盈转亏的转折点。

F 点:MA 处于下跌状态,股价从 MA 下方向上突破 MA 后,又立刻回跌到平均线以下。F 点是谨慎的卖出信号,因跌势中的反弹会使卖压加大。

G 点:MA 处于下跌状态,股价在 MA 下面开始涨升,但还未及触及 MA 就遇到强大的上升阻力,重新回跌时的 G 点,显然是一卖出时机。

H 点:股价线大幅上升,远远超过上升的 MA。此时,市价远大于成本,急于使账面利润兑现者数目的增加,可能造成股价的回跌。投资者若暂时获利了结,待低价位时再补进,是不错的短期获益策略。

就股市整体而言,当股价走势线从上向下跌破 MA 或者虽高于 MA 但与 MA 的差距缩小时,都是买入信号;相反,当股价走势线自下往上突破 MA 或者虽低于 MA 但与 MA 日益靠近时,是卖出信号。

(2) 多重 MA 法。它是利用股价线与短、中、长期 MA 的相对位置关系来判断市场走势的方法。利用 MA 作为股票买卖决策的依据时,多重 MA 法要比单一 MA 法更为准确。多条 MA 同时出现在一个图上时,就会有不同的排列与交叉方式,这正是多重 MA 法确定买卖时点的依据。典型的排列与交叉有以下几种:

第一,多头排列,见图 8-4-57(a)。当股价线在 MA 上方移动,且短、中、长期 MA 自上而下排列时,我们称其为多头排列。在多头排列下,股票持有时间越久就赚得越多(指账面而言)。此时,买盘主要来自中长期投资者,卖压仅来自想短期获利了结的投资者,行情涨多跌少,对后市有利,应大胆入市。

第二,空头排列,见图 8-4-57(b)。当股价线在 MA 下方移动,且短、中、长期 MA 自下而上排列时,我们称其为空头排列。出现空头排列时,股票买得越久,赔得就越多。此时,卖盘是短、中、长期投资者一起出动,而买盘只有短线抢帽子的投机者,行期跌多涨少,后市看淡。

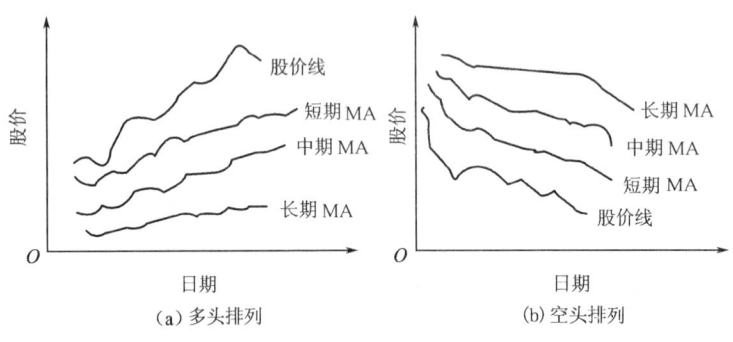

图 8-4-57 多头与空头排列

第三,黄金交叉,见图 8-4-58(a)。黄金交叉指的是短期 MA 从下方上穿中期 MA 或长期 MA,或者中期 MA 从下方上穿长期 MA 所形成的交叉。它表明后市将出现多头排列,投资者应果断买进。

第四,死亡交叉,见图 8-4-58(b)。死亡交叉指的是短期 MA 向下跌破中期 MA 或长期 MA,或者中期 MA 向下跌破长期 MA 所形成的交叉。它表明后市将出现空头排列,投资者应立即卖出。

MA 在实际应用中的不足之处是出现买卖信号延迟。因此,在证券投资分

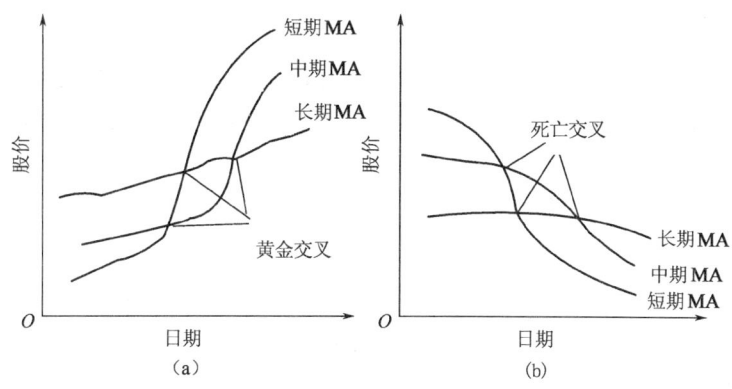

图8-4-58 黄金交叉与死亡交叉

析中不宜单独使用 MA 来确定买卖时机,一般用 MA 作长期趋势分析。此外,对 MA 的把握应强调如下各点:其一,MA 反映的是当前平均持仓成本的变化情况。当 MA 上行时,表明最近一段时期买入者的成本在不断增大,即今天买要比昨天买付更高的代价,说明多数人看好后市,否则不会纷纷出高价买入。其二,MA 亦反映当前平均卖出价的变化情况。当 MA 下行时,表明近期卖出者的卖出价在不断降低,今天卖比昨天卖现金流入要少,后市趋淡是此时大众的共识。其三,上行的 MA 对股价有天然支撑作用。因在股价跌至 MA 附近时,前期空仓者会适机买入,而前期持仓者因此时卖出微利或无利,所以卖的意愿会减弱。供需对比推动股价上扬。其四,下行的 MA 对股价有阻碍作用。MA 的下行意味着对股市看淡者众。在这种情况下,一旦股价反弹至 MA 附近,则一方面是抄底者获利抛出赚差价;另一方面是深度套牢者倾向于在平均成本价位解套或松套。两方面共同作用的结果是使股价又遭打压。其五,MA 对股价有牵引作用。多头市场中,股价过高偏离 MA 表明前期买入者获利甚丰,他们的变现会使股价走低并向 MA 靠拢。空头市场中,股价过低偏离 MA 表明持仓者账面亏损惨重,他们宁愿等待那未可知的反转亦不情愿在如此低的价位"割肉",而空仓者则看好此一"低吸"的机会来购入,由此推动股价重新向着 MA 回归。

2. 在期货投资研判中的运用

(1)移动平均理论。收盘价是商品价格在一天中的暂时性结论,亦即多空双方的暂时性均衡价格。因此我们将一段时日的收盘价来加以平均,则可以得到这一段时日中多空双方的均衡价格。假使现在的行情价格在均衡价格(平均价)之上,则意味着市场的买力(需求)较大;若行情价格在平均价之下,则意味着供过于求,卖压较重。以 10 日周期的移动平均线为例,将第 1 日至第 10 日的 10 个收盘价累加起来后的总和除以 10,即得到第一个 10 日移动平均价,而将第

2日至第11日的收盘价之和除以10,则为第二个10日的移动平均价。这些平均价的连接,即成为"10日移动平均线"。

一般而言,短期移动平均线是指周期在10日以下的移动平均线;中期则指周期在10日至20日间的移动平均线;长期则指20日以上周期的移动平均线。在欧美市场,投资者非常看重200日的长期移动平均线,并以此作为长期投资的依据。行情价格在长期移动平均线下,属空头市场。反之,行情价格在长期移动平均线之上,则为多头市场。

由于短期移动平均线较长期移动平均线易于反映行情价格涨跌的速度,所以一般又把短期移动平均线称为"快速移动平均线",长期移动平均线则称为"慢速移动平均线"。

移动平均线的种类可分为三种,即算术移动平均线、加权移动平均线和指数平滑移动平均线。

算术移动平均线是一种较普遍常用的移动平均线。通常我们所说的平均数即指算术平均数,计算方法为将一组数字相加,除以该组数据的组成个数。而所谓"移动"的平均数,是指以某一日数为基础周期(如5日),当新的数据(如第6日)加入后,则剔除基期中最前一日的数据(即第1日)。由于算术移动平均数并不计较基期中某一日价格对未来价格波动的影响分量,即将周期中每一日价格的影响力一视同仁,这种情况在统计学的理论上不尽合理。事实上,依理论观点,就5日移动平均线的周期而言,第5日的收盘价对未来一日(第6日)价格波动的影响力理应大于第1日的收盘价。因此,为了反映这一事实,有人运用了加权的方式来补救算术移动平均线的缺陷。

对于加权移动平均线而言,基于移动平均数周期内最近一日收盘价对未来价格的波动影响力最大这一点,赋予其较多的加权分量,而加权的方式又可分为"线形加权"、"阶梯式加权"和"平方系数加权"三种。①线形加权移动平均线:以5日周期为例,第1日的权数为1,第2日的权数为2,第3日的权数为3,第4日的权数为4,第5日的权数为5。计算方式为"(第1日收盘价×1+第2日收盘价×2+第3日收盘价×3+第4日收盘价×4+第5日收盘价×5)/(1+2+3+4+5)",即为5日的线型加权移动平均数。②阶梯式加权移动平均线:此种计算方式是在选定周期(5日为例)之后,再选定每一阶梯式的日数(以2日为例),计算方法为:"[(第1日收盘价+第2日收盘价)×1+(第2日收盘价+第3日收盘价)×2+(第3日收盘价+第四日收盘价)×3+(第4日收盘价+第5日收盘价)×4]/(2×1+2×2+2×3+2×4)",即为第5日的阶梯式加权移动平均数。③平方系数加权移动平均数:此种计算方式为线形加权演变而来,即将每一加权数平方。5日平方系数加权移动平均数为"(第1日收盘价×1^2+第2

日收盘价 $\times 2^2$ + 第 3 日收盘价 $\times 3^2$ + 第 4 日收盘价 $\times 4^2$ + 第 5 日收盘价 $\times 5^2$)/$(1^2 + 2^2 + 3^2 + 4^2 + 5^2)$"。

不管是运用算术平均数还是加权移动平均数,所遇到的难题是个人需要储存大量的数据资料,且在运算时复杂费时。比如运算 200 日的平均线,若用前述两种运算方法除了需储存 200 日以上的数据外,都面临须靠电脑来辅助工作的问题,而且这两种方法孰优孰劣,均无明确的结论。以 5 日指数平滑移动平均线(英文简称 ESMA 或 EMA)为例,其计算方法是,首先以算术移动平均线计算出第 1 个移动平均数,第 2 个移动平均数为:(第 6 日收盘价 $\times 1/5$) + (前一日移动平均数 $\times 4/5$)。

此外,指数平滑移动平均数还可以加权形式来计算。按一般惯例,前述例子中,$EMA6$ = 第 6 日收盘价 $\times 2/(5+1)$ + 前一日移动平均数 $\times 4/(5+1)$,即加重一倍最近一日的权数。加权的倍数因各人习惯而异,从 0.1~1 均可。

当指数平滑移动平均数起算基期不同时,起算基期较晚的计算结果,会与起算基期较早的数字有所差异。比如从 8 月 20 日起算 5 日的人,其计算出的 8 月 26 日 EMA 的数字,会与 8 月 15 日起算的人得到的 8 月 26 日的 EMA 有所不同。

但是上述这种差异在经过稍长一段时间的平滑运算之后会趋于一致,不再有差异。因此,投资者在计算 EMA 或其他运用 EMA 技巧的技术指标(如 RSI 或 KD)时,如若计算出与他人不相同的数字结果,并不一定是个人运算错误。

根据上述现象,在数学的运算理论上,投资者不见得需要用算术移动平均数来运算 EMA 的第一个值,事实上第 2 日即可算出 5 日或 10 日及 20 日的 EMA。

综合三种移动平均线的运算方式后可以发现,指数平滑移动平均线是较方便的方法。一则省略掉储存数据资料的麻烦,二则省去了运算的劳心费神。几乎所有的统计性指标,均以 EMA 技巧来运用。

(2)运用时的注意事项。移动平均线在期货投资技术分析中的运用,需要注意如下几个方面:

第一,关于前述的葛南维八大法则,同样适用于期货投资。

第二,关于移动平均线轨道的应用。交易者还可以利用移动平均线来预测一项交易的利润与风险。当商品价格在趋势线上呈锯齿状来回游动时,可以在主要的移动平均线的上下决定出一个轨道。在价位向上突破穿出轨道时,即可买进做多头。此时该轨道的纵深,即是可能的风险损失,反之亦然。个性大胆,敢冒险的也可选择在价位突破主要移动平均线时即行买进或卖出。但保守的,则应视行情有一个明确的走向再行进场。事实上,无论买卖股票、期货商品或者外汇,交易者本身都应具有风险评估的观念,毕竟利润愈大,风险程度也愈大。

如何衡量本身实力以及利润与风险,是做成一项交易之前所应仔细评估的。至于移动平均线上下轨道的设定,要由使用者测试各种商品的特性之后再加以规划。有人喜欢用 10 日移动平均线,上下各乘以 102% 与 98% 来作为轨道;但也有人经过测试之后用 101.6% 与 99% 的设定值。最重要的是各种数值的设定,必须要能搭配投资者本身的进出策略。市场上的技术专家,也有人以最高价、最低价与收盘价计算其移动平均线。这种方法也不失为一种高明做法,唯任何技术指标的价值,必须在使用者本人经过长期的印证之后,才可以使用历史法则去发掘实用价值,而不应盲目相信技术指标。每一种商品在经过时间的演变之后,自然有其独特的历史法则与惯性,历史重演的概率相当高。

第三,关于长、短期移动平均线的使用。长期与短期移动平均线的配合运用,可以让投资者获得相当实际的利润。短期移动平均线(10 日左右),所代表的是短期内多空价位的平衡点,变动较为快速。长期移动平均线(25 日左右)所代表的是长时间内的平衡点,变动较慢较稳定。因此投资者可以利用快、慢不同速度的移动平均线来决定买进与卖出的时机。当现时行情价位站稳在长期与短期移动平均线之上时,即为买进时机;跌破短期移动平均线时,即为卖出信号,应将手上商品的买仓平仓,待行情再跌破长期移动平均线时,再放空新单。依此原则,投资者可获得非常高的利润,投资者若利用 10 日与 30 日移动平均线来操作,几乎小赔大赚。实际上快、慢移动平均线的交叉,也是一个相当正确的买进与卖出信号。快速移动平均线跌破慢速移动平均线,通常是一个明显的空头信号;反之,则为一个反转多头的信号。一般而言,行情价位跌破短期移动平均线,通常会在长期移动平均线处获得支撑。若连长期移动平均线也一并跌破,且无法拉回而使短期移动平均线与长期移动平均线交叉,大势破位下行无疑。

第四,关于如何决定移动平均线的周期日数。在运用移动平均线时,第一步首先需要决定计算移动的周期日数。1978 年 Hocheimer 曾经利用电脑尝试计算算术移动平均线的买卖利润,采取的样本是从 1970 年到 1976 年间 13 种不同种类的商品期货,移动日数从 3 日至 70 日不等,结果发现各种商品都存在着不同日数的最佳组合。另外,《美国商品预测周刊》(Commodity Perspective)则利用 4 日、9 日、18 日三条不同日数的算术移动平均线,作为各种商品期货走势的配合判断。在国内股市中,常利用的移动平均线组合为 10 日、65 日、250 日三条线。其中 250 日长期移动平均线作为牛市与熊市的分界线,10 日与 65 日则作为买进与卖出的信号判断。买进信号一:当深圳指数由下向上突破 10 日移动平均线时。买进信号二:当深圳指数由下向上突破 65 日移动平均线时。买进信号三:当 10 日移动平均线向上突破 65 日移动平均线时。卖出信号一:当深圳指数跌破 10 日移动平均线时。卖出信号二:当深圳指数跌破 65 日移动平均线时。卖出信号三:当10日移动平均线跌破65日移动平均线时。

第五,关于移动平均线的优缺点。移动平均线的优点主要有三点:一是运用移动平均线理论,在买卖交易时,可以界定风险程度,将亏损的可能性降至最低。二是在行情趋势发动时,买卖交易的利润非常可观。三是用移动平均线的组合可以判断行情价格的真正趋势。移动平均线的缺点也主要有三点:其一,当行情发生牛皮盘整时,买卖信号频繁,容易使投资者疲于奔命,同时左右挨巴掌。其二,移动平均线的最佳日数与组合,无从判断和确认。其三,单凭移动平均线的买卖信号,无法给投资者充足信心,通常需靠其他技术指标的辅助。

(二)均量线

在技术分析中,成交量(或成交值)是一项相当重要的技术指标,它能够反映市场的供需状况,买卖气势的强弱,以及投资者对未来行情变动的看法是否一致。但是,由于单日的交投情况往往取决于一些复杂多变的因素,从而在成交量图上经常出现跳跃式变动的图形,使分析人士无法作出正确的判断。为此,如果在成交量图上引进移动平均线的概念,将一定时期内的成交量(值)相加后平均,在成交量(值)的条形图中形成较为平滑的曲线,即均量线,则可以解决上述问题。

均量线是一种反映一定时期内市场平均成交情况,亦即交投趋势的技术性指标。一般情况下,均量线以10日作为采样天数,即在10日平均成交量基础上绘制,以同时选设10日和30日的采样天数绘制两条均量线,其中10日均量线代表中期的交投趋势,30日均量线则代表较长期的交投趋势。

在研判均量线时,需注意均量线的波动并不提供所谓程式买卖中的买进或卖出信号,也不具备移动平均线那种对价格助涨或助跌的功能。均量线反映的仅是市场交投的主要趋向,对未来价格变动的大势起着辅助指标的作用。

在有均量线的成交量图中,可以看出均量线在成交量的条形图之间穿梭波动,从而推动价格变动的趋向。在上涨行情初期,均量线随价格不断创出新高,显示市场人气的聚集。行情进入尾声时,尽管行情再创新高,均量线多已衰退疲软,形成价量背离,这时市场追高跟进意愿发生变化,价格接近峰顶区。

在下跌行情初期,均量线一般随价格持续下跌,显示市场人气涣散,有气无力。行情接近尾声时,价格不断跌出新低,而均量线多已走平,或有上升迹象,这时价格已见底,可以考虑伺机买进。

对设有两条均量线的成交量图,当10日均量线在30日均量线上并继续上扬时,行情将会保持上涨势头;反之,当10日均量线在30日均量线下方继续下跌时,显示跌势仍将继续。均量线不论是向上或向下拐头走势,都预示着行情可能转势,是一种警戒信号。当10日均量线与30日均量线交叉而出现移动平均线理论中的黄金交叉或死亡交叉时,则是对行情转势进行的确认,这时应配合其他技术指标一并研判作出有利的投资决策。在盘局时,10日均量线与30日均量线表现出纠缠不清的状况,而最后10日均量线向上或向下突破30日均量线,则可预示行情打破盘局的方向,是一种较为准确的突破辅助信号。

第五节 重要技术指标

一、乖离率(BIAS)和移动平均乖离(MB)

(一)乖离率

1. 计算公式

乖离率的计算公式为:

$$BIAS = \frac{100 \times (当日指数或价格 - N日平均指数或价格)}{N日平均指数或价格}$$

乖离率是依据葛南维法则推演而成的,其特性为当商品价格离平均线太远时便会向平均线靠近。但它并没有明示距离多远时价格才会向平均线接近。这与市场强弱有关,亦即强势多头与弱势空头其价格距平均线的距离往往出人意料。为了测量这一距离,发展出了乖离率指标。

2. 研判要点

乖离率的研判要点如下:

(1)乖离率可分为正乖离率与负乖离率,若价格在平均线之上,则为正乖离率;价格在平均线之下,则为负乖离率。当价格与平均线相交时,则乖离率为零。正的乖离率愈大,表示短期获利愈大,则获利回吐的可能性愈高。负的乖离率愈大,则空头回补的可能性也愈高。

(2)价格与10日平均线乖离率达+8%以上为超买现象,是卖出时机。当其达-8%以下时,为超卖现象,为买入时机。

(3)价格与30日平均线乖离率达+16%以上为超买现象,是卖出时机。当其达-16%以下时,为超卖现象,为买入时机。

(4)在大势上升时,会出现多次高价,可于先前高价的正乖离点出货。同理,在大势下跌时,也会使负乖离率加大,可于前次低价的负乖离点时进场买进。

(5)大势狂跌,使得负乖离率加大,达到先前低点,空头可获利了结。若遇到趋近于0的负乖离率,突然反弹,可以进行抛空。

(6)仅依据盘局中的正负乖离不易研判进出,应与其他技术指标一起研判。

(7)价格扶摇直上,其正乖离率接近过去的最高纪录时,就应卖出获利了结;反之,价格出现暴跌,其负乖离率接近过去的最高纪录时,就可买进。

(8)因受多空激战的影响,价格与各种平均线的乖离容易偏高,但发生次数并不多。

(9)每当行情与平均线之间的乖离率达到最大百分比时,就会向零值靠近,最终低于零或高于零,这都是正常现象。

(10)多头市场的暴涨与空头市场的暴跌,会使乖离率达到意想不到的百分比,但出现次数极少,时间也短,可视为特例。

(11)在大势上升市场,如遇负乖离,可以待价格回跌时买进,因为此时进场危险性小。

(12)在大势下跌的走势中,如遇正乖离,可以待回升高价出售。

(二)移动平均乖离

移动平均乖离,是一种建立在移动平均原理和乖离率理论上的技术指标。该指标通过计算两条不同日数移动平均线之间的差距,运用组合移动平均线分析中的关于较长日数移动平均线反映大势和较短日数移动平均线反映近期走势的原理,分析和预测价格变动的未来趋向。

移动平均乖离的计算方法比较简单,但必须具备移动平均线的数据。由于移动平均乖离是两条移动平均线之间的乖离,一般情况下,不同日数之移动平均线以3日与6日为一组或6日与12日为一组作为技术参数。其中,3日与6日移动平均乖离用3日平均价格减6日平均价格来计算,以"$3-6B$"表示。6日与12日乖离则以6日平均价格减12日平均价格来计算,以"$6-12B$"表示。以3日减6日乖离为例,其计算原理为:在6日平均价格基础上,计算其与3日平均价格的差距,即"$3-6B=3$日平均价格-6日平均价格"。

移动平均乖离有正乖离和负乖离之分,多空平衡点为0。对3日减6日乖离而言,当其值为正乖离时,说明3日移动平均线在6日移动平均线上方;反之则在下方。一般情况下,移动平均乖离随价格走势之强弱,周而复始地在0的上方与下方波动,从而表明两条移动平均线之间的相互关系。当移动平均乖离的值为正乖离并不断向上递增时,一般说明走势处于上涨行情,此时多头应持仓。当移动平均乖离向下突破0并不断向下递减时,此时处于下跌行情,一般不宜买入。

从图形上看,当正乖离达到某种程度无法再往上升高时,便是卖出时机,反之则为买进时机。根据移动平均原理关于移动平均线对价格具有支撑和阻力的假定,较长日数的移动平均线对较短日数的移动平均线亦具有一定的支撑或阻力。因此,在上涨行情中,走势出现回档时,移动平均乖离一般会降至0附近获得支撑;下跌行情中,走势出现反弹,移动平均乖离在升至0附近则会遇到阻力。

由于移动平均乖离是对组合移动平均线分析的评估指标,该指标具有率先预测价格走势的功能。对以上两组移动平均乖离而言,3日减6日乖离比较敏感,一股反映价格短期波动的趋势。6日减12日乖离则比较平滑,用以分析价格中期走势较佳。

二、相对强弱指数(RSI)

(一)RSI 理论

RSI 是技术分析大师威尔德(Wells Wilder)发表的技术分析工具,也是目前最广为使用的技术分析工具。

在一个正常的股票或商品市场中,供应与需求必须求得平衡,价格才能稳定。但是在常态下,供应与需求两者本身受着许多因素影响而不断地波动,如在石化工业,可能会受到石油增减产、原料价格涨跌、生产工厂故障、产量减少等因素的影响。

因此在测定一个市场的平衡点时,假设这个市场中有100个人,那么最佳的平衡点就是其中50个人供应产品(或股票),而另外50个人则接受等量的产品。假如供应者大于50个人,即造成卖压,则将迫使该产品价格下跌,供应者若小于50人则形成买力,促使该产品价格上涨。RSI 即基于这个供需平衡的原理而产生,用以测量某商品市场买卖力量的强弱程度。

由于在现实市场并不是每个人随时都参与买卖,买卖时也无法统计真正供应者与需求者的数量,因此,RSI 的计算,便利用了买卖(多空)双方争斗的结果,即以价格的涨跌为基础,来评估市场买力的强弱。

如以14日周期为例,RSI 将14日中涨势(即每日收益较前一日收盘价高)的总和,视为买方(需求者)的总力量,即14日中的买力;而将14日中跌势总和(即每日收盘价较前一日收盘价低),视为这14日中的卖力。因此,在计算14日RSI 时,首先需求得14日中,每一日收盘价跟前一日收盘价相比的涨跌幅度。由于必须要与前一日比较,14日周期 RSI 便需要有至少15日收盘价的数据。

在计算表中,将涨幅与跌幅分开列表。然后将14日涨幅总和除以14,即为14日涨幅平均值。14日跌幅总和除以14,即为14日跌幅平均值。RSI 即将涨幅平均值视为买力,跌幅平均值视为卖力。

$$RSI = 100 \times [1 - 1/(1+RS)] \qquad (8-5-1)$$
$$RS = 14日内收盘价涨幅平均值/14日内收盘价跌幅平均值 \qquad (8-5-2)$$
$$RS = (UP - AVG)/(DOWN - AVG)$$

公式(8-5-2)计算出的 RS 称为相对强弱值。公式(8-5-1)则把相对强弱的变化幅度限定在 0~100 之间,该公式也可变换成如下等价的形式:

$$RSI = 100 \times 14日涨幅平均值/(14日涨幅平均值 + 14日跌幅平均值) \qquad (8-5-3)$$

至于下一日的 RSI 值,可以使用算术平均数来计算。但是较方便的方法是仍以平滑计算法运算。计算公式如下：

$$当日涨幅平均值 = 前一日涨幅平均值 \times 13/14 + 当日涨幅 \times 1/14$$

即 $$UP-AVG = UP-AVG_{-1} \times 13/14 + UP \times 1/14$$

$$当日跌幅平均值 = 前一日跌幅平均值 \times 13/14 + 当日跌幅 \times 1/14$$

即 $$DOWN-AVG = DOWN-AVG_{-1} \times 13/14 + DOWN \times 1/14$$

（二）RSI 的应用

RSI 值永远界于 1 与 100 之间，不像振荡值在 0 轴线上下摆动，正负值难以确定，不便于图形绘制。RSI 值考虑了价格变动的四个因素：上涨的天数、下跌的天数、上涨的幅度以及下跌的幅度。正因为它对价格的四个构成要素都考虑了，所以，在价格趋势预测方面，其准确度相当高。RSI 值在图表上，与条形图或 K 线图比较，可以发现以下的功能：

第一，在市场长期的变化过程中，大多数时间里 RSI 的变化范围介于 30 ~ 70 之间，其中又以 40 ~ 60 之间出现的机会最多，超过 80 或低于 20 的机会很小。当市场经过一段下跌行情，RSI 也随之从高位持续跌至 30 以下之后，如果从该低位向上突破 60 并获确认，则表明多头力量重新占据上风，当其再次回调到 40 ~ 60 之间整理后，仍会继续向上变动。当市场经过一段上涨行情，RSI 也随之从低位持续涨至 80 以上之后，如果从该高位向下跌破 40 并获确认，则表明空头力量重新占据上风，一般情况下，当其再次反弹到 40 ~ 60 之间整理后，仍会继续向下变动。

第二，多头市场中，如果行情回调，多头的第一道防线是 RSI 值为 50，第二道防线是 RSI 值为 40，第三道防线是 RSI 值为 30。空头市场里，如果行情反弹，空头的第一道防线是 RSI 值为 50，第二道防线是RSI 值为 60，第三道防线是 RSI 值为 70。

第三，多头市场里，RSI 每次因行情回调而下跌盘整，所形成的低点密集区域，也是多头的一道防线。空头市场里，在行情处于反弹盘整期间，RSI 图形中所出现的最高点，也是空头的一道防线。

第四，大势转弱后，RSI 图形中，各反弹顶点一般是一顶低于一顶的走势，连接两个相邻顶点并向右下方延伸，便会形成一条上升阻力线，若角度不是太陡，其反压作用将十分有效。多头的反击一般难以突破此阻力线，一旦成功突破并在其上方站稳，则表明大势即将转强。大势转强后，RSI 图形中，各回档低点一般呈一底高于一底的走势，连接两个相邻低点并向右上方延伸，便会形成一条下降支持线，若角度不是太陡，其支持作用将十分有效。空头的反击一般难以突破此支持线，该线一旦被跌破并在其下方站稳，则表明大势即将转弱。

第五，多头市场中，RSI 的最高点一般在 75 ~ 90 之间，行情回调，只要不是突发性利空消息出现而导致行情暴跌,RSI 一般不会跌破 30。空头市场中,RSI 的最低点一般在 30 甚至 20 以下,行情反弹,只要不是突发性利好消息出现而导致行情暴升,RSI 一般不会向上突破 70,大多都在 55 以下。

第六,头部或底部形成征兆。当 RSI 值上升至 80 以上或下降至 20 以下时,RSI 的图形通常较实际市场(即 K 线图形)的头部或底部提早出现到顶或到底的征兆,即 80 以上超买,20 以下超卖。如果 RSI 值已低至 20 以下,而同时成交值连续几天极度萎缩,这更是明显的买入信号。在多头行情中,RSI 即使到达 80 以上仍然会有持续上涨的可能,必须辅以移动平均线等其他技术分析指标方能研判是否已到卖出时机。RSI 值一直处于 80 以上,而价格未跌破 10 日移动平均线,仍可继续持仓,否则,视为跌破上升趋势,应立即卖出。一般而言,RSI 图形低点不破原低点是买进信号,高点无力突破原高点为卖出信号。

第七,RSI 的图形比条形图(或 K 线图)的图形较为清晰,如头肩顶(底)、三角旗形、双头、双底等,较容易判断突破、买进点与卖出点。如果 RSI 在 80 附近呈现头肩顶或 M 头的形态须抛空,而在 20 附近呈现头肩底或 W 底的形态,则可买进。

第八,整理期间,RSI 一底比一底高,表明多头气势强,后势再涨一段的可能性大,为买进时机。反之,RSI 一底比一底低,表明多头气势转弱,下跌可能性大,是卖出时机。

第九,RSI 值在 80 以上或 20 以下的反转,是市场趋势反转的强烈信号。

第十,RSI 图形中曾经出现过的最高点,具有较强的反压作用。RSI 图形中曾经出现过的最低点,具有较强的支撑作用。

第十一,价格创新高点,继续上涨,3 日内 RSI 无力突破先前高点,甚至有背离现象,视为多头拉升无力,为卖出时机。

第十二,背离信号。在实际的条形图上,头部形成一头比一头高,而在 RSI 的曲线却出现一头比一头低的情形时,即为"背离信号"。此种背离,显现了价格虚涨的现象,通常意味着大反转下跌的前兆。

第十三,也可结合快速与慢速两条 RSI 线来确定买卖时机,比如,6 天与 12 天 RSI 结合起来使用,当 6 日 RSI 线向上穿破 12 日 RSI 线时,为买入时机;当 6 日 RSI 线向下跌破 12 日 RSI 线时,为卖出时机,尤其当 RSI 处于 30 以下发出的买入信号与 70 以上发出的卖出信号极为可靠。

(三) RSI 的缺点

威尔德在发表 RSI 时,仅简单扼要地提出了前述几个研判要领。由于在他之前,所谓的图形形态分析容易导致主观性的判断,在运用方面较难以掌握,所以透过数据的分析来研判市场中买卖双方更加客观。但是,RSI 也有着相当的缺点。

第一,周期的决定。威尔德本人在其《技术分析新观念》书中,独喜好 14 日的周期计算。但是在实际上,一般需要视该股票或商品价格波动幅度作为决定的依据。此外,周期短则较敏感,周期长则信号迟缓。

第二,超买区与超卖区的确认。至于 80 以上是否为超买,20 以下是否为超卖,因周期的长短不同而不一致。因此,在特殊的涨跌行情中 RSI 值涨至 95 或跌至 5 不足为奇。在 80 时贸然卖出,20 以下贸然买进,都有相当的潜在风险。

以 RSI 的特性,在 RSI 值于 40~60 间,股价涨跌 1 元,RSI 值可能上下三五点。在 80 以上 20 以下,价格涨跌 10 元或 20 元,RSI 值可能只波动一二点。由此可知,RSI 值在 85 以上、15 以下时有失真现象。

第三,背离走势难以事前确认。背离走势的信号,通常对一般 RSI 的使用者来说,都是事后历史,而且背离走势发生之后,行情并无反转的现象也偶尔出见。有时究竟在一次背离或二次、三次背离后行情才真正反转,也难以确认。因此,对此方面的研究,需要有心者不断地分析历史图表以积累经验。

第四,支撑线与压力线。在 RSI 的图形上,当 RSI 值徘徊于 40~60 之间时,常属于牛皮的盘档行情,当 RSI 值突破支撑线或压力线时,价位并无法实足地上扬或下跌。

第五,以收盘计算 RSI 的可靠性。当一日行情波幅很大,收盘收于最高或最低时,RSI 值的上下便不足以反映该段行情的波动。

综合起来,RSI 可说有相当的缺点,然而作为辅助分析工具,它仍然是相当重要的指数。根据 RSI 值,投资者可研究市场的多头、空头气氛,作为买卖的参考依据。

世上绝无十全十美、百分之百精确的技术分析工具,能够了解一种工具的优点、缺点及其特性,而后加以善用,才是正确的使用态度。而且,有心者还可加以改良修正,以期使工具发挥更大的作用。

(四) 人气指标——AR

人气指标反映每日内买卖双方的相对强弱对比。因此,该指标注重以开盘价作为计算的基础,将开盘价至最高价一段作为买方,开盘价至最低价一段作为卖方。以 14 日周期为例,AR 的计算公式为:

$$AR = (14 日内的各当日最高价 - 当日开盘价之和) / (14 日内的各当日开盘价 - 当日最低价之和)$$

用 AR 值取代上述公式(8-5-1)中的 RS 值,即可得到相对强弱指数的人气指数。

计算人气指数的天数一般为 14。其波动的幅度范围也在 0~100 之间。一般说来,人气指数大于 60,反映人气过旺,为卖出信号;低于 40,反映人气下降,为买入信号。需要注意的是,对于不同的股票或商品,判断的标准不完全一样,不应生搬硬套,使用时自己应慢慢积累经验。

(五) 意愿指标——BR

意愿指标 BR 的计算是以昨日收盘价为基准,将其与今日最高价的差视为意愿买入一方,将其与今日最低价的差视为意愿卖出一方。两者之比,即为市场买卖的意愿程度。以 14 日周期为例,BR 的计算公式为:

$$BR = (14 日内的各当日最高价 - 昨日收盘价差的平均值)/$$
$$(14 日内的各当日收盘价 - 当日最低价差的平均值)$$

以 BR 值取代公式(8-5-1)中的 RS 值,即可得到相对强弱指数的意愿指数。

计算意愿指数的天数跟 AR 指数一样,一般为 14 天。其波动的幅度范围也在 0~100 之间。一般说来,当 BR 指数值大于 80 时,表示买入意愿过强,行情会随时下降,为卖出信号;低于 20 时,表示卖出意愿过强,行情会随时反弹,为买入信号。

三、指数平滑异同移动平均线(MACD)

(一) MACD 理论

MACD 理论的原理是运用快速与慢速移动平均线聚合与分离的征兆功能,加以双重平滑运算,用以研判股票或期货商品的买进与卖出时机和信号,为时下欧美流行且广泛使用的分析工具。印证在国内股票市场,也为一项最有利用价值的分析工具。对于上海金属交易所铜#1,在 1993 年 5 月中旬行情发动时,它及时地发出了买入信号,而在 1993 年 6 月中旬行情急转直下前又准确地给出了卖出信号,在 1993 年 9 月 17 日行情大跌时再次发出了卖出信号。

运用移动平均线作为买卖时机的判断,最头痛的莫过于碰上牛皮盘档的行情,此时所有的买卖几乎一无是处,谈不上任何绩效收益。但是趋势明显时,又能获得极大的利润成效。根据移动平均线原理发展出来的 MACD,去掉了移动平均线频繁发出虚假信号的缺陷,二则能使移动平均线的功用得到更大程度的发挥。

以移动平均线的特性而言,在一段真正持续的涨势中,该股票或商品价格的快速(短期)移动平均线与慢速(长期)移动平均线间的距离必将愈拉愈远(即两者之间的乖离愈来愈大)。涨势若是趋于缓慢,则两者之间的距离也必然缩小,甚至互相交叉。同样,在持续跌势中,快速线在慢速线之下,相互之间的距离也愈拉愈远。

MACD 在应用上应先行计算出快速(一般选 12 日)移动平均数值与慢速(一般选 26 日)移动平均数值。以这两个数值作为测量两者(快速与慢速线)间的差离值的依据。所谓差离值,即 12 日 EMA 数值减去 26 日 EMA 数值。因此,在持续的涨势中,12 日 EMA 在 26 日 EMA 之上,其间的正差离值(+DIF)会愈来愈大;反之在跌势中,差离值可能变负(-DIF),会愈来愈小。

至于行情开始回转,正或负差离值要缩小到怎样的程度,才真正是行情反转的信号,MACD 的反转信号界定为"差离值"的 9 日移动平均值(9 日 EMA)。

在 MACD 的指数平滑移动平均线计算公式中,都分别加重最近一日的分量权值,其公式如下:

$$EMA\text{-}N = 前一日\ EMA - N \times [(1-2)/(N+1)] + 今日收盘价 \times 2/(N+1)$$

式中:第一日的 EMA 值取第一日的收盘价。

12 日 EMA 的计算:

$$EMA12 = 前一日\ EMA12 \times 11/13 + 今日收盘价 \times 2/13$$

26 日 EMA 的计算:

$$EMA26 = 前一日\ EMA26 \times 25/27 + 今日收盘价 \times 2/27$$

差离值的计算:

$$DIF = EMA12 - EMA26$$

在 TSAS 系统绘制的 MACD 图中,用实线表示。

再根据差离值计算其 9 日的 EMA,即差离平均值。差离平均值用 DEA 来表示,在 TSAS 系统中用虚线表示。

$$DEA = 前一日\ DEA \times 8/10 + 今日\ DIF \times 2/10$$

计算出的 DIF 与 DEA 为正或负值,因而形成在 0 轴上下移动的两条快速与慢速线。为了方便判断,用 DIF 减去 DEA,用以绘制柱状图。

至于计算移动周期,不同的商品仍有不同的日数。在外汇市场上也有人使用 25 日与 50 日 EMA 来计算其间的差离值。

(二) MACD 对买卖时机的判断

MACD 在买卖交易的判断上,有如下几个判断准则:

第一,"差离值(DIF)"向上突破"差离平均值(DEA)"为买进信号,但在 0 轴以下交叉时,仅适宜空头补仓。

第二,"差离值(DIF)"向下跌破"差离平均值(DEA)"为卖出信号,但在 0 轴以上交叉时,则仅适宜多头平仓。

第三,"差离值(DIF)"与"差离平均值(DEA)"在 0 轴线之上,市场趋向为多头市场,两者在 0 轴之下则为空头市场。DIF 与 DEA 在 0 轴线之上时,一切的新入市策略都以买为主,DIF 若向上突破 DEA,可以大胆买进;向下突破时,则只适宜暂时获利了结,进行观望。DIF 与 DEA 在 0 轴线以下时,一切的新入市策略都以卖为主,DIF 若向下跌破 DEA,可以大胆卖出;如果向上突破时,空头只宜暂时补空。

第四,价格处于上升的多头走势,当DIF慢慢远离DEA,造成两线之间乖离加大时,多头应分批获利了结,可行短空。

第五,价格处于盘局走势时,会出现多次DIF与DEA交错,可不必理会,但须观察扇形的乖离程度,一旦加大,可视为盘局的突破。

第六,"背离信号"的判断。不管是"差离值"的交叉,或"差离值柱线"都可以发现背离信号的使用。所谓"背离"即在K线图或条形图的图形上,价位出现一头比一头高的头部,在MACD的图形却出现一头比一头低的头部,这种背离信号的产生,意味着较正确的跌势信号。或者,在K线图或条形图的图形上,价位出现一底比一底低,在MACD的图形却出现一底比一底高,这种背离信号的产生,意味着较正确的上升信号。

利用MACD测市,能够帮助投资者判断目前的市道是牛市还是熊市;而对投资者而言,最困难的莫过于如何确定目前趋势的主流,即目前市道是牛市还是熊市。小牛市短线策略,大牛市长线部署,对于熊市亦然。如果能确认目前为牛市走势,则一切入市部署应以多头策略为主导。任何一个有经验的技术分析者都清楚了解到牛市下"抛空"或熊市下"买空"的风险是难以估量的。因此,聪明的技术分析者都会在牛市下采用长期持有短期卖出,以及在熊市下采用长期抛售短期买入的入市策略。

四、威廉指标(%R)和随机指标(KD)

(一)威廉指标

威廉指标是由拉瑞·威廉(Larry William)于1973年出版的《我如何赚取百万美元》一书中首先发表的,原名称为"威廉超买超卖指标(WMS%R,%R)"。

在计算之前,首先要决定周期日数,此日数取一个买卖循环期的半数。在欧美,技术分析专家认为一个买卖的循环期为28日,但扣除周六与周日,实际交易日为20日;而一个较长的买卖循环期为56日,实际交易日为40日。因为%R的周期日数取前面20日与40日的一半,故一般使用10日或20日来计算%R,也有人取更小的周期日数,如以5日来计算%R。以10日%R为例,其计算公式为:

$$\%R = 100 \times (H_{10} - C_{10})/(H_{10} - L_{10})$$

式中:H_{10}为10日内最高价;L_{10}为10日内最低价;C_{10}为第10日收盘价。

计算出的%R数值与RSI一样介于0与100之间。其测市功能为:

第一,当%R高于80时,即处于超卖状态,行情即将见底,80线称为买入线。

第二,当%R低于20时,便处于超买状态,行情即将见顶,20线称为卖出线。

第三,当%R由超卖区向上爬升时,只是表示行情趋势转向,若突破50中轴线,便是涨势转强,可以追买。

第四,当%R由超买区向下滑落时,跌破50中轴线,可以确认跌势转强,可以追卖。

第五,当%R进入超买区时,并非表示行情会立刻下跌,在超买区内的波动,只是表示行情价格仍然属于强势中,直至%R回头跌破卖出线时,才是卖出信号;反而反之。

(二)随机指标

1. KD线理论

KD线原名"随机指标"或称"斯多葛线",为乔治·蓝恩博士所发表,是一个相当新颖实用的技术分析观念。

在威廉的%R指标中,其指标几乎仅用以判断商品价格的超买与超卖现象。但在随机指标中,融合了移动平均线速度的观念,形成了非常准确的买卖信号依据。随机指标KD线的信号使用在商品期货的交易上成果辉煌,因此也是时下美国商品市场非常重要的技术指标。

这里所介绍的KD线公式,取材自"商品期货预测周报"。该修正后的公式与乔治·蓝恩博士的原始公式略有出入,但是买卖信号较为准确。

以9日周期的KD线为例,首先须计算出最近9日的"RSV值",即"未成熟随机值(row stochastic value)"。

RSV值即在最近9日周期中,为第9日收盘价在9日行情的最高价与最低价间的相对百分比。

$$RSV = \frac{100 \times (第9日收盘价 - 9日内最低价)}{(9日内最高价 - 9日最低价)}$$

即

$$RSV = (C_9 - L_9)/(H_9 - L_9)$$

式中:RSV恰为%R的互补值,两者之和等于100%,而RSV也永远介于0与100之间。

在"商品期货预测"周报中,K线即为RSV的三日平滑移动平均线;而D线又为K线的三日平滑移动平均线。

所以根据快速、慢速移动平均线原理,K线向上突破D线(即K值>D值)为买进信号;K线跌破D线(即K值<D值)为卖出信号。

$$K值 = 当日RSV值 \times 1/3 + 前一日K值 \times 2/3$$
$$D值 = 当日K值 \times 1/3 + 前一日D值 \times 2/3$$

即

$$\%K_t = RSV \times 1/3 + \%K_{t-1} \times 2/3$$
$$\%D_t = \%K_t \times 1/3 + \%D_{t-1} \times 2/3$$

随机指标的原始公式为:
$$\%K = 100 \times (C - L_9)/(H_9 - L_9)$$
式中:C 为最后一日(第 9 日)收盘价;H_9 为最近 9 日中最高价;L_9 为最近 9 日中最低价。
$$\%D = 100 \times H_3/L_3$$
式中:H_3 为 $(C - L_9)$ 的三天总和;L_3 为 $(H_9 - L_9)$ 的三天总和。

如果将原始公式与"商品期货预测周报"中的修正公式比较,可以发现原始公式的 K 值相当于 RSV 值,D 值则相当于修正公式中的 K 值。事实上原始公式的买卖信号复杂,且有错误信息,因此一般使用原始公式的投资者,已改用 D 线与 Slow-D 线(即 D 线的三日算术移动平均线)作为交易信号的判断。Slow-D 线则相当于修正公式的 D 线。

2. KD 线买卖时机

KD 线有 7 个功能上的应用:

(1) 超买区与超卖区的判断。D 值在 70 以上时,市场呈现超买现象。D 值在 30 以下时,市场则呈现超卖现象。

(2) 当 K 线发生倾斜度趋于平缓时,为警告信号。

(3) 差离信号产生时,也为非常正确的买进、卖出时机。当价格出现一新高点后回调,再度上升到另一高点,同时,相对应的%D 出现一个高点后回调,无法出现新高,则为熊差离走势,显示市道将出现下降趋势。相反,当价格出现一新低点反弹后再回落出现新低点,同时,相对应的%D 出现一个新低点后无法突破该低点,则为一个牛差离走势,显示市道将扭转向上。

(4) 当出现牛差离时,K 线从左向右推移向上突破%D 线,为入货信号。

(5) 当出现熊差离时,K 线向下跌破%D 线时,为出货信号。

(6) KD 线的交叉,在 75 以上 25 以下时,通常会有较准确的买进、卖出信号。

(7) KD 线不仅可以使用在日线图上,较长周期的周线图与日常的分时图,也有相当高的使用价值。投资者可兼用,以作为长、中、短线上的使用。

五、成交量净额(OBV)和未平仓合约(空盘量)

(一)OBV

1. OBV 理论

在了解 OBV 的计算之前,先要对两个专有名词有所认识:一为"收集",另一为"派发"。

所谓"收集",意指大户做手暗地里在市场内逢低进货,逢高出货,进多出少。在大户本身尚未吃进足够的筹码之前,大户一边出货打压行情,一边暗地吃进,出少进多而不让行情上涨。等到大户握有相当筹码之后,即"收集"完成之后,大户才开始大力买进以促使行情大幅上涨。

相反,"派发"指大户做手暗地里逢高卖出,逢低买进,此时出多进少,在大户手头上的筹码脱手得差不多时,才一股脑大力杀出,以求获利了结。

"收集"与"派发"几乎全在暗地里进行。OBV 的理论即希望能够从价格变动与成交量增减之间的关系,推测市场内的情况是在"收集阶段"还是在"派发阶段"。

计算 OBV 非常简单。当今日收盘价高于昨日收盘价时,今日的成交量为"正值";而当今日收盘价低于昨日收盘价时,则今日的成交量为"负值"。一连串时间的正负值成交量累积相加,即为 OBV 值。OBV 计算举例如下(数据为假设数据):

日期	收盘价	当日 OBV	OBV
第 1 日	27.10	—	—
第 2 日	27.15	+3 000	+3 000
第 3 日	27.20	+2 500	+5 500
第 4 日	27.05	-800	+4 700
第 5 日	26.85	-1 200	+3 500
第 6 日	27.10	+2 500	+6 000

根据上表,第 1 日无从比较。第 2 日收盘价比第 1 日高,因此当日 OBV 即为第 2 日的成交量,即等于 +3 000。第 3 日收盘价又比第 2 日高,因此 OBV 再加上第 3 日的成交量,即为 +5 500。第 4 日收盘价下跌,此时 OBV 累计第 4 日的"负值"成交量,为 +4 700。以后日期的 OBV 计算,依此类推。

一般技术分析专家认为,光是观察 OBV 的升降,并无意义,OBV 须配合图表的走势,才有实际的效用。

在一般情况下,市场价格的走势趋向,或多或少与成交量的变化有关系,此时 OBV 曲线则呈现与价格趋向几乎平行的移动。这类情况并无特别意义。

若当 OBV 曲线与价格趋势出现"背离"走势时,则可用以判别目前市场内,处于"收集"还是"派发"状态。

根据上表的例子,价格仅是轻微下跌,OBV 值却呈现 +6 000 的数量。如果 OBV 持续上升,则可相信大户正在进行"收集"的工作,即暗地进货。

还有一种以当日的最高价、最低价及收盘价三个价位加以平均的需求值替代收盘价来计算 OBV 值,以制作 OBV 线的方法,称为成交量多空比率净额法。计算公式如下:

$$VA = V \times [(C-L)-(H-C)]/(H-C)$$

式中:VA 为成交量多空比率净额值;H 为最高价;C 为收盘价;L 为最低价;V 为成交量。以收盘价减去最低价($C-L$),表示多头买进的力量强度;而最高价减去收盘价($H-C$),表示空头卖出的力量强度。

在修正的 OBV 公式中,以多头力量幅度($C-L$)减去空头力量幅度($H-C$),即为当日一日中多头的净额力量幅度。以此净额力量幅度乘以当日成交量,即可得到较正确的 OBV 值。

2. OBV 的研判

(1)OBV 下降,行情上升时,为卖出信号,表示买盘无力。

(2)OBV 上升,行情下降,为买进信号,表示逢低接手转强。

(3)OBV 缓慢上升,为买进信号,表示买盘转强。

(4)OBV 急速上升,为卖出信号,表示买盘全力介入,多头即将力竭。

(5)OBV 值从正的累积数转为负的累积数时,为下跌趋势,应做空。反之,OBV 从负的累积数转为正数,则应该跟进做多。

(6)若在 OBV 线的累计值高点,价格无法突破,此为上涨压力带,行情经常会在此高点遇阻而反转,需特别注意。

(7)运用 OBV 线时,需配合 K 线观察,尤其是价格趋势在盘档能否一举突破压力带,OBV 线的变动方向是重要指标。

(8)若 OBV 线自上而下跌破其 12 日移动平均线,为卖出信号;若 OBV 线自下而上穿破其 12 日移动平均线,为买入信号。

(9)应特别注意 OBV 线与价格线之间的背离现象,一有此种情形出现,暗示行情短时间内会有变动。

(10)OBV 线对双重顶(M 头)第二个高峰的确定有较标准的显示,当行情自双重顶的第一个高峰下跌又再次回升时,若 OBV 线能随行情趋势同步上升,价量配合则可能持续多头市场,并出现更高峰。相反,若行情再次回升时,OBV 线未能同步配合,反而下降,则可能即将形成第二个峰顶,完成双重顶的形态,并进一步导致行情反转回跌。

3. OBV 的优缺点

OBV 为一种较早期的技术分析工具,因而也是使用最普遍的工具,但是可靠性如何?这还需看使用者的主观判断。

(1)OBV 的优点。在交易市场内资金的流向,在大部分情况下,均是以不动声色地在进行。OBV 虽然无法很明显地提出资金流向的理由,但是当不寻常的大成交量于高价圈或低价圈产生时,可以警示投资者抢先研判市场内多空倾向。

(2)OBV 的缺点。①OBV 的原理过于简单,其出现的信号,通常无法区别是否与随机产生的突发性消息有关。一项突发性的谣传消息,会使得成交量有不平常的变动。②在计算 OBV 时,仅用收盘价的涨跌当依据,显然有失真现象。例如,当天最高价曾涨 100 点,但收盘价反而跌 5 点,这种情况 OBV 的功用无法完全真实地反应。针对这种失真现象,有人尝试以"需求指数(demand index)"来代替收盘价。"需求指数"即将最高价、最低价与收盘价三个价位加以平均。这种补救方式亦可用于移动平均线、MACD 等的计算。

OBV 无法真正应用于商品期货。各种商品期货均有一定的周期交割日,在越接近交割的日期交易越活跃,成交量增减有着周期性的变化,因而使用长期累积的 OBV 计算,有着扭曲信号的负面影响。

(二) 未平仓合约

"未平仓合约"为商品期货与期权市场上的统计数字。所谓未平仓合约指一张期货合约(可能买进或卖出)在市场内尚未"平仓"的合约。平仓意指将买进合约予以卖出,或卖出合约予以买进,完成一买一卖的手续。

未平仓合约的总数,是经由交易所清算会员在一个营业日结束后的统计报告。未平仓合约的计算是单方的计算,并非多头及空头的总和。在市场内,未平仓合约的多头合约总数一定等于空头合约的总数。

未平仓合约的增减与价格涨跌有着相当密切的关系。若投资者拥有一张未平仓合约的"仓位",即需冒着市场剧烈波动的风险,此时投资者除非持续看好,否则就应立即获利了结平仓,甚至认赔了事。因此,从未平仓合约数量的增减与价格涨跌的比较,投资者可以判断市场内的气氛是看多还是看空。两者之间,有下列四种情况的比较:

1. 未平仓合约增加,价格上涨

技术性显示市场内部看好,部分新多头及空头加入市场,导致未平仓合约增加。价格上涨表示市场内多头态度较空头积极。因为多头愿意付出较高的价格买入;而空头较为被动谨慎,仅愿择高放空。根据研究报告指出,在这种情况下,后市价格看好,上涨的概率高达 82%。

2. 未平仓合约减少,价格上涨

技术性显示市场内部看跌。市场内部分空头确认先前的放空合约是项错误的决定,因而以较高的价位买进认赔平仓,因而促使价格上涨,也促使未平仓合约减少,在这种情况下,明显地并无新多头进场跟进,价格的上涨仅归因于空头回补,此时后市下跌的概率高达 78%。

3. 未平仓合约增加,价格下跌

技术性显示市场内部看跌。在市场内,空头态度积极的放空,此时多头气势薄弱无法承接大量卖盘,因此未平仓合约持续增加,价格也逐步滑落。这种情况下,后市下跌的概率高达 93%。

4. 未平仓合约减少,价格下跌

技术性显示市场内部看好。市场部分多头获利回吐,导致价格下跌;而空头又不愿杀得更低,甚至回补,使得未平仓合约减少。此种情况,显示市场价格见底,跌势即将结束,后市看好概率达88%。

归纳上述四种情况可以得知,未平仓合约与价格同方向增减时,技术性后市看好;而当两者反方向增减(背离)时,后市看跌。这种关系与成交量、价的关系相当一致。表8-5-1为两者之间关系的比较观察。

表8-5-1

价格	未平仓合约	市场内部变化	预期后市
上升	增加	多头买进	上升
上升	不变	多头空头买进	上升
上升	减少	空头加补	下跌
下降	增加	空头卖出	下跌
下降	减少	多头了结	上升
牛皮	增加	多空相等	中性
牛皮	不变	多空相等	中性
牛皮	减少	多头了结、空头回补	中性

表8-5-1的比较,仅为一般性的观察法。拉瑞·威廉则提出他独特的看法。他认为:当价格牛皮,未平仓合约减少时,显示市场内技术性看好,原因为"大户"相信短期的牛皮价格会突破压力线上涨;当价格牛皮,未平仓合约增加,则显示"大户"正在抛售,其认为价格终将跌破支撑线。

六、人气指标心理线(PSY)和容量比率(VR)

(一)PSY

PSY是研究一段时间内投资人趋向于买方或卖方的心理与事实,作为进出市场的指标,目前一般技术分析专家多以12日、24日为短、中期投资指标。其计算公式为:

$$PSY = 100 \times (12\text{日内上涨天数}/12)$$

PSY的一般研判要点如下:

第一,一般PSY介于25%~75%间是合理变动范围。

第二,超过75%或低于25%,就有超买或超卖现象,行情回跌的机会增加,此时可准备卖出或买进。在大多头大空头市场初期,可将超买、超卖点调整至

83%和17%,直至行情尾声,再调回至75%和25%。

第三,当一段上升行情展开前,通常超卖现象的最低点出现两次。同样地,当一段下跌行情展开前,超买现象的最高点也会出现两次。

第四,高点密集出现两次为卖出时机,低点密集出现两次为买进时机。

第五,当出现低于10%或高于90%时,是真正的超买超卖现象,行情反转的机会相对提高,此为卖出和买进时机。

(二)VR

VR的计算公式为:

$$VR = \frac{100 \times (N日内上涨日的成交值总和 + N日成交值总和/2)}{(N日内下跌日的成交值总和 + N日成交值总和/2)}$$

VR值是利用某段期间行情上升日交易金额总计与行情下降日的交易金额总计的比值统计得到的。它能表现出市场买卖的气势、市场的活动,而掌握行情可能的趋势走向。

VR值的一般研判要点如下:

第一,VR值的分析一般介于80%~150%之间,此时价格波动较小。

第二,当VR值超过350%以上时,价格即进入超买警戒区,应出货或抛空。

第三,当VR值低于60%时,价格即已进入超卖区,可伺机介入。

第四,交易金额的突然增加,VR值也直冲上升,常预示着上升市场的开始。

第五,低档时VR增加,而价格未增,为介入时机。

第六,高档时VR增加,而市价飙升,需注意高档出货。

第七,VR值上升至160%~180%后,成交量会进入衰退期,达到顶点后,很容易进入下降期;相反,VR值在低于40%~60%后,很容易探底而反弹。

第八,一般而言,VR指标在观察低价区域时较具可信度,观察高价区域时,宜多参考其他指标。

七、腾落指数(ADL)和涨跌比率(ADR)

(一)ADL

ADL的计算公式为:

$$ADL = 每日股票上涨家数 - 每日股票下跌家数 + 前一日ADL$$

ADL的主要功能在于反映行情涨升力道的强弱。在各种技术分析的领域里,ADL是属于趋势分析的一种。它是利用简单的加减法来计算每天个别股价涨跌的累积情形。它必须与大势相互对照(即与加权指数相互对照比较),将其特性加以分析,借以研判目前股价变动情形与未来变动趋向。

ADL的一般研判要点如下:

第一,加权股价指数持续下降,并创新低点,ADL下降,也创新低点,短期内大势继续下跌的可能性大。

第二,加权股价指数持续上升,并创新高点,腾落指数上升,也创新高值,短期内大势继续上扬的可能性大。

第三,通常腾落指数下降3天,反映大势涨少跌多的情况持续,而股价指数却连续上涨3天,这种不正常现象常难以持久,并且最后向下回调一段的可能性大(此种背离现象是卖出信号,表示大势随时可能回调)。

第四,通常ADL上升3天,反映大势涨多跌少的事实,而股价指数却相反的连续下跌3天,这种不正常现象也难以持久,并且最后向上上涨一段的可能性大(此种背离现象是买进信号,表示大势随时会反弹或扬升)。

第五,ADL走势与指数走势多数有类似效果,一般可以用趋势线研判方式,予以了解其支撑之所在。

第六,高档时M头之形成与低档W底之形成,乃卖出与买进之参考信息。

第七,ADL因以家数为计算基准,不受权重大小影响,故在指数持平或小幅上扬而ADL下跌时,表现对大势反转之先行,空头市场转多头市场时亦然。

第八,股市处于多头市场时,ADL呈现上升趋势,其间如果突然出现急速下跌现象,接着又立即扭转向上,创下新高点,则表示行情可能再创新高峰。

第九,股市处于空头市场时,ADL呈现下降趋势,其间如果突然出现上升现象,接着又回头,下跌突破原先所创低点,则表示另一段新的下跌趋势产生。

(二) ADR

ADR的计算公式为:

$$ADR = \frac{N日内股票上涨家数的移动合计}{N日内股票下跌家数的移动合计}$$

ADR分析又称回归式的腾落指数。基于国内股价上下幅度大且频繁的特性,加上ADR的震荡特点,国内技术专家多采用10个交易日个别股涨跌情形加以统计,代入ADR公式,求出每日的ADR,就是10日ADR。

ADR构成的理论基础是"钟摆原理"。由于股市的供需就像钟摆的两个极端位置,当减少供给量时,会产生物极必反的现象,则往需求方向摆动的拉力愈强,也愈急速,反之亦然。

ADR的一般研判要点如下:

第一,10日ADR的常态分配通常在0.5~1.5之间,而0.5以下或1.5以上则为非常态现象。

第二,在大多头市场大空头市场里,常态分配的上限与下限将扩增至1.9以上与0.4以下。

第三,涨跌比率超过1.5时,表示股价长期上涨,已脱离常态,超买现象产生,股价容易回跌,是卖出信号;反之,低于0.5时,股价容易反弹,是买进信号。

第四,除了股价进入大多头市场或展开第二段上升行情之初期,ADR有机会出现2.0以上绝对超买数字外,其余的次级上升行情在超过1.5时就是卖点。

第五,多头市场的ADR值,大多数时间都维持在0.6~1.3之间(若是上升速度不快,只是盘升走势时),超过1.3时应准备卖出,而低于0.6时,又可逢低买进。

第六,多头市场低于0.5的现象极少,是极佳之买点。

第七,对大势而言,ADR具有先行的警示作用,尤其是在短期反弹或回档方面,更能比图形领先出现征兆。10日ADR的功能在于显示股市买盘力量的强弱,进而推测短期行情可能出现反转。

第八,若图形与ADR成背离现象,则大势即将反转。

第九,ADR如果不断下降,低于0.75,通常显示短线买进机会已经来临,在多头市场中几乎无例外。在空头市场初期,如果降至0.75以下,通常暗示中级反弹即将出现;而在空头市场末期,10日ADR降至0.5以下时,则为买进时机。

第十,ADR下降至0.65之后,再回升至1.4,但无法突破1.4,则显示上涨的气势不足。

第十一,ADR向上冲过1.4时,暗示市场行情的上涨至少具有两波以上的力量。

八、动向指数(DMI)

(一)DMI 理论

动向指数DMI,是技术分析大师威尔斯·威尔德自认为是最有成就、最实用的一套技术分析工具。DMI的基本原理在于寻求商品价格涨跌中,买卖双方力量的均衡点及价格在双方互动下波动的循环过程。

1. 确认出基本的动向变动值

DMI的第一步工作,先要确认出基本的"动向变动值(DM)"是上涨还是下跌。动向变动值为当日价格波动幅度大于昨日价格部分的最大值,即在某种意义上,动向变动值表达出价格波动增减的幅度。

(1)无动向:$(+DM)=0$;$(-DM)=0$。①内移日:当日最高价小于或等于昨日最高价,当日最低价大于或等于昨日的最低价,即为内移日。此时为无动向日。②两力均衡日:当日最高价大于昨日最高价,其差额绝对值刚好等于当日最低价与昨日最低价差额绝对值,因此,形成两力均衡走势。此时为无动向日。

(2) 上升动向(+DM):若当日最高价比昨日最高价更高,且当日最低价大于等于昨日最低价,则出现上升动向值,它等于当日最高价与昨日最高价的差的绝对值。

(3) 下降动向(-DM):若当日最低价比昨日最低价更低,且当日最高价小于等于昨日最高价,则出现下降动向值,它等于当日最低价与昨日最低价的差的绝对值。

(4) 如果当日最高价大于等于昨日最高价,而当日最低价却低于昨日最低价,则当前者差额的绝对值大于后者差额的绝对值时,取前者差额绝对值为(+DM);当前者差额的绝对值小于后者差额的绝对值时,取后者差额绝对值为(-DM)。

2. 找出真正波幅

在了解动向变动值后的第二步工作是找出"真正波幅(true range,TR)"。

TR 是当日价格与前一日收盘价格比较之后最大的变动值。用来比较的差距有下列三项:一是当日最高价与最低价的差距,即当日最高价减当日最低价($H-L$);二是当日最高价与昨日收盘价的差距($H-PC$);三是当日最低价与昨日收盘价的差距($L-PC$)。将上述三项差距比较之后,数值最大者,即为当日的 TR。

计算出正负动向变动值与 TR 后,下一步便要找出"动向指数线(directional indicator,DI)"。

DI 为探测价格上涨或下跌的指标,分别以正负来表示"上升动向线(+DI)"及"下跌动向线(-DI)"。

上升和下跌动向线的计算方法如下:

$$(+DI) = 100 \times (+DM/TR)$$
$$(-DI) = 100 \times (-DM/TR)$$

但要使 DI 具有参考价值,则必须进行一定时期的累进运算,威尔德则认为最适当的周期是 14 天。计算时,分别将 14 天内的(+DM),(-DM)及 TR 求平均,所得到的数值分别为(+DM14),(-DM14)及 TR14,从而 14 天的上升或下跌 DI 的计算方法如下:

$$(+DI) = 100 \times (+DM14/TR14)$$
$$(-DI) = 100 \times (-DM14/TR14)$$

需要注意的是,负动向变动值并不为负数,负号仅代表下跌方向。

在计算第 15 天的(+DM14),(-DM14)或 TR14 时,只要利用平滑移动平均数的运算方法即可。其公式如下：

$$（今日\ TR14）=（昨日\ TR14）-（昨日\ TR14）/[14+（今日\ TR）]$$

$$（今日+DM14）=（昨日+DM14）-（昨日+DM14）/[14+（今日+DM）]$$

$$（今日-DM14）=（昨日-DM14）-（昨日-DM14）/[14+（今日-DM）]$$

在得到正负 DI 的数值后，由于其数值也永远介于 0 与 100 之间，因此也方便绘制图表。（+DI14）表示最近 14 天以来实际上涨力量的百分比，而（-DI14）表示最近 14 天以来实际下跌力量的百分比。

假设价格持续下跌，那么负动向变动值不断出现，将使得下跌动向线的数值不断升高；相对的上涨动向线则呈下降的导向。

当价格持续上涨，则上述情况的相反导向即将出现于图形上。

在盘档(牛皮盘)时，上升与下跌动向线差异则非常微小。

动向指数除了上升动向线外，另一条指标线为"动向平均线(average directional movement index, ADX)"。

在计算动向平均线以前，须先计算出"动向值(directional movement index, DX)"。计算公式为：

$$DX = 100 \times (DI - DIF)/(DI - SUM)$$

式中：

$$DI - DIF = 上升动向线与下跌动向线的差$$

$$DI - SUM = 上升动向线与下跌动向线的和$$

由于动向值的变动性大，因此以 14 作平滑运算，即得到所要的动向平均值。

$$今日动向平均值 = (昨日动向平均值 \times 13 + 今日动向值)/14$$

最后，要计算动向指数评估值 ADXR(average directional movement index rating)，公式为：

$$ADXR = (今日动向平均值 + 14 日前动向平均值)/2$$

（二）DMI 的应用

任何技术分析工具都有本身的优点与缺点，动向指数也不例外，在运用方面，由于其本身属于一个趋势判断的系统，因此受到市场行情的趋势是否明显的限制。假若市场行情价格的波动非常明显地维持一个动向，根据这个指标的买进信号和卖出信号，其绩效利益是毋庸置疑的。但若是行情处于牛皮盘档时，这个指标的买卖信号的效果则不理想。基本上这个指标的功能在于判别市场趋势的功能较大，属于较为长期交易的指标。

在动向指数系统中，最主要的在于分析"上升动向指数线"（TSAS 系统中用白色实线表示）、"下跌动向指数线"（用红色虚线表示）、"动向平均值"（用白色点线表示）与"动向指数评估值"这几条线之间的关系。

1.(+DI)与(-DI)的功用

当图形上(+DI)从下向上递增突破(-DI)时,显示市场内部有新的多头进场并愿意以较高的价格买进,因此为买进信号。

相反,(-DI)从下向上突破(+DI),显示市场内部有新的空头进场并愿意以更低的价格卖出,因此为卖出信号。

需注意的是,当走势出现牛皮盘档时,(+DI)与(-DI)发出的买卖信号无效。

2.ADX的功用

ADX为"趋向值(DX)"的平均数。DX是根据(+DI)与(-DI)两个数值计算出的,即(+DI)与(-DI)的差(绝对值)除以总和的百分比。由于DX的数值容易受到市场行情意外波动的影响,因此透过平均数的方法,求取ADX,用以消除干扰信息。其功用是:

(1)判断行情趋势。在一个行情趋势非常明显的朝单一方向前进时,无论其为上涨或下跌,ADX值会逐渐增加。换言之,当ADX值持续高于前一日时,我们可以断定此时市场行情维持在一个固定单向的趋势,即行情价格会持续上涨,或持续下跌。

(2)判断行情是否牛皮盘档。当市场行情反复地涨跌时,ADX会出现递增。这是因为价格虽然有新高价出现,同时也会有新低价出现,因而致使(+DI)与(-DI)数值愈拉愈近,ADX值也逐渐减少。当ADX数值降低到20以下,且呈现横盘时,我们可以断定此时市场气氛为"牛皮盘档"。投资者应立即出场观望,或者起码不应以"动向指数"作为买卖交易的依据。

(3)判断行情是否到顶或到底。当ADX数值从上升的倾向转为下降时,显示行情即将反转。即在涨势中,ADX在高点由升转跌,表示涨势将告结束。反之,在跌势中,ADX也在高点由升转跌,也表示跌势将告结束。ADX的数值在高点反转的标准并无一定的依据,投资者观察的方法,是在ADX由高点掉头下跌之际,便是行情到顶或到底的信号。

3.ADXR的功用

ADXR是ADX的评估数值,ADXR的波动一般较ADX平缓。当(+DI)与(-DI)交叉,发出买卖信号后,ADXR又与ADX相交,则是最后的出入市机会,随后而来的行情较急,应立即采取行动才是。

ADXR还是市场评估的指标,当ADXR处于高位时,显示行情波动较大,当ADXR处于低档时,则表明行情较为牛皮。

九、动力指标(MTM)

(一)动力指标的概念

动力指标是一种测量涨跌速度的重要观念与工具,它是一种短线指标。在一个具有自由调节机能的市场中,价格受制于供应与需求的相互关系。需求大于供应则迫使价格上涨,但价格的上涨又可能使供应者增加生产或使需求者寻求代用品,如此又迫使价格下跌。因此,在买与卖之间,价格绝无平衡的状况。在价格的波动当中,经常出现物极必反的反转局面,在这反转之前,涨跌速度自有其快与慢的情况。

动力指标的计算,即利用恒速的原则来判断涨跌速度的虚实。基于恒速的原则,在涨势中,每一段时间的涨幅应该一致;跌势中,每段时间的跌幅也应一致。因此,动力指标的计算,即是运用此种观念,以当天的收盘价减去固定几天前的收盘价,求得"动力指标值"作为比较分析依据。其计算公式为:

动力指标值 $M(10)_t = P_t - P_{t-10}$

动力指标平均值 $MA(10)_t = [10 \times MA(10)_{t-1} + M(10)_t - M(10)_{t-10}]/10$

动力指标周期日数的设定,因各人的研究而有所不同。一般以8至20日之间较为恰当;而选用10日周期者居多。

有些技术分析专家认为,仅以动力指标值来分析研究,似乎过于简单,因而再配合动力指标的移动平均线使用,为相当好的做法。

(二)动力指标观察法

从动力指标的计算中,我们可以了解到动力值是在一个连续数列中观察目前的趋势,并且直接比较若干日前趋势变动的指标。从动力值的增减中可以察觉到目前趋势的持续走强或转而出现弱势。因此,在运用时,需要注意目前动力值是处于基日线(即0点)之上或基日线之下。

所谓基日线,就是假定我们计算的10日动力指标在11个交易日中都牛皮不变,这时计算所得的结果必定为0,这就是基日线。当第12日价格上升,动力值即开始脱离基日线,若价格继续上升,动力值离开基日线越远。但是,当动力线出现新高点后,若一浪较一浪低,则表明此期间的上升动力正在减弱中(此时价格可能仍然上升),直至动力值跌破基日线而出现负值,这时表示上升动力已经竭尽,市场动力正积聚下降动力。当价格持续下跌时,负动力值开始脱离基日线(即0点),跌幅持续,负动力值离开越远,直到负动力值的低点出现一浪较一浪高时,表示下降动力正在减弱中(此时价格可能仍然下跌),直到负动力值接近基日线,表示市场动力已经缓和,一个新的行情将重新开始。

(三)动力指标日数选择的差异

计算动力指标究竟选多少日数为最佳?答案正如计算移动平均线选择日数的困难一样,分析者需要透过多次重复测试才找到最佳日数的配合。一般动力指标运算日数不宜少于8日或多于18日,最佳的日数宜采用10日至15日之间。

(四)动力指标买卖信号

1. 入货信号

当动力指标在基日线(即0线)以下,向上直升突破10日动力指标移动线时,为入货信号。

2. 出货信号

当动力指标在基日线以上,向下急挫跌破10日动力指标移动线时,为出货信号。

3. 牛差离与熊差离转向信号

(1)当动力指标从0线下向上突破0线后,显示市场内部上升趋势之动力正在提升中,动力指标持续高于0线上波动,表示趋势将持续并在加强中,此时,应持续看好后市,直至市场动力开始减弱为止。同样道理,相反趋势则看淡后市,直至市场动力开始减弱为止。

(2)当动力指标处于0线以下波动,出现低点后无法再向下突破低点,形成动力指标一浪较一浪高,而实际价格则一浪较一浪低时,显示市场内部抛空力量正在逐步减弱,而出现牛差离,为转市向上的信号。相反,当动力指标处0线以上反复波动,出现一高点以后,即高点较高点低,而实际价格之高点较高点高,市场内部动力显示"买气"正在减弱中,而出现熊差离。

(五)动力指标的其他形态

动力指标也有以"震荡点"的方式来计算的。以10日动力指标为例,其10日动力指标值等于当日收盘价除以10日前收盘价乘100:

$$MO = (C_t / C_{t-10}) \times 100$$

按这种方法计算出的动力指标值数字在100上下附近。在绘制图形时,即以100为基准横轴。当动力值在100以上时,是为多头市场倾向,100以下则为空头市场倾向。应用判断的方法与原始公式一样。

十、多空指数(BBI)

多空指数是一种关于不同日数移动平均线的综合指标。长期以来,由于没有一条公认的使用法则,理论界一直为中短期的移动平均线究竟采用多少天数更为合理争论不休,而多空指数则通过将几条不同日数移动平均线加权平均的方法解决了这个问题。

多空指数是将3日、6日、12日和24日共4种平均价格(或指数)相加后除以4而得出的数值。其公式如下：
$$BBI = (3日MA + 6日MA + 12日MA + 24日MA)/4$$
从多空指数的计算公式可以看出，多空指数的数值分别包含了不同日数移动平均线的部分权值，这是一种将不同日数移动平均值再平均的数值，因而分别代表了各条平均线的"利益"。事实上，多空指数是移动平均原理的特殊产物。因此，在使用时，多空指数的买卖信号基本上可按移动平均线的八大法则进行运用。此外，多空指数的主要应用特点如下：第一，价格在高价区以收市价跌破多空线为卖出信号。第二，价格在低价区以收市价突破多空线为买入信号。第三，多空指数由下向上递增，价格在多空线上方，表明多头势强，可继续持仓。第四，多空指数由上向下递减，价格在多空线下方，表明空头势强，一般不宜买入。

十一、抛物式转向(SAR)

(一)抛物式转向(停损点转向)的定义

抛物式转向即停损点转向操作系统(stop and reverse)，是利用抛物线方式，随时调整停损点位置的系统工具。由于组成该线的停损点是以弧形的方式移动，故称之为抛物线指标。

SAR在图形和运用上与移动平均线颇为类似，均属价格和时间并重的分析工具，在进场的前几天，停损点可能还是设置在没有利润且处于亏损的情形下，但是随着时间的迁移，停损点移动愈来愈快，所以这个系统不仅利用价位变动的功能，而且运用了时间变动的性质来调整价位上设定停损点位置。举例来说，若是投资者认定将有一段多头行情而买进，之后则无论任何一天的价位是涨或跌，停损点均是往上移动，这是时间上的功能。变动的功能则根据停损点与当时之间价格差距来调整。

(二)计算方法

首先，选定一段时间判断为上涨或下跌。若是看涨，则进场第一天的SAR必须是近期内的最低价；若是看跌，则进场第一天的SAR须是近期的最高价。其次，进场第二天的SAR，用第一天的最高价(看涨时)或是最低价(看跌时)与第一天的SAR的差距乘上调整系数，再加上第一天的SAR就可求得。

每日的SAR都可用上述方法类推，公式可归纳如下：
$$SAR(n) = SAR(n-1) + AF[EP(n-1) - SAR(n-1)]$$
式中：$SAR(n)$为第n日的SAR值；$SAR(n-1)$为第$(n-1)$日之值；AF为调整系数；EP为极点价；$EP(n-1)$为第$(n-1)$日的EP。若是看涨一段期间，则

EP 为这段时间的最高价。若是看淡一段期间,则 EP 为这段时间的最低价。第一个调整系数 AF 为 0.02,假若每隔一天的最高价比前一天的最高价还高,则 AF 递增 0.02,若无新高则 AF 沿用前一天的数值,但调整系数最高不超过 0.2。

若是买进期间,计算出某日的 SAR 比当日或前一日的最低价还高,则应以当日或前一日的最低价为某日之 SAR。若是卖出期间,计算某日之 SAR 比当日或前一日的最高价低,则应以当日或前一日的最高价为该日的 SAR。

(三) 操作策略

SAR 的操作原则非常简单,即买卖的进场时机是在价位穿过 SAR 时,也就是向下跌破 SAR 便卖出,向上越过 SAR 就买进。

(四) 优缺点

1. SAR 指标的优点

SAR 指标的优点如下:

(1) 操作简单,买卖点明确,可免除投资人的疑虑,出现信号即行操作。

(2) 长期使用 SAR 指标,只可能小输大赚,不可能一次就惨遭套牢。

(3) SAR 之减速或增速与实际价格之升跌幅度及时间长短有密切的关系,可适应不同形态商品价格之波动特性。

2. SAR 指标的缺点

SAR 指标主要有如下缺点:

(1) 计算与绘图繁难。

(2) 盘局时,行情上下洗盘,失误率高。

(3) AF 基本上是 0.02 逐次累加到 0.2 为止,但是并非此数值皆能适用不同的股票或商品,运用者必须事前以"试误法"作多次尝试,才能从个别价格波动中寻求最佳的 AF。

(五) SAR 的原理

停损点转向操作系统是一个利用抛物线的方式,随时调整停损点位置的系统工具。在进场交易后的前面几天中,停损点可能还是设置在没有利润,且处于亏损的状态,但是随着时间的增加,停损点移动得越来越快。因此,该系统不仅只利用价位变动的功能,同时利用了时间变动的功能来调整在价位上设停损点的位置,而且无论在什么情况下,停损点设置并不往后移动。

时间与价差的观念是相当实用的,在此观念中,它能给予充分的时间来让价位充分地调整洗盘。假如行情反转,则在停损点上不仅做多头平仓,而且同时在这另一段行情的开始反做空头。

(六) 研判技巧

SAR 无疑是所有指标中买卖最明确、最易于配合操作策略的指标。

SAR 可免除投资者的顾虑,信号一出即可行动。SAR 和移动平均线一样,应用穿越原则作标准,即向下跌破转向点便卖出,向上冲过转向点便买入。不过,长期使用 SAR 指标,只可能小输大赢,一般不可能一次就惨遭长期套牢或受重创,故为一使用简单的操作系统。

十二、指数点成交值(TAPI)

$$TAPI = 每日成交总值/当日加权指数$$

TAPI(total amount weighted stock index)意即"每一加权指数点的成交值"。TAPI 的机理为成交量是股市生命的源泉,成交值的变化会反映出股市购买股票的强弱程度及对未来股价的展望。简言之,TAPI 探讨的是每日成交值与指数间的关系。

TAPI 值研判的一般要点如下:①加权指数上涨,成交量递增,TAPI 值亦应递增,若发生背离走势,即指数上涨,TAPI 下降,此为卖出信号,可逢高出货或次一营业日获利了结。②加权指数下跌,TAPI 值上扬,此为买进信号,可逢低买进。③在上涨过程股价的明显转折处,若 TAPI 值异常缩小,为向下反转信号,持股者应逢高卖出。④在连续下跌中,股价明显转折处,若 TAPI 值异常放大,为向上反转信号,投资者可逢低分批买进。⑤TAPI 值无一定之高点、低点,必须与大势 K 线或本系统其他技术指标一起研判,不能单独使用。⑥由空头进入多头市场时,TAPI 值需超越 110,并且能持续在 100 以上,方能确认涨势。⑦TAPI 值低于 40 以下,是成交量探底时刻,为买进信号。⑧TAPI 值持续扩大至 350 以上,表示股市交投过热,随时会回调,应逢高分批获利了结。⑨TAPI 随加权股价指数创新高峰而扩大,同时创新高点,是量价的配合。在多头市场的最后一段上升行情中,加权股价指数如创新高峰,而 TAPI 水准已远不如前段上升行情,此时呈现价量分离。大势在持续下跌一段时间,接近空头市场尾声时,TAPI 下降或创新低值的机会也就愈小。

十三、量价线(VP)和四线进出指标(FVI)

(一) 量价线

1. 量价线的提出

道氏理论书曾指出成交量与价格趋势同步同向的经验法则。成交量递增,价格上涨;成交量递减,价格回跌。此为正常的量价关系。成交量萎缩,价格上涨;成交量扩增,价格下跌。当量价关系出现量减价涨或量增价跌的背离现象时,显示出短时间内正进行的趋势将反转,在头部出现下跌背离或在底部出现上涨背离时,将是趋势反转的前兆,根据此经验法则对价格波动能有效地确认。

量价线是根据量价理论所设计出的分析方法,其功能在于说明多头市场和空头市场各阶段的量价关系,使投资者能正确掌握最佳的买卖时机。由于它利用价格与成交量变动的各种关系,观测市场供需力量的强弱,从而可用来研判未来的走势方向。

2. 绘制方法

(1)以数学的坐标绘制逆时钟方向曲线,垂直纵轴代表价格,水平横轴代表成交量。

(2)期间的长短,因个人操作不同而异,通常采用的期间为25日或30日(5周)。

(3)计算价格和成交量的简单移动平均。如果采用25日的期间,须计算25日简单移动平均价及成交量的25日简单移动平均量。移动平均的计算方式除简单移动平均外,还可用加权移动平均或平滑移动平均。

(4)坐标垂直纵轴为移动平均价,水平横轴为移动平均量,两者的交叉点称为坐标点,坐标点间的连线呈逆时钟方向变动。

如果我们以具体的方法说明,设定 Y 为价格, X 为成交量,且在图表中记下25天的移动平均点,就可以将之记录在坐标上,两者相交于一点,如此每天记下交点,即可描绘出曲线图。

3. 研判技巧

(1)走势变动的三种局面:上升局面、下降局面、循环局面。此三种局面构成完整的八角形图见图8-5-1,有八阶段的运用原则。

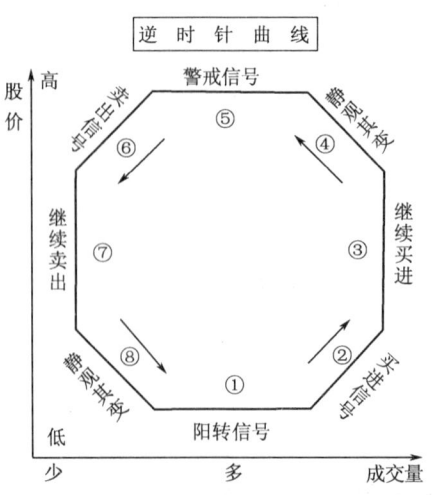

图8-5-1 八阶段量价关系图

(2)八阶段的运用原则:①阳转信号。价格经一段跌势后,下跌幅度缩小,甚至止跌转稳,在低档盘旋,成交量明显地由萎缩而递增,表示低档接手转强,此为阳转信号。②买进信号。成交量持续扩增,价格回升,量价同步上扬,逆时针方向曲线由平转上或由左下方向右转动时,进入多头位置,为最佳买进时机。③加码买进。成交量扩增至高水准后,维持高档,不再急剧增加,但价格仍继续涨升,此时逢价格回档时,宜加码买进。④观望。价格继续上涨,涨势趋缓,但成交量不再扩增,甚至开始有减退的迹象,此时价位已高,宜观望,不宜再追高抢涨。⑤警戒信号。价格在高价区盘旋,已难再创新高价,成交量无力扩增,甚至明显减少,此为警戒信号,心理宜有卖空的准备。⑥卖出信号。价格从高档滑落,成交量持续减少,量价同步下降,逆时针方向曲线的走势由平转下或由右上方朝左转动时,进入空头位置,此时应多头平仓,甚至融券放空。⑦持续卖出。成交量萎缩至低水准后,不再继续萎缩,价格急速下跌,此时逢反弹,多头宜出货平仓,空头加码放空。⑧观望。成交量开始递增,价格虽下跌,但跌幅缩小,表示谷底已近,此时多头不宜往下追杀,空头不宜放空打压,应伺机回补。

量价线的变动表明多头市场至空头市场的量价关系,由供需的变化中,显示多空力道的强弱,提供买卖时机,此方法对于底部的确认特别有效。逆时针方向曲线是采用移动平均价和移动平均量制作出的曲线,移动平均具有圆滑的功能,但本质上移动平均属时间落后方程式,移动平均的走势可能有落后价格波动的倾向,因此逆时针方向曲线的走势发生变动有时可能落后于价格的趋势,所以使用逆时针方向曲线分析行情,研判买卖时机,须配合短期买卖指标,如心理线、成交量比率等,如此才更能发挥量价线的功能。

(二)四线进出指标

1. FVI 的概念

FVI 是英文"four volume line index"的缩写,中文称为"四线进出指标"。FVI 线的方法源自"量是价的先行指标",它将"平均量"的概念加以引申。美国投资专家葛南维认为:"成交量是市场的元气,价格只不过是它的表征而已,因此,成交量通常比价格先行。"由此可见,若想知道未来价格的变动,只需仔细观察目前成交量的变化,即可推测出价格的变化。FVI 线是以计量分析为导向,依据市场交投的实际情况,研判主力进场或撤退,成交量大表明需求增加,价格将上涨。成交量下降,显示需求减少,价格将下跌。

FVI 是以日线、短线、中线、长线四条计量线来研判短、中、长期价格是否有反转的征兆,它是投资者防跌防套的利器。这四条线分别是当日量线、6 日量线、24 日量线及 72 日量线。

2. FVI 的研判

(1)FVI 线总共有四条,分别代表当日、6 日、24 日及 72 日行情,其横坐标变动范围为:自中间 0 轴线向上推移为正数,向下推移为负数。

(2)"正转"进,"负转"出,正数增至某个数后转小时为"负转"。例如,+1,+2,+3,+4,+3,+2,+1,属于"负转",+4 为负转点。负数绝对值增至某个数后转小时为"正转",如 -1.5,-2.5,-3.5,-4.5,-3,-2,-1 属正转,而 -4.5 为正转点。

(3)FVI 的 6 日线,正转后 6 天内可进,负转后 6 天内可出,24 日与 72 日线可类推。天数越大的指标反映的行情越长。

(4)FVI 的当日线,正转次日可低进,负转次日可高出。

(5)多线示进(出)。FVI 的四线中,有多线同时正转(负转)指示买进(卖出),称为多线示进(出)。例如,24 日线正转后,24 天的买进期内,6 日线又正转,而 6 天买进期内,当日线正转,则次日为三线示进,其余诸如三线示出、两线示进等可类推。

十四、停止损失点

从事股票或期货交易本身应具备利润与风险的评估观念与技巧。若能善用停损点,则买卖股票或商品不仅能减少损失,也能确保利润,甚至如停止损失点创始人达瓦斯那样轻易赚上 100 万美元的情形,也是极可能的事。

假设甲在分析图表之后,决定以 40 元买进某股票,且认为该股票具有上涨 50 元以上的实力。但同时,他也设定 38 元为停损点,若从技术面来看,在当时该股若跌破 38 元,有可能跌至 32 元才有支撑,因此他的风险最大限定在 2 元左右而非 8 元。以 2 元的风险来赚取 10 元的可能利润,实在是值得进行的一项交易。

假设甲在 40 元买进股票之后,该股票价格一路上升至 50 元,且上涨力道丝毫不减,有可能继续上冲 60 元的高价,此时他可以将利润停损点设在可能的关卡上,比如 48 元,若该股票价格跌破 48 元支撑则可能回调至 38 元寻求底部支撑。此时,他的利润至少保持有 8 元,而若价位不跌回 48 元以下,则利润不止 8 元。

由于国内证券交易所无法设立停止损失单,因此使用这套策略必须在心中作出决定,一旦达到心中价位立即市价挂出,绝不能三心二意。

若是操作期货或外汇,利润大风险也特别大,因此更须谨慎地设立损失单。如此一来,损失极有限,而潜在的利润却可能很大。

例如,某乙在史坦普尔 500 工业指数从事交易买卖。在价位爬升到前一天的最高价附近,力量已经明显减弱,有可能连同前一天高点做成双头。他随即下单做空,在 23 980 点卖出。若以回调幅度一半而言,至少有 350 点利润。停损点设在 24 130 点,则最大风险 150 点。在这种情况下,停损点设在当天最高价外,若无创新高价的情况下,则必安全无损,而价格在下跌之后,停损点可往下移,仅此也可确保利润。

又如,某月 17 日黄金市场价格疲软,市场人士普遍看空,则可考虑在 12 日移动平均线 472.5 美元上设停损点,再不然以 473.5 美元颈线设停损点。果真,到 21 日价位突破颈线即爬升至 500 美元附近。同样,若认为上升趋势线未破,同时"随机指标"在 13 日出现买进讯号,则当尝试买进时,停损点可设在趋势线之下。

从以上的分析可知,停损点可设在下列六种情况下:一是当日行情经过一段时间后的最高价或最低价之外;二是颈线外;三是支撑线下或压力线下;四是主要移动平均线上下;五是短期内的最高价与最低价之外;六是整数关卡之外。

如何设定停损点?通过对各种图形的研判均可发掘出来,所以要成为一个成功的交易者,不断地研判图形是不二法门。

十五、宝塔线、新价线和新三价线

(一) 宝塔线

投资者常常会受各种技术分析指标之间出现的相互矛盾的买卖信号所迷惑,而又不知选用何种技术分析指标为好。宝塔线是一种简单明了又容易操作的技术分析工具。使用宝塔线,可有效地掌握任何一段大的涨跌行情的买卖时机,以赚取大波段涨跌中的差价利润,以免短线进出过于频繁而徒劳无功。

宝塔线是以白黑(虚体 K 线、实体 K 线)的阳线或阴线来区分行情的涨跌,并配合指数走势图及移动平均线,来研判行情走势的一种技术分析图表。宝塔线的画法是:当价格持续创新高或创新低时,将价格上涨的行情画为白线,下跌的行情画为黑线,亦即将多空双方之间的战斗过程与力量的转变表现在图表中,并显示明确的买卖时机。

宝塔线应用了趋势线的支持与阻力区的原理。一般如果一根阳线(或阴线)比先前出现的连续三根阴线(或阳线)还要长,则宝塔线就翻白(或翻黑),此种方法又称新三值线转换法,亦即以前三天内的最高价(或最低价)为上档阻力(或下档支撑)。若行情突破(或跌破)上档压力(或下档支撑),则为买进(或卖出)时机。

宝塔线的具体画法:以收盘价的涨跌作比较,若行情为上涨行情,则画为虚体(空心体)的棒线;若为下跌行情,则画为实体(黑体)的棒线。若原先为涨升虚体线,仅次日为下跌,则需将次日的跌幅画在次一行,但若价格尚未跌破虚体线的低点时,仍以虚体表示,而不画实体线。若原先为下跌实体线,但次日上涨,则需将次日的涨幅画在次一行,但若价格尚未涨过实体的高点,仍以实体表示。

宝塔线主要在于 K 线翻白或翻黑的掌握,利用这种图形转换变化,研判行情的涨跌趋势。其应用原则如下:第一,宝塔线翻白之后,后市总要延伸一段上升行情。反之,宝塔线翻黑之后,后市总要延伸一段下降行情。第二,在高档时,宝塔线长黑而下,应即获利了结,将手中持仓抛空。反之,在低档时,宝塔线长红而上,则是买进时机。盘局时,宝塔线常会有小翻白或小翻黑现象产生,可不必理会。第三,当日大势指数收盘价,高于最近三根阴线的最高收盘价时,为买进信号。反之,当日大势指数收盘价,低于最近三根阳线的最低收盘价时,为卖出信号。

(二) 新价线

新价线又称为"新价转折线"或"折幅线"。它的观念是源自于自动停止损失点,当价格涨过预先设立的损失点,即行挂进,一旦价格反转跌破损失点,则立即将持仓抛空,这样不但可确保既得的利润,更可将损失降到最低,是欧美期货市场所惯用的技术分析工具。

新价线的原理是以价格上升或下跌时是否创新高价或新低价在图形上做连线,来衡量做多或做空的方式。其应用方式如下:首先,设定一个值作为转折的幅度。其次,在一段上升行情时,若回跌的幅度超过所设定的值,就画一横线,转向下行,下跌时则相反。

新价线的研判要点为:第一,价格上升,涨过前一个转折价时,是买进时机。反之,价格下跌,跌破前一个转折点时,是卖出时机。第二,大多头市场,价格一路上涨,屡创天价,此时新价线亦呈阶梯式向上走,持仓应抱牢,一旦转折线向下走时须观察其力度,如无力翻过上一个转折点时,应即获利了结。第三,盘局时,新价线呈现上上下下的不规则排列,此时须配合 K 线或其他指标作突破盘局的确认研判。

(三) 新三价线

新三价线,也有人称之为"新型三值转换线",这是尽速发现行情多空转变的方法。由于新三价线在行情小幅回调或反弹时不予记录,因此能够提高行情研判的正确性。

新三价线的另一特色是在买进点与卖出点的提供方面,往往都能适时地显示出来,由此可知它的本身一定具有耐人寻味的妙用。

新三价线的画法如下:首先,只记录最高价或最低价有变化的日期。其次,如果连续出现阴线时,当价格涨过了以前的三条阴线,接画阳线,表示翻红。如果连续出现阳线,价格跌破以前的三条阳线时,接画阴线,表示翻黑。再次,若价格尚未跌至最近的三根阳线之下时,则不予画出。相反,若价格尚未涨至最近的三根阴线之上时,也不予画出。

新三价线的理论根据为"冲高买进,下跌卖出",所以在不知何时为最高价或最低价的行情激烈变动时,新三价线的利益是很大的。以下是新三价线的研判要点:第一,新三价线由阳线转为阴线的次日是卖出时机。当阴线转为阳线的次日,是买进的时机。第二,往上突破时,须注意成交量是否配合放大;而往下突破时的成交量,则无此限制。第三,在回升的过程中,如果没有出现一根阴线吃掉三根阳线的情形,可继续持仓,此时价位创高峰,新三价线呈现类似宝塔线一根叠上一根的长阳线是标准的多头走势。第四,行情暴跌,新三价线翻黑,一根长阳线吃掉三根阴线,此时宜小心观察是否为假突破,最好配合 K 线及其他指标作进出研判。

十六、逆势操作

逆向操作系统的操作,首先必须利用前一日的最高价、最低价与收盘价来计算出"需求值",即 CDP 值。

$$CDP = (H + L + C)/3$$

式中:H 为最高价,L 为最低价,C 为收盘价。

在得到 CDP 值之后,分别计算出最高值(AH)、近高值(NH)、最低值(AL)及近低值(NL)。

$$AH = CDP + PT$$
$$NH = CDP \times 2 - L$$
$$AL = CDP - PT$$
$$NL = CDP \times 2 - H$$

式中:PT 为前一天的波幅$(H - L)$。

如此,CDP 公式的 5 个应用数值求出以后,可以看出从最高值到最低值的排列为:AH,NH,CDP,NL,AL。

在找出这 5 个数值之后,相当于按前一天的行情波动来将当天的未来行情作一个高低等级的划分。交易者便可利用这个高低的区分,来判断当日的走势。

开盘价格的确定,通常是由市场买卖双方心理所期望的合理价折中后形成,因此也影响到当天的走势。所以,开盘价开在 CDP 5 个数值的哪个位置,是一个很重要的判断关键。

在波动并不是很大的情况下,即开盘价位在近高价与近低价之间时,通常交易者可以在近低值的价位买进,而在近高值的价位卖出,或在近高值的价位卖出,近低值的价位买进。

这种方法可以两面操作,但是由于是短线进出,务必当日平仓,如果无法以满意的价格平仓,则应选择收盘的价格平仓。

这是波动较小的情况下的操作方法。如果波动较大,则应采取其他策略。

当开盘价开在最高值或最低值附近时,则意味着跳空开高或跳空开低,是一个大行情发动的开始。因此,交易者可以在最高值的价位去追买,在最低值的价位去追卖。通常,一个跳空意味着一个强烈的涨跌,一般来说应有相当的利润才对。

十七、超买超卖指标(OBOS)

OBOS 是运用在一段期间内股市涨跌家数的累积差关系,来测量大盘买卖气势的强弱及未来走向,以作为研判股市呈现超买或超卖区的参考指标。一般使用 10 日 OBOS。其计算公式如下:

10 日 $OBOS$ 值 = 10 日内股票上涨累计家数 – 10 日内股票下跌累计家数

OBOS 的应用原则如下:①10 日 OBOS 值通常在 –600~700 之间呈常态分布。②当 10 日 OBOS 值超过 700 时,股市呈现超买现象,是卖出时机。③当 10 日 OBOS 值低于 –600 时,股市呈现超卖现象,是买入时机。④当加权指数持续上升,而 OBOS 线却往下走,此种背离现象显示出大多数的小型股已开始走下坡,因此,市场可能会转向弱势,尤其在高价区域形成的 M 头,是卖出时机。⑤假如 OBOS 线持续向上,代表上升的股票数量远超过下跌的股票,而加权指数线却往下滑落,这种背离现象显示市场可能即将反转上升,尤其在低价圈形成的 W 底,为买进时机。⑥OBOS 指标所计算出来的分析资料,代表某一期间内投资人的决定。大多数投资人决定买进后,大多数的股票才会往上涨,此种情况显示 OBOS 一直向上,此时可大胆买进。

十八、黄金分割率

在各种市场中,黄金分割率之所以持久应用,是因其使用结果准确度之高,令人信服。

由费波纳兹级数所推导出来的 0.618 及 0.382 为黄金分割率的基本数字,在商品价格上涨,其上涨幅度达到商品价格的 0.382,0.618 时,就会出现反压,在此处极可能产生反转。0.382 及 0.618 两数字就构成了上升修正波的重要计算依据。另外,0.382 的一半 0.191,0.191 与 0.618 之和 0.809,以及 0.382 与 0.618 两者之和的一半 0.5,也都构成了反压点。

因此,黄金分割率由原先两个数字至目前,已推广为五个数字,即 0.191,0.382,0.5,0.618,0.809。

黄金分割率既然是配合波浪理论,在使用时,基本上一波价格的上涨幅度应是前一波的延伸,而每波的起涨点,并非由 0 开始,此一观念在此必须澄清,有了正确的观念,才能在波浪理论中正确地使用黄金分割率。

在波段中使用黄金分割率,除可推论后一波的高点外,也可推论回调波段的低点。计算公式如下:

第一,上涨波段高点推断。

$$W_{ab} = W_b - W_a$$
$$W_d = W_b + W_{ab} \times (T + B)$$

式中:W_a 为起涨基点;W_b 为一波高点;$T = 0,1,2,B = 0.191,0.382,0.5,0.618,0.809$。

第二,下跌波段低点推断。

$$W_{ab} = W_a - W_b$$
$$W_d = W_b - W_{ab} \times (T + B)$$

式中:W_b 为回落前高点,W_a 为起涨基点;$T = 0,1,2;B = 0.191,0.382,0.5,0.618,0.809$。

第三,回调计算公式。

上涨修正波:

$$W_{ab} = W_b - W_a$$
$$W_c = W_b - (T \times W_{ab})$$
$$T = 0.191,0.382,0.5,0.618,0.809$$

下跌修正波:

$$W_{ab} = W_a - W_b$$
$$W_c = W_b - (T \times W_{ab})$$
$$T = 0.191,0.382,0.5,0.618,0.809$$

十九、甘氏角度线

前文讨论过以波浪理论、黄金分割率来计算预测市场高低点、回调区的问题,而甘氏则利用一个波段,将其划分为 8 等份,如图 8-5-2 所示,称为"百分比值法"。即平均划分为 1/8,2/8,3/8,4/8,5/8,6/8,7/8,8/8,再将 1/3,2/3 分别安插到相关位置,就可以得到下列数字:

$1/8 = 12.5\%$;$2/8 = 25\%$;$1/3 = 33\%$;$3/8 = 37.5\%$;$4/8 = 50\%$;$5/8 = 62.5\%$;$2/3 = 67\%$;$6/8 = 75\%$;$7/8 = 87.5\%$;$8/8 = 100\%$。

其意义与黄金分割率极为相近,百分比值法中的 37.5%,62.5% 与黄金分割率 38.2% 及 61.8% 极为相似。33% 与 67% 则为道氏理论中反弹或回调的上下最大界值,50% 则是甘氏认为的最重要的数字,而上列数字(0.618,0.382,0.5)目前均为市场人士用做常用计算的数字。

利用上列观念,甘氏发展出几何角度法,而以数字代表各种不同的角度线,其划分方法如图 8-5-3 所示。

$1 \times 1 = 45$ 度　　　　$2 \times 1 = 26.25$ 度

$1 \times 2 = 63.25$ 度　　$3 \times 1 = 18.25$ 度

$1 \times 3 = 71.25$ 度　　$4 \times 1 = 15$ 度

$1 \times 4 = 75$ 度　　　　$8 \times 1 = 7.5$ 度

$1 \times 8 = 82.5$ 度

图 8-5-2

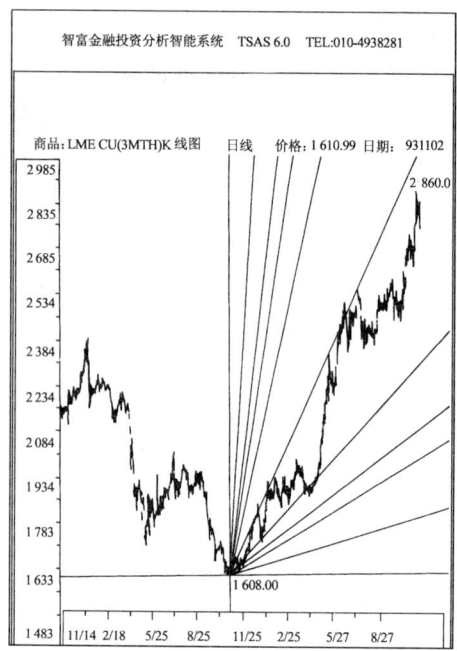

图 8-5-3

第一个数字代表时间,第二个数字代表价格,45 度线代表着甘氏理论中的主要涨跌趋势线。在强劲的多头市场中,价位通常在 45 度线上,空头市场中则在 45 度线之下,45 度线一破,则表示主要趋势有反转的现象,意即 45 度线是时间和价格的平衡线。其中各数字所代表的意义如下:

第一,45 度线 1×1(1 时间×1 价格),表示每变动一个时间单位,价格也变动一个单位。

第二,63.25 度线 1×2(1 时间×2 价格),表示每变动一个时间单位,价格增加两个单位。

第三,26.25 度线 2×1(2 时间×1 价格),表示每变动一个价格单位,需要变动两个单位时间。

其他类推。

在强势多头市场中,每变动一个时间单位,价位可变动两个单位以上,而在空头市场中要增加一个单位价格,就必须花费市场中两个单位时间以上。

因此,当价格在高档区 1×8(或 1×2,1×3,1×4)反转而下时,必须先破 1×4 区,再破 1×3 区等;若是跌破 1×1 区,则代表已步入空头市场。同理,当价格由底部 8×1 向上翻转时,也必然突破 4×1,3×1,2×1 等等,当突破 1×1

时,则进入另一个多头市场,故45度线所代表的意义相当重要。事实上,每一条角度线都有可能成为市场趋势中的压力线或支撑线,需视其所在价位位置而定。

在使用甘氏角度测量价格时,必须先找出明显的峰或底来做角度切线。有时我们可同时切出上涨或下跌角度线。当从高价画出一条下跌的角度线,和另一条上涨角度线相交呈90°,而交点又正好在一条水平百分线上时,这个点就更为重要。